주역과 성인, 문화상징으로 읽다

이 저서는 2013년 정부(교육부)의 재원으로 한국연구재단의 지원을 받아 수행된 연구임.
(NRF-2013S1A6A4014016)

This work was supported by the National Research Foundation of Korea Grant funded by the
Korean Government. (NRF-2013S1A6A4014016)

역학총서 8

주역과 성인, 문화상징으로 읽다
Zhouyi and Saint, Read as a Cultural Symbol

지은이   정병석
펴낸이   오정혜
펴낸곳   예문서원

편 집   김병훈
인 쇄   ㈜상지사 P&B
제 책   ㈜상지사 P&B

초판 1쇄   2018년 4월 25일

주   소   서울시 성북구 안암로 9길 13 4층
출판등록   1993년 1월 7일 (제307-2010-51호)
전화번호   925-5913~4 / 팩시밀리 929-2285
Homepage   http://www.yemoon.com
E-mail   yemoonsw@empas.com

ISBN 978-89-7646-386-9   93150
© 鄭炳碩 2018 Printed in Seoul, Korea

YEMOONSEOWON 13, Anam-ro 9-gil, Seongbuk-Gu Seoul KOREA 136-074
Tel) 02-925-5913~4, Fax) 02-929-2285

값 40,000원

역학총서 8

주역과 성인, 문화상징으로 읽다

정병석 지음

예문서원

책머리에

이 책을 쓰게 된 계기는 매우 단순하다. 그것은 『주역』의 점치는 부분에 해당하는 『역경易經』에는 성인이란 말이 보이지 않는데, 왜 철학적 해석 부분인 『역전易傳』에만 출현하고 있는가라는 것이다. 이것은 어쩌면 중국철 학사에 일면의 지식도 없는 사람의 우문愚問에 지나지 않는다고 하여도 크게 할 말이 없을 것이다. 이런 단순하고 미련한 물음 속에서 이 책의 내용은 점점 온축蘊蓄되었다고 할 수 있다.

필자가 처음 『주역』을 공부하기 시작할 때부터 성인이라는 개념은 솔직 히 관심 영역 속에 자리하고 있지 않았다. 다만 군자나 대인 혹은 천·지·인 등의 술어들만이 머리를 채우고 있었을 뿐이다. 성인은 단지 『주역』을 지은 작자라는 매우 피상적인 생각만을 하고 있었던 것이 솔직한 고백이다. 그 후 대학원 학생을 지도하면서 『주역』이 말하는 성인에 대한 관점을 분명하게 이해할 수 있게 되었고, 몇 가지 출토자료를 접하게 되면서 더욱 명확한 방향을 잡을 수 있었다.

출토자료를 통한 합리적 추론에 의하면 『주역』의 저자는 성인이 아니다. 그러면 성인은 『주역』에서 도대체 어떤 의미를 가지고 있다는 말인가? 이것이 필자가 가졌던 또 하나의 문제의식이다. 『주역』에서 성인의 정체는 『주역』을 지은 저자라기보다는 오히려 해석자라고 말하는 것이 더 잘 어울린다. 정확히 말하면 성인은 인간의 염원과 희망을 담고 있는 문화(적)

상징이다. 『역전』에서 성인을 요청한 이유는 인문세계의 개창이고, 그 역할은 인문적 활동이고 문명발전의 길이다. 『역전』에서 성인의 등장은 자연과 세계에 대한 새로운 인문적인 해석 지평이 전개됨을 의미하며, 이를 통하여 『주역』은 철학적인 성질을 가진 책으로 전환하게 된다.

　원래 이 책을 기획하는 단계에서 제출한 제목은 '역전과 성인'이었다. 이후 '주역과 성인'으로 한 차례 변경하였다가, 전체적 맥락을 고려하여 '주역과 성인, 문화상징으로 읽다'라는 제목으로 확정하였음을 밝혀 둔다.

제1장 들어가는 말

1. 문제의 제기 및 연구 내용과 범위

1) 문제의 제기

『주역周易』 속에 나타나는 인간이라는 주제를 이야기하면, 대부분의 사람들은 불안한 현재와 알 수 없는 미래에 대한 두려움 때문에 점占을 통해 신神의 생각을 물을 수밖에 없었던 한없이 미약하고 수동적인 존재로서의 인간만을 생각하게 될 것이다. 실제로 이런 생각은 상당 부분에서 맞는 이야기이다. 그러나 『주역』과 성인聖人이라는 인간 유형을 연결시키면 이런 생각들은 분명히 변하게 될 것이다.

『주역』에 보이는 성인이라는 인간 형상形象은 불안한 현재와 알 수 없는 미래에 대한 판단을 점占에 위탁해 버리는 무책임하고 미약한 존재로서의 인간이 결코 아니다. 여기서의 성인은 단순히 도덕적 존재로만 머무는 것이 아니라, 빼어난 지적 능력과 판단력을 통하여 문명의 이기利器를 발명해서 세상 사람들의 어려움을 주동적으로 해결해 주는 자강불식自强不息하는 '적극적인 인간'의 모습으로 묘사되고 있다. 이런 『주역』의 성인이 가진 형상은 단순히 무욕無慾한 도덕군자로만 규정되는 기존의 관점과는 확연히 다르다. 『주역』에 출현하는 성인을 추적해 보면 그들이 분명히 단순한 도덕군자의 역할만 하는 것은 아니라는 사실을 발견하게 될 것이다.

『주역』과 성인이라는 주제를 단순히 『역전易傳』에 나타난 이상적인 인간의 한 전형典型인 성인의 성격과 내용을 분석하는 데 그칠 경우, 이런 연구는 어쩌면 그렇게 큰 중요한 의미를 가지기는 힘들 것이다. 이런 연구는 『역전』의 성인관이 가진 철학사적 의미와 『주역』의 해석학적 의미를 간과하고, 『역전』 속에 보이는 성인의 성격과 역할에 대한 내용적 분류와 분석에 그칠 가능성이 크기 때문이다. 그렇다면 구체적으로 이 주제는 어떤 관점에서 그 의미를 찾을 수 있는가?

여기에서 다루려고 하는 "『주역』과 성인"이라는 주제는 단순히 『역전』의 몇몇 문장 속에 보이는 성인관의 개념적 분석에 그치지 않는다. 그보다는 『역전』의 성인관에 대한 철학사적·해석학적인 탐색을 통해 『주역』이라는 경전이 가진 성격의 전환, 유가적 성인관이 가진 본질적 함의와 변천, 『주역』의 천인관天人觀, 삼재三才의 의미, 인간의 문명에 대한 관점들을 끄집어내는 데에서 그 의미를 발견할 수 있을 것으로 보인다. 이런 맥락에서 가장 먼저 제기할 수 있는 기본적인 문제의식은 다음과 같이 정리할 수 있다.

"왜 『주역』의 고경古經인 『역경易經』에서는 전혀 보이지 않던 성인이라는 개념이 『역전』에 이르러 본격적으로 출현하는가?" 이것이 이 책에서 제시하려는 첫 번째 문제의식이다. 『역전』에 성인이란 개념이 출현하면서 『주역』의 성격과 해석의 방향이 점치는 책에서 인문적·철학적 지평의 책으로 전환한다는 것이 이 책의 핵심 주제이다.

성인 개념은 점치는 것을 중심으로 하는 『역경』에서는 전혀 발견되지 않다가, 『역전』의 「단전彖傳」·「문언전文言傳」·「계사전繫辭傳」·「설괘전說

卦傳」 등의 문장에서 자주 출현한다. 바꾸어 말하면, 『역전』에 보이는 성인 개념은 결코 『역경』 자체가 본래부터 가지고 있던 관점이 아니라, 『역전』 형성 당시의 철학적 경향과 어떤 내재적 관련성을 지니는 것으로 보인다. 이런 관점에서 『역전』의 성인관에 대한 연구는 결코 단순한 『역전』 속의 문제가 아니라, 춘추전국시기 제자백가諸子百家들의 성인관의 형성과 변천, 『주역』의 해석 지평의 문제, 유가철학의 인간관, 내성외왕內聖外王, 삼재三才 와 천인관天人觀 및 도기道器 등과 관련되는 중요한 철학적 문제들에 대한 논의라고 할 수 있다.

점서의 기록인 『역경』을 철학적으로 해석한 『역전』에서 성인 개념의 중요성과 의미는 어디에서 찾을 수 있는가? 『역전』 속에서 성인이 가진 역할은 무엇인가? 이런 물음에 대한 기존의 일반적인 해석은 대부분 성인을 『주역』을 지은 저자 즉 작역자作易者로 보는 관점이다. 즉 8괘를 처음 만든 복희씨伏羲氏, 8괘를 중첩하여 64괘를 만든 문왕文王, 『역전』을 지은 공자孔子 등 세 명의 성인 즉 삼성三聖(伏羲氏, 文王, 孔子) 또는 네 명의 성인 즉 사성四聖(伏羲氏, 文王, 周公, 孔子)을 『주역』의 저자로 보는 관점이다.

괘효卦爻의 기원에 대한 관점에도 여전히 많은 문제가 존재한다. 숫자괘數 字卦의 출현으로 보면 괘효의 기원은 마땅히 수數와 관련이 있고 수의 탄생은 분명히 서점筮占과 관련이 있다. 서筮로부터 수數에 이르고, 수로부터 괘卦에 이르는 관점이 정확할 것으로 보인다. 그러나 괘효의 기원 문제에 대한 전통적인 관점은 대부분 몇몇 성인이 만든 것으로 말한다. 이것이 바로 이른바 '성인작역聖人作易'의 관점이다. 지금까지 『주역』에서 성인이 가진 의미는 대부분 『주역』을 만든 작자라는 관점에서 벗어나지 못한 것이 사실이다. 이런 수천 년의 역사 속에서 형성되고 이미 권력화된 '성인작역'의 관점이 『역전』의 성인이 가진 중요한 의미를 철저하게 함몰하고 사장시켜 버렸지만, 『역전』에 보이는 성인 개념이 가진 가치와 함의는 결코 여기에 머물러 있지 않다.

『주역』을 이야기하는 데 있어서 가장 많은 논란을 불러일으키는 것은 『주역』의 형성과 관련되는 문제들이다. 『주역』의 형성과 관련되어 논란을 일으키는 주요 내용에는 괘효 즉 음양陰陽의 효爻, 8괘와 64괘의 기원과 제작자, 중괘설重卦說 및 8괘와 64괘의 발생 순서, 삼역三易과 『주역』의 관계, 『주역』의 발생적 기원, 『역전』과 공자와의 관계 등에 관한 문제들이 포함되어 있다. 이런 논란이 되는 문제들은 『역전』이나 『한서漢書』 등에서 말하는 '성인사관聖人史觀'에 근거하여 해석되어 온 것이 일반적이다.

『역전』에 보이는 성인들의 활동이나 역할은, 『주역』을 지은 것은 물론이고 인간사와 인류의 문명 발전이 대부분 그들에 의해 주도되고 전개된다는 '성인사관'의 관점을 보여 주고 있는데, 이로 말미암아 『주역』은 성인지서聖人之書로 간주된다. '성인지서'로서의 『주역』은 유가의 여러 경전 가운데에서 가장 우두머리의 자리를 차지하게 된다. 『주역』은 많은 경전 중에서도 '오경지수五經之首'라는 확고한 지위를 누리게 되는 것이다.

'성인작역'의 관점은 송대宋代의 구양수歐陽修와 청대淸代의 최술崔述 등을 시작으로, 20세기 초기의 고사변古史辨 학파로 불리는 의고적疑古的 경향에 의해 그 확고부동한 지위와 권위가 동요된다. 특히 20세기 후반의 숫자괘와 여러 출토문헌은 '성인작역'의 신화가 가진 관점들을 결정적으로 흔들어 버린다.

숫자괘 등장 이전의 괘의 성립에 대한 전통적인 견해는 복희씨가 3획괘(세 개의 爻畫으로 구성된 괘, 8괘를 말함)를 만들고, 문왕이 다시 8괘를 중첩하여 6획괘(여섯 개의 爻畫으로 구성된 괘, 64괘를 말함)를 만들었다는 관점이다. 그런데 숫자괘 등의 고고학적 출토 자료의 발견은 문왕의 중괘설重卦說을 부정하는 유력한 근거를 제시한다. 물론 3획괘 즉 8괘의 경괘經卦와 6획괘 즉 별괘別卦인 64괘 중 어느 것이 먼저 출현하였는가 하는 문제는 여전히 논란 중에 있다. 그러나 대체로 8괘보다 64괘가 먼저 등장하였다고 말하는 입장이 훨씬 설득력이 있는 것이 사실이다.

여러 가지 논란은 있지만, 은주殷周시기의 갑골·청동기 등에 새겨진 숫자괘의 경우, 6획괘가 더 일찍 출현하였고 출현 빈도도 6획괘가 3획괘보다 훨씬 높다. 그래서 괘의 형성이 절대적으로 3획괘에서 6획괘로 발전한 것은 아니라는 관점이 상당한 설득력을 얻고 있는 것이 현재까지의 상황이다. 이런 관점에서 한 걸음 물러선다 하더라도 처음부터 6획괘와 3획괘가 동시에 모두 존재하고 있었기 때문에, 전통적인 견해 즉 8괘가 먼저 출현하고 다시 이 8괘를 중첩하여 64괘를 만들었다는 사실은 절대적인 진리로 받아들이기 힘들게 되었다.

현존하는 『주역』의 괘효가 숫자괘에서 기원한다거나 문왕의 중괘설을 부정하는 관점의 등장은 『주역』을 성인이 만들었다는 관점을 부정하게 만든다. 동시에 괘효사卦爻辭의 성인저작설 역시 대부분 부정된다. 즉 문왕이나 주공의 저작이 아니라 복사卜辭나 점사占辭의 기록이거나 역사적 사실을 기록한 것이라는 연구, 또 당시 유행하던 고가古歌, 고요古謠도 상당 부분 포함되어 있다는 연구가 속출하고 있기 때문이다. 그러므로 괘효사의 원작자를 문왕이나 주공 등의 단독 저작이라고 말하는 것은 분명히 문제가 된다고 할 수 있다.

아울러 공자와 『주역』의 관련성 역시 비록 백서帛書 「요要」편을 통하여 상당한 의문이 보충되었다고 할 수 있으나, 『역전』을 공자가 찬贊하였다는 어떤 결정적인 증거나 대답을 주지 못하고 있는 것이 사실이다. 이런 점에서 본 연구는 강력한 권위를 가지고 있는 전통적 '성인작역'의 관점을 비판적인 각도에서 다루려고 한다.

전통적 역학易學은 '성인작역'이라는 무소불통無所不通의 지존적至尊的 신앙에 가까운 관점에 근거하여 『주역』과 관련된 모든 이론을 이 관점을 통해 자급자족하면서 스스로를 봉쇄해 버리는 이론체계를 만들어 내게 된다. 이런 관점을 통하여 『주역』은 성인이 만든 것이고 『역전』은 공자에 의해서 이루어진 것이 되어, 공자는 직접 복희씨와 문왕을 계승하는 성인의 반열에 들어가게 된다. 이런 이론체계는 2천 년의 긴 역사 속에서 강력한 역학 전통을 형성하여 『주역』의 성립이나 철학체계의 정립에 결정적인 역할을 함으로써 『주역』 형성에 관한 올바른 역사들을 말살해 버린다.

이 책은 『주역』이라는 경전은 결코 한 사람 또는 한 시대에 이루어진 것이 아니라 많은 사람들의 지혜가 오랜 시간의 누적 위에서 집적集積되어 형성되었다는 관점을 분명하게 제시하려고 한다. 이것은 성인에 의해서 모든 것이 이루어지고 형성되었다는 관점, 즉 "성인이 인류의 역사를 만들었다"라는 '성인사관聖人史觀'의 오래된 틀을 벗어나려는 시도라고 할 수 있다. 이에 대신하여 "한 명 한 명의 모든 인간이 역사의 근본이다"라는 관점에서 『주역』과 역학사의 모든 역사적 주체와 그들의 찬란한 궤적을 역사를 살다 간 모든 사람들에게 분명하게 돌려주려고 한다.

현대의 새로운 출토문헌의 발견과 이에 대한 연구에 의해 '성인작역'이 부정되는 상황이라면, 그러면 『역전』에서 말하는 성인의 존재는 아무런 의미도 없는 허구인가? 이를 어떻게 해석하여야 하는가? 『역전』에서의 성인 등장을 단순히 성인의 절대적 권위에 의거하여 『주역』의 합법성을 인정받으려는 시도에서 나온 것으로 보아야 하는가? 이런 물음에 이 연구의 목적과 필요성이 들어 있다고 할 수 있다.

본 연구에서는 이런 문제제기에 대해 성인의 존재를, 신화나 역사 속에 실존하였던 인물이 아니라 사회공동체가 가지고 있는 집체集體정신의 염원을 상징적으로 표현한 일종의 문화적 상징부호로 간주하려고 한다. 대부분의 제자백가와 『역전』에 보이는 성인을 숭배하는 이른바 '숭성崇聖'의 관점은 사회·심리적 요소들과 내재적 연관성이 있다.

숭성 관점의 형성은 사회공동체가 가지고 있는 집체정신의 염원을 상징적으로 표현한 것으로, 인문화성人文化成의 책무를 담당한 성인이라는 이름을 가진 사회적 자아일 뿐이다. 다시 말하면 문화적 상징부호로서의 성인은 현실 속의 인간들의 염원과 희망을 담은 일종의 매개체의 역할을 담당하고 있다. 여기에서 성인은 인간을 자연의 재해나 도탄에서 구하고 인간의 복리福利를 향상시키기 위해 문명의 이기利器를 제작하여 삶의 질을 높이는 문화적 영웅으로 전환된다.

『역전』의 성인관은 분명히 농후한 세속적 색채를 가지고 있지만, 그 내재적 구조와 작용 기능은 상당 부분 상고上古시기의 무巫의 원형을 기초로 하고 있는 것으로 보인다. 무巫가 가지고 있는 가장 큰 기능은 인간과 신神을 소통하게 하는 교량 또는 매개의 역할에 있다. 사람들은 무巫와 신神의 교류에 의지해서 신의 비호를 받아 현세의 행복을 얻으려 한다. 이와 마찬가지로 『역전』의 성인 역시 인간과 신 및 자연(天地)을 결합하는 매개의 역할을 통하여 인류에게 행복을 가져다준다.

성인이 무巫와 다른 것은, 성인은 더 이상 신의神意를 살피고 전달하는 데 관심을 두지 않는다는 점이다. 상제上帝라는 상주商周시기의 지고신至高神에 대해서 선진先秦유가나 『역전』은 크게 말하지 않는다. 왜냐하면 상제가 거주하고 있는 신비로움으로 충만한 천天의 신성성이나 지고무상한 권위가 이미 많이 추락하여 상실되었기 때문이다. 천天은 다만 지地와 상대되는 개념으로 추락하였고, 심지어는 천지인天地人이 동급同級으로 병렬되어 제등齊等한 삼재三才 혹은 삼극三極 중의 하나로 존재할 뿐이다.

이런 사상적 분위기 속에서 성인이 가진 '통通'의 지혜와 능력[1]은 주로

---

[1] 『說文解字』에서 "성은 통이다"(聖, 通也)라고 하였다. 또 『尙書』 「大禹謨」의 孔安國의 주석에 "성이라는 것은 통하지 않음이 없는 것을 이른다"(聖者, 無所不通之謂也)라고 하였다. 『白虎通』 「聖人」에 "성은 통하는 것이고, 길이고 소리이다"(聖者通也, 道也, 聲也)라고 하였다.

인도人道와 천도天道가 가지고 있는 필연성과 의미를 파악하는 데 집중되어 있다고 할 수 있다. 여기에서 성인은 마침내 우주자연과 인문세계의 중심으로서의 본원적 지위를 누리게 된다. 이것은 『역전』의 "성인이 일어남에 만물이 우러러 본다"[2]라는 말로 충분히 표현할 수 있을 것이다.

성인은 결코 신神이 아니다. 성인이 가지고 있는 빼어남은 그의 초범적超凡的인 지능과 인격적 완벽함에서 나온 것이다. 그리고 이런 능력의 대부분은 인간세계의 교화와 구제에 적용된다. 성인의 교화와 구제라는 방식을 통하여 약육강식과 본능적 힘에 근거하는 인간 개체의 동물적 본능과 사회를 문화적이고 도덕적인 것으로 바꾸어 놓는다. 즉 자연적 존재들을 문화적 존재로 변화시키는 역할을 성인이 담당하는 것이다.

이런 점에서 유가나 『역전』의 성인관은 강한 진취進取정신과 적극적 입세入世정신을 보여 주는 동시에 가치와 문화적 부호의 집합체로서 자연세계와 인간세계의 핵심과 출발점이 된다. 심지어 우주·사회와 인류 질서의 합리성은 모두 성인을 통해야만 완전한 해석이 가능하다고 하여도 지나친 말이 아닐 것이다. 다시 말하면 성인은 문화적 상징의 인격부호로서 인간들의 삶에 형식·질서와 방향을 제공하는 의미적 체계의 역할을 담당하고 있다고 할 수 있다.

『역전』은 성인을 통하여 당시 사람들의 생존환경에 대한 우환에서 나온 자연과 세계에 대한 새로운 자아의식을 상징적으로 반영하고 있다. 『역전』에서 출현한 성인들이 행한 업적들은 대부분 인간세계를 안전하고 평안하게 만든 것으로, 이른바 인문세계의 개창開創이라고 할 수 있다. 여기에서 가장 중요한 것은 성인지도聖人之道에 대한 일련의 철학적 해석 과정을 통하여 『주역』이 완전히 다른 성질의 책으로 변화된다는 사실이다.

---

2) 乾卦 「文言傳」, "聖人作而萬物覩."

『역전』에서 성인의 등장은 단순히 『주역』을 성인이라는 절대적 권위에 의거하여 그 합법성을 인정받으려는 시도에서 나온 것이 아니라, 인간의 자아의식 및 삶의 환경에 대한 우환의식과 위기의식으로부터 비롯된 인간 자신들의 요청에서 나온 것이라고 할 수 있다. 『역전』에서 성인을 요청한 이유는 한마디로 말하면 인문세계의 개창이다.

중국 고대의 중요한 문헌 중에 상고시기의 천재지변, 예를 들면 열 개의 태양이 동시에 떠올랐다거나 홍수가 하늘을 뒤덮었다는 것 등이 의미하는 것은, 그 시기가 결코 인류가 생존하기에 적합하지 않은 세계였거나 환경이 매우 열악하였다는 원시질서의 결함을 상징적으로 표현한 것으로 보인다. 여기에서 다행히 일군一群의 문화적 영웅 즉 성인이 출현하여 자연재해를 바로잡아 인간세계를 태평하게 만드는 역할을 한다. 이들 성인이 세상을 구한다는 전설들 속에서, 진정한 인간의 역사는 이들 사건으로부터 본격적으로 시작된다고 할 수 있다.

유가나 『역전』에서 말하는 인류의 삶과 직접적으로 관련 있는 문명적 환경은 대부분 성인의 활동을 통하여 이루어진 것이다. 성인이 행한 활동은 천지의 창조가 아니라, 인문세계의 개창 과정이다. 인문세계의 개창은 재난을 구제하는 것에서부터 시작하는데, 재난을 구제하는 것은 환경에 대한 이차적二次的 개창을 말하는 것이다. 이 이차적 개창은 인간사회에 있어서는 직접적이고 현실적 의미를 가진다. 그러므로 유가는 고대의 신이 세상을 만드는 신화에 대해서는 말하지 않지만, 성인이나 문화적 영웅이 세상을 구원하는 전설에 대해서는 즐겨 말하고 적극적으로 선양한다. 유가의 인문주의적 세계관은 모두 이것을 원점 또는 기점으로 삼는다.

위에서 말한 성인의 역할은 기본적으로 인문적 활동이고 문명발전의 길이다. 이런 점에서 『역전』에서 성인의 적극적인 등장이 의미하는 것은 바로 자연과 세계에 대한 새로운 인문적인 해석 지평이 전개되고 있다는 것으로, 이를 통하여『주역』은 점치는 책에서 인문적이고 철학적인 성질을 가진 책으로 전환하게 된다. 여기에서 우리는『주역』을 지은 저자를 왜 성인으로 표현하고 있는가 하는 문제를 어느 정도 파악할 수 있다. 도가를 제외한 제자백가들이 인문세계의 출발점을 대부분 "성인이 만들었다"(聖人作)는 관점에서 시작한 것처럼,『역전』에 출현하는 성인들 역시 같은 관점에서『주역』을 만든(作) 것으로 보인다.

점치는 책인『주역』이 인문세계를 개창하는 성인들의 지평 속으로 전입되면서『주역』은 완전히 해석 지평을 전환하게 된다.『주역』은 점서占筮의 지평에서 철학적, 인문적 지평으로 전환하여 더 이상 점서서占筮書가 아니라, 유학의 도덕체계·세계관과 형이상학을 말하는 중요한 경전으로 변화하게 된다. 이런 관점에서『주역』을 지은 성인들의 역할은 엄밀하게 말하면 성인작역聖人作易보다는 성인해역聖人解易 즉 성인을 통해『주역』이 새롭게 해석되었다는 말이 더욱 적절한 표현일지도 모른다. 그러므로『주역』을 지은 성인은 더 이상『주역』을 지은 '작역자作易者'라기보다는『주역』을 해석하는 '해역자解易者'의 신분이라고 할 수 있다.

『역전』에 성인이 출현하면서 점서占筮라는 발생적 기원을 가진『주역』이 철학적·인문적 지평으로 전환하였다는 점 이외에,『역전』의 성인관이 유가철학에서 가지는 의미나 가치 역시 그에 못지않게 중요하다. 그것은 바로 유가철학의 가장 중요한 핵심 주제인 '내성외왕內聖外王'의 문제에 대해 재차 음미해 볼 수 있기 때문이다.

『역전』에서 보이는 성인의 주요한 성격은 도덕과 현실적 사업 모두를 중시하는 숭덕광업崇德廣業·도기합일道器合一적인 성인관에 있다. 이런 관점은 한대漢代와 송대宋代 이후 성인의 형상이 지나치게 도덕이나 신비적인 것과 결합하면서, 형이상적인 도道만 중시하고 형이하적인 기器를 경시하는 입장이 출현하게 됨으로써 현실에 무능한 문화구조를 형성하게 되는 관점에 상당한 시사점을 줄 수 있을 것으로 보인다.

송명리학의 성인 관념이 비록 선진유가의 성인관을 계승하였다고 하지만 그 차이는 분명히 존재한다. 예를 들면, 송명리학의 성인관에서 말하는 외왕外王 혹은 평천하平天下에 대한 관점은 크게 변화되었다고 할 수 있다. 선진유학에서 고도의 지혜를 가진 존재로 받아들여졌던 성인의 관점이 도덕과 인륜의 화신인 성인으로 완전히 바뀌어, 성인은 진륜盡倫과 진덕盡德의 동의어로 변해 버렸다. 성인은 기본적으로 도덕과 인륜의 완성자이며 최고 인격의 상징이 된 것이다. 『역전』에 나타난 이성적·현실적이고 실용적인 성인관은 도덕적 성인의 이상에만 치우친 도학적 성인관으로 재조정되어, 유학 본래의 도덕과 현실의 균형이라는 이념을 다시 새롭게 전개할 수 있는 근거를 분명하게 제시하고 있다.

2) 이 책의 주요 내용과 범위

본 연구가 위의 문제의식을 통하여 수행하려는 첫 번째 관점은 『역전』에 성인이란 개념이 출현하면서 『주역』이란 책이 가진 성격과 해석에 결정적인 방향전환이 생긴다는 점을 말하려는 것에 있다. 즉 『역전』의 성인 개념의 출현은 『주역』이 점서占筮를 행하던 점치는 책(占書)에서 인문적·철학적인 내용을 담은 철리적哲理的인 책으로 지평전환을 하는 데 있어서 매우 중요한 역할을 하고 있다는 관점을 제시하는 데 있다.

『역전』에서 성인의 등장은 단순히 『주역』을 성인이라는 절대적 권위에 의거하여 그 합법성을 인정받으려는 시도에서 나온 것이 아니라, 인간의 자아의식 및 삶의 환경에 대한 우환의식과 위기의식으로부터 비롯된 인간 자신들의 요청에서 나온 것이라고 할 수 있다. 여기에서 말하는 성인을 단순히 복희씨·신농씨神農氏·황제黃帝·요순堯舜 등의 구체적인 인물로 제한해서는 곤란하다. 그보다는 『역전』이 말하고 있는 성인은 당시 사회와 사람들의 자아의식과 염원을 담은 하나의 문화적 인격부호 혹은 상징부호에 해당하는 것이라고 할 수 있다.

성인이 비록 복희씨나 신농씨 등의 구체적인 인물로 표현되었지만, 그것은 당시 사람들의 염원을 투영한 것이었다. 좀 더 구체적으로 말하면 성인은 단순한 역사적 인물의 형상에 그치는 것이 아니라, 당시 사람들의 자연관, 세계관과 생활방식 및 도덕적 질서를 담아 낸 하나의 상징이었다고 할 수 있다. 그 시대 사람들의 사고와 염원을 표현하는 대변자代辯者 또는 상징이었던 것이다. 그러므로 성인이라는 관점을 통해 우리는 『역전』에서 말하는 인간관을 살펴볼 수 있고, 당시 사람들의 세계관과 자연관 및 문화관에 대해서도 전체적으로 조감할 수 있을 것이다.

비록 철학자에 따라서 관점을 달리하고 있지만, 성인에 대한 논의는 『역전』뿐만 아니라 당시 제자백가들에 있어서는 공통적인 철학적 문제들이었다. 이 문제는 크게 보면 성인을 숭상하는 숭성崇聖사상의 문제와 관련된다. 기본적으로 성인을 숭상하는 이유는, 성인이 인간을 해방하고 인간세계에 문명을 가져다주며 혼란과 재난을 막아 주는 역할을 담당하는 존재로 그려지기 때문이다. 즉 인간을 천지자연의 재난이나 인간세계의 도덕질서의 파탄 즉 상덕喪德으로 야기되는, 현실세계의 불완전함으로 인한 재해의 고통에서 해방시켜 주고 편안하고 안정된 삶의 조건을 만들어 주기 때문이다.

이른바 인간의 고통 면제를 위한 성인의 역할은 기본적으로 인문적 활동이고 문명 발전의 길이라고 할 수 있다. 여기에서 우리는 성인이란 상징 혹은 인격부호를 통하여 인간과 자연 및 문화의 문제에 대한 『역전』의 관점을 살펴볼 수 있을 것으로 보인다. 이런 관점에서 특히 『역전』에 보이는 성인의 적극적 행위行爲라는 문제에 주목하려 한다.

『역전』에 보이는 성인은 다양한 모습으로 표현되고 있지만, 그 중 가장 뚜렷하게 보이는 것은 적극적으로 인간을 위해 문화를 만들어 나가는 행위에 있다. 왜 인간은 문화를 적극적으로 만들어 나가야 하는가? 이것은 바로 생물학적 존재로서의 인간에게 자연 혹은 환경은 그것 자체로 적합하지 않기 때문이다. 기본적으로 인간은 다른 동물처럼 환경에 적합하도록 그 구조가 완비되어 있는 것이 아니다. 그러므로 천지天地는 인간으로 하여금 생존할 수 있도록 하는 공간을 제공해 주었으나, 인간은 태어나면서부터 곧바로 환경에 적응할 수 있는 어떤 조건도 가지지 못하고 있다. 이 때문에 인간은 자연환경에의 적응이라는, 재창조再創造를 필요로 한다. 말하자면 자연환경은 인간에게 하나의 커다란 부담과 해결하기 쉽지 않은 과제를 제공하고 있다. 이 커다란 부담과 과제를 해결하는 것이 인간의 현실적 급선무이자 목표였다.

『역전』에 보이는 인간은 천지 즉 이 세계 속에서 인간 자신의 적극적인 행위를 통하지 않고서는 생존할 수 없고, 자신이 가진 주체적 노력에 근거한 행위를 통해서만 생존할 수 있는 존재로 표현되고 있다. 주지하다시피, 『주역』의 고경古經 즉 『역경』이 출현하게 되는 배경은 인간의 미래를 점치는 점서占筮에 있다. 왜 점을 치는가? 그 이유는 간단히 말하면 길흉吉凶과 화복禍福을 포함한 모든 문제를 인간 스스로 주재하지 못하기 때문이다. 그래서 인간은 대부분의 중요한 결정과 선택을 천天이나 신에게 양도한다. 그러나 『역전』의 단계에 이르면, 신의 개념은 비록 양화量化시켜 측정할 수 없는 존재로 표현되고 있지만[3] 더 이상 어떤 신비로운 인격적 존재로서 절대적인 숭배의 대상으로 그려지지는 않고 있다.

『역전』의 「계사전繫辭傳」 속에서 '신神'의 개념은 외재적 인격신으로부터 점차적으로 덕성화·인문화·주체화의 전환 과정을 거쳐 풍부한 이성정신

---

3) 「繫辭上傳」, 제5장, "陰陽不測之謂神."

을 지닌 "신묘하게 하여 밝히는 것은 (그것을 실행하는) 사람에게 있고"[4]라는 관점으로 변화한다. 이것은 바로 인간의 자각이고 모든 결정과 행위를 신에서 인간 자신의 것으로 전환하고 있음을 말한다. 신의 절대적 권위가 추락하는 단계에서 이를 대신한 것이 바로 성인이다.

초기의 성聖 혹은 성인이 가진 의미는 천명天命을 듣는 청각적 능력을 강조하고 있다. 이는 천天과 인人 혹은 신神과 인人 사이를 매개하는 성인의 역할이나 기능을 강조하는 것이라고 할 수 있다. 초반에는 반신반인半神半人의 성인에 의탁하는 관점이 보인다. 이런 경향은 신의 속박을 벗어나 주체적 인간으로 전환하는 중간 단계에 해당한다고 할 수 있다. 달리 말하면 신을 완전히 배제한 성인의 주체적 작용이나 기능은 춘추전국 시기에 이르러 비로소 출현한다. 이것은 이 시기의 숭성崇聖사상이나 성인화 聖人化의 결과로 나온 것이라고 할 수 있다.

인간의 행위는 가장 기본적인 지각작용이나 운동 등을 포함하고 또 고도의 정신적이거나 이성적인 행위를 포함한다. 아울러 인간의 자연에 대한 다양한 행위 방식 역시 여기에 포함된다. 즉 행위는 인간이라는 특수한 존재의 생존 유지 방식인 동시에 일정 부분 세계를 변경하고 세계에 간섭하는 행위라고 하여도[5] 크게 틀린 말은 아닐 것이다. 이 때문에 행위를 하는 존재로서의 인간은 기본적으로 자연 상태에서 인위적인 문명을 만들어 내어야 하는 문화적 존재이다.

『역전』에 보이는 성인 역시 다분히 문화적 인격부호로 표현되고 있다. 예를 들면, 8괘를 만든 복희씨는 바로 목축시대에서 아직 농경시대로 진입하지 못한 시기의 문화적 상징으로 표현된다[6] 여기에서 말하는 문화적

---

4) 「繫辭上傳」, 제12장, "神而明之, 存乎其人."
5) 허재윤 저, 『인간이란 무엇인가?』(대구: 이문출판사, 1986), 101쪽 참조 바람.
6) 劉述先, 『哲學思考漫步』(臺北: 三民書局, 1995), 190쪽 참조 바람.

이라는 말이 의미하는 것은, 우선적으로 인간의 생존조건의 형성이라는 것에 있다. 인간의 생존조건은 기본적으로 문화나 문명적 조건 아래에서 살아야 한다는 것이다. 여기에서 『역전』은 성인이 가진 가장 뚜렷한 성격을 발명 혹은 창조에서 찾고 있다.

물론 『역전』의 성인관은 유가 특유의 도덕적 모범이라는 기본적 DNA를 분명히 가지고 있고 이것을 강조하고 있지만, 여기에서 가장 두드러지게 나타나는 것은 성인을 이성과 지혜를 가진 인간(homo sapiens)인 동시에 인간 자신에게 필요한 것을 발명하는 인간(homo inveniens)으로 표현하고 있다는 점이다. 엄밀하게 말해서 창조는 결코 신이 천지를 만드는 식의 창조가 아니라 제2의 창조 또는 재창조에 해당하는 것으로, 이른바 인간이 안전하고 편안하게 살 수 있는 새로운 세상을 만드는 창세創世라고 할 수 있다.

『역전』에서는 성인이 만들고 창조한 다양한 것들에 대해 소개하고 있다. 예를 들면 그물(罔罟)이나 궁실宮室, 심지어 관곽棺槨 등도 있다. 이는 모두 역상易象을 통하여 기물器物을 만드는 '관상제기觀象制器' 혹은 '법상제기法象制器'의 결과이다. 이런 인간이 만든 발명품을 『역전』은 기器라고 말한다. 어떤 사람은 중국철학사에서 『역전』이 가지고 있는 가장 큰 업적은 도道와 기器를 하나의 철학적 범주로 만들어 형이상과 형이하로 나눈 것에 있다고 말하기도 한다.[7] 이것은 바로 「계사전」의 "형이상자形而上者를 도道라 하고, 형이하자形而下者를 기器라고 한다"[8]라는 말에서 나왔다.

도와 기 개념은 본래 도가에서 나왔지만 「계사전」의 작자는 이 개념을 비판적으로 흡수하여 창조적으로 재해석하였다. 물론 유가도 도道 개념을 강조하지만 대부분 인도人道의 의미에 한정되어 있었는데, 이런 유가적 개념을 『역전』은 외재적인 천지자연의 범위로까지 확대한다. 여기에서

---

7) 劉文英 主編, 『中國哲學史』 上卷(天津: 南開大學出版社, 2002), 178쪽.
8) 「繫辭上傳」, 제12장 "形而上者謂之道, 形而下者謂之器."

더욱 주목할 만한 관점은 노자老子의 『도덕경道德經』에서는 다만 유형적 사물로 표현되었던 기器 개념이 분명한 의미 확장을 하게 된다는 점이다. 예를 들면, 『도덕경』 제11장의 "흙을 짓이겨 그릇을 만들 때 그것이 비어 있는 것을 그릇의 쓰임으로 한다"9), 제57장의 "사람 사이에 날카로운 무기가 많을수록 나라가 더욱 혼미해지고"10), 제31장의 "무기는 상서롭지 못한 물건이라 사람이 모두 싫어한다. 그러므로 도가 있는 사람은 이것에 처하지 않는다"11) 등에서 말하는 기器는 대부분 그릇이나 병기 등을 지칭하는 데 사용된다. 이에 비해 『역전』에서의 '기器'는 물질적 도구, 시장市場 등의 시설 및 제도 등 인간이 발명해 낸 것들을 가리키는 의미로 범위가 크게 확대된다. 즉 기器는 사람이 창조한 모든 것을 말한다. 그리고 이런 것을 만들어 내는 사람을 『역전』에서는 성인이라고 말한다.

『역전』에서 인간의 지위는 최대한도로 높게 고양되어 피조물이 아닌 창조자의 신분으로까지 격상된다. 이른바 가사적可死的인 신(deus mortalis)의 단계로까지 끌어올려지고 있는 것이다. 이것의 구체적인 표현이 바로 삼재三才의 관점이다. 이 우주 내에서 인간은 천지와 병렬하고 있는 가장 중요한 존재로 그려지고 있다.

삼재로서의 인간이 지니고 있는 가장 큰 특징은 자신의 행동 방식을 스스로 결정할 수 있다는 점이다. 이런 점에서 인간은 창조적이다. 그러나 『역전』에서 말하는 삼재로서의 인간은 완전성을 지닌 존재가 결코 아니다. 그보다는 오히려 인간이 가진 불완전성과 불만족이 인간 스스로를 그렇게 행동하도록 만든 것이라고 보아야 할 것이다.

인간은 천지라는 배경 없이는 어떠한 것도 창조해 내거나 발명해 낼

---

9) "埏埴以爲器, 當其無, 有器之用."
10) "民多利器, 國家滋昏."
11) "兵者, 不祥之器, 物或惡之. 故有道者不處."

수 없다. 창조와 발명의 근거는 오히려 천지를 본받는 것에서 나온다. 『역전』에 따르면, 성인은 천지가 만물을 기르는 작용을 본받아(法天地) 모든 백성들을 양육養育하고, 또 천지가 교감交感하여 만물을 기르는 특성을 보고 배워 인심人心을 감화感化시키고 나라를 다스려 나간다고 한다. 여기서 말하는 성인이 가지고 있는 가장 큰 특성은, 천지를 이해하고(知天地) 또 이런 이해에 바탕하여 백성을 양육하고 감화시키는 능력을 지닌 통치자라는 점이다. 이런 성인의 행위 또는 작용이 바로 '인문화성人文化成'이다. 이것이 바로 "하늘을 본받고 땅을 본받아"[12] 인간 자신의 주체적인 활동과 주관적인 능동성의 작용을 행하는 것으로, 이른바 '천생인성天生人成' 중의 '인성人成'에 해당하는 것이라고 할 수 있을 것이다. 이런 '인성'에 해당하는 활동들은 『역전』 전체에서 매우 쉽게 발견된다.

인간 행위의 대상이 무엇인가를 막론하고, 생존 조건의 형성을 목적으로 하여 만들어 낸 행위의 결과 소산所産된 일체의 모든 것과 그것을 위한 일체의 물적物的 · 표상적表象的 수단을 문화文化라고 정의할 경우, 인간은 문화라는 적극적 행위 속에서만 생존할 수 있다. 인간이 천부적으로 부여받은 생물학적 조건은 분명히 결함이 많기 때문이다. 인간에게 주어진 자신과 외부의 환경은 생존을 영위하기에는 모두 적합하지 않다. 이런 부적합을 바꾸고 개선하는 노력 중의 하나를 『역전』은 성인의 제기制器라는 과정을 통하여 표현하고 있다. 이런 관점에서 성인을 문화적 상징이라고 불러도 무방한 것이다. 그러므로 『역전』에서 성인의 등장은 바로 자연과 세계에 대한 새로운 인문적 해석의 지평이 전개되고 있다는 것을 의미하는 것으로, 이를 통하여 『주역』은 점을 치는 점서占書에서 인문적이고 철학적인 성질을 가진 책으로 전환하게 된다.

---

12) 「繫辭上傳」, 第5章, "崇效天, 卑法地."

이 책은 이런 맥락에서 『역전』의 성인관 형성의 배경이 되는 성聖 개념, 제자백가들의 성인관·숭성崇聖의식 및 성인화聖人化의 문제들에 대해 먼저 분석하고 난 후, 다시 『역전』의 성인관이 말하고 있는 구체적 내용에 대해 분석하려고 한다. 그리고 이런 성인관의 논의와 분석을 통하여 『역전』에서 말하는 '성인작역'의 의미와 점서占書로서의 『주역』이 어떤 성격을 지니고 있는 책으로 변화하고 있는가 하는 문제에 대해 집중적으로 살펴보려고 한다.

'성인작역'의 관점은 실증주의적 관점에 의해서는 부정될지 모르지만, 해석학적인 입장이나 철학사적인 입장에서는 여전히 중요한 의미를 내포하고 있다. 왜냐하면 『역전』에서 성인이 『주역』을 지은 것은 다름 아닌 인문적 활동이기 때문이다. 성인의 일 중에는 사람들의 편리를 도모하기 위해 농기구나 시장을 만들거나 도덕적 교화사업을 펴나가는 등 많은 인문적·문명적 사업이 있다. 이런 관점에서 보자면, 성인이 『주역』을 지은(作易) 것도 다름 아닌 『주역』을 인문적·문명적 각도에서 보려는 시도에서 나온 것이라고 할 수 있다. 이 때문에 『역전』에서 성인의 역할은 『주역』을 해석하는 데 초점이 있다고 말하는 편이 더 정확한 표현일지도 모른다. 즉 『역전』의 '성인작역'이라는 말은, 정확하게 말하면 성인이 『주역』을 해석하고 있다는 '성인해역'이고, 성인의 신분은 더 이상 『주역』을 지은 작역자作易者가 아니라 『주역』을 해석하는 해석자의 신분이다.

『주역』의 해석학사에서 '성인작역'은 또 다른 심각한 문제점을 발생시켰는데, 그것은 바로 『역전』의 관점에서 『역경』을 해석하는 이전해경以傳解經의 관점이다. 『역경』과 『역전』이 비록 시기적으로 분명히 차이가 있음에도 불구하고, 성인들이 모두 같은 마음(同心)으로 만든 저작이기 때문에 『역전』의 관점에서 『역경』을 해석하더라도 전혀 문제가 없다고 보는 관점이다. 여기에서 철학적으로 대단히 중요한 문제인 『역경』에서 『역전』으로의 자연스런 발전적 해석의 단계는 무시되고, 이 자리를 성인이나 전설들이 대신해 버렸다. 이런 초역사적超歷史的인 '성인작역'의 관점을 벗어나서 『역경』에서 『역전』으로의 자연스런 발전적 해석의 과정을 살펴보아야 할 것이다.

　『주역』의 철학적 본질이나 성격의 규정은 『주역』의 발생적 기원이 아니라, 후대의 끊임없는 철학적 해석의 과정에서 형성된 것이다. 그런데 후대의 철학적 해석의 과정이 더욱 강조된다고 하더라도 『역전』은 『주역』의 발생적 기원에 해당하는 점서占筮 부분을 버리지 않고 『역경』과의 역사적 연속성 위에서 새롭게 해석하고 있다. 바로 「계사전」에서 "주역에는 성인의 도가 네 가지 있다"(易有聖人之道四焉)라고 했듯이, 『주역』은 점서를 포함한 다양한 기능을 가지고 있는 책으로 표현되고 있다. 말하자면 『역전』은 『주역』의 발생적 기원인 점서를 인문적 지평의 영역 속에서 새롭게 해석하고 있다.

　위에서 말한 것처럼, 『역전』에서 성인의 등장은 삶의 환경에 대한 위기의식과 개선에 대한 희망에서 나온 일종의 요청이라고 할 수 있다. 이것은 『역전』뿐만 아니라 당시 제자백가들이 공통으로 가지고 있었던 관점으로, 여기에서 숭성崇聖사상이 출현한다. 기본적으로 성인을 숭상하는 이유는 성인이 인간을 고통에서 해방시켜 줄 수 있기 때문이다.

　또 하나 중요한 사실은 『역전』은 선진시기에 논의된 성인관의 보편적 의미 속에서 그것을 보다 철학적인 각도에서 체계화하여 독자성과 창조성을 지니고 있다는 점이다. 즉 『역전』은 성인의 관점을 천생인성天生人成, 삼재, 도기道器의 형이상학적인 체계를 통하여 재해석하고 있다. 이런 『역전』의 성인관은 유가적 이념인 수신修身과 경세經世, 내성內聖과 외왕外王의 균형이라는 성인의 궁극적 모형을 제시해 준다는 점에서 대단히 중요하다.

　이상의 몇 가지 문제들이 바로 본 연구가 수행해야 할 주요 내용들이다. 본문에서 다루려고 하는 주된 논제와 방향 및 범위를 더 구체적으로는 말하면 다음과 같다.

⑴ 『역전』의 '성인작역'에 대한 전통 유가의 관점과 출토문헌을 통한 검토: '성인작역'과 관련되어 논란을 일으키는 내용에는 8괘와 64괘의 기원과 제작자, 중괘설重卦說 및 8괘와 64괘의 발생 순서, 『역전』과 공자와의 관계 등에 관한 문제들이 포함되어 있다. 이런 논란이 되는 문제들은 『역전』이나 『한서漢書』 등에서 말하는 '성인사관'에 근거하여 해석되어 온 것이 사실이다. 이를 '성인작역'에 대한 역학사의 관점이나 숫자괘 및 백서『주역』 등의 새로운 출토자료의 관점들을 통하여 분석하려고 한다.

⑵ 성인관과 성인숭배의 형성 배경: 『역전』에 보이는 성인 중심의 문명발전이나 성인사관을 가능하게 하는 배경에 해당하는 성聖 개념의 함의와, 숭신崇神에서 숭성崇聖으로 전환하는 관점을 철학사와 『역경』에서 『역전』으로의 전개 과정을 중심으로 살펴보려고 한다. 여기에서는 공맹孔孟과 노장老莊을 비롯한 선진시기의 제자백가들의 성인에 대한 각기 다른 정의와 변천과정을 추적하여 그것이 『역전』에 어떤 영향을 미치고 있고 어떤 관련을 가지고 있는가를 분석하려고 한다. 아울러 성인에 대한 요청과 숭배라는 관점이 나오게 되는 배경을 제자백가의 관점과 비교하여 분석하려고 한다.

⑶ 『역전』에 보이는 문화적 상징부호로서의 성인과 그 성격: 『역전』에서 성인은 사회공동체가 가지고 있는 집체集體정신의 염원을 상징적으로 표현한 문화적 상징부호이다. 문명발전을 주도하는 성인이 만든 업적들은 대부분 인간세계를 안녕하게 하는 인문적 질서의 건립이다. 『역전』에서는 성인 자체의 신이神異한 능력이나 초월적 능력보다는, 앙관부찰仰觀俯察의 관찰능력이나 이성적 추리능력 같은 이성적 성격이 돋보인다. 성인의 요청이 함의하는 가장 중요한 의미는 현실 질서의 불완전함에

대한 인문적 질서의 보완이라는 점이다. 비록 천지의 질서는 완벽할지 몰라도, 원생적原生的인 천지의 상태는 인류가 생활하기에 부적합하기 때문에 성인은 그것을 인류에 적합하게 보완하게 되는데, 이것이 바로 인문화성人文化成이다.

(4) 『역전』에 보이는 성인의 역할과 『주역』 성격의 전환: 작역자로서의 성인이 가진 우환의식憂患意識과 네 가지 성인지도聖人之道 등에 대한 『역전』의 논의를 분석하려 한다. 『역전』에서 말하는 성인의 역할을 정리하면, 성인이 『주역』을 지었다는 작역作易의 관점, 지적智的 능력에 근거하여 새로운 발명이나 문물을 제작한다는 "상상제기尙象制器", 덕德과 업業 둘 다를 모두 겸섭兼攝하여 "숭덕광업崇德廣業"을 가능하게 하는 것, 천天의 창조활동을 본받아(聖人則之) "천생인성天生人成"을 가능하게 하는 천도天道의 구현자, "신도설교神道設敎"하여 천을 대신해서 교화를 행하는 "대천행교代天行敎" 등을 이야기할 수 있다. 『역전』에서 성인의 등장이 의미하는 것은 바로 자연과 세계에 대한 새로운 인문적인 해석 지평이 전개되고 있다는 것을 의미하고, 이를 통하여 『주역』은 점서에서 인문적이고 철학적인 책으로 전환하게 된다.

(5) 『역전』의 성인과 천지인 제등의 삼재관: 『역전』은 성인을 "천생인성"을 가능케 하는 천도의 구현자로 보아 천지인 삼재三才를 말한다. 이것은 『역전』이 이전의 제자백가들이 주장한 천인天人의 관계를 보다 철학적 관점에서 구체적으로 체계화한 경우이다. 『역전』은 '삼재'를 통하여 천지인이 가지고 있어야 할 고유한 기능과 역할에 대해 말한다. 동시에 천도의 완전성에 대한 회의와 인간의 목적론적 이해를 통하여 인문적 질서를 강조하는데, 여기에서 천지인의 제등설齊等說에 대한 형이상학적 해석이 출현한다.

(6) 유가의 내성외왕과 『역전』의 도기합일적인 성인관: 『역전』의 성인관에

서 가장 중요한 것은 성인이 지니고 있는 실천적 역할과 기능이라는 측면이다. 『역전』에 나타나는 성인은 인격완성을 실현한 도덕적 존재일 뿐만 아니라, 현실에 우환하고 개물성무開物成務하여 천하를 이롭게 하려는 현실적·실용적 성격을 지닌 존재이다. 이런 『역전』의 성인관은 유가적 이념인 수신修身과 경세經世, 내성과 외왕의 균형이라는 모델을 제시해준다. 『역전』의 성인관이 유가철학사에서 가지고 있는 가장 중요한 의의는 "득도지성인得道之聖人"과 "작자지위성作者之謂聖"의 두 측면을 매우 균형 있게 강조하는 '도기합일적道器合一的 성인관'을 제시하는 데 있다. 성인의 '성聖'의 표준은 형이상의 '도道'의 영역과 형이하의 '기器'의 두 영역에 모두 걸쳐 있어야 한다. 『역전』에서 나타나는 이성적·실용적인 성인의 형상은 내성에만 치우쳐 있는 유가적 성인관을 재조정하여 원시유학 본래의 내성외왕內聖外王의 균형이라는 이념을 다시 새롭게 전개할 수 있는 근거를 제시하고 있다.

2. 『주역』의 환골탈태

"『주역周易』은 무엇을 말하는 책인가?" 어쩌면 이 물음은 그렇게 큰 의미를 가지지 못하는 말일지도 모른다. 이 질문이 내용적으로 문제가 있거나 논리적으로 의미 없는 물음이라는 뜻은 결코 아니다. 이 물음이 진부하고 크게 의미를 가지지 못하는 것은, 『주역』이라는 책은 읽는 사람에 따라서 매우 큰 편차를 드러내기 때문이다. 달리 말하면 『주역』이 가진 상징적 의미에 대한 후대 해석의 다양성은 『주역』이라는 책의 성격을 어떤 하나로 규정하는 것을 허락하지 않기 때문이다.

기나긴『주역』형성의 역사와 이후 해석의 역사는 이 책이 참으로 다양하게 해석되어 가고 있음을 너무나 잘 보여 주고 있다. 구체적으로『주역』이 어떻게 다양하게 해석되고 광범위하게 현실에 적용되는가 하는 문제는『사고전서四庫全書』「역류서易類敍」에서 말하는 것을 참고해 보면 충분히 알 수 있을 것이다.

성인이 세상을 밝혀 백성을 깨우치니, 대체로 일에 따라서 가르침을 담아 둔다.『시경』은 풍요風謠 속에 가르침을 담아 두고,『예禮』는 절문節文 속에 가르침을 담아 두고,『상서尙書』와『춘추春秋』는 역사에 기탁하여 가르치고,『역易』은 복서卜筮 속에 가르침을 담아 두고 있다. 그러므로『역』이라는 책은 천도天道를 미루어 인사人事를 밝히는 것이다.『좌전左傳』에 기록된 여러 점들은 대개 태복이 남긴 방법과 같다. 한대漢代 유가가 상수象數를 말한 것은 옛날과 시간적 거리가 멀지 않았으나, 일변一變하여 경방京房과 초공焦贛에 이르러 기상禨祥에 들어가 버렸고, 다시 변하여 진단陳摶과 소강절邵康節의 시대가 되자 조화造化를 궁구하는 데 힘쓴 끝에『역』은 마침내 백성들의 쓰임에는 적절하지 않게 되었다. 왕필王弼은 상수象數를 모두 몰아내고 노장老莊으로 말했는데, 다시 일변하여 호원胡瑗과 정자程子가 나타나서 비로소 유가의 이치를 상세히 밝혔고, 다시 변화하여 이광李光, 양만리楊萬里가 나타나서 역사적 사실(史事)을 참고하여 밝혔다.『역』은 마침내 날로 그 논단論端을 열었으니, 이 양파육종兩派六宗은 이미 서로 공박하였다. 또 역도易道는 광대하여 포함하지 않는 것이 없어, 천문·지리·음율音律·병법·운학韻學·산술과 방외方外의 장생불사의 약을 달이는 데까지 두루 미쳤는데 모두『역』을 끌어 와서 설說로 삼았다.[13]

위에서 말하는 내용은 마치 중국의 역학사易學史를 서술하고 있는 것처럼,

---

13)『四庫全書』,「易類舒」, "聖人覺世牖民, 大抵因事以寓教. 詩寓於風謠, 禮寓於節文, 尙書春秋寓於史, 而易則寓於卜筮, 故易之爲書, 推天道以明人事者也. 左傳所記, 諸占蓋猶太蔔之遺法. 漢儒言象數, 去古未遠也, 一變而爲京焦, 入於禨祥. 再變而爲陳邵, 務窮造化, 易遂不切於民用. 王弼盡黜象數, 說以老莊, 一變而胡援程子, 始闡明儒理, 再變而李光楊萬里又參證史事, 易遂日啟其論端, 此兩派六宗, 已互相攻駁. 又易道廣大, 無所不包, 旁及天文·地理·樂律·兵法·韻學·算術, 以逮方外之爐火, 皆可援易以爲說."

역사 속에서 다양한 유파가 보여 주었던 『주역』해석의 특징들을 단계적으로 서술하고 있다는 느낌을 주고 있다. 예컨대, 한대漢代의 상수역象數易으로부터 왕필王弼(226~249)과 호원胡瑗(993~1059) 및 정이程頤(1033~1107)의 의리역義理易, 양만리楊萬里(1127~1206)의 역사로써 『주역』을 해석하는 사사역事史易 등을 포함하는 양파육종에 대해 말하고 있다. 이른바 '양파육종'은 『주역』의 해석적 경향을 몇 개의 유파로 나누어 분류한 것을 말한다. 즉 양파兩派는 의리파義理派와 상수파象數派를 말하고, 육종六宗은 점복종占卜宗·기상종禨祥宗14)·조화종造化宗15)·노장종老莊宗·유리종儒理宗·사사종史事宗을 말한다. 그러나 육종이 말하는 다양한 내용은 기본적으로 양파에 모두 귀속되는 것으로 보아도 무방하다. 점복종·기상종·조화종의 삼종三宗은 상수파로, 노장종·유리종·사사종의 삼종은 의리파로 나누어 귀속시킬 수 있기 때문이다.

『사고전서』「역류서」의 기록을 단순한 역학의 경향이나 역학사의 서술이라는 문제로만 제한해서 보게 되면 더욱 중요한 문제를 빠뜨리고 만다. 중요한 핵심은 바로 유가의 대표적 경전인 오경五經이 가진 고유한 특성에 대한 설명에서 찾을 수 있다. 즉 "『시경』은 풍요風謠 속에 가르침을 담아 두고, 『예禮』는 절문節文 속에 가르침을 담아 두고, 『상서尙書』와 『춘추春秋』는 역사에 기탁하여 가르치는" 것과는 달리 즉 "『역易』은 복서卜筮 속에 가르침을 담아 두고 있다"라는 말이 가지고 있는 중요성에 대한 분석이 필요하다는 말이다.

『주역』은 복서 즉 점占의 형식 위에 가르침을 담아 두고 있다는 말에서, 복서는 『주역』의 발생적 의미 혹은 기원을 말하는 것이고 후자는 철학적 내함을 말하는 것이라고 볼 수 있다. 『주역』이 가지고 있는 근본 성격

---

14) 吉凶과 禍福 등을 주로 이야기하는 유파를 말한다.
15) 先天象數學을 이용하여 우주와 자연변화의 氣數를 탐구하는 경향을 말한다.

혹은 본질이 무엇인가 라는 문제를 다루는 경우에 있어서, 『주역』을 점치는 책으로 규정하는 사람들이 이런 관점을 주장하는 유력한 근거는 바로 그것이 가지고 있는 발생적 기원 때문이다. 즉 『주역』이 점을 치는 복서에서 출발하고 있다는 발생적 기원이나 발생적 의미(genetic meaning)를 주요한 근거로 제시한다. 실제로 『주역』의 기원과 형성과정에 관해 살펴보면 이 책은 분명히 복서라는 고대의 점치는 문제와 밀접한 관련을 가지고 있음을 쉽게 발견할 수 있다.[16)

처음에 『주역』은 점서占筮의 미신迷信에서 출발하여 인간사의 길흉과 운명을 추측하는 방술方術로 이용되었다. 고대에 있어서 『주역』이 가지고 있는 가장 중요한 기능은 바로 점치는 기능이다. 물론 진시황秦始皇의 분서焚書사건이 발생했을 때에도 『주역』은 철학사상을 논하지 않는 단순한 방술서方術書로 간주되어 화를 면하기도 하였다. 『주역』이 단순한 방술서이지 어떤 사상적 내용을 담고 있는 책이 아니라는 문제와 관련해서 왕보현王葆玹은 매우 독특한 관점을 제시하고 있다. 그에 따르면 당시의 점서는 예학禮學에 종속되는 것이었기 때문에 역학은 어디까지나 예학의 한 부분이라고 한다.[17) 왜냐하면 선진유가가 시행하는 예禮는 종종 복서로부터 시작하는데, 예를 들면 제례祭禮를 거행할 때는 반드시 먼저 복일卜日을 하는 것이다. 이러한 예는 현존하는 『의례儀禮』「사관례士冠禮」에 보인다.

사관례士冠禮는 관례冠禮를 하는 길일吉日을 점치는 의식이 문묘 앞에서 거행된다. 주인은 옅은 흑색의 관을 쓰고 관복을 입고 흑색의 큰 띠를 둘러 백색의 끈을 묶는다. 문의 동쪽에서 즉위하여 서쪽을 향하여 선다. 유사有司는 주인과 꼭 같은 복장을 입고 문의 서쪽에서 자리하여 동쪽 방향을 향하여 서고 북쪽을 상위上位로 둔다. 점을 칠 때 쓰는 시초蓍草와 자리 및 괘효卦爻를 기록하는 도구는 문 바깥의

---

16) 정병석, 『점에서 철학으로』(서울: 동과서, 2014), 37쪽 참조.
17) 王葆玹, 「儒家學院派易學的起源和演變」, 『哲學研究』 3期(1996), 제57쪽 참조 바람.

서당에 진열해 둔다. 문 중간에는 자리를 펴고 문지방 서쪽에서 문 바깥의 곳으로 서쪽을 향하는 방향으로 놓아둔다. 서인筮人은 왼손으로 시초통을 잡고 단정히 내려놓고 오른손으로 반을 잡아 내리고 왼손으로 함께 잡아 주인에게 점친 일이 무엇인가를 묻고 명을 청하면서 나아간다. 가신은 주인의 오른편에 서서 다시 조금 뒤로 물러나 여기에서 주인의 명령을 전달하는 것을 돕는다. 서인은 명을 받은 후에 반드시 승낙해야 하고 오른쪽으로 돌아 북쪽을 향하여 자리의 앞쪽에 앉고 서쪽을 면하여 괘효를 기록한 것을 그 좌측에 놓아둔다. 점서占筮가 완비되면 서인은 얻은 괘를 판 위에 서서 주인이 보도록 한다. 주인은 받아서 한 번 살펴본 후에 다시 서인에게 돌려준다. 서인은 서쪽을 향하여 나아가 유사의 자리로 돌아오고 동쪽을 향하여 선다. 세 사람의 점치는 사람은 얻은 괘에 근거하여 순서에 따라 길흉을 점친 것을 완비하고 주인에게 어떤 날이 길하다고 전달한다. 만약 열흘 내에 길일이 없으면 이 열흘 바깥에서 점을 구한다. 그러나 중복하여 앞으로 나아가 주인에게 명을 받는 의식을 다시 행한다. 길일이 택해진 후에 시초와 자리를 철거한다. 종인宗人은 주인에게 점치는 의식이 완비되었음을 고한다.[18]

위에서는 서일筮日 즉 관례冠禮를 행하는 날을 결정하기 위해 점을 치는 과정에 대해 말하고 있다. 「사관례」 첫 부분에서 더욱 상세하게 말하지만, 주인이 점을 치라는 말과 점치는 자가 그 명에 따라 점을 치는 것을 규정하는 것은 모두 어떤 정해진 격식에 의해 행해진다. 아울러 점치는 자의 신분은 사史이고, 복장은 반드시 조복朝服을 입어야 한다는 규정도 있다. 위에서 인용한 「사관례」뿐만 아니라, 『의례』의 많은 부분들에서 서의筮儀에 대해 이야기하고 있다. 예를 들면 「사상례士喪禮」에는 택일擇日에 대한 규정이 있는데 "점치는 자는 주인의 오른쪽에 있어야 한다"라는 말을 하고 "북쪽을

---

18) 『儀禮』, 「士冠禮」, "士冠禮. 筮于廟門. 主人玄冠·朝服·緇帶·素韠, 卽位于門東, 西面. 有司如主人服, 卽位于西方, 東面, 北上. 筮與席·所卦者, 具饌于西塾. 布席于門中闑西·閾外, 西面. 筮人執筴抽上韇兼執之, 進受命于主人. 宰自右少退, 贊命. 筮人許諾, 右還卽席坐, 西面. 卦者在左. 卒筮, 書卦, 執以示主人. 主人受視反之. 筮人還, 東面. 旅占卒, 進告吉. 若不吉, 則筮遠日, 如初儀. 徹筮席, 宗人告事畢."

향하여 무덤의 볼록한 봉분을 보고 점을 치고", "점치는 것이 끝나고 난 뒤에 괘를 가지고 점을 명한 자에게 보여 주고 점을 명한 자는 그것을 살펴본다" 등이 있다. 또 「특생궤식례特牲饋食禮」에는 서일筮日과 서시筮尸에 대한 예의 규정이 있는데 서일과 관례의 의식은 비슷하고, 서시 또한 날을 구하는 의식과 유사하다.

점서占筮는 본래 선진유가의 예의의 한 부분으로 예서禮書의 중요한 항목이라 할 수 있다. 다시 말해서 『주역』이라는 책은 비록 『시詩』·『서書』·『예禮』·『춘추春秋』 등과 병렬되지만 여전히 예경禮經의 부속품이라는 것이다. 즉 『주역』을 다만 예악 중의 한 부분으로만 보았다는 말이다. 그러면 『주역』은 어떻게 『시경』이나 『서경』과 같은 유가의 경전으로 격상될 수 있었는가?

이 문제를 왕보현은 진시황의 분서焚書와 연결시켜서 설명하고 있다. 즉 『시』·『서』·『예』·『춘추』는 모두 금서禁書였지만 『주역』은 예외였기 때문에, 유가는 이런 틈을 이용하여 『주역』의 해석 방식을 빌려서 유학을 선양하고 보급하였다는 것이다. 왕보현은 바로 여기에서 『주역』이 본격적으로 유학화儒學化되고 경전화經典化되는 계기를 마련하게 된다고 말한다.[19] 이런 관점은 『주역』이 가진 상징체계의 독특한 표현 방법이나 해석의 다양한 가능성보다는 역사적 관점에 치우쳐 있기는 하지만, 주목해 볼 만한 근거는 분명히 있는 것으로 보인다.

수천 년이 지난 오늘날에도 여전히 『주역』은 점치는 책으로 인식되고 있고, 이 책에 어떤 심오한 철학적 체계나 내용이 들어 있는 것으로 보는 사람은 생각만큼 그렇게 많지 않다. 이런 이유에서 『주역』이라는 책이 가지는 이미지 자체는 다분히 신비주의적 색채를 가진 것으로

---

19) 王葆玹, 「儒家學院派易學的起源和演變」, 제63쪽 참조 바람.

간주되고 있다. 그러나 점서적占筮的 내용을 가지고 있는 고경古經 부분인
『역경』은 후대에 추가된 『역전』 등의 철학적 해석으로 인하여 우주와
인생을 논하는 철학서로 기능적 전환을 하게 된다. 물론 이 말이 『역경』
속에는 어떠한 철학적 요소도 없다는 것을 의미하는 것은 아니다. 원시
단계의 『역경』 속에도 이미 상당한 철학적 요소가 포함되어 있다는
사실을 무시해서는 곤란하다. 예를 들면, 김경방金景芳(1902~2001)은 점의
내용을 담고 있는 복서卜筮는 그 형식으로 보면 비록 낙후되고 미신적인
것이지만 당시에 있어서 『주역』은 새롭고 선진적인 철학내용을 담고
있었다고 말한다.

복서卜筮는 과학을 결핍한 시대의 과학으로, 이 점에 대해서 엥겔스도 이미 비슷한
논의를 하고 있다. 비록 복서가 오늘날에 있어서는 다만 어리석은 생각의 창고라고
말하지만 역사 이전 시대에 있어서 이것은 사회생활에 있어서 하나의 중요한 부분이
었고, 이것은 그 시대의 저급低級한 경제발전에 의해서 비롯된 것이다. 우리는 물론
그 시대 사람들이 왜 그렇게 비과학적인가라는 것을 비판할 수도 있다. 그러나
그 문제는 어리석은 질문이다. 왜냐하면 오늘날의 과학 역시 저급한 단계의 과학에서
발전되어 온 것이기 때문이다. 복서의 흥기興起는 사람들이 현재의 일에 관심을
두기보다는 미래의 일에 대해 관심을 두고 있음을 의미한다. 왜냐하면 만약 미래의
일에 대해서 눈앞의 일처럼 분명하게 볼 수만 있다면 미리 앞서서 예측하여 적당한
방법과 절차를 이용하여 얻는 것을 더 많게 하고 손실을 감소시켜 재해災害에 부딪치지
않고 영원히 행복한 생활을 할 수 있기 때문이다. 인류는 이 시기부터 미래를
예지하려는 것들을 찾으려고 노력하여, 결과적으로 복서라는 이 허위적인 표상表象만
을 찾을 수 있었다. 그러나 노동생산력이 점차적으로 높아짐에 따라서 물질생활의
생성 과정 중의 사람과 사람, 사람과 자연 간의 상응相應하는 관계의 점차적인
확대로 말미암아 필연적으로 인간의 의식 속에서 복서의 내용 역시 끊임없이 변화된
다. 즉 복서의 매우 황당하고 불합리한 내용을 감소시키고 점차 비교적 합리적인
내용을 보충하게 되는 것이다. 복서의 발전은…… 끊임없이 발전된 역사의 요구에
의해서 더 이상 이전의 형태에 만족할 수 없게 된다. 복서의 발전을 종합적으로

살펴보면, 이미 오래된 역사 발전을 통하여 『주역』의 출현에 이르러서는 근본적인 전환점을 맞게 된다.[20)]

위에서 김경방은 복서를 "과학을 결핍한 시대의 과학" 또는 "어리석은 생각의 창고"라는 말로 비유하고 있지만, 역사이전 시대에 있어서 점치는 행위가 가지는 의미는 그 당시에는 하나의 중요한 부분이었음을 말하고 있다. 그리고 우리는 오늘날의 관점을 가지고 복서가 왜 그렇게 비과학적인가를 물어서는 안 된다고 말한다. 이런 물음은 한마디로 어리석은 질문이라고 할 수 있다. 왜냐하면 오늘날의 고도의 과학 역시 저급한 단계의 과학에서 발전되어 온 것이기 때문이다. 이런 관점에서 복서는 비록 미성숙한 철학이라 할지라도 당시에 있어서는 가장 빼어난 첨단철학이라고 말할 수 있다는 것이다.

이런 점에서 김경방은 "하나의 동일한 사상은 각기 다른 구체적 역사 조건 속에서는 다른 성질을 가질 수 있고, 어떤 조건 하에서는 진보적이지만 또 다른 조건 속에서는 반동적反動的일 수밖에 없는 것"이라고 하여 동일한 내용이라 하더라도 각기 다른 구체적 역사 조건에 의해서 다른 성질을 가지기 때문에 점이 될 수도 있고 철학이 될 수도 있다고 보았다. 심지어 그는 복서의 철학적 내용이 미성숙하다는 말이 가지는 뜻은 암묵적으로만 표현되고 독립적·직접적·명백하게 체계적인 방식으로 철학적 서술을 하지 않았다는 의미이지, 결코 천박하거나 매우 평범한 것으로 생각한다면 오산이라고 말한다.[21)]

복서는 끊임없이 발전되어 가는 역사적 조건들로 말미암아 더 이상 이전의 형태에 만족하여 머무를 수는 없게 된다. 역사적 발전에 의해서

---

20) 金景芳 著, 『周易通解』(長春: 長春出版社, 2007), 210쪽 참조.
21) 金景芳 著, 『周易通解』, 209~220쪽 참조.

복서의 매우 황당하고 불합리한 내용들은 폐기되고 점차 합리적인 내용들이 보충되는 것이다. 이런 관점들을 가장 분명하게 보여 주는 것이 바로 『주역』이다. 이른바 환골탈태換骨奪胎의 과정이다.

환골탈태라는 말은 원래 도교道敎에서 말하는 용어로, 수도자修道者가 수련을 통하여 득도得道한 이후에 범태凡胎가 성태聖胎가 되고 범골凡骨이 선골仙骨로 바뀐다는 의미이다. 여기에서 말하는 범태나 범골은 넓은 의미의 범인凡人을 말하고, 성태나 선골은 성인 혹은 선인仙人을 의미한다. 이 말의 출전은 남송南末의 승려 혜홍惠洪(1070~1128)의 『냉재야화冷齋夜話』 권1에 있는 "그 본래의 뜻을 바꾸지 않고 자신의 말을 만들어 내는 것을 환골법換骨法이라 하고, 그 뜻을 엿보고 형용을 하는 것을 탈태법奪胎法이라 한다"22)라는 말에서 나왔다. 이 말에 근거하여 문인文人들은 고문古文의 뜻을 빌려 와서 자신의 언어로 표현하는 것을 환골법으로, 고문의 원의原意를 깊이 연구하여 자신의 방식으로 드러내는 것을 탈태법으로 부르기도 하였다. 그리하여 환골탈태라는 말은 점차 사상적인 측면에서 근본적인 변화가 생긴다는 의미로 사용되기 시작한다.

『역경』에서 『역전』에 이르는 과정은 이른바 환골탈태의 과정이라고 할 수 있다. 『주역』은 원래 한 권의 점치는 책에 불과했을 뿐 결코 어떤 깊이 있는 철리를 담고 있는 것이 아니었다. 그러나 『주역』의 괘상卦象 체계는 여러 방면의 비유와 응용을 통하여 다양한 해석을 제공한다. 심지어는 원래의 괘사卦辭와 효사爻辭의 구속을 받지 않으면서 도덕과 철학 방면의 의미들을 자유롭게 발휘해 낸다. 『역전』은 비록 내용이 통일되어 있는 것은 아니지만 이런 여러 가지의 다양한 철학적 사유의 내용들을 담고 있다. 만약 『역경』에서 『역전』으로 이르는 역정歷程을 한마디로 나타내고자

---

22) 釋惠洪, 『冷齋夜話』, 卷一, "然不易其意而造其語, 謂之換骨法. 窺入其意而形容之, 謂之奪胎法."

한다면, 바로 점에서 철학으로 환골탈태하는 상황이라고 표현하는 것이 적절한 말일 수 있을 것이다.

『역전』은 생생불식生生不息하는 우주관과 적극적인 인생관을 말하여 『주역』을 중국 문화의 중요한 경전 중의 하나로 만들어 버린다. 앞에서 말한 것처럼 진秦나라 때의 분서 역시 『주역』에 피해를 주지 않았는데, 이는 당시에 『주역』이 가진 변신變身의 힘에 대해 크게 중시를 하지 못하였던 것으로 보인다. 그러나 『주역』은 한대漢代에 이르면 군경群經 중의 머리로 환골탈태하는데, 이것은 거의 기적이나 마찬가지인 극적인 변신이라고 할 수 있을 것이다.

『주역』의 점서 방식은 단순히 기도나 신령神靈의 계시啓示 등에만 근거하지 않고, 점치는 사람의 논리적 추리와 종합적 분석을 통하여 자신의 행위에 적합한 하나의 의미적 지표를 발견해 내는 데 초점이 있다. 이러한 논리적 추리와 종합적 분석은 점괘를 뽑아내는 서법筮法의 설시揲蓍 과정과 해석을 통해서 상징되고 있다. 『주역』이 출현하기 이전의 거북의 껍데기나 짐승의 뼈를 이용하여 점을 치던 귀복점龜卜占에는 일정한 점사占辭가 없는 반면 『주역』은 정돈된 괘사卦辭와 효사爻辭를 이용하여 점을 친다는 차이점이 있다. 이처럼 『주역』의 괘사와 효사가 일정하게 정돈되어 있다는 사실은 이미 우주에는 일정한 질서와 변화가 있음을 전제로 하고 있는 것으로 보인다.

『주역』의 64괘 속에는 자연과 인간사의 현상을 상징하는 거대한 우주관이 내장되어 있다. 64괘에 괘의 이름을 정하고 일정한 배열로 순서지운 괘서卦序 속에는 이미 어떤 특정한 우주질서가 포함되어 있다. 예를 들면 첫머리에 나오는 건괘乾卦(☰)와 곤괘坤卦(☷)는 천天과 지地를 상징하고 있는데, 이 두 괘는 능산적能産的 형식 동력과 그것이 의거할 수 있는 질료를 우주 과정의 시원적 조건으로 삼고 있는 것으로 보인다. 또 63번째에 기제괘旣濟卦

(☷), 64번째의 마지막 괘로 미제괘未濟卦(☲)를 배치하고 있다. 기제괘는 완성을, 미제괘는 미완성未完成을 의미한다. 건곤으로부터 시작하여 기제에 이르는 64괘의 과정을 통하여 전체 우주가 변화하는 상황을 묘사하고 있다. 64괘의 제일 마지막에는 오히려 미완성을 의미하는 미제괘가 배치되어 있는데, 이것은 우주의 생멸변화는 영원히 정지하지 않고 변화발전하고 있음을 상징한다. 이러한 배열과 괘의 명명命名은 부단히 생성변화하고 순환하는 우주관을 분명히 보여 주고 있다. 여기에서 또 하나 언급해야 할 문제는 이러한 우주 과정과 인생과정이 상관관계에 놓여 있다는 점이다.23) 여기에서『주역』은 단순한 점서占書에서 인간과 우주를 말하는 철학책으로 환골탈태한다.

이처럼『주역』의 원류 혹은 발생적 기원이 점을 치는 것과 밀접한 관련이 있음은 분명한 역사적 사실이지만, 그렇다고 해서 이런 이유만을 가지고 그것의 성격을 일방적으로 규정할 수는 없다. 왜냐하면『주역』이 철학서 혹은 수신서라는 위치와 영향에 대해서는 결코 부정할 수 없기 때문이다. 실제로 중국철학사, 특히 유학사 속에서『주역』이 오경 중에서도 가장 중요한 위치를 차지하게 된 것은 결코 우연한 일이 아니다.

『주역』이 오늘날까지 많은 사람들에 의해 읽히고 오경 중에서 가장 중요한 경전이 될 수 있었던 이유는, 바로 그것이 가지고 있는 철학적인 성격 때문이지 결코 점서로서의 성격 때문만은 아니었다.24) 즉『주역』은 비록 점치는 책에서 출발하였지만, 점의 형식 위에 도덕적 가르침과 문화적 성격을 담을 수 있는 바탕을 가지고 있었기 때문이다.『주역』이 점치는 형식에서 다양한 철학적 내용을 담을 수 있었던 이유는 이 책만이 가진 독특한 상징체계의 형식으로 말미암은 것이다.

---

23) 노사광 저, 정인재 역,『중국철학사』(고대편)(서울: 탐구당, 1986), 32쪽 참조.
24) 정병석,『점에서 철학으로』, 37쪽 참조.

『주역』이 점치는 책에서 심오한 철학적 체계와 다양한 문화적 해석을 가능하게 만든 근거는 양효(—)와 음효(--)로 구성된 부호체계의 상징적 성격에 있다. 즉 이를 바탕으로 하는 상사유象思維와 취상取象의 해석에서 그 해답을 찾아볼 수 있을 것이다. 『주역』은 괘효卦爻의 상象이라는 부호체계와, 여기에 달려 있는 괘효사卦爻辭를 통하여 의미를 전달하는 특수한 형식이기 때문에 이해하기가 그렇게 쉽지 않다. 그러나 다른 경전과는 확연히 구별되는 이런 역상易象의 특수한 형식체계는 후대에 매우 다양한 해석을 낳게 만든다.

3. 유학에서 인간을 보는 관점

1) 인간에 대한 물음과 철학적 논의의 개념적 구조

"인간이란 무엇인가?"라는 이 물음은 어디에서나 흔하게 들을 수 있는 말이다. 이런 이유에서인지 몰라도 대부분의 사람들은 이 물음을 철학이 존재하면서부터 모든 철학자들이 심혈을 기울여 연구한 가장 중요한 첫 번째 주제였을 것으로 쉽게 생각한다. 모든 학문 가운데 철학은 가장 긴 역사를 가지고 있고, 인간이 경험하고 마주한 모든 문제들에 대해 관심을 기울이고 이들 문제들에 대해 반성적 사유를 해 왔다는 점에서, 인간이란 문제가 처음부터 철학의 중심을 차지하고 있을 것이라는 생각은 어쩌면 매우 자연스럽게 형성되었을지도 모른다.

철학사에서 발견할 수 있는 흥미로운 사실은, 철학자들이 가장 먼저 관심을 기울인 문제들은 가장 가까이에 있는 인간 즉 철학하는 자신에 대한 논의와 반성보다는 오히려 가장 멀리에 있는 하늘(天)·신이나 우주 등에 관한 것들이었다는 점이다. 이것은 철학자들이 아예 '인간'이란 문제를 철학의 범위 속에 포함하지 않았다는 말이 아니라, 인간의 삶에 있어서 심각하고 절실한 문제들에 대해 상대적으로 무관심하였다는 말이다. 서양 철학의 아버지로 불리는 탈레스(Thales)가 별을 관찰하다가 바로 앞에 있는 물웅덩이에 빠졌다는 유명한 이야기는 이런 상황들을 상징적으로 보여 주는 것이라고 할 수 있다.

초기 그리스 철학자들이 관심을 보인 문제들은 우주와 자연(Physis) 및 그들의 변화 문제였다. 초기 그리스의 밀레토스 학파들이 다룬 철학의 중심 문제는 자연이었다. 그들의 자연 탐구는 당연히 자연을 대상으로 하는 것이었다. 문제는 세계 전체를 자연으로 이해하였다는 점이다. 그들에게는 자연이라는 것이 우리의 정신과는 분리되고 대립하는 것이라는 의식은 없었다. 다시 말하면 인간 역시 자연이라는 것의 일부로서 포함되어 있었고, 그들의 철학적 주제는 인간을 분리하지 않은 세계 전체의 탐구였던 것이다.

중국의 경우도 크게 다르지 않다. 중국 상고上古시기의 자료들, 그 중에서도 가장 오래된 갑골문甲骨文에서는 개별적 존재로서의 인간이나 인간의 인격성이 크게 잘 드러나지 않는다. 갑골문 속에서 분명히 드러나는 인간의 모습은 왕王뿐이다. 그러나 이 왕은 문자의 구조처럼 최고신인 상제上帝와 인간사회를 연결하고 중재하는 연결점으로 나타난다. 이른바 상제 또는 제帝는 갑골문에서 모든 자연현상과 인간사의 최종적인 원인으로 이해되고 있다. 여기에서 인간의 모든 관심과 탐구의 대상은 상제의 뜻이 어디에 있는가를 파악하는 데 집중되고 있었을 뿐, 인간의 문제는 그 범위에 속해 있지 않았다.

일반적으로 인간의 철학적 사유란 모든 것을 그것의 근원에 관해서 묻는 것으로부터 출발한다. 이런 각도에서 보자면 인간 최초의 철학적 사유는 당연히 그가 살고 있는 세계의 근원과 의의에 관하여 먼저 묻지 않을 수 없었을 것이다. 비록 이런 물음이 인간으로부터 생기고 인간 때문에 제기되었지만, 철학자들은 습관적으로 가장 자명自明한 것으로 보이는 문제에 관해서는 매우 드물게 말한다. 그것이 좀 의심스러워야 철학자들은 말하기 시작한다. "그래서 인간이란 문제는 확실한 철학의 중심 테마(주제)가 되지 못했다."25) 그러나 코레트(Coreth)의 이 말은 철학자들이 인간에 관해 어떠한 논의도 하지 않았다는 의미는 결코 아니다. 단지 인간을 중심으로 다루는 철학적 인간학(Anthropologie)이 그것도 20세기에 들어와서 위치를 가지게 되었다는 말의 강조일 뿐이다. 과연 인간은 그렇게 자명한 철학적 주제인가?

인간이란 철학적 주제는 그렇게 자명하지도 않았을 뿐만 아니라, 오히려 풀기 어려운 수수께끼였다. 테베의 성문에 앉아 괴물 스핑크스가 그 앞을 지나가는 사람들에게 던진 수수께끼가 바로 "아침에는 네 다리로, 낮에는 두 다리로, 밤에는 세 다리로 걷는 짐승이 무엇이냐?"라는 문제였다. 오이디푸스가 '인간'이라는 정답을 말할 때까지 그 이전의 많은 사람들이 수수께끼를 풀지 못해 죽임을 당했다는 그리스 신화가 있는 것처럼, 인간이라는 주제는 애초부터 풀기 어려운 수수께끼였다. 인간이라는 문제는 여전히 수수께끼로 남아 있고, 더 큰 문제로 남아 있다. "인간이 오늘날처럼 많이, 그리고 다양하게 알려진 적은 없다. 오늘날처럼 인간에 대한 지식이 그렇게 강력하고 매혹적으로 제시된 적도 없다. 그러나 오늘날처럼 인간에 대해서 무지한 적도 없고, 오늘날처럼 인간이 문제가 된 적도 없다."26) 약 70년 전에 하이데거는 이렇게 탄식했지만, 지금도

---

25) 에머리히 코레트 지음, 진교훈 옮김, 『철학적 인간학』(서울: 종로서적, 1988), 19쪽.
26) Martin Heidegger, *Kant und des Problem der Metaphysik*(Frankfurt am Main: Klostermann, 1951), p.189.

크게 달라진 것으로 보이지는 않는 것 같다.

왜 인간이라는 주제가 문제가 되는가? 인간들은 스스로를 무엇으로 규정하고 묘사하고 있는가? 인간이라는 이 문제를 철학자들은 어떻게 보고 있는가? 복잡하기 짝이 없고, 심지어는 혼란스러운, 그러나 피할 수 없는 주제인 인간의 문제를 철학자들은 어떻게 보고 '이야기하고' 있는지를 살펴보도록 하자. 우선, 다양하고 다기多岐한 인간에 대한 철학적 관점들을 인간에 대한 철학적 논의(인간관)의 개념적 구조를 통하여 잠정적으로 정리하여 보자.

철학의 역사 속에서 철학자들은 인간의 문제에 대해 인간의 내부와 외부를 왔다 갔다 하면서 이야기하고 있다. 예컨대 그들은 인간의 문제를 육체, 정신, 영혼, 이성, 본성, 감정, 죽음의 문제들과 관련하여 지루할 정도로 나누고 쪼개는 분열分裂의 작업을 하여 왔다. 다른 한편으로 인간의 바깥에 있는 신, 자연, 동물, 문화, 역사, 심지어는 귀신 등의 문제들과 인간 사이의 의미연관을 부단히 논의하여 왔다. 이런 모든 문제들을 하나하나 상세하게 다루는 작업은 현실적으로 한계가 있다.

만약 이런 문제들을 크게 나누어 보면, 사실과 당위, 자연과 자유[27], 자연과 문화, 인간의 현실과 이념 사이를 왔다 갔다 하는 것이라고 할 수 있다. 이것을 주자학의 개념을 빌려 말하면, 인간을 "취리상간就理上看"(이치로부터 봄)과 "취물상간就物上看"(사물 상에서 봄)[28]으로 나눈 것으로, 즉 '사실적 측면'(de facto)과 '규범(법)적 측면'(de lego)에서 인간을 살핀 것이라고 할 수 있다.[29] 철학에서 다룬 인간상의 문제들은 대부분 이 둘 사이를 왔다

---

27) 여기서의 '자연'은 안으로는 육신과 욕망을 의미하고 바깥으로는 주로 자연세계를 의미하며, '자유'는 안으로는 정신과 도덕의 성취를, 바깥으로는 문화와 인간의 재창조성을 의미한다.
28) 『朱子語類』, 卷第六十八. 주자는 같은 책 卷第六十四와 卷第六十四에서는 "就事物上看"이라고도 말한다.

갔다 하면서 논의를 전개하여 왔다.

유학 역시 인간을 말할 경우 우선적으로 인간과 금수禽獸의 구별을 통해서 논의를 시작한다. 인간과 금수의 구별을 말하는 이른바 '인금지변人禽之辨'을 통해서 인간이 가진 당위를 강조하기도 하고, 다른 한편으로는 동물과 확연하게 구별되는 인간의 문화적인 측면을 통하여 인간을 규정하기도 한다. 전자가 정신적 존재로서의 인간을 말한다면, 후자는 자연계 내에 있는 문화적 존재로서의 인간을 말한다.

"인간이란 무엇인가?" 이것은 인간에 대한 관점을 물어 보는 간단한 질문이지만, 이 물음은 대답하려는 사람에 따라서는 전혀 다른 종류의 질문으로 분열되어 받아들여질 수 있다. 이 물음 속에 복잡한 다의성이나 모호한 애매성이 있다는 것이 아니라, 이 문제를 바라보는 관점의 분열과 차이가 크게 존재한다는 말이다. 그것이 사실에 관한 질문이냐, 아니면 당위 혹은 당연에 관한 질문이냐의 구별이 우선적 전제로서 작동한다는 의미이다.

좀 더 구체적으로 말하면, 의학자, 생물학자, 심리학자, 사회학자, 문화인류학자 등은 그것을 사실에 관한 문제로 받아들일 것이다. 인간을 과학적 탐구의 대상으로 삼을 때, 인간이 무엇인가 라는 물음은 과학적인 탐구와 발견에 근거해서 답해야 할 사실의 문제라는 것이다. 이에 비해 윤리학자나 신학자는 그 문제를 사실에 관한 문제로만 받아들이기 어려울 것이다. 그들은 당연히 "인간이란 마땅히 어떤 존재이어야 하느냐?", "인간이란 반드시 어떻게 살아야 하는가?"라는 당위적인 뜻을 포함하는 질문으로 그것을 이해하고자 할 것이다. 여기에서 "인간은 어떻게 살아야 하는가?" "참된 인간이란 어떤 것을 말하느냐?" 등의 질문들이 쏟아져 나올 것이다.

---

29) 金炯孝 저, 『맹자와 순자의 철학사상』(서울: 삼지원, 1990), 76~77쪽 참조 바람.

만약 당위 혹은 당연의 문제로 접근할 경우 인간관의 문제는 언제나 전인全人 혹은 완전인完全人의 이념을 포함하기 마련이다.

"인간이란 무엇인가?"라는 물음에는 항상 사실적인 측면과 당위적인 측면이 복합적으로 포함되어 있다. 인간존재의 사실과 당연의 법칙을 가장 분명하게 설명해 주는 철학자가 바로 주자朱子이다.

> 천하의 사물에 관해서 말하자면, 그것들은 반드시 그러한 까닭과 그것이 마땅히 그리해야 하는 법칙을 가지고 있는데, 이른바 리理이다.[30]

위에서 주자가 말하려는 핵심은 인간을 포함한 만물과 우주의 근거를 리理를 통해서 설명하려는 데 있다. '리'라는 개념을 통하여 주자는 존재의 근거와 규범(도덕)의 법칙을 통일적으로 설명하려 한다. 즉 '리'는 존재의 근거인 동시에 도덕의 법칙이 된다. 위에서 말하는 "그러한 까닭(원인, 근거)"은 곧 소이연지고所以然之故로서 존재의 근거를 말하고, "마땅히(당연히) 그리해야 하는 법칙"은 곧 소당연지칙所當然之則으로서 있어야 할 모습으로 존재해야 하는 당위를 말한다.

예를 들어, "배는 물위에서 움직이고 기차는 레일 위를 달린다"라는 말은 배는 레일 위로 운항할 수 없고 기차는 물위를 달릴 수 없다는 존재적과학적) 사실과 당위적 사실을 동시에 포함한다. 만약 이 말을 사람에게 적용시키면, 사람이 두 손을 가지고 직립보행하도록 태어난 것은 존재적 사실이지만, 사람은 사람답게 행동하면서 살아야 한다는 것은 당위의 측면에 속한다. 일상생활 속에서 다른 사람을 책망할 때 자주 사용하는 "사람답지 못하다"거나 "인간 같지 않다"는 말은 바로 인간의 당위적인 측면을 그대로 드러내

---

30) 朱子 撰, 『四書或問』, 卷一, 「大學或問」, "至於天下之物, 則必各有所以然之故, 與其所當然之則, 所謂理也."

주는 것이라고 할 수 있다. 이런 주자의 입장은 인간을 사실적인 측면과 당위적인 측면 두 관점에서 보고 있음을 말해 준다고 할 수 있다. 다시 말하면 주자는 '리'라는 개념을 통하여 인간의 존재라는 사실적 측면과 인간이라면 마땅히 행해야 하는 사람의 도리, 즉 인간의 당위적 측면을 동시에 설명하려는 시도를 하고 있는 것으로 볼 수 있다.

위에서 말한 것처럼, 학문의 영역이나 관점에 따라서 인간의 문제는 다르게 볼 수 있는 여러 가지 측면들을 가지고 있기 때문에 어느 한 영역으로 국한하여 탐구될 수 없다. 설령 인간을 사실적인 각도로 제한하여 과학적인 탐구의 문제로 다룬다고 하더라도 과학의 분야에 따라서 전혀 다른 측면의 인간관을 제시할 수도 있기 때문이다. 또한 그것을 당위적인 문제로 볼 경우에도 철학과 종교에서 보는 관점의 차이는 분명히 엄청난 간극을 보여 줄 것이다.

이런 다양한 각도나 관점의 차이에도 불구하고, 전통적으로 인간의 문제는 대부분 철학의 영역에서 다루는 것으로 여겨 온 것은 어쩌면 당연할지도 모른다. 이렇게 되는 이유는, 인간에 대한 철학적 관심이 주로 인간의 당위적이고 이상적인 측면을 말하는 데 치우쳐 있기 때문이다. 2000년도 더 지나 이미 그 실효성이 다해서 다만 '박물관'에서나 볼 수 있을 것만 같았던 『논어』나 『주역』 등의 유가경전 공부가 지금 엄청난 인기를 구가하는 이유는 바로 "사람은 어떻게 살아야 하는가?"라는 문제를 다루고 있기 때문이다. 정작 자신이 살던 시기에는 "집 잃은 개"(喪家狗, homeless dog)로까지 비하되었던 공자 자신도 현재의 이런 상황을 목도하면 쉽게 믿지 못할 것이다.

물론 인간에 대한 논의를 철학의 전유물로 여기는 이유를 단순히 철학이 인간의 당위적이고 이상적인 측면을 이야기하고 있다는 점에서만 찾는 것은 무리가 있는 것으로 보인다. 더욱 중요한 점은 어떤 문제를 논의하더라도 그것을 전체적·근본적인 입장에서 접근하는 철학적 학문 방법이나 태도가 인간의 문제를 철학적인 영역에 속하는 것으로 보았을 가능성이 더 클 것으로 보인다. 철학자들은 인간을 전체적으로 이해하고 규명해야 할 필요성에서 다양한 방식에서 인간의 존재 방식과 의의를 물어 왔기 때문이다.

철학의 역사를 통해 보면 인간에 대한 철학적 논의(인간관)의 개념적 구조는 관점에 따라서 크게 다르겠지만 대체적으로는 아래의 몇 가지 주제와 맥락에서 다루어지는 것으로 보인다.

(1) 인간존재의 근원과 인간의 위치: 인간은 신의 피조물인가? 인간과 자연, 인간과 다른 생물과의 관계, 우주에서 인간의 지위, 인성과 물성은 같은가 또는 다른가?

(2) 인간존재의 목적과 가치: 인간존재의 본질적 가치는 무엇인가? 삶의 목적과 의미는 무엇인가? 왜 인간답게 갈아야 하는가?

(3) 인간과 육체: 심신心身의 문제. 정신, 인간의 욕망과 고통.

(4) 인간의 도덕적 본성: 인간에게는 선하거나 악한 본성을 가지고 있는가? 인간에게는 자유의지가 있는가? 이상적인 인간은 어떠한 인간상인가?

(5) 인간과 문화: 인간과 자유, 인간의 미결정성, 인간의 창조성과 문화.

(6) 인간과 정치, 역사: 인간은 역사에 의해서 결정되는가? 사회적 존재, 정치적 존재로서의 인간의 특징은 무엇인가?

(7) 죽음과 영혼: 삶과 죽음의 의미. 영혼불멸의 내세來世가 있는가?

위의 개념적 구조의 방향에 의하면 철학에서 인간을 이야기하는 관점은 그 범위가 넓고 방향 역시 다양하다. 서양철학에서 인간에 대한 논의 역시 매우 다양하지만 그 중에서 대표적인 것이 심신이원론心身二元論의 관점일 것이다. 여기에 비해 유가에서는 완전한 의미의 심신분리는 보이지 않는다. 즉 둘 사이는 상대적인 긴장관계는 성립하지만, 이원적인 분리나 단열斷裂은 보이지 않는 것이다.

2) 두 세계의 시민: 영혼(정신)과 육체, 대인(군자)과 소인

초기 그리스에서 인간은 자연의 한 부분일 뿐이었다. 인간은 모든 다른 변하는 사물들과 함께 물리학의 영역에 속했다. 이후 희랍의 철학자들은 인간과 그들의 외부에 존재하는 자연을 구분하기 시작했고, 나아가 인간과 자신의 자연 또한 구별된다는 점을 인식하기 시작했다. 이것은 더욱 깊은 의미에서의 구분으로, 그들은 인간 자아의식의 진정한 출발점은 자기 자신의 본질이 영혼이라는 사실을 발견하는 데 있는 것이라고 생각하였다.

인간에 관하여 후세에 전해진 가장 중요한 문헌은 '인간에 관해서'가 아니라 '영혼에 관해서'이다.[31] 육체와 분리되어진 '영혼'은 도대체 어디에서부터 나온 것인가? 고대 그리스 사람들이 사용한 본래적 의미의 '영혼'이라는 말은 다만 호흡 즉 생명의 활동을 상징하는 것으로서 결코 육체와 분리된 것이 아니었다. 마치 중국의 고대인들이 혼백魂魄은 정기精氣가 만들어 낸 것이라는 기氣의 관점과 아주 유사하다.[32]

인간의 문제를 종래의 자연학적 입장에서는 해결하기 어렵다는 반성에 따라, 소피스트 이후 인간을 독자적인 입장에서 다루는 경향이 생겨났다. 특히 소크라테스는 인간의 본질은 결코 인간이 감각, 이익과 욕망 그리고 개인의 의견에 있는 것이 아니라 '영혼'에 있다고 생각하였다. 여기에서 말하는 '영혼'이란 '인간으로 하여금 인간으로 되게 하는 것', 즉 인간의 인격성이라고 할 수 있다. 소크라테스는 사람은 '영혼'을 가져야만 보편적이고 절대적인 선善을 추구할 수 있다고 보았다. 감각과 이익만을 추구할 경우 인간은 부패하고 '영혼'은 오염되며, 이런 것들을 버려야 영혼은

---

31) 에머리히 코레트, 『철학적 인간학』, 20쪽.
32) 楊適 지음, 정병석 옮김, 『인륜과 자유』(부산: 소강, 1999), 129~131쪽 참조.

정화되고 사람들은 선을 추구하며 폴리스는 다시 부흥할 수 있게 된다고 생각하였다. 그러므로 가장 중요한 일은 자기 영혼의 선을 위하여 투쟁하는 것이다.

이러한 투쟁은 사람이 이 세계 내에 존재하는 한, 육체와 물욕에 의해서 속박되기 때문에 완전히 벗어날 수는 없다. 오직 죽어서만이 정의로운 영혼을 추구하여 완전히 그들에게서 벗어나 자유롭게 절대적 선에 들어갈 수가 있고 신과 함께할 수 있다. 이러한 선을 플라톤은 '이데아'(Idea) 즉 보편적인 것이라고 생각하였다. 플라톤은 인간의 최고 이상과 자유를 현실세계와 서로 분리되고 대립하고 있는 이념세계 중에만 존재하고 있는 실재로 간주하였다.

소크라테스를 비롯한 희랍의 철학자들은 인간이 외부의 자연과 구별된다고 보았을 뿐만 아니라 더 나아가 인간과 그 자신의 자연 또한 구별된다는 입장을 표명하였는데, 이것은 더욱 깊은 의미에서의 구분이다. 그들은 자아의식의 진정한 출발점은 자기 자신의 본질이 영혼이라는 사실을 발견하는 데 있는 것이라고 생각하였다. 이것은 우선 인간을 '불사不死의 영혼'과 '죽는 육체'를 구분하는 입장을 통하여 나타나며, 동시에 현세와 피안의 분열을 가져오면서 완벽한 신학적 체계를 갖춘 종교의 출현으로 발전한다.[33]

중세가 지난 후 르네상스에 이르면 인간의 새로운 발견이 이루어진다. 르네상스는 무엇보다도 먼저 인간을 신으로부터가 아니라 "자기 자신으로부터 이해하려고" 노력하였다. 이제 사람들은 보다 넓은 기반에서 "인간적 자연(본성) 자체의 내용"을 탐구하게 되었다. 근세에 이르게 되면 이성을 근간으로 하는 합리적 인간관이 출현하게 된다. 그러나 인간은 이성만을

---

33) 楊適 지음, 정병석 옮김, 『인륜과 자유』, 129~130쪽.

가지고 있는 것은 아니다. 정신에 대해서 신체가 대립하며, 사유에 대해서 충동과 감정이 대립한다. 이리하여 이성적 인간관은 인간학적 이원론을 내포하게 된다.

오르페우스에 의해 형성된 심신이원론은 플라톤을 통해서 그 이후의 거의 모든 전통을 지배하였다. 데카르트는 사유와 연장의 두 실체를 매우 엄격히 이질적인 것으로 구별하고 있다. 이 두 실체는 인간 속에서 병존한다. 그러므로 인간은 "두 세계의 시민"이라고도 말한다.[34] 따라서 데카르트에게 있어 정신적인 것과 물질적인 것은 서로 독립적인 두 실체가 된다. 바로 이원론이다. 정신적인 것의 본질은 사유이며, 물질적인 것의 본질은 연장이다. 쉽게 말하면, 정신적이라는 것은 생각한다는 것이며, 물질적이라는 것은 시공간의 어딘가를 점유한다는 말이다. 정신과 육체와의 단절은 근세철학 전체를 관통하는 불화不和를 만들었다.

또 하나 이야기해야 할 것은, 자연과학의 영향을 받아서 객관적이며 과학적으로 파악할 수 있는 실체만을 타당하다고 보는 경우이다. 이런 경험론의 영향으로 인간적 인식을 감각적인 지각으로 환원시켜 버리면, 여기에서 생물학적 유물론이나 기계론이 출현할 수 있는 계기가 생겨나게 된다. 결국 라메트리(J. O. Lamettrie, 1709~1751)가 인간을 단순한 기계로 설명했듯이, 데카르트 이래로 모든 유기체에 적용되었던 기계론적 원칙은 전 인간에게로 확대되고 19세기와 20세기까지도 영향을 미쳤다.[35]

기계론 혹은 생물학적 유물론이 가지고 있는 기본적 특성은 환원주의와 결정론이다. 생물학적 유물론이나 기계론의 대발견이 이루어지면서 동물과 인간 사이에는 포괄적인 자연이라는 공통적인 영역의 연속성만 인정되고[36]

---

34) 미카엘 란트만 저, 허재윤 역, 『철학적 인간학』(형설출판사, 1977), 128쪽.
35) 에머리히 코레트, 『철학적 인간학』, 32쪽.
36) 장 디디에 뱅상 · 뤼크 페리, 이자경 옮김, 『생물학적 인간, 철학적 인간』(서울: 푸른 숲, 2002), 176쪽.

정신의 진정한 자율성과 초월성은 결코 허용되지 않는다. 그렇다면 여기에서 인간은 하나의 기계에 불과하고, 질병은 기계가 고장 난 것이 되고 의사는 고장 난 기계를 수리하는 수리공이 되어 버린다는 것이다.

데카르트에 의하면 인간은 이런 각기 다른 두 가지 실체로 이루어져 있기 때문에 사유도 할 수 있으며 신체도 가지고 있다고 말한다. 만약 이 둘이 독립적인 실체라는 것으로 볼 경우, 어느 하나는 다른 하나가 없이도 존재할 수 있다는 말이다. 예를 들면, 동물들은 정신이 없는 기계일 뿐이고 천사나 신은 물질적인 것에 구속되지 않는 정신적인 것일 수 있다. 중요한 것은 이 둘은 서로 구분될 뿐만 아니라, 존재하기 위해서 서로에게 의존하지도 않는다는 점이다.

이런 데카르트의 철학을 길버트 라일(Gilbert Ryle, 1900~1976)은 '기계 속의 유령'(the ghost in the machine)이라고 비꼬았다. 라일은 '기계 안에 있는 영혼의 도그마(dogma)'에 대해 다음과 같이 비판한다.

> 비록 인간의 육체가 하나의 엔진이라고 하여도 그렇게 평범한 엔진은 아니다. 왜냐하면 그것의 일부는 그 안에 있는 매우 특별한 종류의 내부 조절기인 또 다른 엔진에 의해 결정되기 때문이다. 그것은 보이지도 들리지도 않으며 크기나 무게를 가지지 않는다. 그것은 부품으로 취급될 수 없으며,…… 그것이 신체의 엔진을 어떻게 조절하는가에 대해서는 어떤 것도 알려져 있지 않다.[37]

라일은 마음(유령)이 인간의 육체(기계) 속에 숨어 있다는 데카르트적 사유를 비판하고 있다. 마음(정신)의 작용은 육체의 행위로 환원하여 설명할 수 없는데도 불구하고 마음을 육체와 같은 범주로 보아서, 마음을 이해할 수 있고 육체의 행위를 마음으로 설명할 수 있다는 '범주착오'(category mistake)

---

37) Ryle. G. *The Concept of the Mind*(Harmondsworth: Penguin Books, 1963), p.21.

를 범하고 있다는 것이다. 라일에 따르면, 마음의 작용과 육체의 작용은 다른 범주이며, 이 둘은 각기 작용하는 다른 범주이다. "마음의 눈으로 보는 것들은 눈을 감는다고 해서 배제되지 않는다."[38]

여기에 비해서 동아시의 유가들에게서는 정신과 육체의 이원적 분리는 보이지 않는다. 비록 그들이 심성을 수양하는 도덕적 측면을 강조하여 육체를 욕망의 대명사로 사용하는 경우는 많지만, 결코 그 둘을 이원론적으로 분리하지는 않았다. 즉 가치상의 분별은 있지만 심신心身의 연속성은 유지되고 있다.

> 맹자가 말씀하셨다. 사람은 자기 몸에 관한 것은 어느 것이나 다 같이 아낀다. 다 같이 아끼기 때문에 아울러 모든 것을 기른다. 한 자나 한 치 되는 살도 아끼지 않음이 없기에, 한 자나 한 치 되는 살도 기르지 않는 바가 없다.…… 몸 안에는 귀한 부분과 천한 부분이 있고 큰 부분과 작은 부분이 있는데, 작은 것 때문에 큰 것을 해치는 일은 없고 천한 것 때문에 귀한 것을 해치는 일은 없다. 작은 부분을 기르는 사람은 소인小人이 되고, 큰 부분을 기르는 사람은 대인大人이 되는 것이다.[39]

위에서 맹자가 말하는 귀한 것 또는 대체大體는 본래의 마음(本心)을 말하고, 천한 것 또는 소체小體는 육신 또는 그것에서 생긴 욕망을 지칭한다. 이 둘 사이에는 상대적인 긴장관계가 성립하지만 이원적인 분리나 단열은 보이지 않는다. 육신의 욕망 때문에 가치적으로 더욱 큰 마음을 해쳐서는 안 되지만 소체 역시 버릴 수는 없다. 소체 역시 대체를 해치지 않는 조건에서는 얼마든지 소체의 존재는 인정된다. 여기에서 인간은 하루에도

---

38) Ryle. G. *The Concept of the Mind*, p.11.
39) 『孟子』, 「告子」, "孟子曰, 人之於身也, 兼所愛. 兼所愛,則兼所養也. 無尺寸之膚不愛焉, 則無尺寸之膚不養也. 體有貴賤, 有小大. 無以小害大, 無以賤害貴. 養其小者爲小人, 養其大者爲大人."

몇 번씩 대인大人의 나라 시민이 되었다가, 또 소인小人의 나라 시민이
되기도 한다. 이 두 나라는 결코 이원적으로 분리되어 있지 않기 때문에
언제든 왔다 갔다 할 수 있는 것이다.

유가가 우선적으로 분리하고 단절하고 싶은 것은 인간과 다른 동물과의
관계이다. 이것이 바로 인금지변人禽之辨이다. 그들은 이런 논의를 통하여
도덕적 존재로서의 인간, 인간의 욕망과 정신적 자유를 말하는 수양론,
이상적인 인간상(聖人), 우주에서 인간의 지위(三才論), 인간과 자연 및 문화의
관계(天生人成) 등의 관점을 말하려 한다.

3) 공자와 맹자의 인금지변에 보이는 도덕적 존재로서의 인간

인간에 대한 철학적 접근은 처음부터 당위적 측면에서 논의를 시작한
것이 아니다. 그보다는 오히려 '종種과 류類를 통한 정의'(definito per genus et
species)라는 사실적 관점에서 행해졌다. 예를 들면, 아리스토텔레스가 말한
합리적인 동물(animal rationale), 사회적 동물, 정치적 동물이나 에른스트 카시러
(E. Cassirer, 1874~1945)가 말한 상징적 동물(animal symbolicum) 등은 모두 같은
종에 속하는 짐승과 어떤 차이점을 가지고 있는가 라는 입장에서 인간의
특성을 말한 것이다. 이런 방식의 인간 이해를 반 퍼슨(C. A. Peursen)은 모두
존재론적인 단계에 속하는 것이라고 비판한다. 이런 단계는 기본적으로
인간과 다른 존재를 주체와 대상의 관계 또는 지배와 복종의 관계로 설정하
고 있다는 것이다.[40)

사람을 정의하기 위해서 동물을 이용하는 방식에 한계가 있음을 철학자
들은 이미 일찍부터 파악하고 있었다. 이런 방식을 통해서는 인간을 충분하
게 설명하지 못하기 때문이다. 여기에서 철학자들은 인간의 정신, 이성,

---

40) C. A. Peursen, 강영안 역, 『급변하는 흐름 속의 문화』(서울: 서광사, 1994), 29쪽 참조.

자유 등을 통하여 인간의 당위성이라는 문제를 다루기 시작한다. 이처럼 인간의 사실과 당위의 문제를 말할 경우 가장 많이 언급되는 철학자가 바로 칸트(I. Kant)이다.

칸트는 자연에서의 인과성(causality)과 인간의 자유 사이의 차이에 대해 말한다. 어떤 사건에 대해서는 단지 두 가지의 인과성(Kausalität), 즉 자연의 인과성과 자유의 인과성만을 생각할 수 있다. 자연의 인과성은 현상계에 어떤 사건이 규칙에 의해서 계기繼起되는 것으로, 이전의 다른 사건과 연결되는 것이다. 이와는 반대로 자유는 어떤 사건을 자발적으로 시작하는 능력으로 보고 있다.[41] 이른바 자연의 인과성은 현상계의 모든 사건은 그 원인이 있고 그것에 의해 그런 결과가 나온다는 말이다. 그러나 현상세계를 지배하고 있는 자연의 인과율 외에도 자연에서는 나타나지 않는 그 무엇이 인간을 위해 존재하고 있다. 그것은 다름 아닌 윤리적 당위이며, 명령은 바로 이 당위를 표현한다.

물론 칸트는 자연 속의 인과성은 그대로 인정한다.

순수한 이성은 인과성을 가진다. 또는 최소한 우리는 이성의 인과성을 생각할 수 있다. 이러한 사실은 명령들에서 분명하게 확인된다. 우리가 무엇인가를 행하고자 할 때 행위의 규칙으로서 행위하는 힘에게 부과되는 것이 바로 명령이다.…… 행위가 당위(das Sollen)를 지향하고 있을 때, 자연적 조건들 아래서도 가능해야 함은 분명하다. 그러나 이때의 자연적 조건들이 관여하는 것은 의지의 규정 자체가 아니라 단지 의지 규정의 결과와 그 귀결뿐이다. 이것들은 모두 현상세계 안에 등장하는 것들이다. 나로 하여금 어떤 것을 하도록 나의 의지를 충동시키는 자연 근거들이 아무리 많더라도, 또 아무리 감각적 자극이 많다 할지라도, 이러한 것들은 결코 당위를 산출할 수 없다.[42]

---

41) 랄프 루드비히 지음, 이충진 역, 『정언명령』(서울: 이학사, 1999), 39~40쪽 참조.
42) I, Kant, *Kritik der reinen Vernunft*, B575f. 랄프 루드비히 지음, 이충진 역, 『정언명령』, 38~39쪽에서 재인용한 것임.

인간의 행위가 자율성을 가지도록 만드는 그 무엇을 칸트는 '자유에서 유래한 인과성'(Kausalität aus Freiheit)으로 규정하고, 이를 통하여 도덕적 행위의 가능성에 대한 토대를 마련하고 있다. 예를 들어 말하면, 물에 빠진 사람을 보고 내가 강물에 뛰어 들어 그를 죽음에서 구했을 경우, 이때 나의 행위의 원인(물에 뛰어든 이유)은 인과법칙에 의해 지배되는 자연 속에서는 나타나지 않는다. 물에 빠진 사람을 구해 내는 행위는 물론 자연 속에 혹은 현상 속에 나타나지만, 중요한 사실은 "다른 사람의 생명을 구해야 한다"라는 도덕적 당위성은 자연 속에서 나타나지 않는다는 점이다. 이로부터 우리는 인간이 가지고 있는 자발성과 의지의 자유를 당위로 전환시키는 능력을 볼 수 있다.[43] 이것을 칸트는 인간이 가진 예지적叡智的 특성이라고 말한다.[44] 칸트가 강조하는 인간이 가진 자발성과 자유의 관점은 비록 도덕철학의 전개라는 목적을 암암리에 전제하고 있지만, 이런 전제들 역시 기본적으로 인간이 정신적 존재이고 그 때문에 자유롭다는 점을 벗어날 수는 없을 것이다.

고대 유가들은 처음부터 사람을 정의하기 위해서 자연이나 동물을 이용 하는 방식이 아니라, 오히려 자연이나 동물과 구분되는 점에서 인간이 가진 특성을 말하고 있다. 즉 유가들은 인간과 동물의 구별을 통해서 인간의 특성을 말하는데, 이것이 바로 '인금지변人禽之辨'이다.

보통 '인금지변'을 말하면 맹자와 순자를 들지만 이 문제는 이미 공자에서 도 언급된 바 있다. 그러나 중요한 것은, 누가 이 관점을 먼저 제시했는가 하는 점이 아니라, 이 문제가 이 책의 핵심인 성인의 문제와 연결된다는 점이다. 즉 '인금지변'의 논의에서 '성아지변聖我之辨'이라는 성인과 보통사

---

43) 랄프 루드비히 지음, 이충진 역, 『정언명령』, 39~40쪽 참조 바람.
44) "감각의 대상에 있어서 그 자체로 현상이 아닌 바의 것은…… 예지적이다."(*Kritik der reinen Vernunft*, B566)

람의 동이同異에 대한 문제가 출현한다. 물론 '성아지변'이 주로 말하고 있는 내용이 성인과 보통사람은 동류同類인가 라는 문제를 중점적으로 다루고 있지만, 이를 통하여 성인이 무엇인가 라는 주제가 동시에 언급된다는 점이 무엇보다 중요하다.

공자에게 있어서 '인금지변'은 분명히 핵심적인 문제는 아니었다. 그러나 공자는 여기에서 매우 중요한 논의를 하고 있다.

장저와 걸닉이 나란히 서서 밭을 갈고 있을 때 공자가 그들을 지나가게 되어 자로로 하여금 나루터가 어디에 있는지 물어 보게 하였다. 장저가 "저 수레에서 말고삐를 잡고 있는 사람은 누구요?"라고 묻자 자로가 "공구입니다"라고 대답했다. 또 "노나라의 공구요?"라고 물었고 "그렇습니다"라고 대답했더니 "그는 나루가 어디인지를 알고 있을 것임에 틀림없소"라고 했다. 걸닉에게 물었더니 걸닉이 "당신은 누구시오?" 하고 물어서 "중유입니다"라고 대답했다. "노나라 공구의 제자요?" 하고 물어서 "그렇습니다"라고 대답했더니 "온 천하에 이렇게 혼탁한 물이 도도하게 흐르고 있는데 누구와 함께 그것을 뒤바꾼단 말이오? 또 당신은 마음에 안 드는 위정자를 피하여 이 나라 저 나라로 돌아다니는 공자 같은 사람을 따르느니, 차라리 속된 세상 자체를 피하여 은거하는 우리 같은 사람을 따르는 것이 더 낫지 않겠소?"라고 하고는 쉬지 않고 곰방메로 흙덩이를 부수어 씨앗에 흙을 덮어 나갔다. 자로가 돌아가서 말씀드리자 선생님께서 실의에 젖은 얼굴로 말씀하셨다. "새나 짐승과 함께 살 수 없을진대 내가 이 백성들과 함께하지 않고 누구와 함께하겠는가? 천하에 도가 있다면 나는 세상을 바로잡는 일에 참여하지 않았을 것이다."[45]

공자가 초나라의 섭葉땅을 떠나 채蔡나라로 가려 하였는데, 당시 진陳나라와 채나라의 대부大夫들이 그를 해치고자 했기 때문에 이를 피하기 위해

---

45) 『論語』, 「微子」, "長沮·桀溺耦而耕, 孔子過之, 使子路問津焉. 長沮曰: 夫執輿者爲誰? 子路曰: 爲孔丘. 曰: 是魯孔丘與? 曰: 是也. 曰: 是知津矣. 問於桀溺, 桀溺曰: 子爲誰? 曰: 爲仲由. 曰: 是魯孔丘之徒與? 對曰: 然. 曰: 滔滔者天下皆是也, 而誰以易之? 且而與其從辟人之士也, 豈若從辟世之士哉? 耰而不輟. 子路行以告, 夫子憮然曰: 鳥獸不可與同群, 吾非斯人之徒與而誰與? 天下有道, 丘不與易也."

다른 길로 가다가 길을 잃어버렸다. 그때 공자는 자로子路를 시켜 밭에서 일을 하고 있던 장저長沮와 걸닉桀溺에게 나루터가 어디에 있는지 물어보게 하였다. 이때 장저와 걸닉이 공자임을 알아보고 세상을 바꾸려 헛되이 힘쓸 것이 아니라 차라리 자기들을 따라 은거하는 것이 좋을 것이라고 말한다. 이에 대해 공자는 "새나 짐승과 함께 살 수 없을진대 내가 이 백성들과 함께하지 않고 누구와 함께하겠는가?"라고 말한다. 이런 관점은 사회에 대한 관심보다는 개인의 평화를 추구하는 은자隱者들의 관점과 분명하게 대비된다. 공자의 이 말은 세상 사람들과 함께하면서 도가 행해지는 사회가 도래하기를 꿈꾸었던 공자의 적극적인 현실참여 정신을 잘 보여 주고 있다.

위의 공자의 말은 자신이 가진 본능을 벗어나지 못하고 그것에 순종하고 따르는 동물과는 달리 인간은 원칙과 질서가 있는 공동체를 구성하여야 하는 사회적·도덕적 존재라는 점을 강조하고 있다. 이 말에서 우리는 사람과 금수의 구별을 말하는 '인금지변'에 대한 공자의 기본적인 관점을 살펴볼 수 있다. 공자의 이 말을 유가들의 '인금지변'의 기초를 놓은 출발점으로 보기도 한다.[46] 이 외에도 공자가 사람과 다른 존재자의 다름을 말하는 대목이 또 있다.

> 자유가 효孝에 대해 물으니 공자께서 말씀하셨다. "지금의 효라 하는 것은 부모를 잘 봉양하는 것을 말하는데, 개나 말도 모두 먹여 살리기는 하는 것이니 만일 부모를 공경하는 마음이 없다면 짐승과 무엇으로 구분하겠느냐?"[47]

위의 인용문에서 공자는 물질적 부양이라는 측면에서는 사람이나 다른

---

46) 王正, 「先秦儒家人禽之辨的道德哲學意義」, 『雲南省社會科學』(雲南省社會科學院, 2015.2), 47쪽.
47) 『論語』, 「爲政」, "子遊問孝. 子曰: '今之孝者, 是謂能養. 至於犬馬, 皆能有養. 不敬, 何以別乎?'

동물들 사이에는 별 차이가 없다고 말한다. 개나 말도 물질적 부양이라는 점에서는 사람과 별다른 차이점을 발견하기 어렵다. 이 문제에 대해 동한東漢 시기의 학자인 포함包咸(BC 7~AD 65)은 다음과 같이 주석하고 있다.

개는 막는 일을 책임지며 말은 수고로움을 대신하니, 모두 사람을 부양하는 것이다. 어떤 이가 말하기를 "사람이 부양하는 것은 개나 말에 이르기까지 같기에 공경하지 않으면 구별할 수 없다" 하였고, 맹자가 말하기를 "음식을 먹여 주되 사랑하지 않으면 돼지처럼 여김이요, 사랑하되 공경하지 않으면 짐승처럼 기르는 것이다"라고 하였다.48)

위의 말은 두 가지 방향에서 부모를 공경하는 것에 대해 말하고 있다. 먼저 개나 말은 비록 사람을 부양할 수는 있지만 경애敬愛를 모르듯이, 자식들이 부모들을 부양하면서 부모를 공경하지 않으면 견마犬馬와 다를 것이 없다고 말한다. 이어서 논증의 초점을 바꾸어, 사람은 개와 말을 기를 수 있고 또 부모에게 봉양할 수 있는데 만약 부모를 공경하지 않는다면 개와 말을 기르는 것과 그것 사이에 어떤 차이나 다름도 발견할 수 없다고 말한다. 여기에서는 인간과 금수의 차이를 경敬의 유무에서 찾고 있다. 부모에 대한 공경 혹은 경애敬愛라는 도덕적 정감이 표현된 것이 바로 효孝이다.

공자는 이런 도덕적 정감에 근거하여 인仁을 말한다. 인간의 정리情理 즉 정감이라는 문제를 벗어나서는 인을 언급할 수가 없다. 그러므로 인仁은 정감이고, 더욱 정확하게 이야기하면 도덕정감이라는 문제와 직접적인 관련을 가지고 있다. 그렇다고 도덕정감이 도덕적 근거라는 말은 아니다. 도덕정감은 인간이 도덕적 행위를 할 수 있도록 만드는 도덕적 감수성을

---

48) 何晏, 『論語集解』, "犬以守禦, 馬以代勞, 皆養人者. 一曰: 人之所養, 乃至於犬馬, 不敬則無以別. 孟子曰: 食而不愛, 豕畜之; 愛而不敬, 獸畜之."

말한다. 만약 인간이 도덕적 정감을 느낄 수 없다면 도덕법칙에 대한 의무라는 강제성은 작동할 수 없고, 그 결과로 도덕적 행위도 할 수 없게 된다는 말이다. 모든 사람은 도덕정감을 가질 수 있다. 만약 어떤 사람이 도덕정감에 대해 어떠한 느낌도 가질 수 없다면 그는 도덕적으로 죽은 것이나 마찬가지이다. 이럴 경우 이 사람은 금수와 질적으로 구분될 수 없게 되어 버리기 때문이다. 여기에서 '인간과 금수의 구별'(人禽之辨)이라는 관점이 나오게 된다.[49]

내가 인을 실천하려는 내재 정감을 가지고 있다는 말은 본래부터 이미 가지고 있기 때문에 다른 곳에서 찾을 필요가 없다는 뜻이다.[50] 사람은 이런 도덕정감을 본래부터 가지고 있기 때문에 인이라는 덕성을 발전시킬 수 있고, 인을 실현할 수 있는 경지에 이를 수 있게 된다.[51] 이 때문에 어쩔 수 없이 형식적으로 행동하는 것보다는 내재적 진심(眞心)에서 자발적으로 행동하여야 마음이 진정으로 편안함(心安)을 얻을 수 있다. 『논어』「양화陽貨편에 보이는 재아宰我와 공자의 대화는 자발성과 도덕정감에 대한 공자의 태도를 엿볼 수 있는 좋은 예이다.

재아宰我가 물었다. "3년의 상은 그 기간이 너무 긴 것 같습니다. (부모의 상을 치르느라) 군자가 3년 동안 예를 익히지 않으면 예가 반드시 붕괴될 것이고, 3년 동안 악樂을 익히지 아니하면 악이 반드시 무너질 것입니다. 묵은 곡식이 다 없어지면 새로운 해의 곡식이 오르게 마련입니다. 비벼서 불을 일으키는 나무도 해가 바뀌면 바뀌니, 1년이면 그치는 것이 좋지 않겠습니까?" 이에 공자가 "쌀밥을 먹고 비단옷을 입으면 너는 편안하냐?"라고 물으시니 재아가 "편안합니다"라고 대답했다. 그러자 공자는 "네가 편안하면 그렇게 하라. 그렇지만 군자는 상중에는

49) 정병석·엄진성,「도덕정감을 통해 본 공자의 인」,『철학논총』64(새한철학회, 2011.4), 5쪽.
50) 『論語』,「述而」, "子曰, 仁遠乎哉? 我欲仁, 斯仁至矣."
51) 蒙培元,『情感與理性』(北京: 中國人民大學出版社, 2009), 57쪽 참조.

맛있는 음식을 먹어도 그 맛을 모르고 멋진 음악을 들어도 즐겁지 않으며 거처도 편안하게 할 수가 없다. 그러므로 그렇게 하지 않는 것이다. 지금 네가 편안하다면 그렇게 하는 것이 좋겠다"라고 하였다. 재아가 나간 뒤 공자는 "재아는 참으로 인하지 못하구나! 자식은 태어나서 3년이 된 후에야 비로소 부모의 품을 벗어날 수 있는 법인데, 3년상은 온 천하의 공통된 상이다. 재아는 3년 동안의 사랑이 그 부모에게 있었는가?" 하였다.[52]

3년상은 형식적인 제도이지만 공자는 제도 자체를 중요한 것으로 간주하기보다는 인간 내심의 정감을 중요하게 보아, 진정으로 효심이 있는 사람에게만 이 제도가 의미 있을 것으로 보고 있다. 공자의 제자 재아는 3년상은 기간이 너무 길기 때문에 1년으로 바꾸어도 충분한 것으로 생각하였다. 그에게 공자가 3년상을 치르는 기간 중에도 좋은 음식을 먹고 좋은 옷을 입고 있어도 마음이 편안한가를 물었을 때 재아는 편안하다(安)고 말했다. 이에 공자가 재아를 불인不仁하다고 말한 이유는, 재아가 불안不安이라는 느낌(覺)을 가지지 못했기 때문이다.

공자가 재아를 불인不仁하다고 말하는 이유는, 상중喪中의 재아가 자신의 행동에 대해 안安이나 불안不安의 느낌을 가지는가 그렇지 않은가 하는 점을 그에게 효심이 있느냐 없느냐를 판별하는 기준으로 보았기 때문이다. 말하자면 인이라는 그 본질 자체로 말하면 하나의 내재적 정감이지만 사회 행위 속에서 표현될 때는 어떤 제도 혹은 규범으로 된다는 것을 의미한다.[53]

---

52) 『論語』, 「陽貨」, 宰我問, "三年之喪 期已久矣. 君子三年不爲禮, 禮必壞 三年不爲樂, 樂必崩. 舊穀旣沒, 新穀旣升, 鑽燧改火, 期可已矣." 子曰, "食夫稻, 衣夫錦, 於女安乎?" 曰, "安." "女安則爲之. 夫君子之居喪, 食旨不甘, 聞樂不樂, 居處不安, 故不爲也. 今女安, 則爲之." 宰我出. 子曰, "予之不仁也! 子生三年, 然後免於父母之懷. 夫三年之喪天下之通喪. 也予也有三年之愛於其父母乎!"
53) 蒙培元, 『情感與理性』, 58쪽 참조.

공자가 재아에게 '인이 무엇인가?'를 묻지 않고 그의 마음이 편안한가(於女安乎)를 물은 것은 그의 행동의 근본이 어디에서 출발하는지를 확인하기 위해서였다. 공자가 보기에 3년상은 인으로부터 출발한 공통적 정감에 기초한 것이기 때문에, 삼년상에 대한 재아의 반문(反問)은 인에 대한 부정이고 공통적 도덕정감의 부재를 의미한다.

『논어』에서 말하는 불안이라는 감각 혹은 느낌은 『맹자』에서 측은지심(惻隱之心) 또는 불인인지심(不忍人之心)이라는 것으로 표현되는 것으로 보인다. 이런 느낌(覺)이 있어야 사단(四端)의 마음을 가질 수 있으며, 그렇지 않을 경우 그것은 무감각하게 마비(麻木)되어 버린 것이다.[54] 여기에서 말하는 각(覺)은 바로 도덕정감에 대한 느낌 또는 감각을 가지는 것을 말한다. 도덕정감을 가질 수 없는 사람은 없다. 만약 어떤 사람이 이런 감각을 전혀 느끼지 못한다면 그는 도덕적으로 죽은 것이나 마찬가지여서, 다른 존재자 즉 금수와 어떤 질적 구분이 되지 않는 상태에 놓여 있다고 할 수 있다.[55] 이어서 맹자가 말하는 '인금지변'에 대해 살펴보자.

맹자와 순자의 성선(性善)과 성악(性惡)의 관점은 인간과 사회질서 규범에 대한 다른 이해에서 나온 것이다. 맹자가 '심리적인 선험(先驗)'을 근본적인 근거로 든 데 비해, 순자는 '현실적 상황'이라는 문제로 귀결한다. 즉 인간을 도덕적 당위와 현실적 사실의 관점에서 보는 차이에서 나온 것이다. 현실적 공동체의 규범적 질서에서 출발하고 있기 때문에 순자는 성악의 관점을 가진다.

맹자가 성선을 주장하는 것은 인간이 선험적으로 선(善)한 도덕적 이성을 지니고 있다는 것을 의미한다. 맹자는 사람이 다른 금수와 구별되는 이유는 바로 사람이 선험적으로 가지고 있는 '인(仁)·의(義)·예(禮)·지(智)'라는 내재적

---

54) 牟宗三, 『中國哲學的特質』(臺北: 學生書局, 1998), 35~36쪽 참조 바람.
55) 정병석·엄진성, 「도덕정감을 통해 본 공자의 인」, 11~12쪽.

이고도 도덕적인 품덕品德 때문이라고 한다. 인간과 금수의 구분을 사람이 내재적인 도덕적 자각을 가지고 있을 수 있고, 동시에 그것을 발양하여 현실에 실천할 수 있다는 점에서 찾고 있는 것이다. 맹자는 다음과 같은 비유를 들고 있다.

사람들이 모두 (고통을 당하는) 다른 사람들에게 참지 못하는 마음을 가지기 때문에 지금 갑자기 어린이가 우물로 들어가려 하는 것을 보면 모두 깜짝 놀라며 측은히 여기는 마음을 가지게 될 것이다. 이는 결코 어린이의 부모와 가까이 교제하려는 의도에서 그런 것도 아니고, 여러 친구들에게 자랑하려고 한 것도 아니고, 비난의 소리가 듣기 싫어서 그런 것도 아니다.[56]

위의 "어린아이가 우물로 들어가려는"(孺子入井) 예에서 말하는 다른 사람의 고통을 외면하지 못하는 '불인인지심不忍人之心'은 바로 인간의 자발적인 도덕정감을 가리킨다. 어린아이가 우물 속에 빠지려 하는 것을 보면 누구나 다 놀라고 측은한 마음을 가지고 무조건 뛰어가서 구하려 하는 것은 인간이 가지고 있는 순수한 본성의 발로라는 것이다. 어린아이가 우물에 빠진다는 하나의 객관 사실에 대한 반응은 결코 ① 그 어린이의 부모와 가까워지려는 계획된 의도나 ② 여러 사람들에게 자신의 의인義人 됨을 뽐내려고 하는 헛된 명예욕 때문이 아니고, 또 ③ 그러하지 않았을 때 다른 사람들로부터 입을 비난의 소리를 두려워한 나머지 어쩔 수 없이 행동한 것도 아니다. 어린아이를 구해야 한다는 그런 순수한 감정은 결코 그러한 세 가지의 조건적 원인에 의해서 촉발된 것들이 아니라, 인간의 자발적이고 자유로운 느낌(정신 혹은 의식)의 직접적 발로이다. 여기에서 맹자는 이런 다른 사람의 고통을 외면하지 못하는 '불인인지심'

---

56) 『孟子』, 「公孫丑上」, "所以謂人皆有不忍人之心者, 今人乍見孺子將入於井 皆有怵惕惻隱之心, 非所以內交於孺子之父母也, 非所以要譽於鄕黨朋友也, 非惡其聲而然也."

을 가지지 못하면 진정한 사람이 아니라고 말한다.

> 이렇게 본다면, 측은한 마음을 가지지 못하면 사람이라 할 수 없다. 부끄러워할
> 줄 아는 마음이 없으면 사람이 아니고, 사양하는 마음을 가지지 못하면 사람이라
> 할 수 없고, 옳고 그름을 판단할 줄 아는 마음을 가지지 못하면 또한 사람이라
> 할 수 없다.[57]

　맹자는 약자의 고통을 공유할 줄 모르고, 부끄러움을 모르고, 양보하고
배려할 줄 모르고, 무엇이 옳은 것이고 선한지를 모르고 자기만이 옳다고
믿는 사람을 진정한 사람으로 보지 않았다. 더욱 중요한 것은, 사람은
기본적으로 이런 행동을 할 수 있는 자연적 평등성(natural equality)을 가지고
태어난다고 보았다는 점이다.[58] 바로 맹자의 성선설의 관점이다. 맹자는
인간은 선한 덕성을 본래적으로 실천할 수 있다는 가능적 근거를 가지고
있음을 강조한다. 이런 근거들이 인간을 다른 동물과의 본질적인 구별을
가능하게 해 주는 것이다.
　그러나 모든 사람들이 이것을 자각하여 뛰어난 성인聖人이나 군자君子
혹은 현인賢人이 될 수 있는 것은 아니다. 여기에 필요한 것이 바로 약자의
고통을 함께 공유하고, 부끄러움을 알고, 양보하고 배려할 줄 아는 감정
혹은 마음, 즉 평가심評價心(evaluating mind)[59]의 살아 있는 활동이다. 육신이
가지는 욕망의 자연적 본능에 고정되어 그것을 초월하지 못하면 사람답지
못한(非人), 동물들과 차이가 없는 부자유不自由한 존재가 되어 버리고 만다.
이런 입장에 대해서 맹자는 다음과 같이 말한다.

---

57) 『孟子』, 「公孫丑上」, "由是觀之, 無惻隱之心, 非人也, 非人也, 無羞惡之心, 非人也, 無辭讓之心,
　　非人也, 無是非之心, 非人也."

58) Donald J. Munro, *The Concept of Man in Early China*(Stanford University Press, 1982), pp.1~2.

59) Donald J. Munro, *The Concept of Man in Early China*, p.23.

인간이 금수와 다른 점은 거의 드물다(幾希).[60]

이는 현실적 상황에서 금수와 인간이 근본적으로 구별될 수 있는 특성을 발견하기는 쉽지 않다는 말이다. 이 말은 동시에 인간은 분명히 다른 존재와는 다를 수 있는 가능성을 가지고 있음을 암시하고 있다. 즉 인간은 비록 본질적인 특성에 있어서 금수와는 다른 점이 있지만, 만약 그것을 잘 보존하고 발전시켜 나가지 못하면 인간과 금수와의 분계分界를 확실히 정하기 어렵다는 말이다. 실제로 이런 사람이 훨씬 더 많기 때문이다. 맹자는 말한다.

> 보통사람은 그것을 버리고 군자는 그것을 보존한다. 순임금은 사물의 도리를 깨닫고 인륜을 관찰하여 (천성적인) 인의에 따라 행하였지, 인의를 (자신에게 유리하다고 하여서) 억지로 행하지 않았다.[61]

인간 역시 다른 동물과 같은 자연적 본능을 가지고 있지만, 다른 동물과 인간을 분명하게 구별지우는 본질적 특성 역시 가지고 있다. 인의仁義가 바로 인간과 금수 사이를 '거의 드물게'(幾希) 구별하고 있을 뿐이다. 이것을 자각해서 보존과 확충을 할 수 있는 사람과 그것을 버려두는 사람의 차이가 바로 성인과 범인의 다름을 결정하게 만든다. 다시 말하면, 인간은 누구나 이러한 인의의 선한 본성을 모두 다 가지고 있지만, 그것을 어떻게 주체적으로 실천하느냐 하는 것이 문제의 관건이 된다고 볼 수 있다.

인간과 금수의 구별을 통하여 '사람다움' 혹은 '인간의 본질' 등을 확인한 후에 성인에 대한 논의가 급격하게 출현하게 된다. 맹자는 성인의 가능성을 인간의 도덕적 평등가능성에서 찾고 있다.

---

60) 『孟子』, 「離婁」, "人之所以異於禽獸者幾希."
61) 『孟子』, 「離婁」, "庶民去之, 君子存之. 舜明於庶物, 察於人倫, 由仁義行, 非行仁義也."

순은 보통의 사람이고, 나 역시 사람이다.[62]

요임금, 순임금은 보통사람과 똑같다.[63]

사람은 누구나 다 요임금과 순임금 같은 성인이 될 수 있다.[64]

인간이면 누구나가 도덕인격을 실현한 성인이 될 수 있는 가능성을 가진다는 의미에서 맹자는 성인과 보통사람은 다르지 않다는 '성아동류聖我同類'를 말한다. '성아동류'는 맹자의 '인금지변'의 논리적 귀결이다. 이런 맹자의 관점이 근거하는 입장은 인간은 모두 선한 본성을 가지고 있다는 점이다. 그러나 중요한 것은 선한 본성의 지속적인 보존과 확충이다. 이런 도덕적 자각은 인간이 금수와 구별되는 점인 동시에 성인이 보통사람과 구별되는 점이기도 하다. 맹자의 인간 규정이 지향하는 관점은 기본적으로 도덕적 존재로서의 성인이라고 할 수 있다. 이에 비해 다른 관점을 보여 주는 사람이 바로 순자荀子이다.

4) 순자의 천생인성天生人成과 문화적 존재로서의 인간

프랑스의 혁명가 라보 생테티엔(Rabaut Saint-Étienne, 1743~1793)은 "우리의 역사는 우리의 코드가 아니다"라고 하였다. 이 말은 인간은 과거의 포로가 아니라 자신의 역사와 문화를 스스로 새롭게 창조하는 자유로운 존재라는 말이다. 왜 인간은 자유로운 존재인가?

동물의 행동이 '환경에 얽매이고 본능을 담보로 하는' 반면, 인간의 행동은 '세계에 대해서 개방적이고 결단에서도 자유롭다.' 이것은 인간

---

62) 『孟子』, 「離婁」, "舜人也, 我亦人也."
63) 『孟子』, 「離婁」, "堯舜與人同耳."
64) 『孟子』, 「告子」, "人皆可以爲堯舜."

의 본원적인 측면을 강조하고 있는 말이다. 인간의 특성은 자유, 또는 일생 동안 자신을 완전하게 만들어 나가는 능력에서 찾을 수 있다. 그런데 처음부터 자연에 의해 확실하게 나아갈 방향이 정해져 있는 동물은, 말하자면 태어날 때부터 '단번에' 완전한 상태가 된다. 객관적으로 관찰해 보면, 동물은 결코 벗어날 수 없는 일종의 소프트웨어 같은, 감지되지 않는 어떤 규범에 따르듯이, 그 종에 공통된 확실한 본능에 따라 움직인다는 사실을 확인하게 된다.[65] 이것은 장자莊子의 유명한 이야기에도 보인다.

> 그러므로 오리는 비록 다리가 짧지만 이어 주면 괴로워하고, 학은 비록 다리가 길지만 잘라 주면 슬퍼한다. 그러므로 본성이 긴 것은 잘라 내지 않아야 하며, 본성이 짧은 것은 이어 주지 않아야 한다.[66]

장자의 이 말이 바로 많이 회자되는 "학의 다리가 길다고 자르지 마라"라는 유명한 구절이다. 우리가 보기에 너무나 불편하게 보이는 오리의 짧은 다리나 학의 긴 다리는 이미 특수화되어 있다. 이 특수화가 바로 그들의 코드이다. 자연은 그들에게 한쪽은 다리가 짧도록 하고, 다른 한쪽은 다리를 길도록 하는 코드를 형성한다. 이 때문에 맛있는 고기가 가득한 접시 옆에서 비둘기가 굶어 죽고, 과일이나 곡식 더미 위에서 고양이가 굶어 죽는 것이다. 자연은 그들에게 한쪽은 곡식을 먹도록 하고, 다른 한쪽은 육식을 하도록 하는 코드를 형성한다. 그리고 그들은 그 코드와 전혀(또는 거의) 거리를 둘 수 없다.[67]

신체의 장비에 관한 인간의 '비특수화非特殊化'라는 측면은 그들의 행위를

---

65) 장 디디에 뱅상 · 뤼크 페리, 『생물학적 인간, 철학적 인간』, 187쪽.
66) 『莊子』, 「騈拇」, "是故鳧脛雖短, 續之則憂, 鶴脛雖長, 斷之則悲. 故性長非所斷, 性短非所續."
67) 장 디디에 뱅상 · 뤼크 페리, 『생물학적 인간, 철학적 인간』, 187쪽.

특수화시키지 않는다. 어떠한 본능적 충동도 인간으로 하여금 그가 특정의 능력을 사용하고 특정의 생활습관을 엄수하게끔 강제하지 않는다. 인간은 자연에 의해 거의 계획되어 있지 않기 때문에 우리의 사상을 벗어난 특이하거나 과격한 행동을 할 수 있는 것이다. 예를 들면 어떤 동물이 죽음에 이를 정도까지 술을 마시거나 담배를 피우겠는가? 다른 동물들에서 이런 일은 결코 발견되지 않는다. 그러므로 인간이 가진 이 '비특수화'라는 특성은 바로 코드가 정해져 있지 않은 것으로, 인간의 행동의 '비결정성'을 의미한다. 이 '비결정성'이 의미하는 것은 인간은 스스로의 행동을 자유롭게 결정하는 창조적인 존재라는 말이다. 창조적이라는 것은 자유롭다는 말의 다른 표현이다.[68)]

인간이 자유롭다는 것은 "자연이 침묵하고 있을 때에도, 의지는 여전히 말을 하기" 때문이다. 인간은 결정론의 역사나 자연의 어떠한 코드에도 구속되지 않으며, 인간존재가 정신적 존재인 까닭은 인간이 자유롭기 때문이라는 것이다.[69)] 인간이 자유롭다는 것은 두 가지 의미를 가지고 있다. 그것은 "무엇으로부터의—즉 본능에 의한 조종으로부터의— 자유"라는 의미와, 더 나아가 "무엇으로의—즉 생산적인 어떤 것으로의— 자유"라는 의미이다. 두 번째에서 인간의 재창조인 '문화'가 나온다. '비특수화'는 불완전성을 의미한다. 인간에게 원래 주어져 있는 것은 그 자체로는 결함을 가지고 있다. 여기에서 인간의 자유로운 창조활동은 이 결함을 메꾸는 역할을 의미한다.

동물은 자연의 손에서 완성되어 나왔으므로 다만 자기 속에 주어져 있는 것을 실현시켜 나가면 될 뿐이다. 이와 반대로 인간은 자연으로부터 결함인 채로 세상에 내놓아졌다. 달리 말하면 자연은 인간을 어느 정도 미규정

---

68) 미카엘 란트만, 『철학적 인간학』, 133쪽.
69) 장 디디에 뱅상·뤼크 페리, 『생물학적 인간, 철학적 인간』, 187~189쪽.

상태로 내버려 두었다. 따라서 인간은 스스로 자기 자신을 어떤 특정한 것으로 완성시켜 가야만 하고, 자신의 노력을 통해 자기 자신이라는 과제를 해결하려고 시도하지 않으면 안 된다. 인간은 이성적 인간(homo sapiens)인 동시에 발명적 인간(homo inveniens)이다. 인간이 문화를 만들어 나간다는 것은 바로 자연과의 거리를 두는 것이 전제되어 있다.[70]

인간은 분명히 자연 속에 존재하는, 자연의 일부이다. 그러나 자연의 다른 부분과는 달리 인간은 우주의 이성을 반영할 수 있는 특수한 소우주이다. 인간은 이성적인 요소와 그것의 명령을 쉽게 듣지 않는 질료적인 요소인 육체를 공유하고 있다. 여기에서 인간은 자신이 가진 의미와 그에 따른 노력을 보여 주려 애쓴다. 삶이 가진 의미는 모든 질료적인 면, 즉 육체적인 것과, 그것과 관계되어 있는 본능적인 것을 극복·지배하는 데 있는데, 그것이 바로 선을 이루는 것이다. 이것은 공자가 말하는 "극기복례克己復禮"라는 용어에서 잘 나타나고 있다. 이것의 궁극적 목적은 완전히 보편적이고 객관적인 우주의 이성 또는 법칙에 합일하는 것이다(天人合一). '하늘이 가는 길'(天道)을 그대로 본받는 것이 바로 '사람이 가야 할 길'(人道)이기 때문이다.

동아시아의 유가들은 이런 우주 혹은 하늘의 운행을 다분히 인간의 방식으로 표현한다. "진실함은 하늘의 도이고, 진실하려 하는 것은 사람의 도이다."[71] 하늘의 도, 즉 우주의 운행법칙은 전혀 거짓이 없는 진실 그 자체이다. 그에 비하면 인간은 어떠한가? 자신을 담고 있는 질료적인 요소의 간섭과 침해를 이겨 내지 못하고 그것의 부단한 압제 속에 있는 것이 현실의 인간 실상이 아닌가?

이처럼 인간은 바깥뿐만 아니라 자신의 내부에서도 여전히 자연을

---

70) 미카엘 란트만 저, 허재윤 역, 『철학적 인간학』(대구; 형설출판사, 1977), 245쪽.
71) 『中庸』, "誠者, 天之道也. 誠之者, 人之道也."

벗어나지 못하고 부자유한 것이 실상이다. 여기에서 우리는 다음의 사실을 발견할 수 있다. 바로 인간 내외에 존재하는 자연의 두 가지 요소, 즉 그 법칙과 그 질료적인 요소에 대하여 두 가지 태도를 가져야 한다. 전자는 가능한 한 영합해야 할 대상이고, 후자는 가능한 한 정복해야 할 대상이라는 점이다. 이런 점은 동양이나 서양이 어떤 측면에서, 좀 더 관대하게 말하면 불모이합不謀而合의 공통점이 존재한다고 하여도 크게 틀린 말은 아닐 것이다. 칸트가 말한 이성의 자율성이나 자유가 말하려는 것은 신으로부터의 해방이 아니라 궁극적으로 질료적인 것으로부터의 해방이었다.

인간 내부의 질료적인 것 이외에 인간은 바깥에서 또 하나의 자유를 성취해야만 한다. 그것은 바로 적자생존의 자연계 내에서 생명을 온전히 이어가야 하는 생물이기 때문이다. 생명 영위를 위해 인간에게 부여된 질료적인 기관장비는 하나같이 결함투성이 그 자체이다. 날지도 못하고, 사슴보다 느리고, 게다가 발톱은 날카로운 무기가 되지 못하고 심심찮게 발가락을 쓰라리게 만들어 거북이처럼 느리게 만드는 그런 역할만을 할 뿐이다.

형태학적으로 볼 때 인간은 고도로 발달되고 특수화되어 있는 기관을 가진 동물에 비해서 특수화되어 있지 않은 생물이다. 이른바 원시적 생물이다. 원시적이라는 말은 인간의 기관형성이 발생적으로는 원초적이고, 개체의 발생으로 말하면 태아적임을 의미한다. 또 특수화라는 것은 일정한 진화(발전)과정을 거쳐 한 기관이 갖고 있던 원래의 많은 가능성 중 다른 가능성을 버리고 환경에 적합한 한두 가지 가능성이 고도로 진화되어 나타나는 것을 의미하는데, 모든 동물은 모두 각기 그들의 생명 영위에 합목적적으로 특수화된 기관장비가 갖추어져 있으나 인간은 그러하지 못하다. 이리하여 인간의 기관 및 기관형성은 미발달된 것, 원시적 상태에 머물러 있는 것, 특수화되지 못한 것 등의 특징을 갖게 된다.[72) 인간은 자연환경 속에서 생존할 수 있는 자신의 전문화된 특수한 기관을 가지지 못하고 있다.

이런 점에서 인간은 결함을 가진 생물이다. 이것은 인간의 기관이 발달되지 못한 것 특수화되지 못한 것이라는 데서 필연적으로 도출되는 한계이다. 이처럼 특수화되지 못한 원시적 기관장비를 갖춘 결함생물인 인간은 생존에 치명적인 위험성을 가지고 있다. 이에 대해 순자荀子는 다음과 같이 말한다.

물과 불은 기氣는 가지고 있지만 생명이 없다. 풀과 나무는 생명은 있으나 지각이 없다. 짐승들은 지각은 있으나 의義는 가지지 못한다. 인간은 기도 가지고 있고 생명도 있고 지각도 있고 또한 의도 가지고 있다. 그러므로 천하에서 가장 귀한 존재이다. 힘은 소보다 못하고 달리는 것은 말보다 못한데도, 소와 말이 사람들에게 이용되는 것은 무슨 까닭인가? 사람은 공동체(群體)를 이룰 수는 있으나 소나 말은 그럴 수 없다. 사람은 어떻게 공동체를 이룰 수 있는가? 나누기 때문이다. 나누는 것을 어떻게 실천할 수 있는가? 의義에 의해서이다.[73)

그러므로 사람이 사람다운(사람의) 본질은 다만 두 다리에 털이 없는 것이 아니라, 변별하는 능력을 가지고 있기 때문이다.[74)

위에서 순자는 무기물, 식물, 동물과 인간이라는 자연세계 내에 있는 존재들에 대해 말하고 있다. 여기에서 순자는 인간이 가진 형태학적 결함을 "힘은 소보다 못하고, 달리는 것은 말보다 못하다"라는 것으로 보고 있다.

---

72) 허재윤 저, 『인간이란 무엇인가?』(이문출판사, 1986), 78쪽.
73) 『荀子』, 「王制」, "水火有氣而無生, 草木有生而無知, 禽獸有知而無義. 人有氣有生有知, 亦且有義. 故最爲天下貴也. 力不若牛, 走不若馬, 而牛馬爲用, 何也? 曰, 人能群, 彼不能群也. 人何以能群? 曰, 分. 分何以能行? 曰, 義."
74) 『荀子』, 「非相」, "人之所以爲人者, 非特以二足而無毛也, 以其有辨也."

고도로 발달되고 특수화되어 있는 기관을 가진 동물에 비해서 인간은 분명히 특수화되어 있지 않은 생물이다. 그러나 순자는 인간을 동물학적 체계 속에 밀어 넣어 그것을 정의하려는 시도에 대해 강력하게 반발한다. "사람이 사람다운 본질은 두 다리에 털이 없다"는 것은 바로 동물학적 인간 정의일 뿐이다.

플라톤은 한때 인간을 동물학적 체계 속에서 정의한 적이 있다. 인간에 대해 그가 내린 정의는 순자가 말한 것과 교묘하게 일치한다. 그것은 바로 "깃털 없는 이족二足 생물"로 순자의 "두 다리에 털이 없는"(二足而無毛)이라는 말과 완전히 똑같다. 전하는 에피소드에 의하면 플라톤이 인간을 이런 식으로 정의한다는 소식을 들은 그의 반대자 디오게네스(Diogenes)는 곧 바로 닭 한 마리의 털을 모두 뽑아 버린 뒤 "여기에 플라톤이 말하는 인간이 있지 않은가"라고 말했다고 한다. 이 때문에 플라톤은 자기의 인간 정의에 다시 "구부러지지 않고 평평하게 펴진 손발톱을 가진"이라는 말을 첨가하였다고 한다.[75]

플라톤과 달리 순자는 인간의 특성을 '인간의 이지적 사유능력인 변별력'(辨)과 '올바른 정의'(義)에서 찾고 있다. 물론 욕망을 억제하고 다른 사람과 공평하게 '나누는 것'(分) 역시 인간이 가진 특성이라고 할 수 있다. 여기에서 중요한 것은 이런 개념들이 모두 생존을 위해 만들어 낸 인위적인 '행위' 또는 활동의 결과라는 것이다.

인간이 수행하는 모든 활동이나 행위, 인간의 모든 기관적인 기능이나 작용은 모두가 이러한 관점에서 고찰이 되어야 한다. 지각, 운동, 표상, 언어, 사고, 상상 등의 기능이나 작용은 물론이고, 이른바 정신적 산물인 문화적 세계에서의 도덕, 세계관, 종교, 윤리, 법률, 사회제도 등도 또한

---

75) 미카엘 란트만, 『철학적 인간학』, 177~178쪽에서 인용한 것임.

그러하다. 자연 상태에서 도저히 살아갈 수 없는 결함투성이의 생물이 자신의 '행위'를 통해 인위적으로 생존조건을 조성해 가는 활동 또는 결과가 바로 그러한 것들이라고 해석해야만 한다는 것이다.[76]

'행위'는 인간이라는 특수한 생물의 생존유지 방식으로서의 '행위'임과 동시에 세계를 변경하고 세계에 간섭하고 있는 '행위'이기도 하다. 인간은 자연이 결정해 놓은 것들로부터 벗어날 수 있는 특수한 능력과 행위를 통하여, '자연에 마주서서' 그들의 문화를 새롭게 창조하는 자유로운 존재이다. 자연적 상태에서는 벌써 오래전에 사멸해 버렸을 정도로 형태학적 결함을 안고 있는 인간이 어떻게 그의 생명을 유지하여 왔는가? 여기에서 필요한 논의는 간단히 말해서 다른 동물과는 비교가 되지 못할 인간 특유의 '행위'에 있다. 이 문제를 순자의 관점을 통해서 살펴보자.

> 원숭이도 웃는 시늉을 하거나 다리가 둘이고 털도 별로 없다. 그러나 군자는 그것을 국으로 만들고 고기로 먹는다. 그러므로 사람의 사람다운 것은 다리가 둘이고 털이 없어서가 아니라, 변별하는 능력을 가지고 있기 때문이다. 무릇 금수에게는 부자관계는 있어도 부자의 친함은 없으며, 암수가 있지만 남녀의 분별은 없다. 그러므로 사람의 도리는 분별이 있음에 있고, 분별은 나눔보다도 큰 것이 없으며, 나눔은 예보다 큰 것이 없다.[77]

장자가 자연적인 것(天)과 인간적인 것(人)을 구분하였듯이 순자는 자연적인 것(天)과 인문적인 것(人)을 구분하였다. 금수에도 어미와 새끼가 있고 암수가 있다는 사실은 자연적이며, 부자와 부부 간의 인륜관계는 문화와 문명의 소산이다. 이는 자연의 산물이 아니라 인간 정신이 만들어 낸

---

76) 허재윤, 『인간이란 무엇인가?』, 99쪽 참조 바람.
77) 『荀子』, 「非相」, "今夫猩猩形笑亦二足而毛也, 然而君子啜其羹, 食其胾. 故人之所以爲人者, 非特以其二足而無毛也, 以其有辨也. 夫禽獸有父子而無父子之親, 有牝牡而無男女之別. 故人道莫不有辨. 辨莫大於分, 分莫大於禮."

것이다.[78] 여기에서 순자가 말하려고 하는 '인人'은 결코 사회를 벗어난 고립적 존재가 아니라, 사회적 관계 내에 존재하는 족류적族類的 존재이다. 다른 금수와는 다른 인간만의 본질로 보면, 인류는 처음부터 '개체'가 아니라 '무리를 지어 사는' '군거群居'의 형식으로 출현하였다.

순자의 입장에서 보면, 자연적으로 형성된 원시적 '군거' 형식 역시 '천생天生'의 상태에 머물러 있는 단계일 뿐이다. 즉 인간의 본성에 따라서 자연스럽게 형성된 원시적 '군거' 조직은 인간의 이욕심의 범람과 충돌에 의해서 혼란에 빠지게 되고, 조직의 구성원인 인류는 생존의 위기에 직면하게 될 가능성이 크다.[79] 그러므로 순자는 사회 동란의 근원은 "군체를 이루었지만 나눔이 없는 것"(群而無分)[80]이라고 말한다.

무리를 지어 살아야만 생존 가능하다는 것이야말로 인류에게 주어진 하나의 운명이다. 왜냐하면 개체로서의 인간의 능력이라는 것은 분명히 "힘은 소보다 못하고 달리는 것은 말보다 못하기"(力不若牛, 走不若馬) 때문이다. 이런 상황에서 순자가 제기하는 것이 바로 '군群'과 '분分'이다.

순자가 노리는 목적은 바로 "군체를 이루었지만 나눔이 없는"(群而無分) '천생天生'의 원시적 군체의 상태를 "나눔을 분명히 하여 조화로운 사회생활을 영위하게 하는"(明分使群) '인성人成'의 사회적 공동체로 전환시키는 데에 있다. 이른바 '명분사군'은 바로 '분'의 기능이 군체群體관계에 적용된 것을 말한다.[81]

순자가 성악性惡을 말하는 것은 사람은 반드시 현실사회의 질서 있는

---

78) 펑유란 지음, 정인재 옮김, 『간명한 중국철학사』(서울: 마루비, 2018), 244쪽 참조.
79) 『荀子』, 「富國」, "人之生, 不能無羣, 羣而無分則爭, 爭則亂, 亂則窮矣. 故無分者, 人之大害也, 有分者, 天下之本利也."
80) 李哲賢, 『荀子之核心思想』(臺北: 文津出版社, 1994), 第10~11頁.
81) 정병석, 「荀子의 天生人成과 尊群體의 정신」, 『中國學報』 68집(한국중국학회, 2013. 12월), 317쪽 참조.

규범을 이용하여 자신들을 변화시키고 개조시키려고 노력해야 한다는 것을 말한다. 그러므로 "그 선한 것은 인위人爲이다"[82]라고 말하여 자신 속에 내재되어 있는 자연성(동물성)을 조절·절제·변화시킨 행위의 결과를 선善으로 보고 있다.

맹자가 주관적 의식의 내성적內省的·도덕적 수양을 강조하는 데 비해, 순자는 객관적 현실의 인위적人爲的 개조改造를 중시한다.[83] 순자가 성악을 주장한 것은 분명히 사실의 측면에서 본 것이다. 이런 순자의 성性은 맹자가 말하는 성과는 확실히 구별된다.

순자가 말하는 성악설은 기독교에서 말하는 근본악根本惡과는 분명히 다르다. 순자가 말하는 성악설은 '사실적 측면'(de facto)에서 인간을 살핀 것이라고 할 수 있다.[84] 순자가 말하는 성은 자연적 생명의 다양한 생리生理와 심리적 본능 및 욕망을 의미한다. 이를 맹자와 비교한다면, 순자가 말하는 '성'과 맹자가 말하는 '성'은 분명히 동일한 개념이 아니다. 즉 이름은 같지만 실제 내용은 다른 것이다. 맹자의 '성'은 "사람이 금수와 다르다는 입장"(人之所以異于禽獸者)에 근거하여 나온 말인 반면에, 순자가 말하는 '성'은 이와는 완전히 다르다. 순자의 '성'은 바로 인간과 금수의 공통 속성을 가리키는 것이라고 할 수 있다.[85]

순자의 관점에 의하면, 만약 인간 본성을 그대로 방임하여 놓아둘 경우 인간은 의심할 것 없이 '여색을 좋아하고'(好色) '맛있는 것을 좋아하며'(好味) '이익을 좋아하는'(好利) 방향으로 갈 수밖에 없다. 순자는 이와 같은 인간의 자연적 경향은 모든 사람이 공통적으로 가지고 있는 것으로서 생물학적 본능과 크게 다를 것이 없다고 말한다. 그러므로 순자는 "무릇 사람에게는

---

82) 『荀子』, 「性惡」, "其善者僞也."
83) 리쩌허우 저, 정병석 역, 『중국고대사상사론』(서울: 한길사, 2005), 243쪽.
84) 金炯孝 저, 『맹자와 순자의 철학사상』(서울: 삼지원, 1990), 76~77쪽 참조 바람.
85) 路德斌 著, 『荀子與儒家哲學』(濟南: 齊魯書社, 2010), 139쪽.

동일한 것이 있으니, 배고프면 먹고 싶고 추우면 따듯하게 입고 싶고 고단하면 쉬고 싶고 이익을 좋아하고 손해를 싫어함은 사람이 나면서부터 가지는 것으로서, 기다려서 후천적으로 그런 것이 아니라 우임금이나 걸이 모두 같은 것이다"[86]라고 말하여 선善을 상징하는 우禹나 악惡의 화신인 걸桀도 다른 것이 없다고 말한다.

그런데 순자가 인간 본성을 생물학적인 자연 상태로 파악하였다는 사실은, 맹자가 내면적 정신세계로 그 철학을 전개시킨 것과는 전혀 다른 형태의 철학적 관점과 구조를 형성하게 된다. 순자가 인간의 본성을 생물학적 관점으로 보고 있다는 사실은 내면적 정신세계가 아닌 외면적 사회로 철학의 방향을 전환시키는 것과 밀접한 관련을 가진다.

인간의 현실은 본능적 생존 활동과 충동이 난무하는 자연 상태에 불과하다는 것이 순자의 기본적 진단이다. 이런 상황 속에서 인간은 어떻게 살아야 하는가? 그냥 인간의 본능적 생존 활동에 맡겨 두어야 하는가? 이런 문제의식에서 출발하여 순자철학의 본격적인 노정이 시작된다.[87]

순자는 '성'과 '위僞'의 문제를 '천생인성天生人成'의 사유구조 속에서 논의하고 있다. 순자가 말하려는 '천'은 결코 인간과 전혀 관련이 없는 순수한 물리적 자연계가 아니다. 그는 오히려 인간의 입장에서 '천'에 사회적·문화적 함의를 부여하고 있다. 여기에서 인간존재는 이중성을 가지는데, 하나는 자연적 존재로서의 인간이고, 다른 하나는 '창조하는 존재' 즉 문화적 존재이다. 자연적 존재로서의 인간은 이욕적 본능에 따르는 존재를, 후자는 예의법도 등의 인위적 규범을 통해 새롭게 창조된 존재를 의미한다. 여기에서 '화성기위化性起僞'와 '천생인성'의 문제가 제기된다.

---

86) 『荀子』, 「榮辱」, "是人之所生而有也. 凡人有所一同, 飢而欲食, 寒而欲煖, 勞而欲息, 好利而惡害, 是人之所生而有也, 是無待而然者也, 是禹桀之所同也."
87) 정병석, 「荀子의 天生人成과 尊群體의 정신」, 309~310쪽 참조.

순자는 '성'의 '자연적 구조'에서 '위僞'의 '문화적 구조'로의 변화를 '화성기위'의 과정으로 보고 있다. 이른바 '자연적 구조'로서의 '성'은 후천적 학습이나 인위人僞에 의한 것이 아니라 자연 생성된 것이기 때문에, 본능적 욕망이 악으로 흐르지 않기 위해서는 인위적 규범이 필요하다고 순자는 말한다.

오늘날 사람의 본성은 악하기 때문에, 반드시 본받고 따를 사법師法을 기다린 연후에야 바로잡을 수 있고 예의를 얻은 연후에야 다스릴 수 있다. 만약 사람들에게 사법이 없으면 편벽하고 위험하여 바르지 않게 되고, 예의가 없으면 어긋나고 혼란하여 올바로 다스려지지 않게 된다. 옛날 성왕은 인간의 본성이 악한 것을 편벽하고 위험하여 바르지 않고 어긋나고 혼란하여 올바로 다스려지지 않는 것으로 보았다. 여기에서 예의를 일으키고 법도를 제정하여 인간의 성정性情을 교정하고 수식하여 바르게 하고, 또 이것으로 인간의 성정을 길들이고 교화하여 이끌고자 하였다. 비로소 모두 다스려지게 되고, 도에 맞게 된 것이다.[88]

인성은 악하기 때문에 인위적 교정과 교화敎化를 받아야만 선할 수 있는 가능성이 생긴다고 순자는 말한다. 그러면 누가 '위僞'를 만드는가? 바로 '사법師法'이다. 이른바 '사법' 혹은 '예의'라는 것은 인성에서 자연스럽게 나온 것이 아니라, 성인이 만든 '예의지통禮義之統'으로 인간의 자연적 본성을 규제하고 조절하는 것을 말한다. 여기에서 순자는 성인의 성격과 성인이 하는 역할에 대해 말하고 있다. 바로 인성人成을 주도하는 존재가 바로 성인이다. 이것이 바로 '천생인성'이다.

순자는 '천생天生'의 자연세계나 인성人性은 모두 '피치被治'의 대상일 뿐이라고 보았다. 순자에 의하면 성악性惡의 성은 분명히 부정적인 성질을

---

88) 『荀子』, 「性惡」, "今人之性惡, 必將待師法然後正, 得禮義然後治. 今人無師法, 則偏險而不正, 無禮義, 則悖亂而不治. 古者聖王以人之性惡, 以爲偏險而不正, 悖亂而不治, 是以爲之起禮義·制法度, 以矯飾人之情性而正之, 以擾化人之情性而導之也. 始皆出於治, 合於道者也."

가지고 있다. 이에 비해 '인성人成'이 의미하는 것은 능동적으로 다스리는 것(能治的)으로서 자연적 천성이나 천을 교정矯正하는 것을 의미한다.[89]

그러면 '다스림'(能治)의 주체는 무엇인가? 순자는 인도人道로써 천天을 다스릴 것을 주장하는데, 구체적으로는 예의와 법도를 통하여 그 다스림(治)을 행할 것을 말하는데, 그것이 바로 '참參'이다. 이른바 '참'이라는 것은 자기 자신을 다스린(治) 연후에 다시 천을 다스리는 것을 말한다. 이것은 "참찬화육參贊化育"이라는 관점과는 다르다. 순자는 "인간이 마땅히 하여야 할 일은 버려두고 하늘의 뜻을 알려 하는 것은 미혹함에 빠진 바보짓이다"[90]라는 말을 통하여 인간이 자신의 임무를 방기하는 것을 비판하고 적극적인 '참'을 강조한다.

순자가 말하는 '참參'의 뜻은 '성性'을 올바로 다스린다(治)는 의미이다. 「천론」에서 말하는 천직天職, 천공天功, 천관天官은 어떤 형이상학적 의미나 도덕적 함의를 가진 것이 아니라, 다만 다스림과 교정을 받아야 하는 피치적 대상일 뿐이다.[91] 말하자면 순자가 말하는 '천'과 '성'은 모두 피치의 측면에 속할 뿐이다. 여기에서 '천생인성'의 관점이 성립된다.[92]

순자는 자연성 즉 동물성에 맡겨 두면 반드시 혼란으로 가득 찬 폭란暴亂의 상태에 이르게 된다고 말한다. 순자는 후천적 문화체계인 예禮를 통하여 인간의 동물성을 교화시킬 수 있다고 보았다. 순자의 본래 의도는 인간은 반드시 문화의 도야陶冶를 받아야 한다는 점을 강조하려는 데 있다.

다른 동물은 하늘이 준 본능적인 상태로 산다. 앞 세대의 경험을 이어받을 필요가 없다. 개구리가 파리를 잡아먹는 법, 이것은 본능적이다. 그러면 인간의 경우는 어떠한가? 이 본능 이외에 문화를 지니고 있으며, 여기에는

---

89) 能治나 被治 등의 개념은 牟宗三의 『名家與荀子』에서 차용한 개념임.
90) 『荀子』, 「天論」, "舍人事而知天意, 斯惑矣."
91) 牟宗三, 『名家與荀子』(臺北: 學生書局, 1979), 第214~215頁 참조.
92) 정병석, 「荀子의 天生人成과 尊群體의 정신」, 314~315쪽 참조.

귀한 경험이 담겨 있다. 문화는 타고나는 것이 아니다. 다음 세대가 앞 세대로부터 다시 배워야 된다. 이것이 바로 문화의 재획득성再獲得性이다. 엄밀한 의미에서 문화나 예 등이 어떻게 성립될 수 있는가에 대한 순자의 명백한 언급은 보이지 않지만,[93] 인간이 문화를 형성하기 위해서는 부단한 교육과 학學이 필요하다는 관점은 기본적으로 설득력을 가지고 있는 것으로 보인다.

순자의 성악설은 언뜻 보기에는 인간을 멸시한 것 같으나, 훌륭하고 가치 있는 것은 모두 인간 노력의 결정이라는 것이 순자의 관점이다. 이런 점에서 그의 철학을 인문철학人文哲學이라고 부르기도 한다. 즉 모든 가치는 인간문화의 소산이며 문화는 인간이 이룩해 놓은 치적이다.[94] 즉 순자철학은 바로 문화철학이라는 것이다. 이런 관점에서 순자는 "노력하여 행하는 것은 사람이요, 그것을 버리는 것은 금수이다"[95], "배우면 되고, 종사하여 노력하면 이루는 것은 사람에게 있는데, 이것을 일러 인위라고 한다"[96]라고 하여 학습과 인위를 강조한다.

순자는 '학'과 '위爲'를 연결시켜 '권학勸學'과 '성위性僞'가 서로 내재적 연계성을 가지게 만들었다. 이 '학'을 '수신修身'에만 제한시키는 것이 아니라, 외부의 사물을 이용하고 필요한 문명의 이기를 만들어서 인류의 생존에 적용시키는 문제와 연관 짓는다. 여기에서 순자는 인간의 문제를 문화와 연결시킨다. 이 때문에 순자철학은 문명의 이기를 만들고 문화를 형성하는 빼어난 인물을 요청할 수밖에 없다. 이런 존재가 바로 성인이다.

93) 노사광 저, 정인재 역, 『중국철학사』(고대편)(서울: 탐구당, 1986), 332쪽 참조.
94) 펑유란 지음, 정인재 옮김, 『간명한 중국철학사』, 238~239 참조.
95) 『荀子』, 「勸學」, "爲之人也, 舍之禽獸也."
96) 『荀子』, 「性惡」, "可學而能, 可事而成之在人者, 謂之僞."

4. 내성외왕과 성인의 도덕화

유가철학의 핵심을 가장 분명하게 표현해 주는 어떤 하나의 개념을 고르라고 한다면 사람들은 주저하지 않고 '내성외왕內聖外王'을 언급할 가능성이 크다. '내성외왕'은 『장자莊子』의 「천하天下」편에서 나온 말이다.[97] 장자는 유가儒家라는 학파가 가지고 있는 학문적 특성과 내용을 '내성외왕'이라는 말로 규정하고 있다. 장자의 이 말은 유가가 가진 철학적 특징을 매우 적절하게 잘 표현하고 있는 것으로 보인다.

장자는 유가철학이 가진 특성을 내외內外의 두 측면으로 나누어 말하고 있다. 바로 내적인 측면을 성聖으로, 외적인 방면을 왕王으로 말한다. 구체적으로 말하면, 내성內聖의 도는 "신명神明과 일체가 되고 천지를 법칙으로 삼아 모든 존재가 본래의 성품에 따라 살게 하는"[98] 것이라고 말하고, 외왕外王의 도는 "만물을 기르고 천하를 평화롭게 하여 백성에게 은택이 미치는"[99] 것이라고 표현하고 있다. 즉 내성은 인간의 정신적인 측면에서 성인의 도를 충분히 실현하는 것으로 이른바 수신修身을 의미하고, 외왕은 정치에서 왕자王者의 책임을 충분히 실현하는 것으로 경세經世에 해당하는 것이라고 볼 수 있다.

장자는 「천하」편에서 '내성외왕'이 두 가지의 다른 영역의 표준임을 말하고 있다. 즉 내성은 인간의 내부 혹은 정신생명 속에서 성인의 도를 온전히 실현하는 것을 말하고, 외왕은 현실사회 속에서 도덕적 정치 즉 왕도王道를 충분하게 실현하는 것을 말한다. 그런데 여기에서 우리가 주목해야 할 점은, 장자가 말하는 내성과 외왕의 관계는 결코 체용體用이나 본말本末

---

97) 『莊子』, 「天下」, "是故內聖外王之道, 闇而不明, 鬱而不發, 天下之人各爲其所欲焉以自爲方."
98) 『莊子』, 「天下」, "配神明, 醇天地, ……."
99) 『莊子』, 「天下」, "育萬物, 和天下, 澤及百姓."

의 인과관계가 아니라 병렬적인 대등관계라는 점이다. 즉 장자는 '내성외왕'의 내성과 외왕을 각각 다른 영역의 중요 표준으로 말하고 있지, 내성이면서 외왕이거나 혹은 내성이 바로 외왕으로 직통하고 있다는 것을 말하는 것이 아니다. 이에 비해 유가 내부의 관점은 오히려 내성과 외왕의 관계를 연속적·인과적으로 작용하는 관계로 보고 있다. 이것이 의미하는 것은 무엇인가?

유가는 경세적經世的 의미의 외왕을 도덕적 인격의 수양이라는 내성이나 수신의 문제와 분리하여 생각하는 것이 아니라 내성의 직선적 연장延長 혹은 연역演繹으로 간주하여, 그것을 도덕적 수양이라는 문제와 일체一體의 연속성 혹은 연계성을 가지는 것으로 말하고 있다. 여기에서 내성과 외왕의 결합과 실현이라는 문제는 바로 유가 특유의 도덕적인 이상정치를 의미하는 성왕聖王의 이념을 제기하게 만든다. 이때의 성왕은 단순히 빼어난 왕을 뜻하기보다는 수신과 경세, 도덕과 정치, 이상과 정치를 결합한 최고의 이상적 통치자를 의미한다고 할 수 있다. 이런 의미의 성왕을 본격적으로 말한 사람은 순자이다.

성聖이란 인륜을 온전하게 다 실현하는 것이고 왕王이란 제도를 힘을 다해 추구하는 것이니, 이 두 가지를 힘을 다해 추구하면 천하의 표준이 된다. 그러므로 배우는 자는 성왕聖王을 스승으로 삼고 성왕의 제도를 본보기로 삼아서 성왕의 법도를 법으로 행하며, 통류統類를 구해서 성왕을 본받는 데에 힘써야 한다. 이것을 향하여 힘쓰는 사람을 사士라고 하고, 성왕과 비슷해지고 가까이 다간 사람을 군자라고 하며, 성왕의 도리를 아는 사람을 성인聖人이라고 한다.[100]

---

100) 『荀子』, 「解蔽」, "聖也者, 盡倫者也, 王也者, 盡制者也. 兩盡者, 足以爲天下極矣. 故學者, 以聖王爲師, 案以聖王之制爲法, 法其法以求其統類, 以務象效其人. 嚮是而務, 士也, 類是而 幾, 君子也, 知之, 聖人也."

위에서 "인륜을 온전하게 다 실현하는" 성聖은 덕德의 궁극적인 표현에 해당하고, 왕王은 가장 큰 권력을 가진 사람을 말한다. 즉 진륜진제盡倫盡制의 륜倫은 도덕이고, 제制는 제도를 다스리는 정치 혹은 통치 행위를 의미한다. 전자의 도덕은 이상이고, 후자의 정치는 현실이다. 이런 이상적 도덕과 현실적 정치 둘 다를 완벽하게 실천하는 사람이 바로 성왕이다. 그러나 순자는 도덕과 정치의 균형 있는 결합을 의미하는 성왕에 대해 말하고 있다.

순자의 성왕 개념은, 송대 이후 정치적 과정과 판단의 기준을 모두 도덕정신에 근거 하는 것으로 봄으로써 이상적 통치 혹은 정치를 도덕적 완전인의 수중에 두는 도덕적 이상주의의 성격과는 구별된다. 실제로 선진시기의 제자백가들이 말하는 성왕은 인류를 야만에서 문명으로 진입 하게 만든 중요한 인물들로 표현된다.[101] 단순한 도덕군자로서의 성인은 아니다.

고대인들에 의해 부단하게 이상화된 고대의 군왕, 예를 들면 요·순·우 禹·탕湯·문·무·주공周公 등은 성인으로 불렸다. 이와 동시에 통치계급은 자신들의 왕권 강화를 위해서 군주를 신성화하기 시작한다. 이를 위해서 정권의 합리성과 혁명의 정당성의 근거를 도덕에서 찾는다. 정치적 권위와 도덕적 성聖이 연결되어 성인으로 불리는 문화영웅들(culture-heroes)은 모두 군주들이다.[102] 중국 고대에 이런 개인도덕과 정치적 권위의 연속성을 표현하는 개념이 바로 성왕이다.

유가에 있어서 '내성외왕'이 의미하고 있는 것은 왕王과 성聖 사이에 적본跡本 관계 즉 자취와 근본의 관계가 존재한다는 것이다. 성聖과 그 성을 완성할 수 있는 심성心性의 본체가 바로 근본이다. 이상적인 사회질서는

---

101) 王健文, 『奉天承運─古代中國的 "國家" 槪念及其正當性基礎』(臺北: 東大圖書公司, 1995), 7쪽.
102) Stephen C. Angle, *Sagehood*(New York: Oxford University Press, 2009), p.15.

다름 아닌 그 근본에서 나온 흔적이라는 것이다. 그 둘 사이에는 직접적
인과관계가 성립한다. 즉 유가의 기본적인 정치관점은 개인의 훌륭한
도덕수양이 있어야만 이상적인 정치의 실현이나 이상적인 사회의 구성이
가능하다는 것이다. 이런 관점들은 공자와 맹자에서도 보인다. 먼저 『논어』
의 기록이다.

> (도덕적인 군자는 어떠해야 하는지를 묻는) 자로子路의 질문에 공자는 "경敬으로써
> 몸을 닦는 것이다"라고 말씀하셨다. 자로가 "이와 같을 뿐입니까?" 하고 묻자, 공자는
> "몸을 닦아서 다른 사람을 편안하게 하는 것이다"라고 말씀하셨다. 다시 "이와
> 같을 뿐입니까?" 하고 말하자, "몸을 닦아서 백성을 편안하게 하는 것이니……"라고
> 말씀하셨다.[103]

여기에서 말하는 자기 몸을 닦는 수신修身과 백성을 편안하게 하는 안백성
安百姓은 다름 아닌 내성과 외왕의 관계에 해당한다. '수기'는 출발점이고
'안백성'은 도덕적 수기의 현실적 표현으로 외왕에 해당하는 것으로 보인다.
맹자 역시 정치적 행위를 도덕의 확충이라는 관점에서 보고 있다.

> 맹자가 말하였다. 모든 사람들은 (다른 사람의 어려움을) 차마 참지 못하는 마음을
> 가지고 있다. 선왕先王들은 차마 참지 못하는 마음을 가지고 (다른 사람의 어려움에
> 대해) 참지 못하는 정치를 시행하였으니, 차마 참지 못하는 마음을 가지고 차마
> 참지 못하는 정치를 시행한다면 천하를 다스리는 것은 손바닥 위에 놓고 움직이는
> 것이나 마찬가지일 것이다.[104]

맹자는 개인과 사회, 도덕과 정치 사이에는 하나의 연속적인 관계가

---

103) 『論語』, 「憲問」, "子路問君子, 子曰, 修己以敬, 曰如斯而已乎, 曰修己以安人, 曰如斯而已乎,
  曰修己以安百姓."
104) 『孟子』, 「公孫丑篇」上, "孟子曰, 人皆有不忍人之心. 先王有不忍人之心, 斯有不忍人之政矣,
  以不忍人之心, 行不忍人之政, 治天下可運於掌上."

성립되는 것으로 보고 있다. 즉 개인, 가정, 사회로부터 국가, 천하에 이르는 단계는 다만 범위상의 크고 작음이 있을 뿐이지 결코 본질적인 차이가 있는 것으로 보고 있지는 않다. 여기에서 개인은 바로 이들 단계가 전개되어 가는 핵심이다. 그러므로 맹자는 「이루離婁」편에서 "천하의 근본은 나라에 있고, 나라의 근본은 가家에 있으며, 가의 근본은 몸(身)에 있다"105)라고 말한다. 여기에서 말하는 근본(本)은 바로 개인의 수신을 의미한다. 주자는 『맹자집주孟子集註』에서 이 구절을 설명할 때 『대학』에서 말하는 "천자에서 일반서민에 이르기까지 모두 수신을 근본으로 삼는다"106)라는 말을 인용하고 있다. 맹자는 개인과 사회를 하나의 연속체로 보아 개인 도덕의 사회 속에서의 확충(擴而充之)을 매우 강조한다. 맹자는 사람이 태어나면서 가지는 불인인지심不忍人之心이라는 도덕심을 사회와 정치 영역으로 확충시켜 나간 것을 불인인지정不忍人之政이라고 말한다.

'내성외왕'에 대한 유가의 전형적인 관점을 가장 구체적으로 보여 주는 것이 바로 『대학』의 삼강령팔조목三綱領八條目에 관한 부분이다.

대학의 도는 명덕을 밝힘에 있으며, 백성을 새롭게 함에 있으며, 지선에 이르는 것에 있다. 이를 데를 안 뒤에 정함이 있으니, 정한 뒤에 능히 고요하고, 고요한 뒤에 능히 편안하며, 편안한 뒤에 능히 생각하고, 생각한 뒤에 능히 얻는다. 사물에는 본과 말이 있고, 일에는 끝과 시작이 있으니, 먼저 하고 뒤에 할 것을 알면 도에 가까울 것이다. 옛날에 밝은 덕을 천하에 밝히고자 하는 자는 먼저 그 나라를 다스리고, 그 나라를 다스리고자 하는 자는 먼저 그 집안을 가지런히 하고, 그 집안을 가지런하게 하려는 자는 먼저 그 몸을 닦고, 그 몸을 닦고자 하는 자는 먼저 마음을 바르게 하고, 그 마음을 바르게 하려는 자는 먼저 그 뜻을 성실하게 하고, 그 뜻을 성실하게 하려는 자는 먼저 그 지식을 미루어 지극히 했다. 지식을 미루어 지극히 함은 사물의 이치를 궁구함에 있다.107)

105) 『孟子』, 「離婁」, "天下之本在國, 國之本在家, 家之本在身."
106) 朱熹, 『孟子集注』, "大學所謂自天子至於庶人, 壹是皆以修身爲本, 爲是故也."

삼강령은 '명명덕明明德', '신민新民', '지어지선止於至善'이다. 이 중 '명명덕'은 내성에 속하는 행위이고, '신민'은 외왕의 영역에 속하며, '지어지선'이 말하려는 것은 내성과 외왕이라는 이상의 실현과 완성을 의미한다. 팔조목이라는 것은 격물格物, 치지致知, 성의誠意, 정심正心, 수신修身, 제가齊家, 치국治國, 평천하平天下로서, 앞의 다섯 가지는 개인의 도덕적 완성을 추구하는 내성에 속하는 것이고, 뒤의 세 가지 항목은 사회와 국가 현실의 사업을 성취하는 외왕의 영역에 속한다. 『대학』에서 말하는 전체적인 맥락을 살펴보면 내성과 외왕이라는 것을 분리하여 생각하는 것은 불가능하다. 즉 외왕은 내성이 그 출발점이 되고, 외왕의 실현은 바로 내성의 완성이라는 것이다. 내성에서 출발하여 외왕으로 직접적으로 연역하는 이런 『대학』의 관점이 유가의 기본적인 시각이라고 할 수 있다.

『대학』의 관점을 계승한 송명 유가들은 이런 입장을 더욱 강화하고 있다. 정이천程伊川은 정치의 출발점을 '군주의 마음이 잘못된 것을 바로잡는'(格君心之非) 것에서 시작할 정도이다. 군주가 바르면 나라가 안정되지만 군주의 마음에 잘못이 있으면 국가는 혼란해지기 때문에, 군주의 허물에 대해서는 마땅히 올바른 도덕적 이치로써 바로잡아야 한다는 주장이다.

> 치도治道에는 근본으로부터 말하는 것도 있고, 또 구체적인 일로부터 말하는 것이 있다. 근본으로부터 말하면 오직 '군주의 마음이 잘못된 것을 바로잡는'(格君心之非) 것으로부터, 마음을 바르게 하여 조정을 바르게 하고, 조정을 바르게 하여서 백관을 바르게 한다.108)

---

107) 『大學』, 經1장, "大學之道, 在明明德, 在新民, 在止於至善. 知止而后有定, 定而后能靜, 靜而后能安, 安而后能慮, 慮而后能得. 物有本末, 事有終始, 知所先後, 則近道矣. 古之欲明明德於天下者, 先治其國, 欲治其國者, 先齊其家, 欲齊其家者, 先修其身, 欲修其身者, 先正其心, 欲正其心者, 先誠其意, 欲誠其意者, 先致其知, 致知在格物."
108) 『二程遺書』, 卷15, "治道亦有從本而言, 亦有從事而言. 從本而言, 惟從格君心之非, 正心以正朝廷, 正朝廷以正百官."

정이천은 군주가 비록 존귀하지만, 군주의 생각이나 언행은 기본적으로 이치(理)에 부합하여야 한다고 보았다. 군주는 결코 태어나면서부터 성인이 아니기 때문에 학습을 필요로 하고 잘못된 것은 바로잡아야 된다. 여기에서 '격군심지비格君心之非'라는 문제가 출현한다. 현실적으로 전제군주의 통치 하에서 "천하의 치란은 군주가 인仁한가 그렇지 못한가에 달려 있기"[109] 때문이다.

위의 내용을 연상시키는 구절은 정이천의 『주역』 해석에서도 보이는데, 그는 『주역』 관괘觀卦(䷓) 육사六四의 주석에서 "천하의 정치와 교화를 보면 군주의 도덕을 볼 수 있다"[110]라고 하여 군주 개인의 도덕적 수양과 현실적인 정치 사이의 직접적 동일시를 강조하고 있다. 이것은 바로 유가의 전형적인 도덕 본위의 정치적 관점을 보여 주는 예이다. 이런 식의 정치적 이념은, 군주 개인의 훌륭한 도덕수양이 기본적으로 전제되어 있어야 올바른 정치의 실현이 가능하고 이상적인 정치공동체의 구성이 가능하다는 관점이다. 그러므로 일반 백성의 안녕과 행복을 보장하기 위해서는 무엇보다도 군주의 마음을 바로잡는 것이 가장 중요한 급무急務라고 보는 것이다.

주자의 정치적 관점은 가장 전형적인 도덕본위적·도덕환원주의적인 입장을 보여 준다.

> 대학의 도는 천자에서 서민에 이르기까지 하나같이 모두 수신을 근본으로 삼고 있는 것으로 알고 있습니다. 집이 가지런해지고 나라가 올바로 다스려지며 천하가 태평해지는 것이, 모두 이것에서 나오지 않은 것이 없습니다.[111]

---

109) 『河南程氏外書』, 卷第六, 伊川語, "天下之治亂係乎人君仁不仁耳."
110) 『易程傳』, 觀卦 六四 爻辭, "當觀天下之政化, 則人君之道德可見矣."
111) 朱熹, 「癸未垂拱秦箚一」, 『朱文公文集』, 卷十三(臺北: 商務印書館, 1980), "臣聞大學之道, 自天子以至庶人, 壹是皆以修身爲本. 以家之所以齊, 國之所以治, 天下之所以平, 莫不由是而 出焉."

모든 천하의 일의 근본은 한 사람에게 달려 있습니다. 한 사람의 몸의 근본은 자신의 마음에 달려 있습니다. 그러므로 군주의 마음이 일단 바르면 천하의 일은 잘못될 일이 없으며, 군주의 마음이 바르지 못하면 천하의 일이 잘못되지 않는 것이 없습니다.[112]

이처럼 주자의 정치사상은 전형적인 도덕적 이상주의의 접근방식을 보여 주고 있다.

송대 이후 수신과 경세, 즉 도덕과 현실의 문제를 말하는 '내성외왕'의 관점에서 나타나는 성인의 성격은 점차 도덕화·내면화되면서 현실의 경세 문제는 상대적으로 소극적·부차적인 위치로 내몰리게 된다. 이로 말미암아 성인의 현실에 대한 참여와 관여 역시 소극적으로 표현되고, 성인의 의미를 내면의 완전성이라는 측면으로만 제한하는 관점이 점차 두드러지게 나타나게 된다.

성인의 '성聖'이라는 말의 원초적 의미는 천天이나 신神의 뜻을 묻는 것과 관련이 있었다. 구체적으로 성인은 "천도天道의 소리를 듣고 그것을 사람들에게 알려 주는"[113] 역할을 한다. 이런 해석은 '성'이라는 말의 문자적 분석을 통해서 분명하게 드러난다. '성'이라는 글자는 이耳를 의부意符로, 정呈을 음부音符로 삼아 구성된 글자이다. 만약 문자의 의미를 가지고 말하면 매우 귀가 밝은 사람이 가지고 있는, 멀리에 있는 사물도 꿰뚫어 보는 빼어난 능력을 말하는 것이라고 할 수 있다.

춘추시대 이전에는 성聖과 성聲, 청聽의 세 글자는 통용되었다. 특히 '성聖'과 소리를 듣는 청각적 의미의 '청聽'은 여러 가지로 연결되는 측면이

---

112) 朱熹, 「己酉擬上封事」, 『朱文公文集』, 卷十二, "天下之事, 其本在於一人, 而一人之身, 其本在於一心. 故人主之心一正, 則天下之事無有不正, 人主之心一邪, 則天下之事無有不邪."

113) Rodney Taylor, *The Religious Dimensions of Confucianism*(Albany, State University of New York Press, 1990), p.24.

있다. 즉 형체로 볼 때 '성聖'은 "귀(耳)로 들어가 입(口)으로 표출된다"는 의미를 가지고 있다. 성聖과 청聽의 글자 속에는 공통적으로 귀를 의미하는 이耳자와 입을 말하는 구口자가 들어가 있다. 이 글자들이 가지고 있는 공통점은 모두 신神의 뜻을 묻는 것이라 할 수 있다.[114]

이후 '성聖'은 원래 가지고 있었던 종교적인 성격이 점차 희박해지고 "총명하다", "보통사람들이 모르는 것을 안다" 등의 빼어난 능력을 의미하는 것으로 전환하게 된다. 이 중에서도 '성'에 대한 새로운 규정을 가장 분명하게 보여 주는 문헌은 『서경』의 「홍범洪範」편이다. 「홍범」에서는 "생각하는 것이 슬기롭다"(思曰睿), "슬기로운 사람이 성인이 된다"(睿作聖)라고 하여, '슬기로움'(睿) 즉 사리에 밝고 지혜롭다는 의미로 '성'을 해석하고 있다. 즉 '성'을 슬기로운 생각의 결과로 간주하여 '생각'(思)의 밝고 지혜로움을 말한다고 해석하고 있는데, 단순히 청각의 예민함이라는 뜻으로 '성'을 이해하는 관점과는 분명히 구별된다.

이것은 '성' 개념에 대한 의미의 혁명적 전환이다. 즉 '성'의 의미가 신의 명령을 듣는다는 것에서 인간의 개인적인 능력으로 전환하게 된 것이다. 결론적으로 말하면, '성'자가 가지고 있는 초기의 보편적 의미는 '총명' 또는 '지혜가 있다'는 것으로 규정할 수 있다. '성'자가 단독으로 사용될 경우에 그것은 처음부터 '사람'(人)을 가리키는 것이 아니라, '사람'의 특징과 성질을 기술할 때 사용하는 말이었다. 그러다가 총명하고 지혜롭다는 뜻의 '성'이라는 말은 나중에 '총명한 사람' 또는 '지자智者'를 의미하게 된다. 이것은 성인이라는 말의 출현에 따라서 생긴 현상이라고 볼 수 있다. 이로부터 '성'자는 '성인'과 혼용되기 시작하여 '성'이라는 말은 곧바로 성인을 지칭하거나 혹은 성인의 동의어로 사용되었다. 이것은 유가에서

---

114) 姜廣輝・程曉峰, 「先秦的"聖人崇拜"與諸子之稱"經"」, 『湖南大學學報』第26卷 第4期(2012年 7月), 6쪽.

매우 보편적으로 보이는 현상이다.[115]

　유가학파가 형성되기 이전에는 '성聖'이나 '성인'이라는 말 속에 어떤 '신성함'이나 '숭고함' 등의 요소나 성격이 적극적으로 표현된 것은 아니다. '성'과 성인을 숭배하는 이른바 숭성崇聖의식은 엄밀히 말해서 공자와 유가학파에서 가장 먼저 출현한 것으로 보인다. 이로부터 성인의 존재는 점점 사람들이 마음으로 숭배하는 우상이 되었고, 절대적인 권위를 가지게 된다. "비록 성인의 경지는 맹자의 명언名言인 '성인과 나는 동류同類이다'라는 말에서 드러나듯이 모든 사람이 도달할 수 있는 것이기는 하지만, 성인은 여전히 신비적인 색채를 가지고 있다."[116]

　앞에서 이미 말한 것처럼, 중국 상고시기의 '성'과 성인의 본래 의미는 신과 통하는 무격巫覡이나 그것이 세속화된 총명하고 사고력이 빼어난 사람을 가리켰으나, 성인 개념은 춘추전국시대에 이르러 또 다른 하나의 특성을 부가附加하게 된다. 그것은 바로 도덕적 인격으로서의 성인관의 출현이다. 즉 성인은 총명하고 사고력이 빼어난 사람을 가리킬 뿐만 아니라 도덕적으로도 완전한 인격을 가리킨다. 이런 점에서 성인은 최고의 완벽한 인간을 의미한다. 여기에서 보통사람들과는 구별되는 매우 지혜롭고 뛰어난 인간, 도덕적 완전인 또는 문화의 창조자 등으로 상징되면서 성인은 보통사람들이 도달하기 힘든 단계로 격상된다.

　성인은 빼어난 지혜를 가지고 있기 때문에 자연히 문명과 제도를 창조하는 역할과 사명을 담당할 수 있다. 이 때문에 유가는 문명과 제도의 발명권을 매우 쉽게 성인에게 부여한다. 『좌전』 소공 6년조에 "성인께서 법칙을 제정하셨다"(聖作則)라는 말이 있는데, 여기에서 이미 그러한 사상적 맹아가 보인다. 이것은 순자에 이르러 더욱 강조되고 있다.

---

115) 王中江, 「儒家"聖人"觀念的早期形態及其變異」, 『中國哲學史』 1999年 第4期, 28쪽.
116) Stephen C. Angle, *Sagehood*, p.14.

제1장 들어가는 말 89

옛 성왕께서 인간의 본성이 악하고 한쪽으로 치우쳐서 바르지 못함으로써 혼란이 일어나 다스려지지 않은 것을 보고 예의와 법도를 일으켜 제정하셨다.…… 예의란 성인께서 만드신 것이다.…… 예의법도란 성인께서 만든 것이다.…… 따라서 성인께서 일반 대중과 동일하여 다르지 않은 점은 성이고, 다른 점은 위僞이다.[117]

『역전』에서는 이런 내용들이 더 구체적으로 보이는데, 그 내용들은 이 책의 주제와 관련하여 매우 중요한 논의의 대상이 되기 때문에 따로 뒤에서 상세하게 다룰 예정이다.

지혜 혹은 총명의 뜻을 가진 성인 관념이 근본적으로 변화하게 된 것은 이상적 인격이라는 도덕적 요소가 가미된 점에서 찾을 수 있다. 유가가 말하는 성인은 빼어난 지능을 가진 사람일 뿐만 아니라, 도덕과 인륜의 화신 또는 구현자로 간주된다. 이런 관점은 여러 문헌에서 보인다.『좌전』 소공召公 7년조의 "성인은 명덕明德을 갖춘 분이시다"[118]라는 말에서는 성인을 도덕에 연관시키고 있다. 맹자는 "성인은 인륜의 지극함이다"[119]라고 하였고, 이와 비슷하게 순자는 "성이란 윤리를 온전하게 다 실현하는 자를 의미한다"[120]라고 하였다. 이러한 성인은 최고도의 인륜과 도덕적 경지에 도달한 존재로 표현된다.

이러한 관점은 송명유학에 이르면 더욱 두드러지게 강조되면서 성인 개념은 도덕인륜 또는 인격적 경지의 방면으로 급격히 전환하게 된다. 다시 말하면 송명리학에서는 성인의 도덕과 인륜이라는 성격이 주도적 지위를 점하게 되면서 성인은 완전히 도덕화되어 버린다. 주자의 성인

---

117) 『荀子』,「性惡」, "古者聖王以人之性惡, 以爲偏險而不正, 悖亂而不治, 是以爲之起禮義, 制法度.……禮義者, 聖人之所生也.……禮儀法度者, 是聖人之所生也. 故聖人之所以同於衆其不異於衆者, 性也. 所以異而過衆者, 僞也."
118) "聖人有明德者."
119) 『孟子』,「離婁」, "聖人, 人倫之至也."
120) 『荀子』,「解蔽」, "聖也者, 盡倫者也."

개념 속에는 여전히 지혜와 재능의 요소를 간직하고 있기는 하지만 그것은 더 이상 핵심적 요소가 아닌 것으로 변화한다. 주자의 관점에서 성인의 결정적 요소는 다름 아닌 덕德이다. 『논어』에서 다능多能으로 성인을 규정하는 관점에 대한 주자의 주석에서 이런 관점이 분명하게 나타난다. 먼저 『논어』에서는 다음과 같이 말한다.

> 태재大宰가 자공子貢에게 "선생님께서는 성인이십니까? 어째서 그토록 다재다능하십니까?"라고 묻자, 자공이 "정말이지 하늘이 그분으로 하여금 성인이 되게 하시고 또 다재다능하게 하신 것입니다"라고 했다. 공자께서 이 이야기를 들으시고 말씀하셨다. "태재가 나를 알아보는구나! 나는 젊었을 때 비천했기 때문에 비천한 일을 잘할 수 있다. 군자가 잘하는 일이 많으냐? 많지 않다."[121]

태재와 자공은 공자가 다재다능하다는 것을 들어 성인이라고 말했다. 공자는 이 말을 듣고 군자는 중대한 일을 알지 어떤 특정 분야의 전문적인 일을 많이 아는 것은 아니라고 말한다. 공자는 비천한 일을 많이 알고 있는 자신은 결코 군자가 못 된다고 하였다. 그러나 이 말에 대해 주자는 다음과 같은 주석을 달았다.

> 태재는 다능多能을 성聖이라 하나 그렇지 않다.…… 대개 성聖이란 덕德을 위주로 하는 것이지 다능에 있지 않다.[122]

스티픈 앵글은 이에 대해 "주자는 성인은 확실히 무한한 능력(多能)을 가지고 있으나(이 점은 '聖' 개념 중에서 특별히 강조하는 것임), 그러나 이것은 성인의 자격에서 가장 중요한 것이 아니라는 점에 주목하고 있다. 진정으로

---

121) 『論語』,「子罕」, "大宰問於子貢曰: 夫子聖者與, 何其多能也? 子貢曰: 固天縱之將聖, 又多能也. 子聞之, 曰: 大宰知我乎! 吾少也賤, 故多能鄙事. 君子多乎哉? 不多也."
122) 『朱子語類』, 卷三六, "太宰以多能爲聖, 固不是.……蓋聖主於德, 固不在多能."

성인을 구별시켜 주고 있는 것은 덕이다"[123]라고 하여, 주자는 성인이 가진 특성을 '덕'에서 찾고 있음을 지적하고 있다. 이어서 주자는 다음과 같이 말한다.

> 성인에게는 모든 선이 겸비되어 있어서, 만일 조금의 결실缺失이라도 있으면 성인이 라고 할 수 없다.…… 따라서 위대한 순임금께서는 조금의 부족함이 없었기에 성인이 되었다. 만일 그렇지 않다면 어떻게 순임금이라 하겠는가![124]

성인은 완전하게 덕을 구비해야지, 조금이라도 부족함이 있으면 그 지위를 얻을 수 없다는 것이다. 그리하여 순선純善한 천리天理와 인욕人慾의 대립이 중요한 문제로 부각되면서, 존천리멸인욕存天理滅人慾이 성인의 표준이 된다. 바로 성인은 천리를 완전하게 구현한 존재가 된다.

양명학은 주자학과는 여러모로 다르지만, 성인을 도덕적 완전인, 천리의 구현자, 금욕禁慾의 모범적인 존재로 보는 점에 있어서는 비슷하거나 오히려 더 철저하다고 할 수 있을 것이다.[125] 왕양명은 다음과 같이 말한다.

> 희연이 물었다. "성인은 배워서 이를 수 있다고 하지만 백이와 이윤은 공자의 재력才力 과 같지 않습니다. 그렇다면 그들을 모두 성인이라고 하는 것은 무슨 이유에서입니까." 선생이 말하였다. "성인이 성인된 까닭은 단지 그 마음이 천리에 순수하여 인욕이 뒤섞여 있지 않은 데 있을 뿐이다. 마치 순금이 순금된 까닭이 성색이 충분하여 구리나 아연이 섞여 있지 않은 데 있는 것과 같다.…… 그러나 성인의 재력에는 또한 대소의 차이가 있으니, 마치 금의 분량에 경중이 있는 것과 같다. 요순은 만 냥이고 문왕과 공자는 구천 냥, 우임금과 탕임금, 무왕 등은 칠팔천 냥, 백이와 숙제는 사오천 냥 정도이다. 재력은 같지 않지만, 천리에 순수하다는 점에 있어서는

---

123) Stephen C. Angle, *Sagehood*, p.18.
124) 『朱子語類』, 卷十, "聖人萬善皆備, 有一毫之失, 此不足爲聖人.……故大舜無一毫厘不是, 此所 以爲聖人, 不然, 又安足謂之舜哉!"
125) 王中江, 「儒家"聖人"觀念的早期形態及其變異」, 32쪽.

동일하여 모두 성인이라 일컬을 수 있는 것이다."126)

위에서 말하는 것은 바로 양명의 이른바 성색成色에 관한 언급이다. 위의 인용문에 의하면 성인의 조건은 재력(才)에 있는 것이 아니다. 요순이나 백이는 모두 성인으로, 그들의 재능은 모두 달라도 그들은 "천리에 순수한"(純乎天理) 점에 있어서는 다르지 않다. 말하자면 재능이 성인이 되는가의 결정적 조건은 될 수 없다는 점이다. 왕양명의 말을 통해서 보면, 성인이 비록 재력才力도 가지고 있고 또 지혜도 가지고 있지만, 성인이 성인다운 것은 천리만을 가지고 조금의 인욕도 가지지 않음에 있는 것이지, 지혜와 재능과는 완전히 무관하다는 입장이다. 성인의 개념을 지혜나 재력과 연계하는 관점을 통하여 성인의 본질을 이야기하려는 입장에 대하여 왕양명은 매우 비판적인 시각을 보여 준다.

후세에 이르러서는 성인이 되는 근본이 순수한 리理에 있음을 모르고 지식에 전념하는 것이 성인이 되는 것인 줄 알아서, 성인은 무소부지, 무소불능하다고 본다. 그래서 천리天理 상에서 공부를 드러내려고 노력하지 않고, 무리지어 맑음을 가리고 재력을 혼탁하게 한다. 책 속에서만 연구하고, 명물名物 상에서만 고찰하고, 행위 상에서만 모방하려 한다.127)

위에서 말하는 '후세'는 양명 이후를 말하는 것이 아니라 선진 이후를

---

126) 『傳習錄』, 卷上, "希淵問, 聖人可學而至, 然伯夷·伊尹於孔子才力終不同, 其同謂之聖者, 安在, 先生曰, 聖人之所以爲聖, 只是其心純乎天理, 而無人欲之雜, 猶精金之所以爲精, 但以其成色足而無銅鉛之雜也,……然聖人之才力, 亦有大小不同, 猶金之分兩有輕重, 堯舜萬鎰, 文王孔子猶九千鎰, 禹湯武王猶七八千鎰, 伯夷伊尹猶四五千鎰, 才力不同, 而純乎天理則同, 皆可謂之聖人."

127) 『傳習錄』, 卷上, "後世不知作聖之本是純乎於理, 卻專去知識才能上求聖人, 以爲聖人無所不知, 無所不能, 我須是將聖人許多知識才能逐一理會始得, 故不務去天理上著功夫, 徒弊精竭力, 從冊子上鑽研, 名物上考察, 形迹上比擬."

말하는 것으로 보기도 한다.[128] 이 문장은 왕양명 자신의 성인에 이르는 관점과 주자를 포함한 이전 유가들이 말하는 성인에 대한 관점들을 대비적으로 놓고 논의하는 내용이라고 할 수 있다. 기본적으로 이들 사이에 그리 큰 차이가 있는 것은 아니다. 왜냐하면 주자 또한 비록 성인이 무소불능하다는 것을 말하지만 그것을 특별하게 강조하지는 않기 때문이다. 두 사람의 성인에 대한 공통점은 모두 덕에 있다.

결론적으로, 고대에서 송명의 주자와 왕양명에 이르기까지의 '성'과 성인에 대한 관점은, 빼어난 지혜를 가진 성인이라는 의미가 도덕적인 것으로 방향선회를 하여 성인은 도덕의 완전한 실현이라는 것과 동의어가 되어 버렸다는 것이다.

---

128) Stephen C. Angle, *Sagehood*, p.19을 참조 바람.

제2장 성인숭배와 『역전』 성인관의 형성 배경

고대 중국철학 특히 유가철학에서 인간의 자기완성 혹은 이상적 세계의 실현이라는 문제는 대부분 성인이라는 관점과 연관된다. 고대 유가가 평생토록 염원하였던 철학적 목표 혹은 이념은 대부분 성인의 완성이라는 문제에 집중되어 있다고 해도 과언이 아닐 것이다.

"성인은 무엇인가"라는 물음에 대해 유가들은 주저하지 않고 구체적인 성인의 이름과 활약상을 드는 것으로 성인이 가진 내포적 함의와 특징 등의 개념적 분석들을 대신해 버린다. 그들은 성인에 대한 논의를 요·순·문·무·공자 등의 구체적인 성인들을 이야기하는 것으로부터 논의를 시작한다. 전통 유가들은 기본적으로 성인이라는 철학적 관점을 하나의 역사적 사실 즉 그들이 행한 실천의 내용 혹은 업적이라는 측면에서 다루고 있지, 결코 그것이 가진 개념적인 정의를 주된 논의의 대상으로 삼아 분석하거나 논증하고 있지는 않는다. 이런 대답은 철학적 엄밀성이라는 점에서 본다면 기본적으로 물음의 본질에 올바르게 접근한 것이라고 말할 수는 없을 것이다.

유가철학이 가진 실천적 성격이라는 점에서 성인에 대한 이런 식의 접근 방법은 어쩌면 이해 가능한 여지가 있을 수도 있다. 더욱이 고대

유가들이 말하는 성인관을 그 출발점에 해당하는 성인숭배의 기원이라는 문제와 관련하여 이야기할 경우, 성인에 대한 단순한 개념적 정의만으로는 효과적일 수 없고 심지어 내용이 없는 공허한 대답으로 비춰질 가능성도 크다. 왜냐하면 유가뿐만 아니라 다른 중국 고대 철학자들의 입장에서도 성인이 가지고 있어야 하는 가장 중요한 의미 혹은 역할은 어지럽고 힘든 세상을 구원하는 것에 집중되어 있었기 때문이다.

이른바 '성인구세론'은 성인이 가진 중요한 역할인 동시에 성인 출현의 기원이기도 하다. 이것은 또한 성인숭배 혹은 숭성론崇聖論이 출현하게 되는 배경이기도 하다. 이런 점에서 성인에 대한 논의를 복희·요·순·문·무·공자 등의 구체적인 성인들을 언급하는 것에서 시작하는 관점은 그 자체의 배경과 맥락에서 충분히 이해가 되는 측면이 있다. 왜냐하면 그들이 말하는 성인은 실제의 역사적 인물이라기보다는 고통스런 현실과 세상을 벗어나려는 사람들의 희망과 염원을 담고 있는 공동체의 집체정신集體精神을 상징하는 부호이기 때문이다. 세상을 구원해 줄 것을 염원하는 공동체의 집체정신을 상징하는 부호로서의 성인을 표현하기 위해서는 복희씨·황제·요·순·우 같은 실재적인 인물들을 빌려 성인을 만드는 조성造聖과 성인화聖人化가 더욱 적극적으로 필요했던 것으로 보인다.

성인 관념의 출현은 다름 아닌 신의 숭배(崇神)에서 성인의 숭배(崇聖)로의 전환을 의미하는데, 이 문제를 논의하기 위해서 상고시기부터 존재하였던 성聖의 의미가 어떻게 변화하는가 라는 문제에 대해 분석하려 한다. 성 개념은 신의 소리를 잘 듣는 능력을 가진 사람이라는 의미에서 빼어난 사유능력을 가진 사람으로 변하고, 다시 도덕과 빼어난 공업功業의 능력을 가진 사람으로 의미전환을 하게 된다. 이런 성의 의미전환은 각 시대가 바라고 염원하는 공동체 정신의 반영이라고 할 수 있을 것이다.

1. 성인숭배사조의 출현과 성인화운동

1) 신神의 숭배에서 성인 숭배로

성인이라는 말은 종교적인 성격을 어느 정도는 내포하고 있지만 기본적으로는 철학·정치·윤리 등의 범주에 속하는 개념이다. 사전적 풀이에서도 '성인'은 "인간으로서 최고의 존재임을 나타내는 말…… 지극히 뛰어난 인간, 이상적인 군주, 도덕적으로 완전한 자, 인격의 완성자, 천지의 도道와 일체가 된 자, 문화의 창출자, 높은 덕을 지닌 종교가 등을 의미"[1]하는 것으로 표현되어 있다. 또한 중국의 역사 속에서 성인은 문화적 전환과 철학적 변천에 따라 여러 가지 다양한 형상으로 나타난다. 공자와 맹자 등의 선진유가들에게 있어서 성인의 모습은 도덕적 인격자와 세상을 구원하는 뛰어난 존재로, 한대漢代에서의 성인은 거의 신과 같은 존재로 격상되고, 위진魏晉시기의 성인은 무를 체득한(體無)한 존재로, 송대의 성인은 거의 천리天理나 도道와 동격인 도덕적 완전인의 모습으로 나타난다. 이처럼 성인의 성격 혹은 형상은 그 시대의 중요한 철학적 핵심과 경향에 의해서 규정되는 것으로 보인다.

중국철학사 속에서 성인의 출현이 가지고 있는 가장 중요한 의미는 바로 인간의 발견과 자각이라는 점에 있다고 할 수 있다. 왜냐하면 성인 관념의 출현은 다름 아닌 숭신崇神에서 숭성崇聖으로의 전환을 의미하기 때문이다. 중국철학 특히 유가에서 성인은 천인합일天人合一의 매개자이자 사회와 역사의 주재자이며 지혜와 진선미眞善美의 인격화人格化이고 모든 사람들이 추구하는 이상이다. 이런 성인숭배의 관점은 춘추전국시대에

---

[1] 溝口雄三·丸山松幸·池田知久 편저, 김석근·김용천·박규태 옮김, 『중국사상문화사전』(서울: 민족문화문고, 2003), 193쪽.

형성되어 진한秦漢시기에 정착되었다.

중국 상고上古시기의 종교는 주로 천신天神숭배와 조상숭배로 표현된다. 중국의 하·상·주 삼대의 종교는 천신숭배와 조상숭배를 특징으로 하고 있다. 그러면 이런 신을 숭배하는 경향이 어떻게 성인을 숭배하는 경향으로 전환하게 되는가? 또 제자백가들은 왜 고대의 천신숭배와 조상숭배의 전통을 연결시켜 발전시키지 않고 성인숭배사상을 강조하는가? 이 문제에 대답하기 위해서는 중국 상고시대의 종교개혁이라는 문제와 관련하여 생각할 필요가 있을 것으로 보인다.[2]

문헌상에서, 중국 고대의 '무巫'와 관련된 기원과 변천은 '절지천통絶地天通'이라는 전설에 보인다. 『국어』「초어楚語」편에는 고대 원시종교의 첫 번째 큰 변화가 기록되어 있다.

소호少皥씨가 쇠했을 때에 이르러 남방의 구려九黎가 덕이 문란해지고 백성과 신이 서로 뒤섞이게 되었습니다. 이때는 집집마다 무사巫史를 두고 다시는 성신誠信을 맹약치 않게 되었습니다. 백성들은 제수품의 결핍으로 신령의 강복을 받지 못하게 되었습니다. 제사 또한 법도가 없어 사람과 신이 같은 위치에 서게 되었습니다. 사람들이 신령 앞에서 맹세하는 것을 가벼이 여기자 마침내 신령에 대한 경외심이 사라지게 되었습니다. 신령 또한 백성의 제법에 익숙하게 되자 굳이 정결함을 구하지 않았습니다. 신령이 강복하지 않자 곡물이 제대로 성장하지 못하여 사람들도 곡물을 바칠 수 없게 되었습니다. 재난이 이어지자 신령과 사람 모두 생기를 잃었습니다. 전욱顓頊이 제위帝位를 잇게 되자, 곧 남정南正 중重에게 명하여 하늘의 일을 주관하고 신령에 대한 제사를 총괄하게 했으며, 북정北正 여黎에게 명하여 땅의 일을 주관하고 땅과 백성들을 다스리는 일을 총괄하게 했습니다. 이에 모든 것이 옛 상법을 되찾게 되어 다시는 신민이 뒤섞이는 일이 없게 되었습니다. 이것을 일러 절지천통이라 합니다.[3]

---

2) 상고시기의 종교개혁 문제에 대해서는 姜廣輝·程曉峰,「先秦的"聖人崇拜"與諸子之稱 "經"」(『湖南大學學報』, 第26卷 第4期, 2012年 7月)을 참고하였음.

위의 인용문에 의하면 중국 원시종교의 첫 번째 단계에는 신을 모시는 전문직이 있었으며, 보통사람들은 다른 일에만 종사하였지 신을 모시는 활동에는 참여하지 못한 것으로 말하고 있다. 이것이 바로 "백성과 신이 섞이지 않고 본분이 다르다"(民神不雜, 民神異業)라는 말이다.

원시종교의 두 번째 단계에서는, 사람마다 제사를 지내고 무巫가 되어 멋대로 하늘과 통하였는데, 이것이 "백성과 신이 뒤섞여 구분이 없었다"(民神雜糅, 民神同位)는 것이다. 그 결과 가산이 모두 탕진될 정도로 제사에 올리는 제수를 마련하였지만, 백성들은 더 이상 복을 받지 못했다.

세 번째 단계에서는 하늘과 땅의 통로를 절단하여 백성과 신이 서로 섞이지 않는 질서를 회복했다.[4] 이것이 바로 "절지천통"이라는 종교개혁이다.[5] "절지천통"의 종교와 정치개혁에 따라서, 무격巫覡의 통신通神능력은 점차적으로 왕자王者에 의해서 독점되는 결과를 초래하게 된다.

"절지천통"의 종교와 정치적 의미에 관해서 서욱생徐旭生은 전욱顓頊을 종교개혁을 대담하게 실행한 존재로 말하고 있다. 전욱은 자신과 남정南正 중重 외에 "어떠한 무巫라도 모두 하늘로 올라갈 수 없으며, 왕만이 신의 명령을 전달한다"[6]라고 말했다. 양향규楊向奎 또한 "고대의 계급사회의 초기에 통치자는 산에 머물러 천인天人의 매개 역할을 하는 완전한 신국神國이었고, 국왕들은 천인의 교통을 단절하고 상제와 교통하는 큰 권리를

---

3) 『國語』, 「楚語」, "及少皞之衰也, 九黎亂德, 民神雜糅, 不可方物. 夫人作享, 家爲巫史, 無有要質. 民匱于祀, 而不知其福. 烝享無度, 民神同位. 民瀆齊盟, 無有嚴威. 神狎民則, 不蠲其爲. 嘉生不降, 無物以享. 禍災荐臻莫盡其氣. 顓頊受之, 乃命南正重司天以屬神, 命火正黎司地以屬民, 使復舊常, 無相侵瀆, 是謂絶地天通."

4) 陳來, 『古代宗敎與倫理』(北京: 三聯書店, 1993), 22~23쪽.

5) '絶地天通'은 신화적 요소를 많이 함유하고 있는데, 동주시대에 재해석 되어진 것으로 추정된다. 이것은 『尙書』의 「呂刑」편과 『國語』의 「楚語」편에 수록되어 있다. '절지천통'에서 '絶'의 의미는 완전히 단절한다는 의미보다는 인간과 신의 직분을 엄격하게 구분하여 한계를 지운다는 뜻에 가까운 것으로 보인다.

6) 徐旭生, 『古史的傳說時代』(桂林: 廣西師範大學出版社, 2003), 6쪽.

독점하였다. 왕은 바로 신이고, 신이 아닌 국왕은 없었다"[7]라고 하였다. 이처럼 "절지천통"은 왕권의 신권神權에 대한 독점으로 나타나고, 왕자王者는 종교적인 최고 사제司祭가 되었다.[8]

중국 상고시기의 두 번째 종교개혁은 주공周公에 의한 예악禮樂의 제작과 종법宗法제도이다. 종법제는 조선祖先숭배에 근거하여 주례周禮와 혈연정치를 탄생시킨다. 이런 '종법'을 통해 주나라 사람들은 정치 · 도덕 · 종교 · 경제와 일상생활의 습속을 모두 포괄하고 있는 하나의 전체적인 정치체계와 국가제도를 창제해 낸다. 그 결과가 바로 신분제에 해당하는 종법등급제이다. 이런 종법제도는 시간이 흐름에 따라 도덕적 · 정치적으로 타락하고 실효성이 떨어지게 된다. 여기에서 생겨난 혼란이 바로 춘추전국이라는 난세이다. 이런 혼란의 시대가 성인을 요청하는 것은 어쩌면 필연적일지도 모른다.

전욱의 '절지천통'과 주공의 '종자법宗子法'의 성립이라는 두 번의 종교개혁은 천자天子 · 제후 · 종자宗子로 하여금 모든 제사 권력을 독점하게 함으로써 일종의 신분적 종교를 낳게 되는 결과로 이어진다. 이런 신분을 가지지 못한 사람들이 여기에 참여하거나 참견하는 것은 분수分數와 질서를 무시하는 일종의 '참월僭越'로 간주되었다.

천자는 천하의 공주共主 즉 종주국宗主國의 맹주盟主이고, 제후는 한 나라의 주主이며, 종자宗子는 종족의 주主를 말한다. 이런 신분적 종교체계 속 어느 곳에도 참여할 수 없었던 사람들은 '참월'이란 거대한 현실적 힘에 저항하여 어떤 다른 종교적 체계를 만들려는 적극적 모험을 포기하고 제3의 길을 모색하게 된다. 이런 종교문화를 배경으로 공자를 비롯한 제자백가들이 찾아낸 제3의 길이 바로 '성인숭배'라는 관점이고, 여기에서 이른바 숭성崇聖

---

7) 楊向奎, 『中國古代社會與古代思想研究』(上海: 上海人民出版社, 1962), 163쪽.

8) '절지천통'의 종교적, 정치적 의미에 대해서는 白欲曉, 「聖 · 聖王與聖人—儒家"崇聖"信仰的淵源與流變」, 『安徽大學學報(哲學社會科學版)』 2012年 5期, 18쪽을 참조 바람.

사조가 출현한다.[9] 이것은 종교적 신앙에서 인문적 신앙으로의 전화轉化이고, 숭신崇神에서 숭성崇聖으로의 전환이라고 할 수 있다.

『서경』의 「소고召誥」에서는 '경敬'[10], '경덕敬德'[11] 등의 개념에 대해서 이야기하고 있다. 이것이 의미하는 것은 모두 인간의 주체적인 실천이성과 관련되는 문제들로, 인간의 도덕적 실천이성이 강조되면서 자연스럽게 신 혹은 신성神性은 배제되고 상제와 인격적 천의 개념이 도덕적인 천명天命 개념으로 전환되는 관점들이 나타나기 시작한다. 춘추전국시기의 사회변동은 성인 관념의 형성에 역사적 조건을 제공해 주고 있다. 이 문제는 천명 개념의 새로운 해석과 병행하여 나타나는 현상이다.

춘추전국 이전이 천天이나 상제上帝 숭배의 경향이 대체로 강하였다고 한다면, 춘추전국 이후는 성인을 숭배의 대상으로 삼는 경향이 강하다. 이러한 숭신사조에서 숭성사조로의 전환은 중국의 철학과 역사에서 중요한 전향과 발전을 의미한다. 고대인들이 신을 숭배했던 이유는 인간의 생사화복을 결정하는 주재자를 상제나 신으로 보았기 때문이다. 그러나 인간 주체성의 고양과 인간 이성의 실천이 강조되면서 신이 가진 역할과 권위는 점차적으로 쇠퇴하기 시작한다. 이것은 천명 개념의 새로운 해석과 흐름을 같이한다.

왕께서 서울에서 짝지으시니 대대로의 덕을 구하시도다. 길이 천명에 짝하시어 왕의 진실됨을 이루시고 아랫사람의 모범이 되시나이다.[12]

---

9) 姜廣輝·程曉峰, 「先秦的"聖人崇拜"與諸子之稱"經"」, 6쪽을 참조 바람.
10) 『書經』, 「召誥」, "왕께서 명을 받으셨으니 끝없이 반가운 일이기도 하니와 또한 끝없이 근심이 되기도 합니다. 오오, 이 어찌 공경하고 삼가지 않을 수 있으리오."(惟王受命, 無疆惟休, 亦無疆惟恤, 嗚呼, 曷其柰何弗敬)
11) 『書經』, 「召誥」, "오오, 하늘도 역시 온 세상의 백성들을 가엾게 여겨 마침내 그들을 돌보시며 명을 내려 생업에 힘쓰게 하셨으니 임금께서는 재빨리 덕을 공경하는 일을 하여야 할 것입니다."(嗚呼. 天亦哀于四方民, 其眷命用懋, 王其疾敬德)
12) 『詩經』, 「大雅」, 「下武」, "王配于京, 世德作求. 永言配命, 成王之孚. 下土之式."

위의 인용문은 무왕武王이 선조의 공덕을 이어받고 또 스스로 덕을 쌓아 천하를 통일하는 것에 대해 말하고 있다. 여기에서 천명이 가지고 있었던 신비적인 의미는 합리적·도덕적인 관점에서 해석되고 있다. 천명이라는 것은 제사나 기도를 통하여 얻는 것이 아니라 덕德이라는 인간 자신의 능력을 통하여 획득하는 것임을 말함으로써 인간 주체의 자각적이고 주관적인 노력을 강조하고 있다. 이런 천명의 해석 과정을 통하여 인간의 자각이라는 인문주의적 사상이 형성되고, 인간의 지혜에 대한 믿음이 점차 강조되기 시작한다. 여기에서 사람들은 이제 초월적인 신에 의지하기보다는 빼어난 지혜와 능력을 가진 사람인 성인 혹은 성왕을 요청하고 있다.

빼어난 지혜와 능력을 가진 성인은 위대한 발명을 통하여 인류 문명에 중요한 공헌을 하였거나, 혹은 만민萬民을 수화水火의 고통 속에서 구하는 역할을 하는 위대한 사람으로 표현된다. 당시 사람들이 성인의 은혜에 감사하고 경의를 표하는 심리에서 집단적인 숭배의식이 형성된 것으로 보인다.

성인숭배라는 집단적 심리는 당시의 역사적 상황과 긴밀하게 연결되어 있다. 춘추시대 이후 주周 왕실이 점차 천하의 주인으로서의 역할과 권위를 상실해 가면서 수백 년에 걸쳐 제후들 간에 겸병전쟁이 벌어지고 약육강식의 논리만이 횡행하는 상황이 지속되자 합리적 이성이나 도덕적 정의는 설자리를 잃어버리게 된다. 여기에서 사람들은 이런 혼란과 고통을 해결해 줄 위대한 인물의 출현을 학수고대하고 있었다. 당시 선진 제자백가들은 모두 이런 관점들을 말하고 있다.

어떤 의미에서 성인숭배의식이 지향하는 이념은 빼어난 도덕성과 탁월한 능력을 가진 성인의 통치가 최선이라는 것에 있었던 것으로 보인다. 이것은 선한 정치를 실현하는 최선의 방법에 해당하는 '선한 자가 다스리는'

철인왕哲人王을 연상하게 만든다.

> 철학자(지혜를 사랑하는 이: ho philosophos)들이 나라들에 있어서 군왕들로서 다스리거
> 나, 아니면 현재 이른바 군왕(basileus) 또는 최고 권력자(dynastes)들로 불리는 이들이
> '진실로 그리고 충분히 철학을 하게(지혜를 사랑하게)' 되지 않는 한, 그리하여
> 이게 즉 정치권력과 철학이 한데 합쳐지는 한편으로, 다양한 성향들이 지금처럼
> 그 둘 중의 어느 한쪽으로 따로따로 향해 가는 상태가 강제적으로나마 저지되지
> 않는 한,…… 인류에게 있어서도 '나쁜 것들의 종식은 없다네.'[13]

위에서 이야기하려고 하는 핵심은 "철인이 왕이 되거나 왕이 철인이
되지 않고서는 백성들의 불행은 그칠 날이 없다"[14]는 것으로, 철인왕이
통치하는 국가가 최선이라는 말이다. 물론 중국에서 말하는 성인의 통치나
성왕의 이념이 그 방향이나 내용에서 플라톤의 관점과 완전히 일치할
수는 없지만 여러 가지 점에서 유사한 점이 있는 것은 부정할 수 없을
것이다.

『국가』편에서 통치자는 철인 치자治者로서 세상의 명예나 물욕에서 초월
해 있는 사람이다. 그는 한마디로 지성(nous)의 화신이다. 그러나 현실적으로
는 이런 사람의 출현도, 그리고 이런 사람의 수용도 어렵기 때문에 『법률』편
에서는 최고의 지성들이 모여서 입법을 하는데, 이들이 중지를 모아 개인이
아닌 법이 다스리도록 하는 것을 제도화하고 있다는 점에서는 분명히
중국의 성인 관념과는 다르다. 그럼에도 불구하고 사람이 어떻게 사는
것이 진정한 의미에 있어서 잘 사는 것인지를 처음부터 지속적으로 언급하
고 있다는 점[15]에서는 유사한 부분이 있는 것도 사실이다. 그러므로 "진리·

---

13) 박종현 역주, 『플라톤의 국가 · 政體』제5권(서울: 서광사, 1997), 365쪽.
14) 요한네스 힐쉬베르거 지음, 강성위 옮김, 『서양철학사』(上)(대구: 이문출판사, 1988),
    181쪽.
15) 박종현 역주, 『플라톤의 국가 · 政體』, 「해제」, 44쪽.

지혜 및 순수한 윤리적인 의지가 이 정치학의 이 기초가 된다. 이런 이유에서 가장 선한 자가 통치를 하는 것이다."[16]

중국에서도 국가의 통치자는 소인小人이 담당할 수 없으며, 반드시 성인이 이러한 중임重任을 담당하여야 한다고 보았다. 이 때문에 성인에 의한 통치에 대한 주장은 제자백가들의 문헌 속에서 성왕·성군聖君 등의 이름으로 자주 출현한다.

2) '조성'과 '성인화' 운동

세상을 구원하는 영웅에 해당하는 성인은 다른 사람이 가지지 못한 빼어난 재능을 품부 받았고 숭고한 도덕성을 가지고 있다. 빼어난 재능과 숭고한 도덕성 이 두 가지는 반드시 겸비해야 하고 하나라도 빠져서는 안 된다. 성인이 가진 성격이 총명함에서 보통사람들이 쉽게 도달할 수 없는 신성한 존재로 변한 것은 공자에게서 그 발단이 보인다.

공자가 보기에는 비록 요나 순 등의 선왕先王들이라 할지라도 성인으로 칭하기에는 여전히 무엇인가 부족하다. 요순조차도 성인으로 보기 어렵다면, 공자가 말하는 성인은 거의 신에 가깝다고 볼 수 있다. 이러한 성인을 공자는 거의 신성한 존재로 보고 있는 것 같다. 그 뒤로 성인은 점점 사람들이 마음으로 숭배하는 우상이 되고 지고무상의 권위를 가지게 된다. 이러한 점은 유가 이외의 다른 제자백가들 역시 공통적으로 인정하고 있는 것으로 보인다.[17]

지덕智德을 겸비한 완전무결한 인격이 인간 세상에 존재할 수 있는가? 동주東周시기의 사람들은 상고시기에는 존재했다고 생각하였다. 그들이

---

16) 요한네스 힐쉬베르거 지음, 강성위 옮김, 『서양철학사』(上), 181쪽.
17) 沈順福, 「從半神到人到神: 儒家聖人觀的演變」,『江西社會科學』2013年 12期, 22쪽 참조 바람.

상고시기의 성인을 흠모하는 것이 바로 선왕숭배先王崇拜로, 전설 속에 살아 있는 삼대三代 이전 영웅시대의 인물들을 현실 속으로 불러오는 방식이다. 여기에서 나온 것이 바로 '성인을 만들어 내는' '조성운동造聖運動'이다. 이른바 '삼황오제三皇五帝'가 바로 성화聖化 혹은 '성인화聖人化'라는 '조성造聖'의 산물이다. 제자백가들은 천·지·인·신神 사이의 가장 완전한 인품과 덕성을 모두 성인에 돌렸으며, 그들을 거의 반신반인半神半人의 상태가 되도록 만들었다.

'조성'의 '성인화' 운동이 적극적으로 출현할 수 있었던 배경은 철학적·역사적 발전의 필연적 결과이다. 서주西周 후기에 이르면 상제천신上帝天神은 이미 권위와 설득력을 상실하였고, 천명왕권天命王權은 심각한 도전을 받게 되고 사람들은 더 이상 천명을 맹목적으로 숭배하지 않았다. 또한 사회적 혼란이 사람들의 생활에 재난과 고통을 초래하게 되면서 사람들은 현실사회에 불만을 가지게 되고, 성인이 왕이 되기를 희망한다. 사람이 정치 가운데에서 가장 중요한 결정적 요소라는 결론에 도달하면서 성인이 왕이 되어야 하는 경향이 주요한 시대적 흐름으로 자리 잡게 된다.[18] 여기에서 성왕聖王의 개념이 출현한다.

전통적 문헌이 언급하는 성인의 다스림은 자연히 삼대의 성세盛世를 칭송하게 되는데, 그 기원은 삼황오제에까지 거슬러 올라간다. 왜 이렇게 원고遠古의 시기까지 소급되는가? 이 문제에 대해 왕부지王夫之(1619~1692)는 "성인의 다스림이 상고시기에 만들어지게 된 이유는, 실은 상주商周 이전은 상고詳考할 수 없기 때문이다"[19]라고 하였다. 확인할 수 없고 볼 수 없는 공백空白은 최대한의 해석의 여지와 공간을 남기고 있는 신화와 같다. 성인은 사람의 모습을 통하여 존재하는 신화나 마찬가지이다. 이런 상황에

---

18) 周新芳,「先秦時期的"聖化運動"」,『東南文化』 2003年 第9期, 59~60쪽 참조 바람.
19) 王夫之,『讀通鑑論』,「敘論」, "聖人之治之所以被建構於上古, 實因商周以上, 有不可考者."

대해 고힐강顧頡剛(1893~1980)은, 춘추 말기 이후 제자들이 신화 중의 고신古神과 고인古人을 모두 '성인화'하였고 삼왕오제의 황금시대 역시 전국 후반기에 만들어졌다고 말한다.[20]

상고시기에는 많은 성인들이 존재한다. 대표적으로 복희씨·신농씨·황제·요·순·우 등이 출현하였다. 이들 성인들은 역사 속에 실존하였으며, 인간의 문명을 만들어 내는 위대한 위업들을 실천한 것이 사실인가? 그렇지 않으면 '성인화'운동에 의해 날조된 것인가? 이른바 '성인화'운동은 하나의 문화적 현상으로서 춘추시대에 발생하여 전국시기에 완성된 역사적 과정이다.[21]

고힐강은 '성인화'에 의한 '조성'의 문제에 대해 말하고 있다. 그에 따르면 전국戰國에서 서한西漢에 이르는 시기에 요순 이전 시기의 황제를 더 많이 만들어 배치하였다고 한다. 이런 결과로 춘추 초기에는 우禹의 연대가 가장 오래되었지만, 이 시기가 되면 우는 자연히 근고近古에 속하게 되어 버린다. 고힐강은 또 방사方士들의 노력에 의해 황제黃帝가 요순 앞에 놓이고, 농가農家인 허행許行 일파에 의해 신농神農이 황제 앞에 놓이게 되었으며, 『주역』「계사전」에서는 복희씨를 신농씨 앞에 배치하였다고 말한다. 이런 성왕의 출현을 고힐강은 모두 위조된 역사로 간주해 버린다.[22]

전현동錢玄同(1887~1939) 역시 중국의 역사는 우禹로부터 이야기를 시작해야 한다고 주장한다. 요순이라는 인물 역시 주인周人들이 홍수 이전의 상황을 상상하여 만들어 낸 것이라고 말한다.[23]

'성인화'운동에 의한 옛 사람들의 '조성'이 만약 우연이 아니라 사유의식

---

20) 顧頡剛 編著, 『古史辨』, 第一冊, 「與錢玄同先生論古史書」(上海: 上海古籍出版社, 1981年版), 101쪽.
21) 劉澤華 主編, 『中國傳統政治思維』(吉林教育出版社, 1991), 522쪽.
22) 顧頡剛 編著, 『古史辨』, 第一冊, 65쪽.
23) 顧頡剛 編著, 『古史辨』, 第一冊, 「答顧頡剛先生書」, 81쪽.

과 나름대로의 법칙을 가진 하나의 오래된 보편적 현상이라고 한다면, 그들은 어떤 이유에서 이런 허구적 날조를 자행하였는가? 성인숭배현상으로서의 '조성'과 '성인화'가 유가와 중국인의 의식을 지속적으로 지배했다는 관점에서 보면, 그것은 역사적 진실과는 무관한 하나의 정신적·문화적 상징 또는 부호로 간주하는 것이 더 합리적일 것으로 보인다.[24] 이런 점에서 성인은 하나의 상징적 부호이고, 성인숭배는 공동체의 집체정신을 표현하는 일종의 의식 혹은 정신을 의미한다. 말하자면 구세救世라는 공동체의 집체정신을 상징하는 부호로서의 성인을 표현하기 위해서는 복희씨·황제·요·순·우 같은 실재적인 인물들의 '조성'과 '성인화'가 적극적으로 필요했던 것으로 보인다.

세계의 구원이라는 공동체의 집체정신을 상징하는 부호로서의 성인에 대한 숭배와 '조성造聖' 활동은 선진시기의 제자백가들에게 모두 공통적이다. 그 근본적인 원인은, 성인이 출현하여 제후가 제멋대로 할거하는 난세의 국면을 끝내고 대일통大一統을 실현하기를 염원하기 때문이다. 성인이 총명한 보통사람으로부터 마음속으로 숭배하는 신성한 성인으로 전환된 것은 기본적으로 당시의 사회적 상황과 정치에 대한 기대 및 공동체의 집체정신이 만들어 낸 결과라고 할 수 있을 것이다.

성인에 대한 숭배와 '조성' 활동에 의해서 가장 먼저 나타난 현상은 바로 군주의 도덕화이다. 신과 통하는 권력을 독점하던 신성한 존재로서의 왕자王者가 아닌, 도덕과 구세救世의 능력을 겸비한 성왕이 요청되기 시작한다. 다시 말하면 신과 통하는 권력을 독점한 성왕이 아닌, 내성과 외왕을 결합한 성왕의 출현을 요청하고 있는 것이다.

---

24) 정병석, 「역전의 천지인 제등관과 성인」, 『대동철학』 77집(대동철학회, 2016년 12월), 273쪽.

2. 성 · 성인과 성인구세론

1) 성 · 성인의 개념과 의미의 전환

유가들에게 있어서 성인이라는 문제는 유가철학 자체의 이념이자 목표라고 해도 지나친 말이 아닐 것이다. 실제로 유학의 수많은 개념이나 논의들이 지향하는 목표가 바로 성인의 경지에 도달하는 것이라고 할 수 있다. 상고시대에서 현대에 이르기까지 중국의 역사 속에서 성인의 관념은 종교 · 철학 · 문화 · 역사 · 정치와 관련되면서 중국인을 포함한 유가문화권의 모든 사람들의 의식을 사로잡아 왔다. 중국 문화와 철학의 변화 속에서 성인은 매우 중요한 역할을 한다. 중국철학사 속에서 성인은 여러 가지 다양한 모습으로 나타난다.

중국 문헌 290종에서 '성聖'자에 대해 컴퓨터로 검색해 본 결과, 경부經部 516권에서는 이 글자가 모두 1,659번 출현하고, 사부史部 7038권에는 29,589번 보이며, 자부子部 1201권에는 10,712번 보인다. 이들을 모두 합하여 더해 보면 '성'자는 31,960건에 이른다. 더 상세히 나누어 본 결과는 다음과 같다. '성인' 5,992번, 성자聖者 161번, 성사聖士 6번, 성왕聖王 1,029번, 성제聖帝 205번, 성주聖主 406번, 성현聖賢 559번, 현성賢聖 238번, 성철聖哲 179번, 성덕聖德 785번, 성명聖明 563번, 명성明聖 240번, 신성神聖 124번, 성신聖神 149번, 대성大聖 632번, 지성至聖 191번, 인성仁聖 201번, 성인聖仁 49번, 성지聖智 116번, 성지聖知 82번, 성심聖心 214번, 성공聖功 60번, 성언聖言 29번, 성도聖道 122번, 선성先聖 458번, 전성前聖 89번, 후성後聖 111번, 성경聖經 41번, 삼성三聖 101번, 자성自聖 84번, 제성齊聖 93번이다.

전적 가운데 출현 빈도가 가장 높은 세 가지 어휘는 성인, 성왕, 성덕으로 각각 5,992번, 1,029번, 785번으로 다른 어휘들보다 압도적으로 많은데, 이

3개의 어휘들 중에서도 '성인聖人'이란 말이 다른 어휘들의 4~6배를 넘어선
다.[25] 이것은 바로 중국인들이 성인이란 문제를 얼마나 중요하게 생각하고
있었는가를 분명하게 보여 주는 통계라고 할 수 있다.

유가사상의 변천 과정 속에서 성聖이나 성인의 개념은 분명하게 구분되지
않고 함께 사용되었다. 즉 '성'이나 성인은 기본적으로 모두 이상적인
사람의 의미로 표현되는 것이 일반적이었다. 그러나 이 두 개념의 기원을
볼 때, 단음사單音詞인 '성聖'은 당연히 합성어인 성인이라는 말보다 먼저
출현하였다. 은대殷代의 복사卜辭 중에는 오늘날 사용하는 '성'자는 나타나지
않지만[26] 금문金文 속의 '성聖'자는 많이 보이기 때문에, 주로 이것을 가지고
그 본의를 따져서 토론한다.

금문 속의 '성聖'자는 '이耳'자와 '구口'자가 합성된 것으로 쓰인다. 고대의
가장 유명한 문자해설서인 허신許愼의 『설문해자說文解字』에서는 '성聖'을
귀(耳)와 소리(聲)의 결합된 글자로 보고 있다.[27] 따라서 성인의 '성'이라는
말의 원초적 의미는 천天이나 신의 뜻을 묻는 것과 어떤 관련이 있는
것으로 보인다. 구체적으로 성인은 "천도天道의 소리를 듣고 그것을 사람들
에게 알려 주는"[28] 역할을 한다. 이런 해석은 '성'이라는 말의 문자적 분석을
통해서 분명하게 드러난다. 즉 '성聖'이라는 글자는 '이耳'를 의부意符로,
'정呈'을 음부音符로 해서 구성된 글자라는 것이다. 문자적 의미에 근거해서
말하면 청각적 능력을 강조하는 것으로, 귀가 밝은 인간이 멀리에 있는

---

25) 蕭延中, 「中國崇「聖」文化的政治符號分析—項關於起源與結構的邏輯解釋」, 『政治學報』(2003),
   27~82쪽을 참조 바람.
26) 李孝定은 갑골복사에 '聖'이라는 글자가 출현한다고 주장한다. 예를 들면 '聖'이라는
   글자는 입이 옆에 있으면서 큰 귀를 가지고 있는 모습으로 보고 있다. 이 문제에
   대해서는 李孝定, 『甲骨文字集釋』(臺北: 中央研究院歷史言語研究所, 1965), 3519쪽을 참조
   바람.
27) 『說文解字』, "聖, 通也, 從耳呈聲."
28) Rodney Taylor, *The Religious Dimensions of Confucianism*(Albany, State University of New
   York Press, 1990), p.24.

것까지 파악할 수 있는 천리안적千里眼的 능력을 의미한다고 할 수 있다.[29] 『시경』에서는 '성'이 신명神明의 소리와 명령을 듣는 의미라는 점을 말하고 있다. 「소아小雅」 '정월正月'에서는 다음과 같이 말한다.

산봉우리가 낮은가? 산이 구릉에 지나지 않는다. 백성들의 뜬소문, 어찌 징벌하지 않는가. 저 노인 불러 물어서, 해몽을 해 보니, 모두들 자기를 성인이라 하나, 누가 저 까마귀의 자웅을 알까?[30]

위의 시를 지은 사람은 조정의 혼란과 도탄에 빠진 백성들의 어려움을 보고서 상제에게 도대체 무엇을 징벌하는가를 물으려 하였다. 바로 "저 노인 불러서 물어, 해몽을 해 보니"라는 말은 노인을 청하여 신의 뜻을 이해하려는 것이다. 이러한 사람들이 "모두가 자기를 성인이라 하는" 것은 스스로 신의 뜻을 가장 잘 파악하고 있다고 자랑하고 있는 상황을 묘사하고 있는 것으로 보인다.

이미 앞에서 이미 언급하였지만, 춘추시대 이전에 '성聖'·'성聲'·'청聽'의 세 글자는 통용되었다.[31] '성聖'과 '청聽'은 서로 통하는 측면이 많다. 형체로 볼 때 '성聖'은 "소리가 마음으로 들어가 통하게 함", "귀(耳)로 들어가 입(口)으로 표출됨"이라는 의미를 가지고 있다. 여기에는 공통적으로 귀를 의미하는 '이耳'자와 입을 말하는 '구口'자가 들어가 있다. 이 세 글자의 공통점은 모두 신의 뜻을 묻는 것에서 찾을 수 있다.[32] 말하자면 이 세 글자는 종교적 성격을 농후하게 가지고 있는 것으로 보인다. 『상서』에서는 다음과 같이 말하고 있다.

---

29) 本田 濟, 『東洋思想研究』(東京: 創文社 昭化62年), 70쪽.
30) "謂山蓋卑, 爲岡爲陵, 民之訛言, 寧莫之懲, 召彼故老, 訊之占夢, 具曰予聖, 誰知烏之雌雄."
31) 于省吾 主編, 『甲骨文字詁林』(北京, 中華書局, 1999), 제664번.
32) 姜廣輝·程曉峰, 「先秦的"聖人崇拜"與諸子之稱"經"」, 6쪽.

성인이라도 생각하지 않으면 미칠 수 있고, 미치광이라도 생각할 수 있으면 성인이 된다. 하늘은 5년간 은나라 자손들에게 시간을 주고 기다리며 백성들의 주인이 되게 하였으나, 천명을 듣고 생각하지를 않았다. 하늘은 그때 모든 나라를 문책하여 크게 소란스럽게 함으로써 위엄을 보였는데, 이는 하늘의 뜻을 돌아보고 깨우치게 하려 함이다. 그러나 그대 여러 나라는 능히 돌아보지 않았다. 우리 주나라의 왕은 백성을 잘 보호하고 이 덕을 감당하여 사용하였으며, 오직 신과 하늘을 본받았다. 하늘은 이에 우리들에게 복의 길을 따르는 법을 가르쳐 주고, 은의 사명을 주어 그대 모든 나라를 다스리게 하였다.[33]

"성인이라도 오직 생각하지 않으면 미칠 수 있고, 미치광이도 생각할 수 있으면 성인이 된다"라는 말의 해석은, 대체로 성인이라도 만약 상제의 뜻을 마음속에 간직하지 않으면 미치광이가 되고, 비록 미치광이라고 하여도 만약 상제의 뜻을 마음속에 간직하여 생각하면 성인이 될 수 있다는 말로 볼 수 있다. 또 "하늘은 5년간 은나라 자손에게 시간을 주고 기다리며 백성의 주인이 되게 하였으나, 천명을 듣고 생각하지 않았다"라는 말은 무왕武王이 주紂를 토벌하기 이전의 5년을 말하는 것으로, 상제가 이미 상商나라 주에게 백성의 주인이 될 기회를 주었으나 상나라 주는 그 말을 듣고 생각하지 않았다는 것이다. 여기에서 말하는 '생각하다'(念)와 '듣다'(聽)는 분명히 상제를 공경하고 따르라는 것을 의미한다. 앞에서 말한 것처럼, '청聽'·'성聲'·'성聖' 세 글자는 근원이 같으며, 여기에서의 '청聽'은 '성聖'의 본의로부터 나온 것으로 보인다. 이른바 '성인이 된다'는 것은 바로 상제의 소리와 명령을 잘 들을 수 있다는 의미이다. 이 단락의 말은 '성聖'은 상제의 소리 혹은 명령을 잘 듣는다는 점을 강조하고 있다.

춘추시대 이전에는 '성聖'·'성聲'·'청聽'의 세 글자가 통용되었지만 후대

---

33) 『尙書』, 「多方」, "惟聖罔念作狂, 惟狂克念作聖, 天惟五年須暇之子孫, 誕作民主, 罔可念聽, 天惟求爾多方, 大動以威, 開厥顧天, 惟爾多方罔堪顧之, 惟我周王靈承于旅, 克堪用德, 惟典神天, 天惟式教我用休, 簡畀殷命, 尹爾多方."

에는 각기 분화되어 다른 의미를 가지게 된다. '성'의 본의를 통해 볼 때, 들으려고 하는 대상은 무엇인가? 바로 신의 성음聲音이다. 이런 점에서 '성'인의 최초 신분은 무격巫覡이었을 것으로 보인다. 실제로 사상사의 각도로 보면, '성'자는 중국 상고시대의 무격문화 속에서 가장 일찍이 출현한다. 즉 '성'의 원초적 의미는 신령과 소통하는 사람으로, 신령의 소리 혹은 명령을 듣는 능력을 가진 무격이다.

천이나 신의 뜻을 묻고 듣는다는 측면에서 '성'과 무격은 분명한 관련성을 가지고 있는 것으로 보인다. 『국어』 「초어楚語」에서는 다음과 같이 말한다.

> 소왕昭王이 관야보觀射父에게 물었다. "『주서周書』에 이른바 중重, 여黎로 하여금 천지를 통하지 않게 한 것은 어째서인가? 만약 그렇게 하지 않았다면, 백성들이 장차 하늘에 오를 수 있었다는 말인가?" 관야보가 대답하였다. "그렇지 않습니다. 옛날에는 백성들과 신이 섞이지 않았습니다. 사람 중에는 정명하고 전일한 자세로 신령을 모시는 자들이 있었습니다. 그들의 지혜는 능히 천신지민으로 하여금 각기 제자리를 잡게 할 수 있고, 그들의 성철은 능히 먼 곳의 대지까지 두루 비추었으며, 그들의 안력眼力은 능히 천지를 통찰할 수 있었고, 그들의 청력은 모든 것을 밝게 들을 수 있었습니다. 이 같은 사람에게는 신령이 강림하니, 남자는 '격覡'이라 하고 여자는 '무巫'라 하였습니다. 이들은 신의 지위와 선후 순서를 담당하고 희생犧牲과 계절에 따른 제복을 만들었습니다.[34]

초楚나라 소왕昭王(BC 515~489)의 질문으로부터 우리는 「여형呂刑」편에서 말하는 "절지천통絶地天通"이란 바로 천지의 교통交通을 막아 버리는 천지불통天地不通의 상황을 만든다는 뜻이라는 것을 알 수 있다. 소왕은 매우

---

34) 『國語』, 「楚語」, "昭王問於觀射父曰, 『周書』所謂重・黎, 實使天地不通者, 何也? 若無然, 民將能登天乎? 對曰, 非此之謂也. 古者民神不雜. 民之精爽不攜貳者, 而又能齊肅衷正, 其智能上下比義, 其聖能光遠宣朗, 其明能光照之, 其聰能聽徹之, 如是則明神降之, 在男曰覡, 在女曰巫. 是使制神之處位次主, 而爲之牲器時服."

흥미롭게 물어보기를, 만약 중重과 여黎가 상제의 "절지천통"라는 명령을 시행하지 않았다면 백성들이 하늘에 오를 수 있었는가 라고 하였다. 관야보의 대답은 상고시대 백성과 신이 교통했다는 전설적인 역사를 이야기하고 있다.

관야보가 말한 것에 의하면, 무격巫覡은 반드시 일정한 주관적인 조건을 갖추어야 한다. 이러한 주관적인 조건들은 총명성지聰明聖智인데, 즉 평범한 사람들을 넘어서는 빼어난 감각능력을 갖춘 이에게 밝은 신령이 내려와 그 몸에 붙는다는 것은 바로 무격의 역할을 인정하는 것을 의미한다. 밝은 신령이 내려와 신체에 붙은 사람 가운데 여자는 무巫, 남자는 격覡이라 칭해졌다.[35] 여기에서는 무격이 보통의 평범한 사람이 가지고 있지 못하는 뛰어난 능력을 지니고 있음을 의미한다.

관야보는 무격의 특징을 정신이 순일純一하고 태도가 경건할 뿐만 아니라 또한 총명성지를 가지고 있는 존재로 묘사하고 있다. 이는 '성'을 무격이 가지고 있는 특징 중의 하나로 보고 있는 것이다. 구체적으로 무격의 "안력眼力은 능히 천지를 통찰할 수 있었고, 청력은 모든 것을 밝게 들을 수 있었다"라는 구절이 바로 '성'이 가진 의미와 연결된다.

그러나 『시경』·『서경』·『좌전』·『국어』 등에 보이는 '성'은 그 원래 뜻이 가지고 있었던 종교적인 성격이 희박해지고, "통찰력이 있다", "범인凡人이 알 수 없는 것을 안다", "총명하다", "능력 있다" 등의 일반적인 인간의 능력을 의미하는 것으로 전환한다.[36] 특히 유가의 '성'에 대한 새로운 규정을 가장 분명하게 보여 주는 문헌은 『서경』의 「홍범洪範」편이다. 「홍범」의 '오사五事'에 관한 설명에서 이런 내용들이 구체적으로 보인다. '오사'는

---

35) 陳來, 『古代宗敎與倫理』, 21~22쪽.
36) 물론 『尙書』에 聖이라는 말은 여전히 神자와 連用해서 사용하는 경우도 있다. 예를 들면 「大禹謨」에 "帝德廣遠, 乃聖乃神"이라는 말이 있다. 여전히 성인에게는 어느 정도의 신비로운 성격이 부여 되어 있는 것으로 보인다.

바로 '모貌 · 언言 · 시視 · 청聽 · 사思'의 다섯 가지 행위 표준이다. 「홍범」은 "생각하는 것이 슬기롭다"(思曰睿), "슬기로운 사람이 성인이 된다"(睿作聖)라고 하여 '슬기로움'(睿)의 관점에서 '성聖'을 해석한다. 즉 '성'의 특징을 빼어난 사리판단 능력과 깊이 있는 생각의 결과로 간주하여, 빼어난 청각능력을 통하여 신의 소리를 듣는 의미로 '성'을 해석하는 입장과는 분명히 구별되는 관점을 보여 주고 있다.

『상서정의尚書正義』의 주석에서는 "생각하는 것이 슬기롭다"(思曰睿)를 "반드시 은미함에 통한다"(必通於微)로, "슬기로운 사람이 성인이 된다"(睿作聖)를 "일에 통하지 않는 바가 없음을 일러 성인이라 한다"(於事無不通謂之聖)로 주석하였다. 그리하여 공영달孔穎達(574~648)은 "생각함이 은미함에 통한다면, 일이 통하지 않은 바가 없어서 성인이 된다"[37]라고 풀이하였다. 「홍범」이 '성'을 명쾌한 사고력으로 해석하고 여러 일에 통달하는 것으로 주석한 것은, 생각함의 결과가 바로 '통通'이고 이런 능력을 갖춘 사람이 성인이 된다는 뜻이다. 이것은 '성'의 능력이 사고의 분명함에 있지 신의 소리를 듣는 데 빼어남이 있지 않다는 말로, '성'의 의미가 분명하게 방향을 전환한 것을 보여 주는 관점이라고 할 수 있다.

이 외에 『서경』「경명冏命」의 "총명한 옛 성인이다"(聰明古聖), 또 「열명說命」의 "오직 하늘의 총명함"(惟天聰明) 등의 주장은 '성'의 의미가 총명함에 있음을 말하는 것이라고 할 수 있다. 이것은 '성' 개념의 의미가 완전하게 전환되었음을 보여 준다. 즉 '성'의 원초적 의미가 신령과 소통하여 신의 명령을 듣는다는 측면에 치중하고 있다면, 이곳에서의 '성'은 인간이 가진 개별적인 사리판단과 지혜를 강조하고 있다.

---

37) 『尚書正義』, 12권, 「洪範」, "思通微, 則事無不通, 乃成聖也."

2) 성인의 기본적인 특징과 성왕

앞에서 말한 '성聖'이라는 글자의 형태와 「여형」편에서 말하는 '성'의 의미는 모두 귀와 눈이 밝은 신령스런 존재를 말하고 있다. 이에 비해 후대의 성인 개념은 '통하지 않는 바가 없고'(無所不通) '못하는 것이 없는'(無所不能) 존재로 지혜의 화신을 지칭하였다. 이것은 『백호통白虎通』 「성인聖人」 편에서 말하는 것과 같다. "성이란 통하는 것이며, 도이며, 소리이다. 도는 통하지 않는 바가 없고, 밝음은 비추지 않는 곳이 없으며, 소리를 들어서 상황을 안다. 천지와 덕을 합하고, 일월과 밝음을 합하고, 사시와 질서를 합하고, 귀신과 길흉을 합한다."[38] 여기에서 말하는 '성인'이 가지고 있는 주된 특징은 바로 지혜智慧·지덕至德과 통도通道라는 것에 있다.

단옥재段玉裁(1735~1815)는 『설문해자주說文解字注』에서 "무릇 하나의 일에 정통하는 것을 또한 성聖이라 이를 수 있다"[39]라고 하였고, 주준성朱駿聲(1788~1858)은 『설문통훈정성說文通訓定聲』에서 "성이라는 것은 통한다는 말이다. 귀와 정의 소리로 구성되었다. 내가 보기에 이순耳順을 성이라 이른다", "춘추시대 이전의 이른바 성인이라는 것은, 통달한 사람이다"[40]라고 하였다. 아마도 문자적인 입장에서 보면 '성'의 원의는 '소리를 듣는다'는 것과 분명히 관련이 있는 것으로 보인다. 그러나 '통通'은 '성'의 본의는 아닌 것 같다.[41]

초기의 몇몇 전적典籍 중에 나타나는 '성'은 오히려 '총聰' 또는 '총명聰明'의 의미를 가지고 있었다. 만약 이것이 '성'의 파생적 의미라고 한다면, 이와

---

38) "聖者, 通也, 道也 聲也; 道無所不通, 明無所不照, 聞聲知情, 與天地合德, 日月合明, 四時合序, 鬼神合吉凶."
39) 段玉裁, 『說文解字注』(上海: 上海古籍出版社, 1981), 592쪽, "凡一事精通, 亦得謂之聖."
40) 朱駿聲, 『說文通訓定聲』(北京: 中華書局, 1984), "聖者, 通也, 從耳 呈聲. 按, 耳順之謂聖"; "春秋以前所謂聖人者, 通人也."
41) 王中江, 『視域變化中的中國人文與思想世界』(鄭州: 中州古籍出版社, 2005), 2쪽 참조.

근접해 있는 '통달通達'·'지智'·'능能' 등도 모두 파생적인 의미일 것이다. '성'의 초기의 보편적 의미는 '총명' 또는 '지혜가 있는 사람'을 가리킨다고 할 수 있다. '성'자가 단독으로 사용될 때에는 처음부터 '사람'(人)을 지칭하는 것이 아니라, 사람의 특성을 기술하는 경우에 사용한 말로 보인다. 후대에 '성'자는 단독으로 사용될 때에도 특정한 사람의 유형 즉 총명한 사람이나 지자智者'를 지칭하게 된다. 이것은 아마도 성인이란 말이 자주 사용됨에 따라 '성' 한 글자만으로도 성인이란 말을 지칭하게 됨에 따라 '성'과 성인이 혼용되기 시작하면서 생긴 현상이라고 할 수 있다.[42] 이처럼 '성'과 성인을 혼용하는 경우는 많이 보인다.

중국의 문헌 가운데 나타나는 '성' 또는 '성인'은 일반적으로 사람을 존재물存在物 혹은 상상물想像物로 삼아 출현한다. 고대 유가들은 '성인'에 대한 논의와 관점들을 구체적인 인물들, 예를 들면 요·순·문·무·공자 등의 이름을 언급하는 것으로부터 시작하지, 어떤 추상적인 개념적 정의를 내리는 방식에서 출발하지 않는다. 즉 유가들에게 "성이나 성인이 어떤 개념인가"라는 질문을 던질 경우 그들은 주저하지 않고 어떤 구체적인 역사적 인물들로부터 이야기를 시작한다. 실재한 구체적인 역사적 인물들 이 바로 '성'의 대명사이기 때문이다. 중국 전통에 보이는 '성'과 '성인'의 기본적인 특징을 정리하여 분류해 보면 다음과 같다.[43]

첫째, 하늘이 내린(天生) 완벽함

'성聖'은 기본적으로 하늘이 내린다는 관점을 가지고 있다. 공자는 스스로 "옛것을 믿어서 좋아하고, 전술하되 창작하지 않는다"라고 말하고, "나는 태어나면서부터 아는 사람이 아니다", "성인과 인자라면 내가 어찌 감히

---

42) 王中江, 『視域變化中的中國人文與思想世界』, 3쪽 참조 바람.
43) 이 분류는 蕭延中, 「中國崇"聖"文化的政治符號分析——一項關於起源與結構的邏輯解釋」, 『政治學報』(2003), 27~82쪽을 참조하여 필자가 수정한 것임을 밝혀 둠.

116 주역과 성인, 문화상징으로 읽다

당해 내겠는가"[44]라고도 말했다. 공자의 이 말 속에는 성인은 태어나면서부터 타고나는 것이기 때문에 감히 자신은 도달 불가능함을 은연중에 보여주는 것이라고 할 수 있다.

『논어』 속에는 당시 사람들이 성인은 하늘이 내려 주는 것으로 보는 관점이 보인다. "부자께서는 성인이신가? 어찌 그리도 다능多能하신가? 선생님이 이와 같이 재덕을 겸비한 것은 마땅히 성인이라고 부를 수 있는가? 이에 자공子貢이 말하였다. 선생님께서는 장차 하늘이 내리신 성인이시고 또 다능하십니다."[45] 성인은 하늘이 내린다(허락한다)는 자공의 이 말에 대한 공자의 대답은 분명하지 않다. 성인은 하늘이 내린다는 이 문제는 맹자와 순자뿐만 아니라 송대 유학자들에 의해 부정된다.

"성인은 하늘이 내린다"라는 말이 의미하는 것은 성인은 보통사람들과는 기본적으로 다른 천지의 아름다움 그 자체로서, 만물의 이치에 통달하여 도와 하나가 되며 진·선·미의 화신이자 진리의 절대표준이며 인간세계에 대해 절대적 권위를 가지고 있다는 의미로 볼 수 있다.

또 최근 발견된 죽간竹簡 『성지문지成之聞之』의 제26·27·28 등 3개의 죽간에서는, '성인의 성'(聖人之性)과 '보통사람의 성'(中人之性)은 태어날 때는 쉽게 식별하기 어렵지만 성인의 성이 가진 넓고 두터움은 보통사람(中人)이 도저히 모방할 수 있는 바가 아니라고 말한다. 이것은 성인은 선천적으로 정해져 있다는 관점이 존재함을 증명하는 것이라고 할 수 있다.

> 성인의 성과 보통사람의 성은 태어났을 때에는 어떤 다름이 있는 것 같지 않으나, 본성의 조절이라는 점에서는 차이가 생긴다.…… 이것은 보통사람들도 본성을 가지고 있지만 성인을 마음대로 모방할 수 있는 것은 아니다.[46]

---

44) 朱熹, 『四書章句集注』(北京: 中華書局, 2008), 93~101쪽. 각각 『論語』, 「述而」의 "述而不作, 信而好古", "我非生而知之者", "若聖與仁, 則吾豈敢".
45) 『論語』, 「子罕」, "夫子聖者與! 何其多能也? 子貢曰, 固天縱之將聖, 又多能也."

이 말을 좀 더 상세하게 말하면 다음과 같다. 성인의 본성과 보통사람의 본성은 막 태어났을 때에는 쉽게 식별할 수 있는 것이 아니다. 그러나 본성의 유지와 조절이라는 점에서 보통사람과 성인의 차이는 분명히 존재한다. 비록 보통사람들이 학문에 나아가 다른 사람들에게 사사하여 학습하여도 그와 같은 차이가 쉽게 좁혀지지 않는다는 것이다. 그러므로 성인의 성은 그 고유의 넓이와 깊이가 있기 때문에 결코 보통사람들이 쉽게 따르거나 모방할 수 있는 바가 아니라고 말하는 것이다. 즉 보통사람도 모두 본성을 가지지만 성인의 본성만은 쉽게 모방하고 배울 수 있는 대상이 아니라는 말이다.

『한시외전韓詩外傳』에서 성인에 대해 말하기를 "위로 하늘을 알아 그 때를 쓸 수 있고, 아래로 땅을 알아 그 재물을 쓸 수 있으며, 가운데로는 사람을 알아 그들을 안락하게 할 수 있다"[47)라고 하였다. 바로 천·지·인의 도리를 알아 그것을 이용할 줄 아는 빼어난 사람으로 말하고 있다.

심지어 『백호통의白虎通義』는 "성인이란 무엇인가? 성스러운 것, 통하는 것이고, 도이다. 도는 통하지 않는 것이 없고, 밝음은 비추지 않는 것이 없다. 소리를 듣고 정황을 알고, 천지와 덕을 합치고, 일월과 밝음을 합치며, 사계절과 순서를 합치고, 귀신과 길흉을 합치고…… 가장 뛰어난 사람을 성인이라 부른다"[48)라고 하여 『주역』 건괘 「문언전」의 문장을 빌려서 인간 중에서 최고의 완벽한 존재인 성인을 묘사하고 있다.

가의賈誼는 『신서新書』에서 "도를 아는 사람을 밝다고 하고, 도를 행하는 사람은 어질다고 하니, 밝고도 어질다면 이를 성인이라 한다"[49)라고 하였다.

---

46) 劉劍 著, 『郭店楚簡校釋』(福州: 福建人民出版社, 2005), 145~146쪽, "聖人之告與忠人之告, 其生而未又非之. 節於而也, 則猶是也.……此以民皆又告而聖人不可莫也."

47) 『韓詩外傳』, 1권, "上知天, 能用其時. 下知地, 能用其財, 中知人, 能安樂之."

48) 『白虎通義』, 「聖人」, "聖人者何? 聖者, 通也, 道也. 道無所不通, 明無所不照, 聞聲知情, 與天地合德, 日月合明, 四時合序, 鬼神合吉凶.……萬傑曰聖."

이 말의 뜻은, 도리를 분명하게 알고 또 그것을 그대로 실행하는 사람이 바로 성인이라는 것이다. 바로 성인을 도와 일체가 된 완벽함 자체로 규정하고 있다.

둘째, 재덕겸비才德兼備의 완전성

'성'은 보통사람을 뛰어넘는 재능을 품부 받았는데, 그것은 능력에 반영될 뿐만 아니라 또한 도덕상에도 구체화된다. 그리고 이 두 가지는 반드시 동시에 겸비兼備되어야 하고 하나라도 결핍해서는 안 된다. 『예기』에서는 "창작하는 자를 성인이라 이르고, 전술하는 자를 밝은 자라 한다"[50]라고 하였는데, 여기에서 말하는 '작作'은 창조創造이다. 이 말에서는 성인의 인류 질서에 대한 창시적創始的 의미가 강조되고 있다. 농경農耕, 불의 사용, 문자, 역산曆算 심지어 "예악, 형정刑政, 제도가 갖추기 어려운 지가 오래되었다. 복희씨로부터 시작하여 신농神農·황제黃帝·요·순·우·탕·문·무·주공·공자 등 11명의 성인을 거친 연후에 크게 갖추어졌다.…… 또한 복희·신농·황제·요·순·우·탕·문·무·주공·공자 등 11명의 성인이 만든 제도는 진실로 만세에 항상 통하게 되어 변하지 않는다."[51] 이것은 성인이 가지는 능력과 도덕적 우월성을 겸비하고 있음을 말하는 것이라고 할 수 있다.

셋째, 비유전적非遺傳的 일차성

성인은 유전遺傳할 수 없다고 보며, 이로부터 세습世襲 관념의 원천으로부터 단절된다. 비록 성은 선천적으로 만들어진 것이지만 혈연의 교체와는

---

49) 『新書』, 「道術」, "知道者謂之明, 行道者謂之賢, 且明且賢, 此謂聖人."

50) 『禮記』, 「禮運」, "作者之謂聖, 述者之謂明."

51) 石介, 『徂徠石先生文集』, 卷六, 「復古制」, "夫禮樂, 刑政, 制度, 難備也久矣. 始伏羲氏歷於神農·黃帝·堯·舜·禹·湯·文·武·周公·孔子十有一聖人, 然後大備矣.……且伏羲·神農·黃帝·堯·舜·禹·湯·文·武·周公·孔子十一聖人爲之制, 信可以萬世常行而不易也."

관계가 없다. 가장 유명한 예를 들면 바로 "요와 순은 매우 성聖하지만 주朱와 균均을 낳았고, 고瞽와 곤鯀은 어리석었지만 요와 순을 낳았다"[52]라는 문장이다. 요堯가 늙어 왕위를 순에게 주었다. 순은 비록 큰 성인이지만 오히려 완고한 아버지, 도량이 없는 어머니, 오만한 동생 등이 있는 매우 열악한 가정환경에서 태어났다. 또한 순은 서자庶子 8명을 낳았으나 한 명도 쓸모 있는 사람이 되지 못하였다고 한다. 이에 대한 맹자의 해석은 다음과 같다.

> (요임금의 아들) 단주丹朱가 불초不肖하고 순임금의 아들 또한 불초하였지만, 순임금이 요임금을 돕고 우임금이 순임금을 도운 것이 쌓인 햇수가 많아서 백성들에게 은택을 베푼 지가 오래되었다. (우임금의 아들) 계啓는 어질어서 능히 우임금의 도를 공경히 승계하였지만, (정승인) 익益이 우임금을 도운 것은 햇수가 적어서 백성들에게 은택을 베푼 지가 오래지 못했으니, 이처럼 순임금과 우임금과 익의 보좌한 햇수가 오래되고 오래되지 못한 것과, 그 아들들의 어질고 어질지 못한 것이 모두 천운이다. 인력으로 할 수 있는 것이 아니다. 그렇게 함이 없는데도 그렇게 되는 것은 천운이고, 이르게 함이 없는데도 이르는 것은 명이다.[53]

위의 문장은 요와 순임금의 아들들은 못나고 어리석어서 아버지를 이을 만한 능력이 없었고, 순과 우는 정승 노릇을 오래하였기 때문에 천하를 가질 수 있었다고 말한다. 반면 우임금의 아들인 계啓가 정승인 익益을 제치고 아버지 우를 이어서 세습世襲할 수 있었던 이유는 스스로 어질었고, 또 익이 정승으로 백성들에게 은택을 내린 햇수가 그렇게 길지 않았기 때문이라고 말한다. 여기에서 자식이 어질고 불초한 것은 모두 천운이고

---

52) 『河南程氏遺書』, 卷七, "堯, 舜極聖, 生朱・均; 瞽, 鯀極愚, 生舜・禹."
53) 『孟子』, 「萬章上」, "丹朱之不肖, 舜之子亦不肖, 舜之相堯, 禹之相舜也, 歷年多, 施澤於民久. 啓賢, 能敬承繼禹之道, 益之相禹也, 歷年少, 施澤於民未久. 舜・禹・益相去久遠, 其子之賢不肖, 皆天也, 非人之所能爲也. 莫之爲而爲者, 天也, 莫之致而至者, 命也."

인력으로 조절할 수 있는 것이 아니라고 말한다. 이처럼 '성'은 유전되지도 않을 뿐만 아니라 복제할 수도 없는 것이기 때문에 정신과 정치의 신성성의 중요한 근원이 될 수 있다.

넷째, 검증 불가능

전통적 문헌이 언급하는 성인의 다스림은 자연히 삼대三代의 성세盛世를 칭송하는데, 그 기원은 삼황오제三皇五帝에까지 거슬러 올라간다. 왜 이렇게 원고遠古의 시기까지 소급되는가? 이 문제에 대해 앞에서 이미 인용했지만, 왕부지王夫之는 "성인의 다스림이 상고시기에 만들어지게 된 이유는, 실은 상주商周 이전은 상고할 수 없는 것이기 때문이다"[54]라는 매우 독창적이고 빼어난 말을 하고 있다. 매우 오래 전에 존재한 성인으로 불리는 사람들은 모두 다 죽고 이 세상에 존재하지 않는다. 이 세상에 존재하지 않는 성인들에 대해 검증하는 것은 불가능하다. 이들 성인들은 다만 사람의 모습으로서 존재하였던 신화 속의 존재일 뿐이다. 검증할 수 없는 신화는 무한한 철학적 해석의 여지와 가능성을 그 속에 담아 두고 있다.

이상에서 말한 '성'과 '성인'이 가지고 있는 대체적인 성격을 정리하면, 그것은 인물의 형상 즉 이미지로 드러나는 사회공동체의 어떤 내재적 정신을 의미하는 것으로 보인다. 중국 고대인들은 혈연가족의 프레임 하에서 이런 추상적 표현을 전개하기를 더욱 원했던 것 같은데, 그 숭배의 대상은 형식상으로는 조종祖宗이지만 실제로는 그 영명英名함을 빌려 공동체의 가치 내함과 도덕적 역정을 해석하는 것으로 보인다.[55]

'성'과 '성인'의 신비화와 숭고화는 주로 유가들에 의해 주도되었다.

---

54) 王夫之, 『讀通鑑論』, 「敍論」, "聖人之治之所以被建構於上古, 實因商周以上, 有不可考者."
55) 蕭延中, 「中國崇「聖」文化的政治符號分析──一項關於起源與結構的邏輯解釋」, 47~62쪽을 참조 바람.

춘추전국 후반으로 갈수록 유가는 성인을 매우 지혜롭고 총명한 사람으로 형상화한다. 춘추시대 말기에 이르면 공자는 '구사九思'의 관점을 말하는데,56) 가장 먼저 말하는 두 개의 사思는 총聰과 명明이다. "공자께서 말씀하시기를, 군자는 아홉 가지의 올바른 생각이 있는데, 볼 때는 뚜렷하게 보이는지를 생각하고, 들을 때는 분명하게 이해하는지를 생각하고……"57)라는 말은 분명 『상서』「홍범」의 "볼 때는 밝음을 말하고, 들을 때는 총명함을 말하라"58)라는 관점과 상당 부분 관련이 있는 것으로 보인다. 여기에서 말하려는 요지는 성인이 가진 성격은 대부분 총명함을 가리키고, 총명하다는 것의 원래 뜻은 이목耳目기관과 관련된, 주로 청각과 시각의 출중한 능력을 의미한다. 『상서』와 『논어』에서 말하는 총명함은 '사思'의 능력과 분명히 관련이 있는 것으로 보인다. 이것은 상주商周시기에서 춘추시대 말기에 이르기까지 줄곧 있어 온 중요한 관점 중의 하나이다.

성인은 매우 빼어난 지혜를 가지고 있기 때문에 자연스럽게 문명과 제도를 창조해야 하는 역할과 사명을 부여받게 된다. 이러한 관점은 순자荀子에서 강조되고 있는데, 이것은 유가뿐만 아니라 한비자韓非子에서도 분명히 보이고 『역전』에서 정점을 보여 준다.

춘추시기에 사람들은 성인을 주로 총명한 사람으로 보았지만, 아직은 신성神聖한 의미는 가지고 있지 않았다. '신성'이라는 측면의 의미는 주로 전국시대 이후 나타난다. 총명함을 가진 사람이 예리하게 사물을 감각하고

---

56) 九思는 『論語』「季氏」에 나오는 말이다. "공자께서 말씀하시기를 군자는 아홉 가지의 올바른 생각이 있는데, 볼 때는 뚜렷하게 보이는지를 생각하고, 들을 때는 분명하게 이해하는지를 생각하고, 표정은 온화한지를 생각하며, 용모는 근엄한지를 생각하고, 한 말에 대해서는 진실한 가를 생각하고, 일할 때는 진정으로 다하였는지를 생각하며, 의심이 생기면 질문할 것을 생각하고, 화가 날 때는 귀찮은 일이 생기지 않을지를 생각하며, 얻을 수 있는 이익을 보면 도의에 부합하는지를 생각한다."(孔子曰, 君子有九思, 視思明, 聽思聰, 色思溫, 貌思恭, 言思忠, 事思敬, 疑思問, 忿思難, 見得思義.)

57) 『論語』, 「季氏」, "孔子曰: 君子有九思, 視思明, 聽思聰."

58) "視曰明, 聽曰聰."

세계를 인식할 수 있는 능력을 보여 주기 마련인데, 이러한 사람이 비로소 성인으로 받들어질 수 있고 이런 사람이 천하를 통치할 자격이 있다고 보았던 것이다. 위에서 인용한 『상서』와 『논어』의 주장은 모두 이 점을 표명하고 있다. 즉 반드시 귀와 눈이 밝고 사유가 민첩한 빼어난 능력을 가진 사람이라야만 무리를 이끄는 영도자가 될 수 있다는 것이다. 이런 배경에서 성왕聖王의 관점이 출현하는 것이다.[59]

앞에서 분석한 것처럼, 상고시대에 '성聖'의 원초적 의미는 모종의 신령神靈과 소통하는 능력을 가리키는데, 즉 신의 소리 혹은 명령을 듣는 능력이다. 성인은 그 원초적 신분으로 말하면, 신과 통하는 사람이다. '절지천통'의 종교와 정치개혁에 따라서 무巫의 통신通神의 권리는 왕자王者에 의해서 독점되고, 결국 왕자는 종교적인 최고 사제同祭가 되었다. 여기에서 군주의 신격화가 진행된다. 신과 통하는 권력을 독점하고 신과 통하는 능력을 가진 신성한 존재로서의 왕자가 바로 성왕聖王이 된 것이다.

신과 통하는 능력을 가지고 현실의 권력을 독점한 성왕은 후세 유가들이 추존한 내성內聖과 외왕外王을 결합한 성왕과는 분명히 구별된다. 여기에서 말하는 성왕의 '성'은 신과 통하는 '성'일 뿐이다. 현존하는 문헌으로 보면 성왕이라는 말은 『좌전』 환공桓公 6년조에 가장 일찍 보인다.

무릇 백성이란 신의 주인이기에, 귀신의 정황을 말할 때는 백성에 근거하여 행해야 한다. 성왕聖王은 먼저 백성의 삶을 성취시킨 후에 신에게 정성을 다하였다.[60]

여기에서 성왕은 비록 민民을 앞세우는 이성정신을 보여 주고 있으나 여전히 신에게 온 힘을 다하는 것이 필요하다. 묵자墨子 또한 몇 번이나

---

59) 吳震, 「中國思想史上的"聖人"槪念」, 何俊 主編, 『儒學的內外之思』(上海: 上海三聯書店, 2014), 3쪽.
60) 『左傳』, 桓公 6年, "夫民, 神之主也, 言鬼神之情, 依民而行. 聖王先成民而后致力於神."

성왕을 말하는데, 그가 말하는 성왕 관념은 신에게 온 힘을 다하는 종교적 신앙과 결합되어 있다.[61] 이에 비해, 유가의 『논어』나 『맹자』에서는 성왕을 거의 말하지 않는다. 딱 한 번 『맹자』 「등문공」편에 보일 뿐이다.

> 세상이 쇠하고 도가 미약하여 사악한 학설과 포악한 행위가 일어나니, 신하로서 그 임금을 시해하는 자가 생기고 자식으로서 그 부모를 시해하는 자도 생기게 되었다. 공자께서 이를 경계하여 춘추를 지으시니, 춘추란 천자의 일을 다룬 것이다. 그래서 공자께서는 "나를 알아주는 것도 오직 춘추이며 나를 벌주는 것도 춘추이다" 라고 하셨다. 성왕聖王은 나오지 않고 제후는 방자해져 가며 처사들이 잘못된 의론을 내세우니, 양주·묵적의 말이 천하게 가득 차서 천하의 언론이 양주에게 돌아가지 않으면 묵적에게로 돌아간다.[62]

공자가 기술한 『춘추』는 이욕利慾만을 추구하여 인도적 교화를 무시하는 당시의 패악悖惡한 통치자들을 교화 대상으로 삼고 있다. 이 책을 통하여 현실을 바로잡고 의義를 해치는 행위를 폄척하여 후세의 왕들에게 모범이 될 만한 일들을 보여 주려는 데 목적이 있는 것으로 보인다.[63] 공자가 『춘추』를 지은 이유는 일종의 성인 혹은 성왕의 임무를 한 것으로 보아야 한다. 공자는 비록 무위無位이지만 천자天子 혹은 성왕의 심태心態로서 역사를 심판한 것이라고 할 수 있다.[64] 여기에서 말하는 성왕은 유가의 인정仁政과 덕교德敎 이념에 근거하는 이상적 군주이다. 만약에 왕자는 신과 통한다는 신격화된 성왕관이 전통적 종교의 연속이라고 말한다면, 춘추 이래 유가 성왕관의 중대한 변화는 '통通'·'예睿'·'덕德'의 성聖에 대한 새로운 해석과

---

61) 白欲曉, 「聖·聖王與聖人」, 『安徽大學學報』(哲學社會科學版) 2012年 第5期, 20~21쪽.
62) 『孟子』, 「滕文公下」, "世衰道微, 邪說暴行有作, 臣弑其君者有之, 子弑其父者有之. 孔子懼, 作春秋. 春秋, 天子之事也, 是故孔子曰, '知我者其惟春秋乎! 罪我者其惟春秋乎!' 聖王不作, 諸侯放恣, 處士橫議, 楊朱·墨翟之言盈天下, 天下之言, 不歸楊則歸墨."
63) 정병석, 「周易과 神道設敎」, 『태동고전연구』 39집(태동고전연구소, 2017년 12월), 20쪽.
64) 鄧國光, 『聖王之道』(北京: 中華書局, 2010), 181쪽.

규정에서 나온 것이다. 이로부터 종교적인 의미의 성왕은 유가의 도덕적 성왕으로 전환되기 시작한다. 이른바 신화적神化的 성왕에서 성화적聖化的 성왕으로의 전환이다.

3) 성인구세론

성인을 숭상하는 숭성崇聖사조는 위에서 말한 것처럼 특수한 종교적·정치적 배경을 가지고 있는데, 이 사조가 출현한 시기가 바로 춘추전국이다. 춘추전국 시기는 중국 역사에서 가장 혼란하고 어두운 시기였다. 천하를 쟁패하기 위하여 제후국 간에 전쟁이 끊이지 않았고, 서로가 권력을 잡기 위하여 신하가 군주를 시해하는 경우가 허다하였다. 춘추시기에 군주를 시해한 경우는 36번이고, 나라가 망한 것은 52번이다. 성인숭배는 바로 이런 혼란한 역사와 현실이 만들어 낸 사조이다.

당시의 빈번한 전쟁은 백성들을 고통 속에 빠지게 만들었기 때문에 모든 백성들은 마음속으로 어떤 위대한 인물이 나타나 전쟁이란 이 엄청난 재난을 종식시켜 주기를 간절히 원했다. 당시 사람들의 마음속에서 진정으로 갈구했던 영웅적인 인물이 바로 성인이다. 성인을 숭배하는 숭성사조는 확실히 당시 사람들이 '성인이 난세를 구원한다'라는 사회심리적인 염원과 기원祈願을 반영하고 있다. 이 점은 제자백가들의 '성인구세론聖人救世論'에서 분명하게 나타난다. 여기에서 성인의 관념은 매우 숭고한 것으로 변화하고, 아울러 점차 신비로운 존재로 그려지게 된다.[65]

성인을 숭배하는 관점은 공자와 유가학파에서 가장 먼저 출현하였다. 그 뒤로 성인은 점점 사람들이 마음으로 숭배하는 우상이 되었고, 지고무상의 권위를 가지게 된다. 중국 상고시대 성인의 본래 의미는 신과 통하는

---

65) 이 문제에 대한 더욱 상세한 내용은 顧頡剛의 「聖·賢觀念和字義的演變」(『中國哲學』第一輯, 北京: 三聯書店, 1979)이라는 논문을 참조 바람.

무격巫覡, 총명하고 사고력이 빼어난 사람을 가리켰으나, 춘추전국시대에 이르면 성인 개념은 또 다른 특성을 가지게 된다. 이로부터 성인은 도덕상의 완전한 인격을 가리킬 뿐만 아니라, 또한 현실이나 정치에서 뛰어난 능력을 발휘하는 걸출한 인물을 가리키게 된다. 이런 점에서 성인은 최고의 완벽한 인간을 의미한다. 보통사람들과는 구별되는 매우 지혜롭고 뛰어난 인간, 도덕적 완전인 또는 문화의 창조자 등으로 상징되면서 성인은 보통사람으로서는 도달하기 힘든 단계로 격상된다.

『논어』에 보이는 성이나 성인이라는 말들을 살펴보면, 우선은 보통사람이 범접하기 어려운 존재로 표현되고 있다. 공자는 스스로를 감히 성인이라고 말하기 어렵다는 점을 분명하게 말한다. 바로 "성인은 내가 만날 수 없을 테니 군자다운 사람을 만날 수 있으면 좋겠구나",66) "성인과 인자仁者라면 내가 어찌 감히 될 수 있겠는가"67)라는 말이 그것이다. 심지어 공자는 그가 평생 동안 본받으려고 하는 인격적 모델에 해당하는 요순마저도68) 성인의 표준에는 도달하지 못했다고 보았다. 공자가 두 번 요순을 언급할 때, 두 분의 성인이 국가를 다스리는 점에서는 여전히 부족한 바가 있어 완벽하지 못하다고 보았다.

이런 공자의 성인관이 가지고 있는 주요한 성격은 도덕적 자질, 박시제중博施濟衆하는 공적이 있는 사람으로, 성인은 그가 지향하는 하나의 궁극적 이상인격이라고 할 수 있다. 특히 여기에서 주목해야 할 것은 성인의 현실세계에 대한 관심과 실천이다. 즉 백성을 구제하는 구세救世에 대한 관심을 성인과 연결시키고 있다. 성인은 현실세계와 사람들을 편안하게 하고 어려움에서 구제하는 공적과 업적 즉 공업功業이 있어야 한다는 것이다.

---

66) 『論語』, 「述而」, "聖人, 吾不得而見之矣. 得見君子者, 斯可矣."
67) 『論語』, 「述而」, "若聖與仁, 則吾豈敢."
68) 『中庸』, "요순의 도를 따르고 문왕과 무왕의 법을 지키다."(祖述堯舜, 憲章文武)

맹자는 성인에 대한 형상적形象的 묘사에만 머물지 않고 최초로 성인에 대해 명확한 개념 규정을 하려는 시도를 하고 있다. "성인은 백세의 스승이다,"[69] "성인은 인륜의 지극함이다."[70] 성인은 반드시 이 두 가지 조건을 갖추어야 한다고 맹자는 말한다. 두 가지 조건 중 하나는 누구나 모범으로 삼을 수 있는 스승의 자격을 갖추는 것이고, 다른 하나는 도덕적으로 최고의 인격을 갖추는 것을 말한다. 이런 관점에서 맹자는 공자를 만세의 스승과 최고의 인격자로 추존하였다. 맹자가 도덕적 차원에서 성인의 도덕적 인격을 찬미하고 있는 것은, 성인의 함의가 '총명한 사람'에서 '도덕적 인격자'로 방향전환을 한 것으로 볼 수 있다.[71]

맹자가 도덕적 각도에서 성인을 이해한 것 외에도 또 하나 주목할 만한 관점은 '성인이 난세를 구원한다'는 '성인구세론'의 관점이다. 맹자는 중국은 상고시대에 세 번의 큰 재난을 겪었다고 말한다. "요임금의 때에 물이 역행하여 온 중국에 범람하였다. 용과 뱀이 다 차지하고 백성은 정주할 곳이 없었다." 요·순·우의 세 성인이 협력하여 치수하였다. "그런 후에 사람들은 편안하게 거주할 수 있었다."[72] 이것이 첫 번째 대재난이다. 두 번째 큰 재난은 "요순이 이미 죽고 난 후에 성인의 도가 쇠하고 폭군이 대신 일어나 천하가 크게 어지러워지니"[73] 문왕·무왕·주공의 삼성三聖이 이러한 혼란을 제거하여 천하가 크게 기뻐한 것이다. 세 번째 큰 대재난은 공자의 『춘추』 기술과 관련된다. "세상의 도가 쇠미하여 사설이 멋대로

69) 『孟子』, 「盡心上」, "聖人, 百世之師也."
70) 『孟子』, 「離婁上」, "聖人, 人倫之至也."
71) 吳震, 「中國思想史上的"聖人"槪念」, 10쪽.
72) 『孟子』, 「滕文公上」, "當堯之時, 天下猶未平, 洪水橫流, 氾濫於天下. 草木暢茂, 禽獸繁殖, 五穀不登, 禽獸偪人. 獸蹄鳥跡之道, 交於中國. 堯獨憂之, 擧舜而敷治焉. 舜使益掌火, 益烈山澤而焚之, 禽獸逃匿. 禹疏九河, 瀹濟漯, 而注諸海; 決汝漢, 排淮泗, 而注之江, 然後中國可得而食也. 當是時也, 禹八年於外, 三過其門而不入, 雖欲耕, 得乎?"
73) 『孟子』, 「滕文公下」, "堯舜旣沒, 聖人之道衰. 暴君代作, 壞宮室以爲汙池, 民無所安息. 棄田以爲園囿, 使民不得衣食, 邪說暴行又作. 園囿 汙池 沛澤多而禽獸至. 及紂之身, 天下又大亂."

일어나서, 신하가 그 군주를 죽이는 것이 있고 자식이 그 부모를 죽이는 것마저도 있었다. 공자가 이를 두려워하여 춘추를 지으셨다."[74] 공자가 『춘추』를 지으니 난신적자亂臣賊子가 모두 두려워하였다.

맹자의 관점에 의하면, 대우大禹는 치수治水를 통하여 세상을 구원하였고, 무왕은 혁명을 통하여 구세하였으며, 공자는『춘추』를 지어 구세하였다는 것이다. 즉 우禹는 인위적 문명의 힘으로, 무왕은 도덕적인 정치로, 공자는 인의예지의 학문을 통해 세상을 구원했음을 말하고 있다. 천자·제후·종자宗子가 모든 제사권력을 독점하는 신분적 종교체계 속에서 어느 곳에도 참여할 수 없었던 공자를 비롯한 제자백가들은, 신을 전면에 내세우는 종교적 범주가 아니라 철학적·정치적인 관점을 통하여 혼란한 현세를 구하려는 구세론적인 인문 신앙을 주장한다.[75] 이런 관점에서 말하면 제자백가들의 수많은 철학적·정치적인 주장은 일종의 학문을 통한 구세론이라고 할 수 있다.

성인숭배사상은 대부분의 선진 제자백가들에게 영향을 주었다. 묵가·법가와 도가 등도 비록 사상 내용에서는 차이가 있을지 모르나 예외 없이 모두 성인숭배의 경향을 보여 주고 있다. 『묵자』에서는 "성인이란 천하를 다스리는 일에 종사하는 사람이다"[76]라고 말하고, 구체적으로 역사상의 인물들 중에서 백이伯夷의 헌전憲典 제정, 우禹의 치수, 직稷의 파종播種 전파 등을 통하여 만민이 그 이득을 얻은 바가 참으로 크다는 점을 강조하고,[77]

---

74) 『孟子』, 「滕文公下」, "世衰道微, 邪說暴行有作, 臣弒其君者有之, 子弒其父者有之. 孔子懼, 作春秋."
75) 중국 상고시기의 종교개혁 문제에 대해서는 姜廣輝·程曉峰, 「先秦的"聖人崇拜"與諸子之稱"經"」의 7~8쪽을 참조하였음.
76) 『墨子』, 「兼愛」, "聖人以治天下爲事者也."
77) 『墨子』, 「尙賢中」, "伯夷降典, 哲民維刑. 禹平水土. 主名山川. 三后成功. 維假于民. 則此言三聖人者. 謹其言愼其行. 精其思慮. 索天下之隱事遺利. 以上事天. 則天鄕其德. 下施之萬民. 萬民被其利. 終身無已."

동시에 이런 통치자들이 지녀야 할 기본적인 도덕성을 상실하게 되면 천하의 백성들을 도탄에 빠뜨려 폭왕暴王이라는 평가를 받게 될 것이라고 경고한다.[78] 또『한비자』에서는 "삼가 일을 닦으며 하늘의 명命을 기다린다. 요점을 잃지 않음을 성인이라고 한다"[79]라고 하였고,『관자管子』에도 "성인을 성인으로 여기는 이유는 백성들에게 재화를 고르게 잘 분배했기 때문이다. 성인이 재화를 고르게 분배하지 못하면 다른 보통 백성들과 다를 것이 없을 것이다. 자기도 부족하면서 어찌 성인이라 부를 수 있겠는가?"[80]라는 말이 보인다.

전국 이후가 되면 성인은 최고의 지혜로써 최고의 공업을 이룬 인물로 형상화되면서 여러 가지 기물器物과 도구 및 제도를 만들고 발명하는 등 더욱 구체적인 업적을 수행하는 존재로 나타난다. 예를 들면,『한비자』의 「오두五蠹」에는 '성인구세론'의 관점이 분명하게 나타난다.

상고시대에 백성은 적고 금수는 많아 백성이 금수와 벌레, 뱀을 이기지 못하였다. 성인께서 나무를 얽어 집을 만들어 여러 가지 해로움을 피하니 백성들이 이에 대해 기뻐하므로, 천하를 다스리게 하였으니 이를 유소씨有巢氏라 한다. 사람들이 열매와 조개를 먹는데, 비리고 누린 나쁜 냄새가 나고 배와 위장을 탈나게 하므로 사람들이 질병이 많았다. 성인께서 부싯돌을 댕겨 불을 얻어서 비리고 누린 것을 바꾸니 백성들이 이를 기뻐하므로, 천하를 다스리게 하였으니 이를 수인씨燧人氏라 한다. 중고시대에는 천하에 홍수가 나니 곤과 우가 도랑 물길을 텄다.[81]

---

78)『墨子』,「尙賢中」, "若昔者三代暴王. 桀紂幽厲者. 是也. 何以知其然也. 曰. 其爲政乎天下也. 兼而憎之. 從而賊之. 又率天下之民. 以詬天侮鬼. 賊傲萬民. 是故天鬼罰之. 使身死而爲刑戮子孫離散. 家室喪滅. 絶無后世. 萬民從而非之. 曰暴王."

79)『韓非子』,「揚權」, "謹修所事, 待命於天. 毋失其要, 乃爲聖人."

80)『管子』,「乘馬第五」, "聖人之所以爲聖人者, 善分民也. 聖人不能分民, 則猶百姓也. 于己不足, 安得名聖?"

81)『韓非子』,「五蠹」, "上古之世, 人民少而禽獸衆, 人民不勝禽獸蟲蛇. 有聖人作, 搆木爲巢以避群害, 而民悅之, 使王天下, 號之曰有巢氏. 民食果蓏蚌蛤, 腥臊惡臭而傷害腹胃, 民多疾病. 有聖人作, 鑽燧取火以化腥臊, 而民說之, 使王天下, 號之曰燧人氏. 中古之世, 天下大水, 而鯀, 禹決瀆."

성인을 인류의 안위安危를 걱정하여 문명을 창조하고 그 발전을 주도하는 사람으로 그리고 있다. 이런 관점은 「계사전」에 보이는 복희·신농神農·황제黃帝·요·순 등의 성왕이 각각 사람들의 생활에 필요한 기물을 만드는 구절을 연상하게 만든다. 이처럼 선진시기의 성인의 모습은 도덕·지혜뿐만 아니라 인간의 현실생활에 필요한 것을 만들어 내는 공업의 측면에서 최상의 능력을 갖춘 사람으로 표현된다.

4) 두 가지 성인관: 문명창조자로서의 성인과 도덕적 성인

유학에서 말하는 성인은 크게 두 가지 유형이 있다고 할 수 있다. 즉 성인은 앞에서 말한 문명을 창조하고 그 발전을 주도하는 성인과, 도덕의 구현자로서의 성인이다. 문명창조자로서의 성인은 『예기』의 "만드는 사람을 성인이라고 한다"[82]라는 말과 연관이 있다.

종과 북과 오죽으로 만든 피리·경쇠·우·약과 방패와 창은 악樂의 기구이고, 구부리고 펴며 숙이고 우러러 보는 동작과 춤추는 자의 위치와 활동 범위 및 빨랐다가 느려지는 동작은 악樂의 문식이다. 대나무로 만든 제기인 보궤簠簋와 나무로 만든 제기인 조두俎豆 및 여러 가지 의절儀節의 장식인 제도문장制度文章은 예禮의 기구이고, 당堂을 오르기도 하고 내려가기도 하며 춤을 추고 몸을 비트는 것, 윗옷의 앞섶을 열거나 덮는 것 등은 예의 장식이다. 그러므로 예악禮樂의 작용을 이해하는 사람은 예악을 만들 수 있고, 예악의 표현 형식을 이해하는 사람은 예악을 전수傳授할 수 있다. 예악을 만드는 사람을 성聖이라 하고, 예악을 전수하는 사람을 명明이라 한다. 이른바 명明과 성聖은 전수하고 만드는 것을 말한다.[83]

---

82) 『禮記』, 「樂記」, "作者之謂聖."
83) 『禮記』, 「樂記」, "故鐘鼓管磬, 羽籥干戚, 樂之器也. 屈伸俯仰, 綴兆舒疾. 樂之文也, 簠簋俎豆, 制度文章, 禮之器也. 升降上下, 周還裼襲, 禮之文也. 故知禮樂之情者能作. 識禮樂之文者能述. 作者之謂聖, 述者之謂明. 明聖者, 述作之謂也."

위의 문장은 예악의 도구와 표현 형식 등에 대하여 이야기하고, 오직 성인과 총명한(明) 사람만이 예악을 만들고 그것을 전달할 수 있다는 점에 대해 말하고 있다.[84] 여기에서 "예악禮樂의 작용을 이해하는 사람은 예악을 만들 수 있고, 예악의 표현 형식을 이해하는 사람은 예악을 전수할 수 있다"라고 말한다. '작자作者'의 '작作'은 '제작' 또는 '창조'의 의미를 가지고 있고, '명자明者'의 '명'은 창조한 것을 전달하는 사람이다. 여기에서 성인은 창조성을 의미하는 '작作'과 연관성을 가지고 있음을 분명하게 보여 주고 있다.[85] 이런 관점에서 공자 역시 자신이 성인으로 불리는 것에 대해 부담을 가지고 반대하는 태도를 보여 주고 있다.

> 공자께서 "성인과 인자仁者야 내가 어찌 감히 될 수 있겠느냐? 그러나 스스로 배우는 데 싫증 내지 않고 남을 가르치는 데 게으르지 않은 것이라면 그런 셈이라고 할 수 있을 뿐이다"라고 말씀하시자, 공서화公西華가 말했다. "이것이 바로 저희들이 본받지 못하는 점입니다."[86]

공자는 스스로 성인으로 불리는 것에 크게 부담을 느끼고 있는 것으로 보인다. 공자가 자신을 성인으로 보거나 칭하는 것에 대해 반대하는 이유는 "만드는 사람을 성聖이라 하고, 전수하는 사람을 명明이라 한다"라는 말과 관련되는 것으로 보인다. 바로 그의 유명한 "진술은 하지만 함부로 짓지

---

84) David Hall과 Roger Ames는 '明'을 'perspicacious' 즉 '총명한' 또는 '영명한'이라는 뜻으로 번역하고 있다. 그들은 "明聖者, 述作之謂也"의 번역을 "총명한 성인이 예악을 만들고 전달할 수 있다"는 것으로 번역하고 있다. 그러나 필자는 Hall과 Ames의 번역과는 달리 明과 聖을 나누어 번역하려 한다. David Hall and Roger Ames, *Thinking Through Confucius*(Albany: State University of New York Perss, 1987), p.259.

85) 성인과 '作'의 관계를 말하는 것으로는 『주역』 「문언전」의 "聖人作而萬物覩"와 『白虎通』 「聖人篇」의 "文俱言作, 明皆聖人也" 등이 있다. David Hall and Roger Ames, *Thinking Through Confucius*, p.259.

86) 『論語』, 「述而」, "若聖與仁, 則吾豈敢? 抑爲之不厭, 誨人不倦, 則可謂云爾已矣. 公西華曰, 正唯弟子不能學也."

않는다"(述而不作)라는 말을 통해서 이것을 확인할 수 있다. 공자의 이 말에 대해 주자는 "술述은 옛것을 전하는 것일 뿐이고, 작作은 처음으로 창작하는 것이다. 그러므로 창작은 성인이 아니면 할 수 없고, 술이란 현자도 할 수 있는 것이다"[87]라고 말하였다.

주자는 여기에서 성인의 가장 큰 특징을 창작 혹은 창시創始하는 창조력과 관련하여 말하고 있다. 그러나 문명의 발전이라는 입장에서 말하면 '작자作者'와 '명자明者' 모두 문화적 영웅들로서 성인의 범주에 속하는 사람들이라고 할 수 있다. 이 문제를 전한前漢시기의 학자인 육가陸賈(BC 240년경~170년경)의 『신어新語』를 통해 살펴보도록 하자.

이에 옛 성인 복희伏羲께서 하늘의 온갖 현상을 우러러 보시고 땅의 형세를 굽혀 살피신 후, 건괘乾卦와 곤괘坤卦를 만들어 내시어 인륜人倫을 정하셨다. 이에 백성들이 깨닫기 시작하여, 부자유친父子有親과 군신유의君臣有義와 부부유별夫婦有別과 장유유서長幼有序가 있음을 알게 되었다. 이에 백관百官이 설치되고 왕도王道가 생겨나게 되었다. 백성이 날고기를 먹고 피를 마시며 가죽옷을 입었는데, 신농씨神農氏께서 날짐승이나 야생 동물로는 백성 기르기가 어렵다고 생각하셨다. 이에 먹을 수 있는 것을 구하기 위해 온갖 풀을 맛보면서 시고 쓴맛을 살펴, 백성들이 오곡을 먹을 수 있도록 하셨다. 천하 백성이 (여름에는) 들에서, (겨울에는) 동굴에서 가옥도 없이 짐승들과 함께 지낼 수밖에 없었다. 이에 황제黃帝께서 나무를 베고 재목을 엮어 방을 만드시고 마룻대를 올리고 서까래를 얹고 집을 지어 (백성들이) 비바람을 피할 수 있게 하셨다. 백성이 살아가면서 곡식을 먹을 줄만 알고 힘들여 농사지을 줄 몰랐다. 이에 후직后稷이 경계를 세우시고 밭두둑 만드시기를 토지의 상황에 따라 하셔서, 땅을 개간하시고 곡식을 심어 백성을 양육하셨다. 또 뽕나무와 삼을 심어 명주와 모시를 만들어 몸을 가리게 하셨다. 이때 네 개의 큰 강이 서로 통하지 않아 홍수의 해를 입게 되었다. 이에 우禹임금께서 장강長江을 트고 황하黃河를 소통시켜 네 개의 큰 강이 막힘이 없도록 하여 바다에 이르도록 하셨다. 작은

---

87) 朱熹, 『朱子集註』, 「述而」, "述傳舊而已, 作則創始也, 故作非聖人不能, 而述則賢者可及."

내는 강으로, 강은 바다로 끌어들이고, 높은 곳에서 낮은 곳으로 흐르게 하셨다. 모든 시내가 순조롭게 흘러 모두 흐를 곳으로 돌아가게 한 후, 백성이 높고 위험한 곳을 떠나 평지에 살게 되었다······ 백성이 법만 무서운 줄 알고 예의禮義가 무엇인지 모르게 되었다. 이에 중고中古 때 성인聖人께서 벽옹辟雍과 상서庠序를 세워 백성을 가르치어, 상하의 법도를 바르게 하시고 부자父子간의 예禮와 군신君臣간의 도리를 밝히셨다. 강한 자가 약한 자를 업신여기지 못하도록 하시고 많은 사람이 적은 사람을 학대하지 않도록 하셨으며, 욕심과 비루한 마음을 버리고 청렴하고 결백한 행실을 하도록 하셨다. 예의가 행해지지 않고 사회 질서와 국가 기강이 서지 못하게 되어 후세에 도의가 피폐해지자, 후성後聖께서 오경五經을 산정刪定하시고 육례六禮를 밝히셨다. 위로는 하늘의 뜻을 이어받고 아래로는 땅의 도道를 근본으로 하여 사물의 이치를 끝까지 궁구하시어 깊고 오묘한 경지까지 살피셨으며, 인정人情을 탐구하여 근본을 세우셔서 인륜人倫의 실마리로 삼으셨다. 천지를 근본으로 삼으시고 그때까지 문헌을 모아 정리하시어 후세에 전하셨는데, 새와 짐승까지도 감화 받아 쇠하고 어지러운 세상이 바르게 되었다.[88]

육가는 여기에서 중국의 성인 계보에 대해서 상세하게 설명하고 있다. 그의 관점에 의하면, 인류의 역사 발전은 '선성先聖'·'중성中聖'·'후성後聖'의 세 단계에 의해 주도된다고 한다. 선성의 단계에서는 "날고기를 먹고 피를 마시는" 원시적 상황에서 먼저 복희씨가 출현하여 인도人道와 왕도王道를 세웠다. 또 신농씨가 오곡五穀을 찾아내고, 황제가 집을 만들고, 후직이 농사짓

---

88) 陸賈, 『新語』, 「道基」, "於是先聖乃仰觀天文, 俯察地理, 圖畫乾坤, 以定人道, 民始開悟, 知有父子之親, 君臣之義, 夫婦之別, 長幼之序. 於是百官立, 王道乃生. 民人食肉飲血, 衣皮毛. 至於神農, 以爲行蟲走獸, 難以養民, 乃求可食之物, 嘗百草之實, 察酸苦之味, 教民食五穀. 天下人民, 野居穴處, 未有室屋, 則與禽獸同域, 於是黃帝乃伐木搆材, 築作宮室, 上棟下宇, 以避風雨. 民知室居食穀, 而未知功力, 於是后稷乃列封疆, 畫畔界, 以分土地之所宜, 闢土殖穀, 以用養民, 種桑麻, 致絲枲以蔽形體. 當斯之時, 四瀆未通, 洪水爲害, 禹乃決江疏河, 通之四瀆, 致之於海, 大小相引, 高下相受, 百川順流, 各歸其所, 然後人民得去高險, 處平土.······民知畏法, 而無禮義. 於是中聖乃設辟雍庠序之教, 以正上下之儀, 明父子之禮, 君臣之義. 使强不凌弱, 衆不暴寡, 棄貪鄙之心, 興清潔之行. 禮義不行 綱紀不立, 後世衰廢, 於是後聖乃定五經, 明六藝, 承天統地, 窮事察微, 原情立本, 以緒人倫, 宗諸天地, 纂脩篇章, 垂諸來世, 被諸鳥獸, 以匡衰亂."

는 법을 가르치고, 우가 나타나 치수治水를 하여 백성들이 낮고 평평한 곳에서 거주할 수 있도록 만들었다. 이들이 바로 상고시기에 활동한 '선성'이다. 이어서 출현한 '중성'은 인류를 교화하는 단계에 속한다. 구체적으로 "벽옹辟雍과 상서庠序 등의 교육기관을 세워 백성을 가르쳤다." '중성'의 단계에 속하는 성인은 문왕文王과 주공周公이다. '후성'의 단계는 문명의 시대에 들어선 것으로, "오경五經을 산정刪定하고 육례六禮를 밝히는" 시기이다. 이것은 바로 공자가 행한 중요한 업적에 대한 언급이다. 이처럼 여기에서 육가는 공자를 단순한 '술자述者'로만 보지 않고 '후성'의 일원으로 보고 있다.

위의 문장은 인류 사회의 기원과 발전에 대한 언급으로서 육가가 가지고 있는 사회진화관과 성인사관聖人史觀을 잘 표현하고 있다. 이어서 육가는 성인이 하는 역할에 대해 다음과 같이 말한다.

> 하늘이 만물을 낳고 대지가 만물을 기르고 성인께서 만물을 이루었다고 하였으니, (성인의) 업적과 덕행이 천지와 조화를 잘 이루어 도술道術이 생겨난다는 것이다.[89]

이것은 전형적인 '천생인성天生人成'의 구조이다. 즉 만물은 하늘이 그 생명을 주고 대지가 생존할 수 있는 조건을 제공해 주면 성인이 그것을 발전시키게 한다는 것이다. 육가는 성인의 업적과 덕행이 천지와 조화를 잘 이루어야 올바른 사리나 도리가 생긴다고 말한다. 이런 관점은 곧바로 『순자』, 「부국富國」 편의 "천지는 낳고 성인은 이룬다"[90]라는 말을 연상하게 만든다.

순자에게서 '천생天生'의 자연세계는 인간에 의해 다스려야 할 '피치被治'의 대상으로 간주된다. 이에 비해 '인성人成'이 의미하는 것은 인류의 생존환경의 개선에 대한 적극적 참여를 말하려는 데 있다. 여기에서 성인은 인간의

---

89) 『新語』, 「道基」, "天生萬物, 以地養之, 聖人成之. 功德參合, 而道術生焉."
90) 『荀子』, 「富國」, "天地生之, 聖人成之."

열악한 환경을 구원하고 개선해 나가는 구세적救世的 존재로 나타난다. 한유韓 愈(768~824)의 유명한 문장에서도 이런 관점을 발견할 수 있다.

옛날에 사람의 피해가 많았다. 성인의 나타남이 있은 후에 서로 길러주는 도를 가르쳐서 군주가 되고 스승이 되니, 벌레와 뱀, 금수를 몰아내고 중원의 땅에 자리 잡게 되었다. 추워지자 옷을 만들게 하고, 굶주리자 음식을 마련하게 했다. 나무에서 살면 떨어지고 땅에서 거주하면 병이 생기자, 집을 짓게 하였다. 장인匠人이 되어 그 기물의 사용을 넉넉하게 하고, 장사꾼이 되어 그 있음과 없음을 통하게 하고, 의약을 만들어 일찍 죽는 것을 구제하고, 장례와 제례를 만들어 은혜와 사랑을 길이 품도록 하고, 예를 만들어 나이가 앞서고 뒤서는 차이를 만들고, 음악을 만들어 울적한 마음을 풀어 주었다. 정제함으로써 태만함을 다스리고 형벌을 만들어서 난폭함을 없앴으며, 서로를 속이자 부절과 도장, 저울을 만들어서 믿도록 하였고, 서로 빼앗자 성곽과 갑옷, 무기를 만들어 지키게 하여 피해가 이를 것을 대비하게 하고 환난이 이를 것을 방어하게 하였다. 지금 그들의 말에 이르길, 성인이 죽지 않으면 큰 도둑이 그치지 않으니 말을 쪼개고 저울을 부숴야만 다투지 않게 된다고 하는데, 아! 그것은 또한 생각이 없을 뿐이다. 만약 옛날에 성인이 없었더라면 사람이라 는 족류族類는 오래전에 절멸했을 것이다. 무엇 때문인가 하니, 깃, 털, 비늘, 껍질 없이 춥거나 더운 곳에 살고, 먹이를 다툴 수 있는 손톱이나 치아가 없기 때문이다.[91]

이 문장 역시 앞서 본 성인을 중심으로 하는 육가의 영웅사관과 크게 다르지 않다. 한유가 마음속에 그리고 있는 성인은 결코 천지우주를 창조한 조물주가 아니라, 그보다는 오히려 인류의 구세주이자 사회문명의 창조자 이다. 한유가 이런 문장을 쓰게 된 목적은, 단순히 영웅사관을 이야기하기

---

91) 『昌黎先生文集』, 「原道」, "古之時, 人之害多矣. 有聖人者立, 然後教之以相生養之道. 爲之君, 爲之師, 驅其蟲蛇禽獸, 而處之中土. 寒, 然後爲之衣. 飢, 然後爲之食. 木處而顚, 土處而病也, 然後爲之宮室. 爲之工, 以贍其器用. 爲之賈, 以通其有無. 爲之醫藥, 以濟其夭死. 爲之葬埋祭 祀, 以長其恩愛. 爲之禮, 以次其後先. 爲之樂, 以宣其湮郁. 爲之政, 以率其怠倦. 爲之刑, 以鋤其 強梗. 相欺也, 爲之符璽斗斛權衡以信之. 相奪也, 爲之城郭甲兵以守之. 害至而爲之備, 患生而 爲之防. 今其言曰: 「聖人不死, 大盜不止. 剖斗折衡, 而民不爭.」嗚呼! 其亦不思而已矣! 如古之 無聖人, 人之類滅久矣. 何也? 無羽毛鱗介以居寒熱也, 無爪牙以爭食也."

위해서가 아니라 유가의 도를 보호하고 이단을 공격하기 위해서였다. 그것은 바로 성인을 중심으로 하는 유학의 정통성을 세우려는 도통설道統說을 제기하는 데 있다. 그는 다음과 같이 말하고 있다.

> 이 도道라는 것은 무슨 도인가? 이것이 내가 말하는 도이고, 아까 말한 노자와 부처의 도가 아니다. 요임금은 그것을 순임금에게 전했고, 순임금은 그것을 우임금에게 전했으며, 우禹임금은 그것을 탕湯임금에게 전했고, 탕임금은 그것을 문왕文王, 무왕武王, 주공周公에게 전했으며, 문왕, 무왕, 주공은 공자에게 전했고, 공자는 맹자孟子에게 전했는데, 맹자가 죽자 그 전승傳承을 얻지 못하였다. 순자荀子와 양웅揚雄은 그것을 택하였으나 정밀하지 못했고 그것을 말했으나 자세하지 못했다.[92]

한유가 제기한 도통설은 우선 도가와 불교 등의 이단에 대한 유가의 반격이라고 할 수 있다. 즉 불교의 선종禪宗에서 오조五祖 홍인弘忍(602~675)이 육조六祖 혜능慧能(638~713)에게 의발衣鉢을 전해 주는 것에 대한 유가적인 방식의 대응이다. 특히 한유의 이런 관점은 유가철학사 내부에서의 맹자의 지위가 얼마나 공고한지를 분명하게 보여 주고 있다. 나아가 한유는 여러 가지 사실을 열거하여 성인이 창제해 낸 물질문명과 정신문명이 인류의 생존과 진보에 있어서 없어서는 안 될 중요한 의미를 가지고 있음을 강조하고 있다. 그는 새로운 유학의 부흥을 염두에 두고, 노자가 말하는 '성을 끊고 지혜를 버리는'(絶聖棄智) 반성인적反聖人的이고 반문명적反文明的인 관점을 철저하게 반박하고 있다.[93] 결국 그는 성인과 성인사관을 통하여 불교와 도가 등의 이단에 적절히 대응하는 한편 유학의 부흥이라는 궁극적 목적을 드러내었던 것이다.

---

92) 『昌黎先生文集』, 「原道」, "斯吾所謂道也, 非向所謂老與佛之道也. 堯以是傳之舜, 舜以是傳之禹, 禹以是傳之湯, 湯以是傳之文武周公文武周公傳之孔子, 孔子傳之孟軻, 軻之死, 不得其傳焉. 荀與揚也, 擇焉而不精, 語焉而不詳."
93) 王文亮, 『中國聖人論』, 282~283쪽.

유가가 이야기하는 성인은 크게 두 가지 유형으로 나눌 수 있다. 그것은 바로 '작자作者로서의 성인'과 인의예지를 완벽하게 체현한 '도덕적 성인'이다. 대체로 송학宋學 이전의 성인이 가진 성격은 '작자'로서의 성인이다. '작자'로서의 성인은 그 대표가 주공周公이며, 그의 지위는 대체로 공자보다 높았다. 송학에서 이런 성인관은 내면화되면서, 곧 인의예지를 완전히 실현한 성인으로 변화된다. 즉 주공을 중심으로 하는 '선왕先王의 도'와 '예악의 도'로부터 '인의도덕의 도'와 '성인의 도'로 전환되었다고 할 수 있다.[94] 성인의 구세救世는 물론 빼어난 지혜와 능력에 근거하여야 하지만, 그에 앞서 도덕적인 것을 기본적으로 구비하여야 한다.

송대에 있어서도 성리학 혹은 도학道學 이외의 학자들에게 있어서 성인은 예악과 형정刑政을 제작하는 작자作者로서의 성왕聖王이었다. 예를 들어 왕안석王安石(1021~1086)은, 사회를 변혁시키는 존재인 성인은 개인적 도덕수양에만 힘을 쓰는 현인賢人과는 근본적으로 구별되어야 한다고 말한다.[95] 사마광司馬光(1019~1086)의 경우 또한 보통사람들도 성인의 경지에 이를 수 있다는 관점에 쉽게 동의하지 않는 것으로 보인다.

> 재주(才)와 덕德을 온전히 실현한 사람을 성인이라 부르고, 재주와 덕을 둘 다 가지고 있지 못한 사람을 우인愚人이라고 한다. 덕이 재주에 앞서는 사람을 군자라고 하고, 재주가 덕을 앞서는 사람을 소인이라고 한다.[96]

위의 관점에 의하면, 군자 이하의 사람들은 성인이 될 수 있는 가능성이 거의 막혀 있다. 재주라는 것은 천부적 재능으로 더 이상 변이變異될 수

---

94) 시마다 겐지, 김석근·이근우 옮김, 『주자학과 양명학』(서울: 까치, 1988), 27쪽.
95) 吾妻重二, 『朱子學的新硏究』(北京: 商務印書館, 2017), 97~100쪽 참조.
96) 『資治通鑑』, 卷一, 「周紀一」, 咸烈王二十三年按語, "才德全盡謂之聖人, 才德兼亡謂之愚人. 德勝才謂之君子, 才勝德謂之小人."

없어서 재주와 덕을 모두 겸비한 성인의 단계에는 도달할 수 없다는 것이다.97) 이처럼 도학 이외의 송대 사인士人들에 있어서 성인은 특수한 인격으로서 일반 사람들과는 확연하게 구별되었다. 예를 들면, 구양수歐陽修(1007~1072)나 왕안석, 사마광 등의 비도학자非道學者들에게서는 '성인가학론聖人可學論'의 관점을 찾아보기 어렵다. 당시 사람들의 상식에서 성인은 다만 무조건 따라야 할 대상일 뿐이지, 스스로 노력하여 성취할 수 있는 대상은 아니었다.98) '성인가학론聖人可學論'이 구체적으로 출현하게 된 것은 정이천의 「안자소호하학론顏子所好何學論」에서부터이다.

> 성인의 문하에 그 제자는 삼천이었건만 유독 안자顏子만이 배움을 좋아했다고(好學) 칭송한다. 대저 시詩와 서書 등의 여섯 가지 기예(六藝)에 삼천의 제자들이 충분히 익혀 통하지 않았음이 없었거늘, 안자만이 홀로 좋아했던 것은 무슨 학문인가? 배워서 성인의 도에 이르는 것이니, 성인이란 과연 배워서 이를 수 있는 것이란 말인가? 그렇다.99)

유명한 위의 문장에서 가장 주목해서 보아야 할 것은, 공자가 그렇게 칭찬했던 안회顏回가 좋아하여 실천한 학문이 무엇인가 라는 점이다. 그것은 바로 "배워서 성인의 도에 이르는" 학문이다. 성인이란 배워서 도달할 수 있는가 라는 물음에 대해 분명하게 '그렇다'라고 대답하고 있다. 이처럼 성인의 경지는 누구나 수양이나 학문을 통해서 노력하면 도달 가능한 것으로 일반화된다.

성인이란 배워서 도달할 수 있다는 '성인가학론'은 불교에서 주장하는

---

97) 吾妻重二, 『朱子學的新研究』, 98쪽.
98) 吾妻重二, 『朱子學的新研究』, 100쪽.
99) 『二程集』 一, 『河南程氏文集』, 卷第八, 「伊川先生文四」, 「雜著」, 「顏子所好何學論」, "聖人之門, 其徒三千, 獨稱顏子爲好學. 夫詩書六藝, 三千子非不習而通也, 然則顏子所獨好者, 何學也? 學以至聖人之道也. 聖人可學而至與? 曰: 然."

"누구나 부처가 될 수 있다"(悉皆成佛論)는 관점의 영향이 크다. 이런 불교의 관점은 도교의 "신선은 배워서 될 수 있다"는 '신선가학론神仙可學論'과 성리학의 "성인은 배워서 될 수 있다"는 '성인가학론'이 발생할 수 있는 조건을 만들었다고 할 수 있다. 즉 '성인'이라는 인격은 더 이상 세속과 분리되어 있는 신적인 존재나 경지 혹은 천명을 받은 정치지도자 외의 보통사람들이 감히 쳐다볼 수 없는 그런 존재나 경지가 아니라, 길거리를 가고 있는 보통사람이라도 누구든지 감내하기로 마음만 먹는다면 도달 가능한, 실제로는 매우 멀지만 가깝게 느껴지는 하나의 목표가 되어 버린다.

이어서 「안자소호하학론」은 성인에 도달할 수 있는 구체적인 방법이 무엇인가에 대해서 말하고 있다.

> 그것을 배우는 방법은 무엇인가? '형체가 생겨나면 외물이 그 형체에 감촉하여 그 마음속을 움직인다. 마음속이 움직이면 일곱 가지 감정이 발생하니, 기쁨, 노여움, 슬픔, 즐거움, 사랑, 미움, 욕망이 그것이다. 감정이 들끓어 지나치게 흐르면 본성이 망가지게 된다. 그래서 배우는 자는 자신의 감정을 단속하여 중용에 합치하게 하고, 그 마음을 바로잡고, 그 본성을 기른다.…… 후세 사람들은 이를 알지 못하고, 성인은 선천적인 것이며 배워서 되는 것이 아니라고 하여 학문하는 길을 잃어버리게 되었다.…… 오늘날의 학문은 안자가 좋아한 바와 다르다.[100]

성인이 되기 위해 필요한 방법에는 무엇이 있는가? 이 문제에 대해 정이천은 우선 희노애락애오욕喜怒哀樂愛惡欲의 칠정七情을 적절하게 조절하는 것이 필요하다고 말한다. 이것의 조절을 통하여 누구나 본유本有하고 있는 선한 본성을 지속적으로 보존하고 기르는 존양存養이 중요한 과제로

---

100) 『二程集』 一, 『河南程氏文集』, 卷第八, 「伊川先生文四」, 「雜著」, 「顔子所好何學論」, "學之道如何. 形旣生矣, 外物觸其形而動其中矣. 其中動而七情出焉. 曰喜怒哀樂愛惡欲. 情旣熾而益蕩, 其性鑿矣. 是故覺者約其情使合於中, 正其心, 養其性.……後人不達, 以謂聖本生知, 非學可至, 而爲學之道遂失.……則今之學, 與顔子所好異矣."

등장한다. 성인은 태어나면서부터 선천적으로 결정되어 있어서 결코 후천적으로 배워서 도달할 수 있는 경지가 아니라고 하는 관점은 더 이상 권위를 가지지 못하게 된다. 여기에서 성인되는 학문의 가장 중요한 요점이 나오는데, 바로 천리天理를 보존하고 욕망을 조절하는 '존천리거인욕存天理去人欲'이다. 이러한 관점은 송대 성리학의 성인관의 형성에 절대적인 영향을 끼치게 된다. 이것은 주자의 경우에서도 분명하게 보인다.

> 성性이라고 하는 것은 사람이 하늘로부터 부여받은 것이니, 완전하고 지극히 선하여 일찍이 악한 것이 없었다. 사람들이 요순과 처음에는 조금도 차이 나는 것이 없다. 단지 일반 사람들은 사욕에 빠져 그 본성을 잃었고, 요순은 사욕에 가려진 것이 없이 그 본성을 능히 충만하게 할 수 있었을 뿐이다. 따라서 맹자께서 매번 성선性善을 말하면서 반드시 요순을 칭하여 그것을 실증하니, 사람들로 하여금 인의를 밖에서 구할 것이 아니라, 성인도 배워서 인의에 도달하고 그것을 위해 힘을 쓰는 데 게으름이 없었음을 알게 하고자 한 것이다.[101]

주자는 모든 사람은 하늘로부터 본성을 부여받아 요순과 같은 성인과 다른 것이 없지만, 사욕에 빠져 본성을 드러내지 못하면서 점점 차이가 생기는 것으로 보고 있다. 오직 성인만이 그 본성을 온전히 보존하였을 뿐이다. 여기에서 본성을 보존하고 확충하는 노력과 수양이 필요하게 된다. 이런 점에서 보자면 성인 역시 배워서 인의를 얻는 공부에 게으름이 없이 실천하여 도달한 것이라고 할 수 있다.

주자의 성인관이 '수기修己 중심의 성인관'과 '치인治人 중심의 성인관'을 집대성하려는 시도가 있었고,[102] 또 송학이나 주자의 성인관이 비록 이미

---

101) 『孟子集註』, 「滕文公上」, "性者, 人所禀於天, 以生之理也, 渾然至善未嘗有惡, 人與堯舜初無少異, 但衆人汨於私欲而失之, 堯舜則無私欲之蔽, 而能充其性爾. 故孟子每道性善而必稱堯舜以實之, 欲人知仁義不假外求, 聖人可學而至, 而不懈於用力也."
102) 이에 대해서는 임종진, 「朱子의 聖人觀」(『대동철학회지』 제25집, 2004. 3), 59쪽 참조.

시선을 내면적 도덕으로 향하였을지라도, 여전히 '작자지위성作者之謂聖'의 관점을 포기한 것은 결코 아닌 것으로 보는 관점이 있는 것도 사실이다.[103] 그러나 송학의 기본적 방향은 '도덕적 성인관'에 치우쳐 있다는 사실은 결코 부정할 수 없을 것이다. 이 문제는 이미 앞에서 다루었기 때문에 여기에서는 간단하게 논의하려고 한다.

주자는 "성인의 도는 크고 덕은 넓다"[104], "성인의 도는 크고 덕은 완전하다"[105]라고 하여 성인이 가진 도덕적 탁월성에 대해 말하고 있다. 그는 또 이렇게 말한다. "성인의 마음은 지극히 텅 비어 있고 지극히 밝으니, 순수한 가운데서 온갖 이치를 모두 갖추고 있어서 한 번 감촉이 있게 되면 그 응하는 것이 매우 신속하여 통하지 않는 바가 없게 된다."[106] 여기에서 주자는 한 걸음 더 나아가 성인을 천지의 작용과 본체와 동일시하는 정도로까지 격상시킨다.[107] 『주자어류朱子語類』에서는 "성인은 육신을 지니고 태어난 천리"[108]라는 관점을 말하기도 한다.

정주程朱 유학은 전체적으로 성인이 될 수 있는 근거를 '성선론'에 두고 있다는 점에서 공통적인 입장을 보여 주고 있다. 왜냐하면 범인凡人 역시 성인이 될 수 있는 평등한 가능 근거로서 선한 본성을 가지고 있기 때문이다. 문제는 후천적인 실천 공부의 누적에 있다. 주자의 이런 관점은 후대의 양명과는 약간의 차이가 있다.

비록 주자학에서도 "성인은 배워서 도달할 수 있다"고 하지만, 현실적으로는 학문을 통해 성인의 경지에 이르는 길은 쉽지 않다. 기본적으로 '성즉리性即

---

103) 王文亮의 『中國聖人論』, 282~283쪽.
104) 『論語集注』, 「八佾」, "聖人道大德宏."
105) 『論語集注』, 「雍也」, "聖人道大德全."
106) 『孟子集註』, 「盡心上」, "蓋聖人之心, 至虛至明, 渾然之中, 萬理畢具. 一有感觸, 則其應甚速, 而無所不通."
107) 『中庸章句』, 第26章, "聖人與天地同用." "聖人與天地同體."
108) 『朱子語類』, 卷31, "聖人便是一片赤骨立底天理."

理'의 '성'이 가리키는 것은 '본연지성本然之性'으로, 이 '본연지성'과 주체인 심心 사이에는 쉽게 일치하기가 어려운 거리가 존재하기 때문이다. 주자가 말하는 심은 '심통성정心統性情'으로, 심이 성의 규제를 받는다는 점에서 인간 주체의 역량은 약화되어 자유로울 수 없다. 말하자면 후천적인 학문이나 수양에 의하여 성인의 경지에 도달할 수 있다는 자력주의自力主義라는 측면에서 보면 주자의 관점은 한계가 있을 수밖에 없다.

왕양명에게 있어서 '성인'은 유가의 이상적 인격일 뿐만 아니라 동시에 사람의 마음속에 자리하고 있는 '양지良知'를 가리킨다. 양명은 "마음의 양지가 성聖이다. 성인의 학문은 다만 양지를 실현하는 것일 뿐이다"[109]라고 하였다. 양명은 성인을 마음속의 '양지'와 동일시하여 이로부터 성인이란 개념을 부호화符號化하고 있다. 성인은 더 이상 단순히 역사상의 공자라는 구체적인 호칭을 말하는 것이 아니라, 이미 사람들 마음속에 내재하고 있는 '양지'로 전환되었다는 의미이다. 다시 말하면 성인은 전통 유가가 설정해 놓은 도덕적 이상인격일 뿐만 아니라 더욱이 마음속에 자리 잡고 있는 '양지'의 부호와 상징이라는 것이다.[110] '양지'는 태어날 때부터 이미 가지고 있는 것이기 때문에 모든 사람들의 마음속에 성인이 존재하고 있다는 것이다.

결론적으로 말하면, '양지'가 성인이고, 모든 사람이 '양지'를 가지고 있기 때문에 사람은 모두 성인이다. 여기에서 '만가성인론滿街聖人論'이 출현하게 된다.

하루는 왕여지王汝止가 유람을 나갔다가 돌아오자, 선생께서 물으셨다. "유람하면서 무엇을 보았는가?" 왕여지가 대답하였다. "거리에 가득 찬 사람이 모두 성인임을 보았습니다." 선생께서 말씀하셨다. "그대가 보기에는 거리에 가득 찬 사람들이 성인이지만, 거리에 가득 찬 사람들이 보기에는 도리어 그대가 성인이었을 것이다."

---

109) 『王陽明全集』, 「書魏師孟卷」, "心之良知是謂聖, 聖人之學, 惟是致此良知而已."
110) 吳震, 「中國思想史上的"聖人"概念」, 20쪽 참조.

또 하루는 동나석董蘿石이 유람을 나갔다 돌아와서 선생을 뵙고 말했다. "오늘 이상한 일을 보았습니다." 선생께서 말씀하셨다. "무엇이 이상하던가?" 동나석이 대답했다. "거리에 가득 찬 사람들이 모두 성인임을 보았습니다." 선생께서 말씀하셨다. "이 또한 평범한 일이니, 어찌 이상한 일로 여길 수 있겠는가?"[111]

위의 인용문은 왕여지王汝止(王艮)와 동나석董蘿石(董澐)의 경험을 통해 마음의 본체인 '양지'를 가지고 있는 거리의 모든 사람이 이미 성인이라고 말하고 있다. 그러나 참으로 중요한 것은, 모든 사람이 '양지'를 가지고 있다는 말이, 이미 성인이 실현되었기 때문에 수양공부를 할 필요가 없다는 의미는 아니라는 점이다. 즉 "마음 속에 공자가 있다"는 말의 '있다'는 의미를 어떤 구체적 사실에 대한 기술로 보아서는 곤란하다는 말이다. 양명의 제자들이 "거리에 가득 찬 사람이 모두 성인이다"라고 말하는 것은 사람마다 성인이 될 수 있는 가능성이 있다는 의미이다.

양지라는 두 글자가 바로 성인들이 진입하던 문이다. 초학자에서 덕을 이룬 자에 이르기까지 오직 이 한 길뿐이다. 미숙과 성숙의 차이는 있지만, 달리 걸어가야 할 길은 없다. 양지는 모든 사람들이 갖추고 있는 것으로 성인과 우매한 자의 차이가 있는 것은 아니다.[112]

'양지'를 가지고 있다는 점에서는 성인과 우매한 사람 간의 차이가 있는 것이 아니라고 왕양명은 말하고 있다. 그러므로 "거리에 가득 찬 사람이 모두 성인이다"라고 말하는 것이다. 그러나 '양지'가 지시하는 방향에 따라 행동할 수 있어야만 그는 성인이 될 수 있다. '양지'의 실천 문제가 관건이다.

---

111) 『傳習錄』 下, 「黃省曾錄」, "一日, 王汝止出遊歸, 先生問曰遊何見. 對曰見滿街人都是聖人. 先生曰你看滿街人是聖人, 滿街人倒看你是聖人在. 又一日, 董蘿石出遊而歸, 見先生曰今日見 一異事. 先生曰何異. 對曰見滿街人都是聖人. 先生曰此亦常事耳, 何足爲異."

112) 『王陽明全集』 下, 권2, 「桐川會約」, "良知兩字, 是千聖從入之門, 自初學至於成德只此一路, 惟有生熟不同, 更無別路可走, 良知人人所同具, 無間於聖愚."

정확히 말하면 '치양지致良知'의 여부에 있다. 성인은 '치양지'했지만, 우매한 사람은 '치양지'하지 못한 차이이다. 그러므로 그는 "오직 성인만이 양지를 실천했을 뿐이고, 우매한 사람들은 그것을 실천하지 못하여 여기에서 성인과 우매한 사람이 나누어지는 것이다"[113]라고 말한다. 여기에서 중요한 것이 바로 '치양지' 공부이다.

> 비록 평범한 사람일지라도 일단 분발하여 이러한 성인의 학문을 실천하기로 마음먹고 이 마음을 순수한 천리天理와 동화시켜 버릴 것 같으면 모두 성인이 될 수 있다. 마치 한 냥의 금을 만일萬鎰의 금에 비하면 그 분량은 비록 현격한 차이가 난다 하더라도 그 순금으로서의 순도가 같은 점에 있어서는 하등의 부끄러울 것이 없는 것과 같다. 그래서 누구나 요순이 될 수 있다고 하는 것이다.[114]

왕양명은 오직 '치양지'의 공부 하나만으로도 충분히 성인의 경지에 도달할 수 있다고 보았다. 그리고 구체적으로 계신공구戒愼恐懼・사구교四句教・사상마련事上磨練・발본색원拔本塞源 등 '양지'의 실천 방법을 제시한다. 이런 양지를 실현하면 인욕人慾은 저절로 소멸된다. 만약 양지를 온전하게 실천하면 누구나 요순과 같은 성인이 될 수 있다고 그는 주장한다.

3. 선진유가와 제자백가의 성인관

1) 공자의 성인관

중국 상고시대 성인 개념의 본래적 의미는 신과 통하는 능력이나 총명하

---

113) 『傳習錄』 中, 「答顧東橋書」, "但惟聖人能致其良知, 而愚夫愚婦不能致. 此聖愚之所由分也."
114) 『傳習錄』 中, 「答陸原靜書」, "故雖凡人而肯爲學, 使此心純乎天理, 則亦可爲聖人. 猶一兩之金, 此之萬鎰. 分兩雖懸絶, 而其到足色處, 可以無愧. 故曰人皆可以爲堯舜者以此."

고 예지력이 있는 사람을 가리켰으나, 춘추전국시대의 성인 개념은 복합적 함의를 지니게 된다. 도덕상의 완전한 인격을 가리킬 뿐만 아니라, 또한 현실이나 정치에서 뛰어난 능력을 발휘하는 걸출한 인물을 가리킨다. 이런 점에서 성인은 최고의 완벽한 인간을 의미한다. 보통사람과는 구별되는 매우 지혜롭고 뛰어난 인간, 도덕적 완전인, 인격의 완성자, 문화의 창조자 등의 의미를 지니고 있다. 중국의 역사 속에서 성인은 문화적 전환과 철학적 변천에 따라 여러 가지 다양한 모습으로 나타난다. 여기에서는 『역전』 성인관을 가능하게 만든 배경에 해당하는 춘추전국시기 제자백가들의 성인관을 유가들을 중심으로 하여 살펴보려 한다.

그러면 성인이라는 말은 『논어』 속에서 어떻게 표현되고 있는가? 『논어』에 보이는 성이나 성인이라는 말들을 살펴보면, 우선은 보통사람이 범접하기 어려운 존재로 표현되고 있다. 심지어 공자는 그가 평생 동안 본받으려고 하는 인격적 모델에 해당하는 요순堯舜마저도[115] 성인의 표준에 도달하지 못했다고 생각하였다. 공자가 두 번 요순을 언급할 때, 두 분의 성인이 국가를 다스리는 문제에서 여전히 부족한 바가 있어 완벽하게 하지 못하였다고 생각하는 것 같다.

> 자로가 군자에 대해 물으니, 공자께서 말씀하시기를 "경으로 자신을 수양함이다"라고 하였다. 자로가 말하기를 "그와 같을 뿐입니까?" 하자, 공자께서 말씀하시기를 "자신을 수양하여 타인을 편안하게 함이다" 하였다. 자로가 말하기를 "그와 같을 뿐입니까?" 하자, 공자께서 말씀하셨다. "자신을 수양하여 백성을 편안하게 함이다. 자신을 수양하여 백성을 편안하게 함은, 요임금과 순임금도 여전히 부족함이 있지 않았는가?"[116]

---

115) 『中庸』, "요순의 도를 따르고 문왕과 무왕의 법을 지키다."(祖述堯舜, 憲章文武)
116) 『論語』, 「憲問」, "子路問君子. 子曰修己以敬. 曰如斯而已乎? 曰修己以安人. 曰如斯而已乎? 曰修己以安百姓. 修己以安百姓, 堯舜其猶病諸?"

자공이 말하기를 "만약 백성들에게 널리 베풀어, 백성을 능히 구제한다면 어떻습니까? 인한 자라 부를 만합니까?"라고 하자, 공자께서 말씀하셨다. "어찌 인자로 섬기겠는가, 반드시 성인일 것이다! 요순도 여전히 부족함이 있지 않았는가?"[117]

"경敬으로 자신을 수양하고"(修己以敬)·"자신을 수양하여 타인을 편인하게 한다"(修己以安人)는 것으로부터 "자신을 수양하여 백성을 편안하게 하고"(修己以安百姓) "널리 베풀어 백성을 구제하는"(博施濟衆) 단계에 도달하여야 성인이라 부를 수 있다는 것이다. 이런 기준을 가지고 말하면, 공자가 보기에 백성을 편안하게 하고 널리 베풀어 백성을 구제한다는 점에서는 요순마저도 여전히 완벽하지 않다고 여기는 것 같다.

공자의 관점으로 보면 성인은 분명히 도달하기 어려운 경지이다. 그러므로 공자는 "성聖과 인仁의 경지라면 내 어찌 감히 자처할 수 있으랴"[118]라고 말하여 자신이 성인임을 감히 인정하지 않으며, 심지어 인仁의 단계까지도 완전히 이르지 못했다고 말한다. 그가 "성인을 만나 볼 수 없구나, 군자라도 만나 보았으면 좋겠다"[119]라고 말한 것을 보면, 성보다 한 단계 아래인 인에 대한 성취조차 쉽게 자신하지 못했음을 알 수 있다. 이렇게 본다면 성인의 경지는 점점 도달 불가능한 것으로 간주된다.[120]

위의 문장들을 통하여 공자의 성인관이 가지고 있는 세 가지 성격을 발견할 수가 있을 것으로 보인다. 그 첫째는 성인은 도덕적 자질을 갖추고 있고 둘째는 성인은 백성들에 대한 구세救世의 공적功績이 있으며, 셋째는 성인은 이상적 대상이라는 것이다. 여기에서 가장 주목해야 할 관점은 성인의 현실세계에 대한 관심과 참여이다.

---

117) 『論語』, 「雍也」, "子貢曰如有博施於民, 而能濟衆, 何如? 可謂仁乎? 子曰: 何事於仁, 必也聖乎! 堯舜其猶病諸?"
118) 『論語』, 「述而」, "若聖與仁, 則吾豈敢!"
119) 『論語』, 「述而」, "子曰, 聖人, 吾不得而見之矣, 得見君子者, 斯可矣."
120) 本田 濟, 『東洋思想研究』, 72쪽.

이른바 구세의 공적이 있다는 것은 성인이 천하와 백성에게 이익을 주어 고통에서 구제하는 것을 말한다. 공자는 요임금의 위대성에 대해 이렇게 말하고 있다. "크도다, 요임금의 임금됨이여! 위대하도다, 오직 하늘만이 크거늘 오직 요임금만이 그것을 본받는구나! 넓고 크도다, 백성들이 이름할 수 없구나! 위대하도다, 그 공을 이룸이여! 밝게 빛나는구나, 그 문장이여!"121) 하늘을 본받는 사람을 위대한 사람이라고 할 수 있다. 바로 요임금 같은 성인이라야 이것이 가능하다. 어떻게 하늘을 본받을 수 있는가? 그 공과 업적을 통해서이다. 공자의 제자 태재太宰는 공자가 성인인가를 자공子貢에게 물었다.

"부자께서는 성인이신가? 어찌 그리도 다능하신가? 선생님이 이와 같이 재덕을 겸비한 것은 마땅히 성인이라고 부를 수 있는가?" 자공이 말하기를 "선생님께서는 장차 하늘이 내리신 성인이시고 또 다능多能하십니다" 하였다. 공자가 듣고 즐거워하며 말하기를, "태재가 나를 아는가? 나는 어렸을 적에 비천하였다. 그러므로 비천한 일에 다능하다. 군자가 다능한가? 다능하지 않다" 하였다.122)

위의 문장에서 당시 사람들이 가진 성聖 혹은 성인聖人에 대한 관점을 엿볼 수 있다. 그것은 바로 다능多能을 성인을 구성하는 중요한 요소로 보는 것이다. 성인을 다능으로 보는 관점에 대해 주자는 "태재는 다능多能을 성聖이라 하나 그렇지 않다.…… 대개 성聖이란 덕德을 위주로 하는 것이지 다능에 있지 않다"123)라고 하였다. 성인이 빼어난 지혜가 있거나 다능하다는 관점은 공자 이전부터 계속적으로 남아 있는 관점으로, 일반적인 유가

121) 『論語』, 「泰伯」, "大哉堯之爲君也, 巍巍乎? 唯天爲大, 唯堯則之! 蕩蕩乎? 民無能名焉! 巍巍乎? 其有成功也! 煥乎? 其有文章!"
122) 『論語』, 「子罕」, "夫子聖者與! 何其多能也? 子貢曰 固天縱之將聖, 又能也. 子聞之曰 大宰知我乎? 吾少也賤, 故多能鄙事. 君子多乎哉? 不多也!"
123) 『朱子語類』, 卷三六, "太宰以多能爲聖, 固不是.……蓋聖主於德, 固不在多能."

성인관의 주요한 하나의 특성이라고 할 수 있다. 바로 '작자로서의 성인관' 혹은 '치인治人 중심의 성인관'이다. 왜냐하면 다능은 공업功業을 이루어 천하에 이익을 줄 수 있기 때문이다.

공업과 충忠 사이에 충돌이 발생할 경우, 공자는 공업을 선택하는 것으로 보인다. 예를 들면, 관중管仲이 원래 주군을 배신하고 환공桓公에게 전향하였기 때문에 사람들은 그를 불충不忠하고 불인不仁하다고 비판하였다. 이 문제에 대한 공자의 대답은 매우 명확하다.

> 환공이 아홉 제후를 합함에 병거로써 하지 않았으니 관중의 힘이다. 마땅히 인하다! 마땅히 인하다!…… 관중은 환공의 재상이 되어 제후들을 재패했고, 한 번 천하를 바로잡아 백성들이 지금 그 혜택을 받는 것에 이르렀다. 관중이 없었다면 나는 머리를 풀고 옷섶을 풀어헤쳤을 것이다! 어찌 평범한 남자와 여자가 고집을 부려 스스로 목을 매어 도랑에 굴러서 알려지지 않는 것과 같겠는가![124]

관중어 백성들에게 이익을 주었는가 하는 문제에서는 구태여 그 충성의 여부를 따질 필요가 없다. 공자는 백성에게 이익을 주는 것이 심지어 충성보다도 더 중요하다고 보았다. 이 때문에 공자의 관점에서 성인은 반드시 백성들에게 이익을 주는 것이 있어야 한다. 공업功業을 중시하는 것은 공자의 실제적·이상적·현실적인 철학관을 구체적으로 보여 주고 있다. 백성을 위해 이익과 행복을 가져다 줄 수 있는 사람은, 설령 그가 충성스럽지 못하다 하여도 배울 만한 가치가 있는 인물이라는 것이다. 바로 관중 같은 사람이다.

공자의 성인관에서 주목할 부분은, 성인은 이 세상에 존재하지 않는

---

124) 『論語』, 「憲問」, "桓公九合諸侯, 不以兵車, 管仲之力也. 如其仁! 如其仁!……管仲相桓公, 霸諸侯, 一匡天下, 民到于今受其賜, 微管仲, 吾其被髮左衽矣! 豈若匹夫匹婦之爲諒也, 自經於溝瀆, 而莫之知也!"

신화 또는 결코 도달할 수 없는 영원한 이상이라는 점이다. 앞에서 말한 것처럼 공자는 요순 등의 성왕들이라 할지라도 성인으로 보기에는 여전히 무엇인가 부족하다고 여기고 있다. 만약 요순조차도 성인으로 보기 어렵다면, 공자가 말하는 성인은 거의 신에 가깝다고 할 수 있다. 이러한 성인을 공자는 신성한 존재로 보고 있다.[125]

> 군자가 두려워하는 것이 세 가지가 있으니, 천명을 두려워하고 대인을 두려워하고 성인의 말씀을 두려워한다. 소인은 천명을 몰라서 이를 두려워하지 않고 대인을 함부로 대하며 성인의 말씀을 업신여긴다.[126]

공자가 보기에 성인은 두려워해야 하는 대상 중의 하나이다. 그러므로 성인의 말은 마치 천명天命과 같이 신성하다. 이 때문에 공자가 말하는 성인은 옛날의 성인이지, 현재 살아 있는 성인은 아니라고 할 수 있다. 공자는 다음과 같이 말한다. "성인을 나는 만나보지 못했다. 군자라도 볼 수 있으면 이것으로 족하다."[127] 성인을 보기가 어렵다는 말인데, 공자는 이 세상에 이미 성인이 존재하지 않은 것에 대해 탄식하고 있다. 공자에게 있어서 성인은 궁극적인 이상인격이며, 그것이 되기를 염원하지만 도달할 수 없는 영원한 이상이었다.

2) 맹자와 순자의 성인관

『맹자』에서 '성聖'이란 말은 47번이나 출현한다. 『논어』에서 4번 출현한

---

125) 沈順福, 「從半神到人到神: 儒家聖人觀的演變」, 『江西社會科學』 2013年 12期, 22쪽 참조 바람.
126) 『論語』, 「季氏」, "君子有三畏, 畏天命, 畏大人, 畏聖人之言. 小人不知天命而不畏也, 狎大人, 侮聖人之言."
127) 『論語』, 「述而」, "聖人, 吾不得而見之矣, 得見君子者斯可矣."

것과 비교하면 큰 차이가 있다. 시대적 상황의 변화에 의해서 그런지
『장자』나 『순자』에서도 '성'이나 '성인'의 개념은 매우 자주 보인다. 공자와
마찬가지로 맹자 또한 고대 선왕先王들을 성인으로 보고 있다.

> 순임금은 제풍에서 태어나 부하로 옮겼고 명조에서 죽었으니, 동쪽 오랑캐의 사람이
> 다. 문왕은 기주에서 태어나 필영에서 죽었으니, 서쪽 오랑캐의 사람이다. 땅이
> 서로 떨어진 것이 천여 리이고 세대가 서로 차이 나는 것이 천여 년이지만, 뜻을
> 얻어 중국에 행한 것은 부절이 합한 것과 같았다. 앞선 성인과 뒤의 성인이 그
> 헤아림이 하나이다.[128]

순임금과 문왕은 태어난 곳과 태어난 시기가 엄청난 차이가 있지만,
그와는 상관없이 다 같이 성인이라는 것이다. 맹자는 이들 군주 이외에
유명한 정치가와 인인지사仁人志士도 성인에 포함시켜 말하고 있다. 즉
"백이伯夷는 깨끗한 성인이고, 이윤伊尹은 능력 있는 성인이다. 유하혜柳下惠
는 화목한 성인이고, 공자는 때를 아는 성인이다."[129] 여기에서 성인은
공자가 의식한 성인보다는 꽤 접근하기 쉬워져서, 보통사람이라도 누구든
지 도달할 수 있는 목표로서 의식되고 있다. 다만 맹자는, 비록 백이·이윤·
유하혜 등을 모두 옛 성인이라 칭하였음에도 불구하고, 공자가 비로소
진정한 옛 성인을 집대성한 성인임을 강조한다. 맹자는 바로 유학사에서
공자를 처음으로 성인화聖人化한 사람이다.

맹자는 결코 성인에 대한 형상적 묘사에만 머물지 않고, 처음으로 성인에
대해 명확한 개념 규정을 하였다. 하나는 "성인은 백세의 스승이다"[130]라는

---

128) 『孟子』, 「離婁下」, "舜生於諸馮, 遷於負夏, 卒於鳴條, 東夷之人也. 文王生於岐周, 卒於畢郢,
西夷之人也. 地之相去也, 千有餘里, 世之相後也, 千有餘歲. 得志行乎中國, 若合符節. 先聖後
聖, 其揆一也."
129) 『孟子』, 「萬章下」, "伯夷, 聖之淸者也. 伊尹, 聖之任者也. 柳下惠, 聖之和者也. 孔子, 聖之時
者也."

말이고, 다른 하나는 "성인은 인륜의 지극함이다"[131]라는 말이다. 성인은 반드시 이 두 가지 조건을 갖추어야 한다. 전자는 누구나 모범으로 삼을 수 있는 스승의 자격을 갖추는 것이고, 후자는 도덕상에서 최고의 인격을 갖추는 것이다.

이런 관점에서 맹자는 공자를 만세萬世의 스승과 최고의 인격자로 추존하였다. 이런 주장을 처음 편 사람이 바로 맹자이다. 맹자가 도덕적 차원에서 성인의 도덕적 인격을 찬미하는 관점을 말한 것은, 성인의 본래적 함의가 총명한 사람이라는 것에다 성인이 도덕적 인격자라는 성격을 하나 더 추가했다는 점에서 그 중요성을 찾을 수 있을 것으로 보인다.

도덕적 각도로 성인을 이해한 것 이외에도, 맹자는 정치적 각도로 성인의 함의에 대한 한 차례의 새로운 해석을 시도하였다. 즉 성인을 도덕적 완성자라는 측면과, 인민의 사회생활을 풍요롭게 하는 유능한 군주의 측면이라는 두 가지 요소로 이해하고 있는 것이다. 이런 점에서 맹자가 주장하는 왕도정치王道政治 역시 제후들에게 성인정치를 요구하는 것이라고 할 수 있다. 이로부터 볼 때, 성인의 도가 존재하는지의 여부는 바로 정치의 치란治亂의 여부를 판단하는 결정적인 요소이다. 그렇다면 무엇을 성인의 도라고 하는가? 맹자가 보기에 성인의 도를 통하여 시행하려는 정치는 사실상 인정仁政이요 왕도정치라고 할 수 있다.

요순堯舜의 도道라 할지라도 인정仁政이 아니면 고르게 천하를 다스릴 수 없다. 지금 인심仁心이 있고 인仁을 들었지만 혜택을 입지 못하면, 후세에 본보기가 될 수 없으며 선왕의 도는 실천되지 못한다. 그래서 말하기를, 단지 선善만 가지고는 정치를 잘하기에 부족하며 단지 법만 가지고는 정치가 저절로 행해질 수가 없다. 성인이 시력을 다하고도 다시 컴퍼스, 직각자, 수평기, 먹줄을 사용해 네모, 원,

130) 『孟子』, 「盡心上」, "聖人, 百世之師也."
131) 『孟子』, 「離婁上」, "聖人, 人倫之至也."

수평, 수직을 만들었기에 그런 도형이 다 사용할 수 없을 정도로 풍부하게 된 것이다. 귀로 듣고 모두 분별하고도 다시 육률을 이용해 오음을 바르게 하니 그런 음이 다 사용할 수 없을 정도로 풍부하게 된 것이다. 차마 어쩌지 못하는 정치를 계속하니 인仁이 천하를 덮게 된 것이다.[132]

성인은 단순히 도덕적이고 고상한 인물이 아니라 천하를 다스리는 빼어난 사람이며, 성인은 자신의 인심仁心을 천하에 미루어 행해서 천하 백성으로 하여금 인심의 윤택함을 받지 않음이 없게 한다. 이것은 바로 정치상으로 성인이 마땅히 행해야 할 작위作爲라고 할 수 있다.[133]

맹자는 이런 합리적인 성인관을 말하고 있음에도 불구하고, 성인의 출현에 대해서는 일종의 신비적인 관점을 보여 주기도 한다. 즉 요순이 죽고 나서 성인의 도가 쇠퇴했다고 하는 말세의 한탄을 하면서 이른바 성왕이 500년 만에 출현하는 관점에 대해 이야기하고 있다.

요순에서 탕임금에 이르기까지 500여 년…… 탕에서 문왕에 이르기까지 500여 년…… 문왕에서 공자에 이르기까지 500여 년…… 공자에서 지금에 이르길 100여 년. 성인이 산 시대와 떨어짐이 이와 같이 멀지 아니하고 성인이 거주하신 곳과 가까움이 이와 같이 심하지만, 그러나 아무것도 없으니, 그렇다면 또한 아무것도 없겠구나.[134]

위의 말은 『맹자』 전편을 끝맺는 구절로 매우 의미심장하다. 맹자와

---

132) 『孟子』, 「盡心上」, "堯舜之道, 不以仁政, 不能平治天下. 今有仁心仁聞而民不被其澤, 不可法於後世者, 不行先王之道也. 故曰, 徒善不足以爲政, 徒法不能以自行……聖人旣竭目力焉, 繼之以規矩準繩, 以爲方員平直, 不可勝用也; 旣竭耳力焉, 繼之以六律, 正五音, 不可勝用也, 旣竭心思焉, 繼之以不忍人之政, 而仁覆天下矣."

133) 吳震, 「中國思想史上的"聖人"槪念」, 11쪽.

134) 『孟子』, 「盡心下」, "由堯舜至於湯, 五百有餘歲, 若禹 皐陶, 則見而知之, 若湯, 則聞而知之. 由湯至於文王, 五百有餘歲, 若伊尹萊朱, 則見而知之, 若文王, 則聞而知之. 由文王至於孔子, 五百有餘歲, 若太公望散宜生, 則見而知之, 若孔子, 則聞而知之. 由孔子而來至於今, 百有餘歲, 去聖人之世若此其未遠也, 近聖人之居若此其甚也, 然而無有乎爾, 則亦無有乎爾."

공자가 생존한 시기도 그렇게 멀지 않고, 추鄒나라와 노魯나라의 거리도 매우 가깝다. 그러나 성인의 도를 직접 보고 들은 자가 없으니 후대에 성인의 도를 부활할 사람이 나오기가 쉽지는 않을 것임을 말하고 있다. 그러나 후세에 성인의 출현에 대한 믿음은 결코 버리지 않고 있다.

세상이 혼란하게 된 시점에서 위대한 통치자가 출현한다고 하는 점에서 유태교의 구세주는 매우 닮았다. 단지 근본적으로 다른 것은, 유태의 구세주가 특정 민족을 타민족과의 투쟁에서 구출하는 극적인 존재, 신탁神託을 받은, 전투적인, 적에 분노로 가득 찬 기적의 사람인 것에 반해, 맹자의 성인은 우선 평화로운 인격자이다. 난세에 출현한다고는 하나, 그 어지러움도 타민족에게 멸망당하는 따위의 파국이 아니다. 맹자에는 진정한 의미의 하강사관下降史觀은 없다. 사계四季의 순환과 같은, 영허성쇠盈虛盛衰의 커다란 주기를 전제한 자동적인 질서의 이완이 바로 세상의 어지러움이라는 것이다.[135]

선진유가에서, 성인 특히 성왕에 대하여 가장 많은 이야기를 한 사람은 바로 순자이다. 순자가 공자의 입을 통하여 성인에 대해 말하는 부분을 살펴보도록 하자.

공자께서 말씀하셨다. "사람에게는 다섯 가지 유형이 있는데, 평범한 사람, 선비, 군자, 현인, 대성인이다."…… 애공이 묻기를 "좋다! 감히 묻겠는데 어떤 사람을 성인이라 말하는가?"라고 하자, 공자께서 대답하여 말씀하셨다. "이른바 대성인은, 앎이 큰 도에 통하고 모든 변화에 응하여 막힘이 없으며 만물의 성정性情을 분별하는 자이다."[136]

---

135) 本田 濟, 『東洋思想硏究』, 74쪽 참조 바람.
136) 『荀子』, 「哀公」, "孔子曰: 人有五儀, 有庸人, 有士, 有君子, 有賢人, 有大聖.……哀公曰: 善! 敢問何如斯可謂大聖矣? 孔子對曰: 所謂大聖者, 知通於大道, 應變而不窮, 辨乎萬物之情性者也."

공자가 이런 말을 했는지 여부는 결코 중요하지 않다. 중요한 것은 순자가 생각하는 마음속의 성인관을 이해하는 아주 중요한 문장이다. 순자가 보기에 성인은 거의 무소불능이며, 이미 '대도大道'에 대해서는 손금 보듯 뻔하며, 또한 모든 변화에 대응해서 전혀 막힘이 없으며, 천하만물의 성정性情을 파악할 수 있다. 사실 이것은 바로 성인에 대한 순자 스스로의 기본적인 규정이라 말할 수 있다.

순자가 비록 유가에서는 이단으로 칭해지지만, 성인의 문제에 관해서는 맹자와 매우 유사한 부분이 있다. 순자는 성인과 성왕에 대해 매우 많은 말을 하고 있는데, 실제로 많은 부분에서 두 사람은 크게 구별이 되지 않을 정도이다.

성인은 인도人道의 궁극이다.[137]

성인은 갖춘 도가 모두 아름다우며, 천하를 나타내는 저울이다.[138]

어떤 것을 지극한 만족이라고 하는가? 성聖이라 말한다. 성이라는 것은 인륜人倫을 다함이요 왕은 제도를 다함이니, 두 가지의 다함이라는 것은 족히 천하의 지극함이 된다.[139]

성인은 인의에 근본하며, 마땅히 시비를 가리고, 언행을 가지런히 하며, 털끝만한 실수도 하지 않는다.[140]

위의 인용문들을 통해 보면, 성인은 도덕적으로 완전한 사람, 마음속이 인의仁義로 충만하며 언론言論과 행위가 고도의 일치를 유지하는 사람일

---

137) 『荀子』, 「禮論」, "聖人者, 人道之極也."
138) 『荀子』, 「正論」, "聖人, 備道全美者也, 是縣天下之權稱也."
139) 『荀子』, 「解蔽」, "曷謂至足? 曰: 聖也. 聖也者, 盡倫者也; 王也者, 盡制者也. 兩盡者, 足爲天下極矣."
140) 『荀子』, 「儒效」, "聖人也者, 本仁義, 當是非, 齊言行, 不失毫厘."

뿐만 아니라 제도를 제정하고 규정하는 빼어난 능력을 가진 사람이기도 하다. 성인은 그 자체로 천하 만물을 가늠하는 하나의 표준이 되는 것이다. 특히 순자는 가장 바람직한 것은 성인임과 동시에 왕이라는 것을 말하고 있는데, 반드시 왕이 아니라도 성인이라고 할 수 있다. 이것은 수양의 극점極點을 나타낸다. 그는 구체적으로 학문의 목적을 성인이 되는 것에 두고 있다.

> 학문이란 어디서 시작해서 어디에서 끝나는가? 말하기를, 먼저 경전을 외우는 데서 시작하여 예禮를 읽는 것에서 끝나는 것이며, 그 뜻은 사士가 되는 데서 시작되어 성인이 되는 것으로 끝이 난다.[141]

순자는 인류가 생존하기 위해서는 자연과 투쟁하여야 한다고 생각하였다. 이 때문에 그는 인위적 노력을 강조하여, 사람은 반드시 학습하고 배워야 하는 '학學'을 강조한다. 공자가 『논어』에서 「학이」편을 제1장으로 한 것처럼 순자 역시 「권학勸學」을 첫 번째 편명篇名으로 배치하고 있다. 순자는 "경전을 외우는 데서 시작하여 예를 읽는 데서 끝나는" '학'의 내용과 과정을 말하고 있지만, '학'은 그가 지닌 철학적 관점과 배경으로 말미암아 그의 철학체계에서 더욱 광범위한 의미와 범위를 가지고 있다.

순자는 "노력하여 행하는 것은 사람이요, 그것을 버리는 것은 금수이다"[142], "배워서 능해지고 그것에 종사해서 이루는 것은 사람에게 있는데, 이것을 일러 위僞라고 한다"[143]라는 논증을 하고 있다. 순자는 '학'과 '위僞'를 연결시켜 '성위性僞'가 서로 내재적 연계성을 가지게 만들었다. 여기에서

---

141) 『荀子』, 「勸學」, "學惡乎始, 惡乎終. 曰: 其數則始乎誦經, 終乎讀禮, 其義則始乎爲士, 終乎爲聖人."
142) 『荀子』, 「勸學」, "爲之人也, 舍之禽獸也."
143) 『荀子』, 「性惡」, "可學而能, 可事而成之在人者, 謂之僞."

말하는 위僞는 순자철학에서 가장 독특한 개념으로 인위人爲의 의미에 해당하는 말이다. 이 '학'은 다만 '수신修身'에만 제한되는 것이 아니라, 인간이 가지고 있는 전체 인류 생존의 특징—외부의 사물을 잘 이용하고 사물을 제조하여서 자신의 목적에 도달하는—과 연계를 가지고 있다.[144] 여기에서 궁극적으로 요청되는 것이 바로 성인이다.

순자 역시 "길거리의 모든 사람들은 우禹임금과 같은 성인이 될 수 있다"[145]라고 하여 모든 사람 누구나 성인이 되는 것이 가능하다고 말한다. 그러나 순자는 인간 속에 내재한 선한 본성을 확충하는 맹자의 방식과는 달리, 사람이 가지고 있는 지적知的 능력을 활용한 후천적인 노력과 도야陶冶를 통하여 성인의 단계에 도달할 수 있다고 말한다.

> 거리의 어떤 사람도 선을 쌓고 또 쌓으면 성인이라고 말해도 된다. 구한 뒤에 얻고, 실행한 뒤에 이루어지고, 쌓고 또 쌓은 뒤에 높아지고, 모든 것을 다한 뒤에 성인이 되는 것이다. 그러므로 성인이란 후천적으로 공을 쌓고 쌓은 적습習積으로 되는 것이다.[146]

순자철학에서 성인은 선천적으로 타고나는 것이 아니다. 맹자처럼 인간 개개인이 지닌 도덕적 본성을 보존하여 그것을 확충하는 방식이 아니라, 순자는 후천적인 학문의 도야와 축적에 의해 성인이 될 수 있다고 말한다. 즉 누구나 후천적인 학습과 경험의 축적에 의해서 성인이 되는 것이 가능하다는 말이다. 그러므로 맹자와 순자의 이런 주장들에 따르면, 사람들 누구라도 성인이 되기 위해서 참으로 필요한 것은 그것을 향한

---

144) 리쩌허우 저, 정병석 옮김, 『중국고대사상사론』, 244쪽.
145) 『荀子』, 「性惡」, "途之人可以爲禹."
146) 『荀子』, 「儒效」, "途之人百姓, 積善而全盡, 謂之聖人. 彼求之而後得, 爲之而後成, 積之而後高, 盡之而後, 故聖人也者, 人之所積也."

결단과 수행이라는 실천 문제이다.

순자에게서 성인은 크게 이중의 함의를 가지고 있는 것으로 보인다. 즉 도덕적 측면의 함의뿐만 아니라, 정치적 측면의 함의 또한 매우 강조된다. 성인은 사람들의 도덕적 모범일 뿐만 아니라, 더욱 중요한 것은 사회제도의 제정자라는 것이다. 특히 후자의 관점은 그 의미가 성왕聖王이라는 개념과 매우 가깝다.[147]

성왕은 선진유가의 전적 중에서 『논어』에는 전혀 보이지 않고 『맹자』에서도 단 한 차례만 나오지만, 『순자』에서는 대량으로 출현하고 있다. 여기서 말하는 성왕은 후세의 이른바 성군聖君을 가리킨다. 예를 들면, 한 나라의 군주인 요순은 동시에 성인으로 받들어졌다. 그러나 공자는 비록 후세에 성인으로 봉해졌지만, 그는 다만 소왕素王이기 때문에 성왕이라 불릴 수는 없다. 이 때문에 순자는 공자를 권세를 얻지 못한 성인이라 칭하였는데, 비록 권세는 없었지만 여전히 공자가 성인으로서의 지위는 잃지 않았음을 말한다.

그렇다면, 순자는 왜 성왕을 중시하는가? 이는 명백히 예의禮義 등의 사회제도 건설을 매우 중시하는 순자의 정치적 관심과 관련이 있다.[148] 『순자』 「정론正論」편에서는 군주가 제후국을 다스릴 것인지 천하를 통치할 것인지 등 천하를 얻고 잃는 관건이 모두 덕의 고하高下에 의해서 결정된다고 말하고 있다.

(걸과 주) 그들은 성왕의 자손이고 천하를 가진 후예이며 천하의 종실宗室이었다. 그런데도 그 두 폭군은 재능이 없고 바름을 잃어, 안으로는 백성들이 그를 미워했고, 밖으로는 제후들이 반기를 들어 가까이는 경내境內를 통일할 수 없었고 멀리로는 제후들이 명령을 듣지 않았다. 명령이 경내에 행해지지 않고 심지어는 제후가

---

147) 순자의 성인에 관한 논의는 吳震의 「中國思想史上的"聖人"槪念」, 12쪽을 많이 참조하였음.
148) 吳震, 「中國思想史上的"聖人"槪念」, 13쪽.

침략하거나 공격해 오기도 하였다. 이러한 상태는 비록 망하지 않았다고 하여도 그 사람은 이미 천하를 잃은 사람이라고 나는 말하겠다.[149]

그러므로 천자란 다만 천자가 될 만한 자격이 있는 사람이 될 수 있다. 천하란 지극히 중대하니 지극히 강한 이가 아니면 맡을 수 없고, 지극히 커서 지극히 지혜롭게 분별하는 사람이 아니면 다스릴 수 없으며, 매우 많은 사람이 있으니 지극히 밝은 사람이 아니면 조화시킬 수 없다. 이런 세 가지의 지극한 것들은 성인이 아니고는 다할 수 없는 것이니, 성인이 아니고서는 천자 노릇을 할 수 없다. 성인이란 덕을 구비하고 완벽하여 천하의 다스림을 저울질하는 표준이다.[150]

순자의 관점에 의하면 천하의 군주는 높은 덕이나 능력을 가진 성인이라야 가능하다고 말한다. 순자의 결론은 한마디로 "성인이 아니면 왕 노릇을 할 수 없다. 성인은 도를 구비하고 있는 완벽한 사람이다"라는 것이다. 이처럼 순자를 포함한 중국 유가는 모두 내성적內聖的인 도덕형식에 근거하여 군주를 완벽한 덕을 갖춘 존재로 규정하려고 한다. 물론 이것은 현실적으로 불가능하다. 왜냐하면 군주는 다만 국가형식 중의 존재일 뿐이기 때문이다. 더 이상 도덕형식 중의 성왕聖王으로 규정해서는 곤란하다.

순자에서 성인은 인류의 스승이며 지도자가 된다. 스승으로서의 성인은 인류를 위해 예의를 만들고 규율을 세우며, 지도자로서의 성인은 예의로써 사람들을 이끈다. 성인은 인류의 지도자이다. 사람들은 마땅히 성인을 스승으로 모시는 것을 자각하여 예의를 학습해야 한다. "그러므로 배우는 자들은 성왕을 스승으로 삼고 또 성왕의 제도로써 법을 삼아서, 그 법을

---

149) 『荀子』, 「正論」, "聖王之子也, 有天下之後也, 執籍之所在也, 天下之宗室也, 然而不材不中, 內則百姓疾之, 外則諸侯叛之, 近者境內不一, 遙者諸侯不聽. 令不行於境內, 甚者諸侯侵削之, 攻伐之, 若是則雖未亡, 吾謂之無天下矣."

150) 『荀子』, 「正論」, "故天子唯其人, 天下者, 至重也, 非至彊莫之能任, 至大也, 非至辨莫之能分, 至衆也, 非至明莫之能和. 此三至者, 非聖人莫之能盡. 故非聖人莫之能王, 聖人備道全美者也, 是縣天下之權稱也."

본받고 그의 통류統類를 구하여 그 사람을 본받는 것에 힘쓰는 것이다."151)
성왕은 인류에게 제도와 문명을 제공해 주는 현실적인 공업功業을 가지고
있는 존재임을 순자는 강조하고 있다.

결론적으로, 순자의 예의법도를 제정하는 성인은 성왕에 더욱 가깝다.
순자는 길거리의 백성들은 오로지 성왕이 제정한 예의법도를 학습하고
실천하여야 비로소 성인이 될 수 있다고 했는데, 이런 과정 중에서 길거리
사람들의 행위도 물론 중요하지만 성인의 위僞 또한 불가결한 요소이다.
더욱 중요한 것은, 성인이 되는 것은 사람의 본성이 선하다는 이론에
의존하지 않으며, 후천적 노력과 학습을 통해야만 성인의 단계에 도달할
수 있다는 것이다. 성인이 된다는 것은 도덕적 평등 가능성만으로는 부족하
다. 그러나 맹자나 순자 모두 성인을 완성하기 위한 입지立志와 위학爲學을
강조하는 점에서는 크게 다른 점이 없다.

3) 노자와 제자백가의 성인관

『노자老子』 81장 중에서 직접 '성인聖人'을 언급한 곳은 모두 26장에서
31곳이나 된다. 전체 『노자』라는 책의 삼분의 일을 차지한다. 이처럼 노자는
여러 곳에서 성인을 언급하지만 성현聖賢의 도道에 대해서는 결코 적극적인
찬미를 보여 주지 않는다. 이와 관련된 구절이 바로 3장과 19장이다.

현자를 숭상하지 않아야 백성을 다투지 않게 할 수 있고, 얻기 어려운 재화를
귀중히 여기지 않아야 백성을 도둑이 되지 않게 할 수 있으며, 자신의 욕망을
드러내지 않아야 백성의 마음을 어지럽지 않게 할 수 있다. 따라서 성인의 다스림은
백성의 마음을 텅 비게 하며, 그 배를 채워 주고, 그 욕망을 약화시키며, 그 뼈대를
강하게 하는 것이다. 항상 백성들을 무지와 무욕의 상태로 만들어 지혜로운 자들이

---

151) 『荀子』, 「解蔽篇」, "故學者以聖王爲師, 案以聖王之制爲法, 法其法以求其統類, 以務象效其人."

감히 농간을 부리지 못하게 해야 한다. 무위를 행하면 다스려지지 않는 것이 없다.[152)

성인을 끊고 지혜를 버리면 백성의 이익이 백배百倍가 된다. 인을 끊고 의를 버리면 백성은 다시 효도하고 자애롭게 된다. 교묘함을 끊고 이익을 버리면 도적이 있을 수 없게 된다.[153)

그러면 노자는 성현에 대해서 많은 언급을 하면서도 불상현不尙賢과 절성絶聖을 주장하는 이유는 무엇인가? 여기에서 노자는 모든 것을 '자연自然'에 맡겨 버리면 사람은 무지무욕無知無慾하여 어떤 것을 추구하거나 바라는 것이 없게 된다고 말한다. "욕심을 부리는 것보다 더 큰 죄는 없다", "족함을 모르는 것보다 더 큰 재앙은 없다." 일체의 인위적 진보, 예를 들면 법률이나 규범 등을 포함한 여러 가지 문명들은 폐기되어야 할 것들로 간주하고 있다. 그러면 노자가 말하는 성인의 작용은 어떠한 것인가?

성인의 작용은 바로 사람들로 하여금 스스로 자아를 찾도록 도와주는 데 있다. 이런 관점에서 노자는 복귀復歸라는 문제를 강조한다. 그가 말하는 복귀는 무엇을 말하는가?

수컷을 알면서도 암컷을 지키면 천하의 계곡이 된다. 천하의 계곡이 되면 언제나 덕이 떠나지 않는다. 덕이 떠나지 않으면 어린아이로 되돌아간다.[154)

여기에서 말하는 어린아이(嬰兒)는 하나의 원본적原本的이고 어떠한 장식도 없는 자연의 상태를 의미한다. 노자가 강조하는 무위無爲는 바로 이런 자연의 상태를 지키는 것이다. 여기에서 성인의 역할은 바로 이익과 명예를

---

152) 『老子』, 제3장, "不尙賢, 使民不爭. 不貴難得之貨, 使民不爲盜. 不見可欲, 使民心不亂. 是以聖人之治, 虛其心, 實其腹, 弱其志, 强其骨. 常使民無知無欲, 使夫智者不敢爲也. 爲無爲, 則無不治."
153) 『老子』, 제19장, "絶聖棄智, 民利百倍. 絶仁棄義, 民復孝慈. 絶巧棄利, 盜賊無有."
154) 『老子』, 제28장, "知其雄, 守其雌, 爲天下谿, 爲天下谿, 常德不離, 復歸於嬰兒."

위해서 분치奔馳하는 사람들로 하여금 본래적 자아를 찾도록 인도하고 도와주는 데 있다.

> 화려한 치장은 사람의 눈을 멀게 하고, 달콤한 음악은 사람의 귀를 멀게 하며, 산해진미는 사람의 입을 상하게 하고, 흥분된 사냥은 사람의 마음을 미치게 하며, 금은보화는 사람의 행동을 어지럽게 한다. 이 때문에 성인은 배를 위하지 눈을 위하지 않는다. 따라서 눈을 치우고 배를 취한다.[155]

노자는 이 세상에서 진정으로 사람들이 추구해야 할 것은 화려한 치장이나 달콤한 음악이 아니라, 배를 채우는 가장 기본적인 것만으로도 충분하다고 말한다. 노자는 인간의 물질생활에 대한 욕심이 초래한 폐해에 대해 매우 신랄하게 지적하고 있다. 여기에서 노자는 도道를 위배하고 살아가는 사람들에게 성인의 생활방식을 제시하고 있다.

『장자莊子』에서는 성인에 대해 다음과 같이 말하고 있다.

> 천지는 위대한 아름다움이 있으면서도 말하지 않고, 사시는 분명한 법칙을 지니면서도 논하지 않으며, 만물은 각기 생성의 이치를 가지고 있으나 설명하지 않는다. 성인은 천지의 아름다움을 찾아 들어가서 만물의 이치를 통달한다.[156]

『장자』 전체에는 성인과 거의 동일한 개념으로 사용되는 지인至人 · 진인眞人 · 신인神人 · 천인天人 · 전인全人 등과 같은 다양한 표현들이 자주 등장하는데, 이런 개념들은 각각 조금씩 그 의미 내용을 달리하고 있다. 그 중에서도 성인이라는 말은 도를 체득한 사람에서부터 유가적 성인에 이르기까지

---

155) 『老子』, 제12장, "五色令人目盲, 五音令人耳聾, 五味令人口爽, 馳騁畋獵令人心發狂, 難得之貨令人行妨. 是以聖人爲腹不爲目, 故去彼取此."
156) 『莊子』, 「知北游」, "天地有大美而不言, 四時有明法而不議, 萬物有成理而不說. 聖人者, 原天地之美, 而達萬物之理."

의미 폭이 가장 넓고 평가의 낙차 또한 매우 크다.

지인이나 신인 등은 신선神仙과 관련된 의미로 많이 묘사되고 있으며, 진인은 순수한 도의 체득자로 다루어지고 있다. 이와 같은 지인·신인·진인 등은 성인 개념의 확대와 변용을 수반하여, 도의 체득자로서의 성인을 보다 순화시키기 위해 모색한 고안물이라 할 수 있다.157)

『묵자墨子』에서는 "성인이란 천하를 다스리는 일에 종사하는 사람이다"158)라고 말하고, 구체적으로 역사상의 사건들로서 백이伯夷의 헌전憲典 제정, 우禹의 치수治水, 직稷의 파종播種 및 전파 등을 들면서 만민萬民이 그 이득을 얻은 바가 참으로 크다는 점을 강조하고 있다.159) 동시에 『묵자』는 통치자가 가지고 있어야 할 그런 기본적인 도덕성을 상실하게 되면 천하의 백성들을 도탄에 빠뜨려 폭왕暴王이라는 평가를 받게 될 것이라고 말한다.160)

『한비자韓非子』에서는 "삼가 일을 닦으며 하늘의 명命을 기다린다. 요점을 잃지 않음을 성인이라고 한다"161)라고 하였다. 또 『관자管子』에도 "성인을 성인으로 여기는 이유는 백성들에게 재화를 고르게 잘 분배했기 때문이다. 성인이 재화를 고르게 분배하지 못하면 다른 보통 백성들과 다를 것이 없을 것이다. 자기도 부족하면서 어찌 성인이라 부를 수 있겠는가?"162)라는 말이 보인다.

---

157) 溝口雄三·丸山松幸·池田知久 편저, 김석근·김용천·박규태 옮김, 『중국사상문화사전』, 196쪽 참조 바람.

158) 『墨子』, 「兼愛」, "聖人以治天下爲事者也."

159) 『墨子』, 「尙賢中」, "伯夷降典. 哲民維刑. 禹平水土. 主名山川. 三后成功. 維假于民. 則此言三聖人者. 謹其言愼其行. 精其思慮. 索天下之隱事遺利. 以上事天. 則天鄕其德. 下施之萬民. 萬民被其利. 終身無已."

160) 『墨子』, 「尙賢中」, "若昔者三代暴王. 桀紂幽厲者. 是也. 何以知其然也. 曰. 其爲政乎天下也. 兼而憎之. 從而賊之. 又率天下之民. 以詬天侮鬼. 賊傲萬民. 是故天鬼罰之. 使身死而爲刑戮子孫離散. 家室喪滅. 絶無后世. 萬民從而非之. 曰暴王."

161) 『韓非子』, 「揚權」, "謹修所事, 待命於天. 毋失其要, 乃爲聖人."

162) 『管子』, 「乘馬第五」, "聖人之所以爲聖人者, 善分民也. 聖人不能分民, 則猶百姓也. 于己不足, 安得名聖?"

전국 이후가 되면 성인은 최고의 지혜를 가진 인물로 형상화되면서 여러 가지 기물器物과 도구 및 제도를 만들고 발명하는 등 더욱 구체적인 업적을 수행하는 존재로 나타난다. 예를 들면, 『한비자』의 「오두五蠹」에는 성인이 나무를 얽어 집을 만들고, 불을 얻어 백성들의 삶의 질을 높이고, 홍수를 극복하기 위해 도랑을 파서 물길을 여는 등의 '성인구세론'의 관점이 분명하게 기록되어 있다.163) 여기에서 성인은 분명히 인류를 위해 문명을 창조하고 고통에서 해방시켜 주는 최상의 능력을 갖춘 사람으로 표현되고 있다. 이처럼 선진시기의 성인은 도덕과 지혜를 갖추고 있으면서 인간의 복리福利를 위해 필요한 기물器物을 만들어 내는 문화적 영웅으로 표현된다.

4. 『주역』에 보이는 인간관: 대인 · 군자 · 성인

『주역』 속에는 다양한 인간 유형이 출현한다. 예를 들면, 군자君子 · 소인小人, 대인大人과 성인 등이다. 여기에서는 특히 성인과 군자 및 대인에 대해 살펴보고 어떤 차이가 있는가 하는 문제를 중점적으로 분석해 보려 한다.

유가에 의해서 최고의 이상적인 인격으로 존봉尊奉되는 것은 성인과 군자이다. 유가가 설계한 인간세계의 질서 중에서 성인이 최고의 위치를

---

163) 『韓非子』, 「五蠹」, "상고시대에 백성은 적고 금수는 많아 백성이 금수와 벌레, 뱀을 이기지 못하였다. 성인께서 나무를 얽어 집을 만들어 여러 가지 해로움을 피하니 백성들이 이에 대해 기뻐하므로, 천하를 다스리게 하였으니 이를 유소씨有巢氏라 한다. 사람들이 열매와 조개를 먹는데, 비리고 누린 나쁜 냄새가 나고 배와 위장을 탈나게 하므로 사람들이 질병이 많았다. 성인께서 부싯돌을 댕겨 불을 얻어서 비리고 누린 것을 바꾸니 백성들이 이를 기뻐하므로, 천하를 다스리게 하였으니 이를 수인씨燧人氏라 한다. 중고시대에는 천하에 홍수가 나니 곤과 우가 도랑 물길을 텄다(上古之世, 人民少而禽獸衆, 人民不勝禽獸蟲蛇. 有聖人作, 搆木爲巢以避群害, 而民悅之, 使王天下, 號之曰有巢氏. 民食果蓏蚌蛤, 腥臊惡臭而傷害腹胃, 民多疾病. 有聖人作, 鑽燧取火以化腥臊, 而民說之, 使王天下, 號之曰燧人氏. 中古之世, 天下大水, 而鯀, 禹決瀆.)"

차지하고 있는 것은 너무나 분명하다. 그럼에도 불구하고 어떤 사람들은 유가의 이상적 인격은 성인이 아니라 군자라고 말하기도 한다. 성인은 너무 높아 도저히 도달하기가 어렵기 때문이다. 이것은 상당히 문제가 있는 관점으로 보인다.[164]

만약 성인이 유가 정신세계 속의 최고의 이상적인 인격이 아니라면, 전통적인 유가들이 온 힘을 다해 성인의 형상을 만들어 내어 그것에 도달하려고 하는 노력은 어떻게 설명할 것인가? 성인은 대립적인 범주를 가지고 있지 않은 반면에, 군자는 이것과 대립되는 범주인 소인小人과 함께 사용되는 경우가 많다. 이를 통해서도 중국 고대 유가들이 단연코 성인을 최고의 이상적 완전인으로 간주하고 있음을 충분히 짐작할 수 있을 것이다.

『역경』 속에서 군자라는 말은 30차례 출현하고 이와 상대되는 소인 역시 10여 차례 출현하며(다른 곳에서는 '小子'가 몇 번 출현하는데 그 뜻은 다르다), 아직 성인은 출현하지 않지만 십여 차례 정도 제帝・왕王・후后・선왕先王 등 고대의 군주의 칭호에 해당하는 것들이 보인다. 일반적으로 말하면, 고대의 소인은 지위가 없거나 덕이 없는 자를 가리키며, 군자는 비교적 높은 지위에 있거나 덕이 있는 자를 말한다. 이에 비해 성인은 왕을 가리키거나 덕과 지 혹은 덕과 지와 지위를 모두 갖춘 자를 의미한다.

『역전』에는 군자라는 말이 90여 차례 출현한다. 가장 많이 출현하는 곳은 역시 64괘의 「대상전大象傳」으로, 이 가운데 53괘의 「대상전」에서 "군자 이君子以"라는 말이 보인다. 군자는 다른 『역전』에서도 빈번하게 출현하는데, 그 중 「계사전」에 가장 많이 보인다. 통계에 의하면 『주역』의 경經・전傳 중 군자・대인・성인이 출현하는 구절은 총 154곳이다.(중복 부분을 계산하지 않음. 예를 들어 『역전』 중 괘효사를 인용하는 것은 오직 한 번으로 계산함) 그 분포

---

164) 王文亮, 『中國聖人論』(北京: 中國社會科學出版社, 1993), 301쪽 참조 바람.

상황을 나누어 보면 다음과 같다.

가. 괘효사 중에서 '대인'은 12곳에서 출현하며, '군자'는 20곳에서 보인다.

나. 「문언전」・「단전」・「대상전」 중에서 '군자'가 66곳에서 나타나며, '대인'은 2곳에서 출현하고, '성인'은 8곳에서 보인다.

다. 「계사전」과 「설괘전」 중에서 '성인'은 28곳에서 출현하며, '군자'는 18곳에서 나타난다.

『역경』의 괘효사에 출현하는 12곳의 '대인' 중 "대인호변大人虎變"(革卦 구오 효사) 한 곳을 제외한 나머지는 모두 '점단사占斷辭'로 볼 수 있다. 예를 들어 "이견대인利見大人"・"대인길大人吉"165) 등은 도덕적 의미를 드러내는 것으로 보기 어렵다.

『역경』에서 보이는 대인의 의미는 두 가지로 나눌 수 있다. 하나는 도덕적 행위를 하는 사람이고, 다른 하나는 도덕을 가지고 있으면서 높은 자리에 있는 사람이다. 건괘乾卦의 효사를 예로 들어 보자.

건괘 구이: 나타난 용이 땅 위에 있으니 대인을 만나면 유리하다.(見龍在田, 利見大人)

건괘 구오: 나는 용이 하늘에 있으니 대인을 보면 이로울 것이다.(飛龍在天, 利見大人)

대인은 큰 덕德이 있는 사람을 가리킨다. 건괘에서 대인은 구이九二와 구오九五에 보인다. 보통 대인은 두 가지의 의미를 가지고 있다. 하나는 지위(位)는 가지고 있지 못하나 덕이 높은 사람을 말하고, 다른 하나는 덕도 높고 지위도 높은 사람을 말한다. 구이는 전자의 경우에 해당하고 구오는 후자의 경우에 해당한다.166)

---

165) 否卦 九五, "休否, 大人吉, 其亡其亡, 繫于苞桑." 困卦 卦辭 "困, 亨, 貞, 大人吉."

166) 구이와 구오의 대인 중에 어느 것이 '덕은 있으나 지위가 없는'(有德無位) 존재인가에 대해서는 여러 가지 논란이 있다. 주자의 『周易本義』에서 구오의 대인에 대해 "강건 중정하여 존위에 있으니 성인의 덕을 가지고 성인의 자리에 있는 것과 같다"고 하였다.

구이의 대인은 비록 아직 지위를 가지고 있지는 못하지만 대덕大德을 가진 존재로, 이 세상에 출현해서 은혜가 온 천하에 미치기 때문에 "대인을 만나면 유리하다"(利見大人)라고 말한다. 구이는 초구初九의 잠복(潛)과 은둔(隱)을 벗어나 양陽의 변화가 현실에서 점차 작용하고 있는 상황을 말하는데, 인간사의 입장에서 말하면 큰 덕을 가진 대인이 오랜 수양을 한 후에 출현하여 활동하기 시작하는 상이다. 이런 상황을 지금 막 지상에 모습을 나타낸 용(見龍在田)으로 상징하고 있다.

건괘 구오 효사에서 말하는 대인은 위位와 덕德을 모두 갖춘 존재이다. 그러므로 주자는 『주역본의周易本義』에서 구오에 대해 "강건剛健하고 중정中正하여 존위尊位에 있으니, 성인의 덕을 가지고 성인의 자리에 있는 것과 같다"[167]라고 하였다. 만약 주자의 관점에 의하면 대인과 성인을 그렇게 큰 차이가 있는 것으로 구별하지 않는 것으로 보인다.

『주역』에 보이는 대인에 관한 또 다른 유명한 문장은 건괘 「문언전」에 있는 다음 구절이다.

무릇 대인은 천지와 더불어 그 덕에 합하며, 일월과 더불어 그 밝음에 합하며, 사시와 더불어 그 질서에 합하며, 귀신과 더불어 그 길흉에 합한다. 천에 앞서 있으면서도 천이 어기지 않으며 천의 뒤에 있으면서도 천시를 받드니, 천 또한 어기지 않는데 하물며 사람에게 있어서며, 하물며 귀신이 어기겠는가?[168]

위에서 말하는 대인은 바로 건괘 구오 효사에서 말하는 그 대인이다.

위의 입장과는 반대로 相應의 관점에서 말하기도 한다. 즉 구이 효사 중의 대인은 바로 '덕도 있고 지위도 있는'(有德有位) 구오를 가지키는 것으로 말하기도 한다. 즉 在野에 있는 순에 대한 천자인 요의 관계로 설명할 수 있다. 이 문제에 대해서는 楊慶中 編著, 『周易解讀』(北京: 中國人民大學出版社, 2010), 20쪽.

167) "剛健中正, 以居尊位, 如以聖人之德, 居聖人之位."

168) 乾卦 「文言傳」, "夫大人者, 與天地合其德, 與日月合其明, 與四時合其序, 與鬼神合其吉凶. 先天而天弗違, 後天而奉天時. 天且弗違, 而況於人乎? 況於鬼神乎?"

대인의 덕은 매우 커서 하늘처럼 고명高明하고 땅처럼 광대하다. 대인의 광명정대光明正大한 지혜는 해와 달처럼 밝게 빛나고, 대인의 하는 일은 춘하추동 사시의 운행처럼 항상恒常함이 있고 절도가 있다. 대인이 선한 자에게 상을 주고 악한 자에게 벌을 내려 그 시비是非와 선악을 분명하게 가리는 태도는, 귀신이 선한 사람에게 길함을 주고 악한 자에게 흉함을 내리는 것과 똑같이 합치한다는 말이다. 주자와 마찬가지로 정이천 역시 이 구절을 주석하면서 주어를 대인과 성인 둘을 번갈아 가면서 사용하고 있는데,[169] 역시 대인과 성인을 그렇게 큰 차이가 있는 것으로 구별하지 않는 것이라고 보아야 할 것이다.

군자와 성인이라는 말은 다른 책에서도 많이 보인다. 예를 들면, 『논어』에서 군자라는 말은 80여 차례 나타나며, 성인을 사용하여 그 사상을 표현한 것은 『노자』가 가장 두드러지는데 겨우 '5천 자'의 말에서 성인이라는 말이 30차례나 출현한다. 당연히 『논어』·『맹자』나 『순자』에서도 군자나 성인 개념이 보인다. 그러나 이 두 가지 개념이 동시에 적극적으로 사용된 전적典籍은 드물며, 아울러 『주역』이 『논어』의 군자와 『노자』의 성인 개념을 그대로 수용하여 같은 의미로 사용하고 있는 것도 아니다.

또 하나 중요한 문제는 『주역』의 두 가지 큰 구성 부분인 『역경』과 『역전』의 형성 시기를 고려한 것으로, 군자와 성인 개념이 주로 어느 부분에 주로 출현하는가 하는 문제이다. 결론적으로 말하면 『역경』에는 성인이 전혀 보이지 않고 『역전』에만 성인 개념이 출현함을 알 수 있다. 이것은 아마도 당시 제자백가들의 영향을 받은 것으로 보인다. 이 문제는 뒷부분에서 구체적으로 상론하도록 하고, 여기에서는 『주역』에 보이는 군자와 성인 개념의 특색을 정리해 보도록 하겠다.

---

169) 程頤, 『易程傳』, "大人與天地日月四時鬼神, 合者, 合乎道也. 鬼神者, 造化之跡也. 聖人先於天, 而天同之, 後於天而能順天者, 合於道而已, 合於道則人與鬼神豈能違也."

『주역』에 보이는 군자는 "올바른 행실로 나아가기 위해 학문을 닦는" 존재로 표현된다. 군자의 행위와 특성은 주로 「대상전大象傳」에 집중되어 있다. 「대상전」의 기본적 형식은 먼저 상괘와 하괘의 괘상卦象을 해석하고 난 뒤에 괘상으로부터 인간사의 상징적 의미를 확대하고 파생시키는 것으로, 이를 통하여 사람들에게 가르침을 준다. 이 때문에 「상전」은 온통 도덕규범 혹은 도덕적인 개념으로 가득 차 있다. 모두 군자의 사상과 언행·도덕 지혜를 말하고 있다.

「대상전」의 후반부는 대부분 "군자이君子以"라는 문장으로 시작한다. 예를 들면 건괘乾卦의 「대상전」은 "군자는 그것을 본받아서 스스로 힘쓰고 쉼이 없다"(君子以自强不息), 곤괘坤卦는 "군자는 이를 본받아 두터운 덕으로써 사물에 실어 준다"(君子以厚德載物) 등으로 말한다. "군자이君子以"는 그 뒤편에 "지之"를 생략한 것으로 이해된다. "지之"는 한 괘의 괘상, 괘의卦義와 괘덕卦德을 대표하며, "이지以之"는 바로 "그것에 근거해서", "그것을 운용하여" 혹은 "그것을 본받아서" 등의 의미로 해석할 수 있다.[170]

『역경』이나 『논어』, 『역전』 등을 막론하고 군자의 본질에서는 근본적인 차이는 없는 것으로 보인다. 다만 『주역』은 때에 맞는 군자의 역할과 책임을 강조하고 있다. 즉 군자는 도에서는 같으나 때와 상황에 대응하여 가장 알맞은 태도와 조치를 취한다. 이런 이유에서 『주역』의 군자는 바로 시중적時中的 군자라고 하여도 크게 틀린 말은 아닐 것이다.

『주역』의 64괘는 각각 64개의 다른 시공時空을 대표한다. 이 중에서 "군자이君子以"가 보이는 53괘를 중심으로 군자가 가진 성격과 상황을 분류해 보도록 하자.

첫 번째는 군자가 적극적으로 현실에 대처하고 작위作爲해야 하는 경우이

---

170) 劉大鈞·林忠軍, 『周易經傳白話解』(濟南: 齊魯書社, 1993), 38~42쪽 참조 바람.

다. 여기에 속하는 것은 둔괘屯卦, 사괘師卦, 대유괘大有卦, 림괘臨卦, 대축괘大畜卦, 진괘晉卦, 승괘升卦, 혁괘革卦, 점괘漸卦, 풍괘豐卦 등이다. 이들 괘들이 가지고 있는 특징은 대부분 기운이 세고 적극적으로 위를 향하여 나아가는 괘상卦象을 가지고 있다.

두 번째는 군자가 마땅히 능력을 갖추고서 그것을 적절하게 사용해야 하는 때를 기다리고 있는 괘들이다. 이러한 괘에는 소축괘小畜卦, 비괘否卦, 수괘需卦, 대과괘大過卦, 명이괘明夷卦, 건괘蹇卦, 곤괘困卦, 진괘震卦 등이 있다. 이들 괘의 괘의卦義는 기본적으로 시세時勢가 어렵다는 것을 상징하고 있다. 따라서 반드시 때를 기다려야 하며, 동시에 자기의 도와 뜻에 충실하여야 한다. 즉 소축괘의 "군자가 그것을 본받아 더욱 문덕을 더욱 닦아야 한다"(君子以 懿文德), 비괘의 "군자가 이것을 본받아 덕을 안으로 거두어 어려움을 피하고 녹으로 영달하지 않아야 하는 것이다"(君子以 儉德[辟]難 不可榮以祿) 등을 들 수 있다.

세 번째는 세상에 쓰일 때를 위해 너그럽게 기다리는 경우이다. 이런 괘에 해당하는 것은 곤괘坤卦, 비괘賁卦, 해괘解卦, 정괘井卦, 중부괘中孚卦 등이다. 이들 괘는 기본적으로 군자가 모두 마땅히 갖추고 있어야 하는 세상만물 및 타인과 일반 백성에 대한 인후仁厚한 태도를 상징하며, 인의의 마음을 드러내어야 한다. 예를 들면, 곤괘坤卦의 "군자가 이것을 본받아서 두터운 덕으로 사물을 실어 준다"(君子以 厚德載物), 비괘賁卦의 "군자는 이것을 본받아 여러 정사를 밝히되 함부로 옥사를 과감하게 처리하지 않는다"(君子以 明庶政 无敢折獄) 등이다.

네 번째는 마땅히 겸허하고 신중해야 하는 경우이다. 이런 경우에 해당하는 내용을 가진 괘로는 겸괘謙卦, 함괘咸卦, 이괘頤卦, 익괘益卦, 소과괘小過卦 등이 있다. 이런 성격을 가진 괘들의 「대상전」이 가지고 있는 내용들은 모두 겸허, 신중한 마음을 가지고 타인과 세상만물을 대하는 의미들을 포함하고 있다. 예를 들면, 이괘頤卦의 "군자가 이것을 본받아 언어를 삼가며 음식을 절제한다"(君子以愼言語節飮食), 함괘의 "군자가 이것을 본받아 자신의 마음을 비워서 다른 사람을 받아들인다"(君子以虛受人) 등이 있다.

「대상전」을 제외하고도 『역전』의 다른 부분에 보이는 군자의 성격 역시 대부분 덕행의 완성과 사회적 책임 및 참여라는 문제를 강조한다. 전체적으로 말해서 『역전』의 군자가 지닌 성격은 다양한 상황과 경우를 통한 현실에 대한 이해와 관심을 포함하고 있다. 이런 점들은 성인의 성격이나 역할과 일정 부분 겹친다. 분명히 다른 점은 군자가 도덕적 덕행과 자기완성에 주로 치중한다면, 성인은 덕행 외에도 빼어난 총명예지聰明叡智의 지혜를 가지고 있다는 점이다. 이런 총명예지를 가진 성인이 문명 발전을 주도해 가는 역할을 하게 되는 것이다.

『역전』의 작자는 이상적 인격을 두 유형 혹은 단계로 나누고 있다. 하나는 높은 단계의 진선진미盡善盡美한 '성인'으로, 역사 발전과 문명 진보에 대해서 능동적이고 주체적인 영향을 발휘한다. 다른 단계의 현실적 이상인격인 '군자'이다. 성인이 군자와 크게 다른 점은, 성인은 『주역』의 이치를 완전히 파악하고 현실에 이용할 줄 아는 존재일 뿐만 아니라 『주역』의 작자로까지 그려지고 있다. 나아가 『역전』의 작자들은 모든 역사의 발전을 성인에게 돌리는 성인사관聖人史觀의 관점을 말하고 있다.

『역전』에서 말하는 가장 주목할 부분은 성인을 인류의 사회역사와 문명의 진보를 이끌어 가는 주체로 간주하고 있다는 점이다. 즉 성인을 단순한 도덕적 인격자로 한정시키는 것이 아니라 자연세계와 인간세계를 통찰하고 그 이치를 해석하여 다시 현실에 응용할 수 있는 지적인 능력을 가지고서 문명과 역사를 창조해 내는 존재로 표현하고 있다. 『역전』의 관점을 성인이 역사의 주체와 원동력이 된다고 보는 성인사관으로 간주할 수 있는 이유는 대체로 몇 가지로 나누어 볼 수 있을 것이다.

첫째, 『역전』은 『주역』의 작자를 성인으로 보고 있다.

둘째, 『역전』은 성인을 총명예지聰明叡智의 지혜를 가진 전지전능한 사람으로 보아, 인간에게 필요한 도구와 제도를 만들어 인간의 문명을 창조하는 문화영웅으로 그리고 있다.

셋째, 『역전』은 백성을 교화하는 것을 성인의 당연한 본분으로 보고 있다.

첫째 문제에 관해서는 앞에서 이미 상세하게 다룬 바 있지만, 성인을 작역자作易者로 보는 이 점에 대해서는 『역전』 중에 명확한 언급이 있다. 「설괘전」에서는 다음과 같이 말한다.

옛날 성인이 역을 지을 때 그윽하게 신명을 도와서 시초를 만들어 내고…… 이치를 궁구하고 본성을 온전히 다하여 천명에 이른다.[171]

옛날 성인이 주역을 지을 때 장차 성명의 이치에 따르기 때문에 하늘의 도를 세운 것을 일러 음과 양이라 하고…… 그러므로 주역은 여섯 자리로써 하나의 문장을 이룬다.[172]

위의 인용문에서 말하는 뜻은 매우 분명하다. 성인은 "성명의 이치에 따르기 위해서" 『주역』을 지었으며, "그윽하게 신명에 참여하고" "음양의 변화를 살피고"…… "이치를 궁구하고 본성을 온전히 다하여" 『주역』을 지었다는 것이다.

두 번째의, 성인을 빼어난 지혜를 가진 문화영웅으로 보는 입장에 대한 『역전』의 기술은 매우 분명하다. 「계사전」에서는 다음과 같이 말한다.

---

171) 『周易』, 「說卦傳」, "昔者聖人之作易也, 幽贊於神明而生蓍, ……窮理盡性以至於命."
172) 『周易』, 「說卦傳」, "昔者聖人之作易也, 將以順性命之理. 是以立天之道曰陰與陽, ……故易六位而成章."

주역이라는 것은 성인이 그 깊은 것을 궁구해서 기미를 연구하는 것이다. 오직 깊기 때문에 천하의 뜻에 통할 수 있다.[173]

"깊은 것을 궁구한다"는 것은 사물이 가지고 있는 오묘한 도리를 궁구하는 것을 말하고, "기미幾微를 연구한다"는 것은 사물 변화의 징조徵兆를 탐구하는 것을 말한다. 성인이 변화의 기미를 파악하여 천하의 사업을 성취하고, 신묘불측하게 변화하는 역易의 이치를 알아 천하 사람들의 요구에 들어맞게 해 준다는 것이다.

옛날 복희씨가 천하를 다스릴 때에 하늘을 우러러 상을 관찰하고 고개를 숙여 땅을 살펴보고…… 사냥하고 고기를 잡는 것은 모두 리괘離卦에서 취하였다.[174]

포희씨가 죽고 신농씨가 일어나서, 나무를 깎아 보습(쟁기 날)을 만들고 나무를 휘어 쟁기(쟁기 자루)를 만들어서 쟁기로 갈고 김매는 이로움을 천하 사람에게 가르쳤으니, 대개 그 이치를 익괘益卦에서 취하였다.[175]

신농씨가 죽고 황제·요·순이 일어나서, 사물의 변화에 통해서 백성들로 하여금 더 이상 싫증나서 게으르지 않도록 하니, (그들이 행한) 변화는 매우 신묘神妙해서 백성들로 하여금 마땅한 바를 얻어 만족하도록 만들었다.[176]

위의 인용문들은 성인이 천지만물의 오묘함에 정통할 뿐만 아니라 우환의식으로 충만해 있음을 말하고 있다. 그러므로 「계사전」은 "『주역』을 지은 사람은 우환憂患을 가지고 있나 보다"라고 탄식하는 것이다. 복희씨·

---

173) 『周易』, 「繫辭上傳」, "夫易, 聖人之所以極深而研幾也."
174) 『周易』, 「繫辭下傳」, "古者包犧氏之王天下也, 仰則觀象於天, 俯則觀法於地,……作結繩而爲罔罟, 以佃以漁, 蓋取諸離."
175) 『周易』, 「繫辭下傳」, "包犧氏沒, 神農氏作, 斲木爲耜, 揉木爲耒, 耒耜之利, 以敎天下, 蓋取諸益."
176) 『周易』, 「繫辭下傳」, "神農氏沒, 黃帝堯舜氏作, 通其變, 使民不倦, 神而化之, 使民宜之."

신농씨로부터 요순에 이르기까지 그들은 모두 천지를 본받아서 인류에게
필요한 여러 가지 발명을 해 내어 천하 사람들이 모두 농기구와 배, 활
등의 발명품들이 지닌 편리함을 향유할 수 있도록 하였는데, 이것은 바로
보통사람들이 쉽게 해 낼 수 있는 것이 결코 아니다. 문명의 창조를 모두
성인으로 돌리는 것이 『역전』의 기본적인 관점이다.

이처럼 「계사전」에서 말하는 성인들은 도덕적인 의미에서 규정된 것이
아니라, 사회와 역사에 늘 새로운 공헌을 하는 문화적 영웅의 형상으로
표현된다. 성인이 인류를 위해 그물을 만들고 쟁기를 만들고 활과 화살을
만들고 궁실宮室을 짓고 문자를 만드는 것 등은 모두 인류 문화의 역사적
과정을 기술하는 것이라고 할 수 있다.

성인이 이러한 일을 하는 이유는 모두 백성들의 복리福利를 도모하기
위해서이다. 성인은 천지가 만물을 기르는 작용을 본받아 모든 백성들을
양육하고, 또 천지가 교감하여 만물을 기르는 특성을 보고 배워서 인심人心을
감화시키고 나라를 다스려 나간다고 한다. 여기서 말하는 성인이 가지고
있는 가장 큰 특성은, 천지를 이해하고 또 이런 이해에 근거하여 백성들을
양육하고 감화시키는 데 응용할 줄 아는 능력이 있다는 점이다. 위에서
말한 문명창조 그 자체만 하더라도 위대하지만, 그러나 이것은 성인이
행하는 일 가운데 한 부분일 뿐이라는 것이다.

실제로 성인이 해야 할 일은 이런 것에만 머물지 않는다. 『역전』의
관점에 근거하면 관상제기觀象制器 이외에 그들 성인은 변화에 능통하고
심지어 점을 치는 능력도 가진 것으로 표현되어 있다. 이것이 바로 『역전』에
는 성인의 도가 네 가지 있다는 말이다.

주역에는 성인의 도가 네 가지 있다. (역으로써) 말하는 사람은 괘사와 효사를
숭상하고, (역으로써) 행동하는 사람은 변화의 법칙을 중시하고, (역으로써) 기물器物

을 만드는 사람은 형상을 중시하고, (역으로써) 점을 쳐서 실천하는 사람은 점치는 기능을 중시한다.[177]

『주역』이란 책은 다양한 의미들을 중층적重層的으로 표현하고 있기 때문에 그 책을 읽는 사람들의 관점에 따라서 방향이나 핵심이 달라질 수 있다. 그래서 『주역』의 성인지도聖人之道에는 네 가지가 있다고 한 것이다. 『주역』이 말하려고 하는 성인의 도 네 가지를 구체적으로 말하면 아래와 같다.

'말하는'(言) 것은 괘사卦辭와 효사爻辭를 주로 학문적인 입장에서 풀이 또는 해석하는 것을 말한다. '행동하는'(動) 것은 일반적인 운동보다는 인간의 행동을 말한다. '기물을 만드는'(制器) 것은 유용한 기물器物을 제작하는 것으로 문명文明과 관련된다. 문명과 기물을 잘 제작할 수 있는 것 역시 성인이 가지고 있어야 할 중요한 책무나 도 가운데 하나이다. '점을 치는'(卜筮) 것은 점괘를 얻어 인간사의 길흉을 미리 아는 것을 말한다. 이상의 네 가지 중 '말하는 것'(言)과 '행동하는 것'(動)은 일상생활 중의 언행을 말하는 것으로 보이고, '제기制器'는 바로 문명을 만드는 인문적 활동에 속하는 것들이다. 여기에서 중요한 것은 '복서卜筮'의 문제이다. 『역전』은 결코 완전히 복서의 작용을 부인하지 않는다. 아마도 신도설교神道設教의 관점에서 이용되는 것으로 보인다.

세 번째로, 백성을 교화하는 것을 성인의 주된 임무로 여기는 입장에 대해서 『주역』은 매우 분명하게 언급하고 있다.

천지가 때에 순응하여서 움직이는 까닭에 해와 달이 뒤바뀌어 나오지 않으니 사계절이 어긋나지 않고, 성인이 때에 순응해서 움직이니 형벌이 분명해져서 백성이 복종한다.[178]

---

177) 『周易』, 「繫辭傳」, "易有聖人之道四焉, 以言者尚其辭, 以動者尚其變, 以制器者尚其象, 以卜筮者尚其占."

이 구절은 천지의 움직임과 성인의 움직임을 예로 들어 만사만물은 반드시 "때에 순응하여 움직여야"(順以動) 한다고 말한다. 천지가 자신의 고유한 법칙에 따라 운동하기 때문에 일월日月의 운동도 그 불변의 법도를 잃어버리지 않는다. 즉 춘하추동의 사계절이 조금의 어긋남이 없이 순환함을 말하고 있다. 모두 시서時序에 따라 움직인다는 말이다. 성인이 천지의 법칙을 본받아서 이것을 인간사회에 적용하여 이치와 때에 맞게 처리하고 형벌을 분명하게 하면 모든 백성이 교화되고 따라온다는 말이다.

성인이 천하를 교화하는 문제를 잘 드러내 주는 문장은 관괘觀卦의 「단전」에서도 보인다.

> 크게 보이는 것으로, 위에 있어 순하고 겸손해서 중정으로써 천하를 보니, "관은 손을 씻고 아직 제수를 올리지 않았을 때처럼 하면 (백성들이) 마음속에 진실한 믿음을 가지고 우러러 볼 것이리라"라는 것은 아랫사람들이 보고 교화敎化되는 것이다. 하늘의 신묘한 도를 보매 사시가 어긋나지 아니하니, 성인이 신도로써 가르침을 베풀매 천하가 복종한다.[179]

이 구절은 백성을 다스리는 사람이 마치 제사를 지내기 전에 공경을 표하기 위해 손을 씻는 것처럼 백성들을 진실함으로써 대하면 아래에 있는 백성들이 저절로 그 정성에 감화됨을 말하고 있다. 여기에서 말하는 경건한 마음이란, 몸으로 보여 주는 도덕적 교화능력을 표현한 것이라고 할 수 있다. '신도神道'는 신묘한 자연법칙을 말한다. 성인이 자연법칙을 본받아 교화敎化를 행하는 것에 대해 말하고 있다. 천에는 천의 도가 있는데, 인간사회의 도는 천이 가지고 있는 도를 본받아 만든 것이다. 그러므로

---

178) 豫卦 「繫辭傳」, "天地以順動, 故日月不過, 而四時不忒, 聖人以順動, 則刑罰淸而民服. 豫之時義大矣哉."

179) 觀卦 「彖傳」, "大觀在上, 順而巽, 中正以觀天下. '觀盥而不薦, 有孚顒若', 下觀而化也. 觀天之神道, 而四時不忒, 聖人以神道設敎, 而天下服矣."

천의 도와 인간세계의 도리는 결코 다른 것이 아니다.

그러면 왜 천도天道를 천도라 부르지 않고 "천의 신도"(天之神道)라고 말하는 가. 김경방金景芳은 "여기에서는 종교적 의미의 신神을 말한 것이 아니라, 천이 말하지 않고도 사계절을 운행시키고 만물을 생장하는 일을 하면서 조금의 어긋남도 없는 신묘함을 보여 준다는 의미에서 신도神道라고 말한 것이다. 성인은 이러한 신도를 빌려와서 백성을 교화하는 가르침의 체계를 만든다"180)라고 하였다. 그러므로 주자는 『주역본의』에서 "관괘의 도리를 극진하게 말한 것이니, 사시가 어긋나지 않는 것은 하늘이 보이는 바이고 신묘한 도로써 가르침을 베푸는 것은 성인이 보이는 바이다"181)라고 하였 다. 성인은 천의 신도가 가진 신성성이나 권위를 통하여 백성들을 교화하기 때문에 천하의 사람들이 진정으로 심복心服하여 교화를 진심으로 받아들이 고 복종하게 되는 것이다.

위의 분석을 통하여 군자와 성인의 다른 점을 발견할 수 있을 것이다. 결론적으로 성인은 군자의 '인함'(仁)의 기초 위에 지혜로움(智 또는 知)을 다시 추가하고 있다는 말로 정리할 수 있을 것으로 보인다. 여기에서 성인이 가지고 있는 '지'는 총명예지로서, 군자가 가지고 있는 덕德에 대한 단순한 인지認知나 실천이 아니라, 우주의 변화 및 정미精微한 사리事理에 대한 깊은 체득體得과 이해 등을 말한다. 성인은 이것들을 이용하여 인간에게 복리를 제공하기 위해 현실에 적합하게 재창조하는 역할을 한다. 이른바 '인문화성人文化成'이다. 이렇게 본다면 성인은 역리易理를 인격화한 문화적 상징부호이다.

---

180) 金景芳·呂紹綱 著, 『周易全解』(上海: 上海古籍出版社, 2005), 183~184쪽 참조 바람.
181) 朱熹, 『周易本義』, "極言觀之道也, 四時不忒, 天之所以爲觀也, 神道設教, 聖人之所以爲觀也."

제3장 『주역』에 보이는 성인의 형상과 성격

1. 「문언전」·「단전」·「설괘전」에 보이는 성인

성인이라는 말은 『주역』에서 모두 38차례 출현하지만, 『역전』에서만 보이고 고경古經 즉 『역경』에서는 전혀 발견되지 않는다. 구체적으로 성인이라는 말은 『역전』 속의 「문언전文言傳」·「단전彖傳」·「계사전繫辭傳」·「설괘전說卦傳」에만 보이며 다른 편에서는 보이지 않는다. 특히 「상전」에서 전혀 출현하지 않는다는 사실은 여러 가지 점에서 더 많은 연구를 필요로 하는 부분이다. 「상전」에서 언급되는 인간상은 대부분 군자이다. 「단전」에서는, '성공聖功'이라는 말을 제외한 나머지의 성인에 대한 언급은 대부분 사람의 인격적 속성과 현실적 공업功業을 정의하는 것과 관계가 있다.

『역전』의 성인에 대한 서술은 성인의 현실적인 업적과 성취를 이루는 사공事功 행위와 인간의 자기완성을 추구하는 도덕적인 측면 둘 다를 모두 포함하고 있다. 『역전』 중에서 성인에 대해 가장 상세하고도 다양한 논의를 하는 부분은 역시 「계사전」이다.[1] 아래에서는 『역전』의 각 편에 출현하는

---

1) 劉震, 「『易傳』聖人形象初探」, 『哲學動態』 2016年 第5期, 57쪽 참조.

성인에 대한 내용을 제시하고, 그것이 가진 기본적인 특색과 성격에 대해 살펴보도록 하자.

1) 「설괘전」의 성인

「설괘전」에서 성인이라는 말은 모두 세 차례 출현하는데, 구체적으로는 다음과 같다.

> 옛날 성인이 역을 지음에…… 도덕에 조화하여 따르고 마땅함에 의해 다스려지게 하였으며, 이치를 궁리하여 본성을 다하게 하여 명命에 이른다.[2]

> 옛날 성인이 역을 지은 것은 장차 성명의 이치를 따르고자 한 것이니…… 삼재를 겸하여 둘로 겹쳤기 때문에 역은 여섯 획이 되어 괘를 이루게 되었다.[3]

> 리離라는 것은 밝음으로, 만물이 모두 서로 보기 때문이니 남방의 괘이다. 성인이 남면南面하여 천하의 소리를 듣고 밝은 것을 향하여 다스리니, 모두 여기에서 취한 것이다.[4]

앞의 두 구절에 보이는 성인이 가지고 있는 기본적인 성격은 바로 『주역』을 지은 작역자作易者의 신분이다. 여기에서 성인이 『주역』을 지은 목적 혹은 이유에 대해 이야기하고 있다. 그것은 바로 천명天命과 인성人性이 가진 의미에 따라 『주역』을 지었다는 것이다. 우주만물의 변화하는 이치에 의해 사물의 도리를 탐구하는 동시에 자신에게 부여된 본성을 충분히 발휘하도록 온 힘을 다해서 노력하는 것이 바로 하늘이 자신에게 부여한

---

2) 「說卦傳」, 제1장, "昔者聖人之作易也,……和順於道德而理於義, 窮理盡性以至於命."
3) 「說卦傳」, 제2장, "昔者聖人之作易也, 將以順性命之理……兼三才而兩之, 故易六畫而成卦."
4) 「說卦傳」, 제3장, "離也者, 明也, 萬物皆相見, 南方之卦也, 聖人南面而聽天下, 嚮明而治, 蓋取諸此也."

존재 의미인 천명天命을 완전히 수행하는 것이라고 할 수 있다. 이것이 바로 성인이 『주역』을 지은 이유이고, 또한 목적이다.

「설괘전」의 제1장과 2장이 천·지·인의 바른 도道와 덕德에 따라 사람과 사물이 각각의 위치에서 본분을 다하면서도 서로 조화해야 한다는 천·지·인 삼재조화三才調和의 이념을 제시하고 있다는 점은 매우 중요하다. 또한 『주역』은 천·지·인 삼재를 겸해 가지고 있는데, 재才는 각각 두 효를 대표하기 때문에 모든 괘는 여섯 효로 구성된다는 것에 대해 말하고 있다. 세 번째 문장은 성인의 지위에 대해 말하는 것으로 보인다.

2) 「문언전」의 성인

「문언전」에서 성인은 모두 세 번 출현하는데, 모두 건괘乾卦를 해석하는 경우이다.

구오에 말하기를 "나는 용이 하늘에 있으니 대인을 보면 이로울 것이다"라는 것은 무슨 의미인가? 공자께서 말씀하셨다. 같은 것끼리 서로 감응하며 같은 기가 서로 구하여, 물은 습한 곳으로 흐르고 불은 메마른 곳으로 나아가며, 구름은 용을 따르고 바람은 호랑이를 따른다. 성인이 일어남에 만물이 우러러본다. 하늘에 근본하는 것은 위를 친하고 땅에 근본하는 것은 아래에 친하나니, 각각 그 성격이 비슷한 종류끼리 따른다.[5]

항亢이란 말은, 나아가는 것만 알고 물러나는 것을 알지 못하며, 존재하여 있는 것만 알고 망하여 없어지는 것을 알지 못하며, 얻는 것만 알고 잃는 것을 모른다. 그런 자는 오직 성인뿐인가? 나아감과 물러섬, 존재하여 있는 것과 망하여 없어짐 둘 다를 알아 그 바름을 잃지 않는 자는 오직 성인뿐일 것이다.[6]

---

[5] 乾卦 「文言傳」, "飛龍在天, 利見大人, 何謂也? 子曰, 同聲相應, 同氣相求, 水流濕, 火就燥, 雲從龍, 風從虎, 聖人作而萬物覩, 本乎天者親上, 本乎地者親下, 則各從其類也."

[6] 乾卦 「文言傳」, "亢之爲言也, 知進而不知退, 知存而不知亡, 知得而不知喪, 其唯聖人乎. 知進退存亡, 而不失其正者, 其唯聖人乎!"

첫 번째 인용문은 성인이 출현하면서 온 천하가 제자리를 찾게 되고 자기 본성에 따라 행동하게 됨을 말한다. 주자는 『주역본의』에서 "'작作'은 일어남이요, '물物'은 사람과 같다. '만물'은 바로 '만인'을 말한다. '도覩'는 '이견利見'의 뜻을 해석한 것이다. '하늘에 근본하는 것'(本乎天者)은 동물을 말하고 '땅에 근본하는 것'(本乎地者)은 식물을 말하는 것으로, 사물이 각각 그 동류를 좇는다는 말이다. 성인은 인류의 우두머리이므로 위에서 흥기하면 사람이 모두 보게 된다"[7]라고 하여 상호감응相互感應의 문제를 이야기하고 있다. 주자의 해석에 따르면, 성인과 만물은 상호감응의 관계 속에서 존재하고 있다. 성인은 천도를 파악하여 행위하기 때문에 만물은 그것을 모범으로 삼아 따르게 된다. 여기에서 "성인이 일어났다"(聖人作)는 것은 "나는 용이 하늘에 있다"(飛龍在天)는 것을 해석한 것이고, "만물이 우러러 본다"(萬物覩)는 구절은 "대인을 보는 것이 이롭다"(利見大人)는 말을 해석하고 있다.[8]

두 번째 인용문은 "나아가는 것만 알고 물러나는 것을 알지 못하며, 존재하여 있는 것만 알고 망하여 없어지는 것을 알지 못하며, 얻는 것만 알고 잃는 것을 모르는" 일반 사람들과 성인은 다르다는 점을 말하고 있다. "나아감과 물러섬, 존재하여 있는 것과 망하여 없어짐, 둘 다를 알아 그 바름을 잃지 않는 자는 오직 성인뿐인가"라는 말은 바로 성인이야말로 변화하는 역리易理와 역도易道를 파악하여 그것을 실천에 옮기는 사람이라고 말하고 있다.

「문언전」에서는 보통사람과 성인의 다른 점을 구별하고 있다. 성인은 분명히 보통사람과 구별되는데, 그것은 성인 자신의 행위에서 분명히 나타난다. 성인이 가지고 있는 품덕品德이나 공적은 보통사람을 훨씬 넘어선다.

---

7) 朱熹, 『周易本義』, "作, 起也, 物, 猶人也, 覩, 釋利見之意也, 本乎天者, 謂動物, 本乎地者, 謂植物, 物各從其類. 聖人, 人類之首也. 故興起於上則人皆見之."
8) 정병석, 『周易』 상권, 70쪽 참조.

3) 「단전」의 성인

「단전」에서는 모두 여섯 곳에서 성인이 등장한다.

성인이 때에 순응해서 움직이니 형벌이 분명하여 백성이 복종한다.[9]

하늘의 신묘한 도를 봄에 사시가 어긋나지 아니하니 성인이 신도神道로써 가르침을
베풀어 천하가 복종한다.[10]

천지가 만물을 기르면, 성인이 현인을 길러서 만민에게 미친다.[11]

천지가 감응하여 만물이 화생하고, 성인이 사람의 마음을 감화하여 천하가
화평하다.[12]

해와 달이 하늘을 얻어 오랫동안 비출 수 있으며, 사계절이 변화해서 오랫동안
이룰 수 있으며, 성인이 그 도를 오래하여 천하가 교화되어 이루어지나니, 그 항구恒久
한 바를 보면 천지만물의 실정을 볼 수 있을 것이다.[13]

성인이 삶아서 상제에게 제사를 올리고, 크게 삶아서 성현들을 길러 주느니라.[14]

「단전」에 보이는 여섯 문장은 대부분 성인과 천지의 도가 밀접한 관계를
가지고 있음에 대해 말하고 있다. 특히 관괘觀卦 「단전」에서는 '신도설교神道
設教'에 대해 말하고 있다. 성인은 '신도神道'에 근거하여 교화의 체계를
연결하고 있다는 것이다. '신도'가 무엇인가에 대한 관점은 다양하지만,
신도가 가진 신성성이나 권위를 매개로 이용하여 보통사람들이 천도에

---

9) 豫卦 「象傳」, "聖人以順動, 則刑罰淸而民服."
10) 觀卦 「象傳」, "觀天之神道, 而四時不忒, 聖人以神道設教, 而天下服矣."
11) 頤卦 「象傳」, "天地養萬物, 聖人養賢以及萬民."
12) 咸卦 「象傳」, "天地感而萬物化生, 聖人感人心而天下和平."
13) 恒卦 「象傳」, "日月得天而能久照, 四時變化而能久成, 聖人久於其道而天下化成, 觀其所恒,
而天地萬物之情可見矣."
14) 鼎卦 「象傳」, "聖人亨以享上帝, 而大亨以養聖賢."

따르도록 만든다고 말하고 있다.

"성인이 현인을 길러서 만민에게 미친다"는 것은 성인이 가지고 있어야 할 가장 첫 번째 임무이다. 천지가 만물을 생양生養하는 것에는 일정한 법칙이 있다. 즉 비와 햇빛을 내리고 사시음양의 교체가 조금의 틈도 없이 올바르다. 성인이 현인을 길러서 만민에까지 미치는 것에도 천지가 만물을 기르는 것과 똑같은 나름의 법칙을 가지고 있어야 한다. 여기에서 성인은 적절한 사회규칙을 만들어 만민에게 생육生育할 수 있는 조건들을 제공하여야 한다. 성인은 천도에 순응해야 하고, 아울러 인심人心에 감응해야 한다. 여기에서 성인은 천도와 사람들을 연결시키는 중개仲介의 역할을 하고 있는 것으로 보인다.[15]

4) 『역전』 성인관의 몇 가지 특징

성인 개념이 가장 많이 출현하는 편은 두 말할 것도 없이 「계사전」이다. 모두 26번이나 보인다. 「계사전」은 『주역』의 철학적 특성을 총론적總論的으로 이야기하고 있는 그 성격으로 인해 성인의 문제 역시 다양한 방식에서 논의하고 있다. 그러므로 여기에서는 한 구절 한 구절 뽑아내어 일일이 분석하고 설명하지는 않으려 한다. 왜냐하면 이미 이들 문제가 바로 이 책의 주제에 해당하고, 또 이 책의 후반부를 구성하는 내용들이기 때문이다.

『역전』에서 말하는 성인의 역할을 간단하게 몇 가지로 정리하면, 성인이 『주역』을 지었다는 작역作易[16]의 관점, 지적智的 능력에 근거하여 새로운 발명이나 문물을 제작한다는 "상상제기尙象制器"[17], 덕德과 업業 둘 다를 모두 겸섭兼攝하여 "숭덕광업崇德廣業"[18]을 가능하게 하는 것, 천天의 창조활

---

15) 劉震, 「『易傳』聖人形象初探」, 58쪽 참조.
16) 「說卦傳」의 "昔者聖人之作易也,……" 등에서 나온 말임.
17) 「繫辭傳」의 "以制器者尙其象,……"에서 나온 말임.

동을 본받아(聖人則之)[19] "천생인성天生人成"을 가능하게 하는 천도天道의 구현자, "신도설교神道設教"하여 천을 대신하여 교화를 펼치는 '대천행교代天行教' 등을 이야기할 수 있다. 여기에서는 이런『역전』의 성인관이 가지고 있는 특징을 크게 네 가지로 나누어 보려고 한다. 물론 이 외에도 다른 특징들에 대해 이야기 할 수 있지만, 대체적으로는 이 범위 속에 포함될 수 있을 것으로 보인다. 그것을 정리하면 다음과 같다.

(1)『주역』을 지은 저자로서의 성인
(2)『주역』의 해석자 · 문명 개창자로서의 성인
(3) 삼재지도三才之道와 역리易理의 구현자로서의 성인
(4) 도덕과 공업을 겸비한 도기합일적道器合一的 성인

여기에 제시된『주역』의 성인관이 가지는 네 가지 특징은 바로 이 책의 후반부 즉 제4장에서 제7장까지를 구성하는 내용들이다. 각 장의 내용을 좀 더 자세히 소개해 보면 다음과 같다.

(1) 제4장의 내용은 작역자作易者로서의 성인관에 대한 논의이다. 일반적으로『역전』에 등장하는 성인이 가진 의미는 일차적으로『주역』을 지은 저자로 등장하는데, 이 장에서는 최근에 출토된 자료들을 통하여 '성인작역聖人作易'이라는 전통적 관점에 대해 살펴보려고 한다. 구체적으로는 괘효상卦爻象의 성인저작설, 괘효사卦爻辭의 성인저작설,『역전』과 공자의 찬역贊易 문제 등을 숫자괘와 백서『역전』등을 통하여 논의할 예정이다. 특히 '공자와『주역』의 관계'에 대한 여러 쟁점들에 대해 분석하려고 한다. 주로 공자의 '노이희역老而喜易'과『주역』에 대한 새로운 평가에 대해 살펴볼 예정이다.

(2) 제5장에서는『주역』의 해석자, 문명 개창자로서의 성인의 문제를

---

18) 「繫辭傳」의 "聖人所以崇德而廣業也……"에서 나온 말임.
19) 「繫辭傳」의 "天垂象,……聖人象之,……聖人則之"에서 나온 말임.

다루려고 한다. 『역전』에서 성인은 사회공동체가 가지고 있는 집체정신의 염원을 상징적으로 표현한 문화적 상징부호이다. 『역경』에서 보이지 않던 성인이 『역전』에 출현하면서 『주역』은 완전히 해석의 지평을 전환하게 된다. 상고시기의 자연재해(天災)는 제2의 창세創世를 필요로 하게 되는데, 이러한 역할을 담당한 자가 바로 성인이다. 바로 문화 개창자로서의 성인이다. 아울러 점복이 핵심이었던 『역경』에서 중요한 문제였던 신神의 문제를 '신명지덕神明之德'과 '신도설교'의 개념을 통하여 해석하려고 한다.

(3) 제6장에서는 삼재지도三才之道와 역리易理의 구현자로서의 성인에 대해 다루려고 한다. 먼저 『역전』의 천인관과 천·지·인 제등관齊等觀의 문제를 분석하여 삼재조화의 이념과 역리를 구현하는 성인의 요청, 천지인 삼재와 천생인성天生人成의 의미, 인간의 주체적 활동과 성인의 인문화성人文化成 등의 문제들에 대해 분석하려고 한다.

(4) 제7장에서는 덕업德業을 겸비한 도기합일적道器合一的 성인에 대해 분석하려고 한다. 『역전』과 『노자』의 도기道器 개념과 『역전』에 보이는 성인의 관상제기觀象制器 등에 대해 논의하고 난 뒤에 『역전』의 도기합일적 성인관에 대해 살펴보려고 한다. 아울러 내성외왕의 이념을 특히 현대신유가들의 관점을 통해 살펴보고 난 후 『역전』이 주장하는 도기합일적인 성인관이 가진 의미에 대해 분석하려고 한다.

2. 성인작역: 『주역』을 지은 저자로서의 성인

성인이나 성왕聖王은 유가철학의 핵심이며 유가의 이론적 체계화의 출발점이라고 할 수 있는데, 이것은 초월적 세계를 인정하지 않는 '하나의 세계관을 핵심으로 하는 유가철학의 특성상 필연적이라 할 수 있을 것이다. 이미 춘추시기에 공자가 성인에 대해 말하기도 했지만, 성인에 대한 논의가 발전되고 성숙하게 되는 시기는 전국 중기 이후 다양한 철학사상의 발전과 맥을 같이하는 것으로 보인다.

도가를 제외한 춘추전국시기의 제자백가들은 대부분 '성인이 만들고 제작한다는' "성인작聖人作"이라는 관점을 통하여 인간이 원시적 단계에서 문명으로 진입하는 문제를 말하는데, 『역전』역시 마찬가지이다. 『역전』 또한 '성인의 제작(聖人作)'이라는 매우 적극적인 인문적 활동을 다양한 방식으로 표현하고 있다. 이 가운데에서 가장 뚜렷하게 나타나는 성인이 행한 활약은 역시 『주역』을 지은 사건일 것이다.

성인이 인간에게 필요한 이기利器나 문명을 만들어 내었다는 이른바 '성인제작聖人製作'에 관한 활동이나 기록은 중국 고대의 초기 문헌자료 속에서 매우 쉽게 발견된다. 예를 들면, 불로 음식을 익혀 먹는 방법, 소를 복종시키고 말을 길들여 타는 것, 거문고와 비파, 배와 수레, 가옥, 문자, 율력律曆, 의상衣裳, 음악, 바둑 등 어느 하나도 성인이 제작한 산물이 아닌 것이 없을 정도이다.[20] 심지어 성인이 아닌 일반 사람들은 이런 것을 제작할 수 없다고까지 말한다.[21]

성인제작에 관한 고사의 배후에 은연중에 내포되어 있는 사상적 동기는 일용기물日用器物 내지 문화세계 창조의 기원을 성인으로까지 거슬러 올라가서 거기에 의탁하려는 의도였던 것으로 보인다. 즉 사람들이 자신들이

---

20) 그 중 黃帝가 기물을 만든 고사는 전국 말기에 가장 성행하였다. 이 문제에 대해서는 齊思和, 「黃帝的制器故事」(中國史探究』, 中華書局, 1981), 201~217쪽 참고 바람.

21) 齊思和는 『大戴禮記』 「用兵篇」 속의 말을 통하여 이 부분을 증명하였다. 「用兵篇」은 공자의 말을 빌려 "치우가 병사를 일으킨" 사건을 부인하였는데, 그 사실을 부인하는 근거는 "庶人의 탐욕스러운 자"가 "어떤 기물을 만들 수 있겠는가?"라는 것이다. 『中國史探究』, 201쪽 참고 바람.

생활하고 있는 문화세계의 가치 합리성에 어떤 근거를 부여하려는 시도에
서 나온 것으로 보인다. 이와 같은 사상적 동기는 유가철학에 또한 그대로
반영된다. 예를 들면, 주공周公이 예禮와 악樂을 짓고 공자가 『시경』과 『서경』
을 정리하여 예악을 정비한 것과 같은 성인의 제작활동을 통하여 자신의
문화의식과 인문정신의 기본적인 모형模型을 정립하려는 것이라고 할 수
있다. 이런 맥락에서 성인이 현상세계를 관찰하여 그 상象을 취取해서
팔괘를 창제하였다는 『주역』의 주장이 매우 자연스럽게 나타날 수 있었던
것으로 보인다.[22]

　　성인이 『주역』을 어떤 방식과 단계를 거쳐 지은 것인가 하는 문제에
대한 『역전』의 관점들을 구체적으로 살펴보면 아래와 같다.

(가) 성인은 천하의 복잡함(賾)을 관찰하고 그 형용形容되는 모습에 견주어(擬) 그 사물이
　　가지고 있는 마땅함(宜)을 형상함이라, 이런 까닭에 그것을 상象이라 한다. 성인이
　　천하의 움직임을 보아 그 모이고 통하는 것을 관찰해서 그 법도와 예제에 따라
　　행하며 말을 얽어매어 길흉을 판단하는지라, 이런 까닭에 효爻라고 말한다. 천하의
　　지극히 잡란雜亂한 것을 말하되 싫어하지 않아야 하고 천하의 모든 움직임을 말하되
　　혼란스럽게 하지 않으니, 견주어 헤아린 다음에 말하고 따져 본 다음에 움직이니,
　　견주고 따져서 그 변화를 이룬다.[23]

　　'색賾'은 잡란雜亂하다는 말인데 '모든 복잡한 현상들'이나 '혼잡混雜한
다양성들'의 의미로 해석할 수 있다. '형용形容'이라는 말은 만사만물이
가지고 있는 모습이나 형태를 말한다. '의擬'는 대조하고 견주어, 종류들을
나누어 서로 비교하여 보는 것을 의미한다. 마음속에서 그것들을 어떻게

---

22) 鄭開, 「聖人爲何?─以『易傳』的討論爲中心」, 『周易文化硏究』 第4輯(社會科學文獻出版社,
　　2012年 12月), 28쪽.
23) 『周易』, 「繫辭上傳」, "聖人有以見天下之賾, 而擬諸其形容, 象其物宜, 是故謂之象. 聖人有以見
　　天下之動, 而觀其會通, 以行其典禮, 繫辭焉以斷其吉凶, 是故謂之爻. 言天下之至賾, 而不可惡
　　也, 言天下之至動, 而不可亂也. 擬之而後言, 議之而後動, 擬議以成其變化."

형용하여 표현할 것인가를 생각하는 것이 바로 '의懝'이고, 그것을 그림(괘상)으로 나타내는 것이 바로 상象이다. '상象'은 동사로 '상징한다'는 뜻을 가지고 있다. '의宜'는 적합하고 합당한 것을 말한다. 이것은 성인이 빗대고 있는 상징의 형상이 특정 사물과 합당하게 들어맞아야 함을 설명하고 있다. '물의物宜'는 어떤 존재하고 있는 사물(인간사까지 포함)에 가장 잘 들어맞는 적합한 것을 말한다.[24]

괘효卦爻의 성립이 가능하기 위해서 가장 중요한 것은 모든 사물에 적용하여도 두루 통할 수 있는 '회통되는 이치'(會通之理)의 발견이다. '회통'의 의미는 세상의 많은 이치들 중에서 모든 곳에 적용하여도 보편적으로 통하는 것이라고 할 수 있다. 성인은 천하의 변화를 살펴보고 순간적으로 판단하는 것이 아니라, 단계적으로 또 시간적 주기를 거쳐서 점차적으로 만물에 회통하는 이치를 파악하여 간다는 점을 말하고 있다.

(나) 성인은 괘를 세우고 상을 관찰해서 말을 이어 길흉을 밝히는데, 강유剛柔가 서로 미루어 변화를 생한다.[25]

'괘를 세우고'(設卦)라는 말은 성인이 괘를 만든 것을 말하고, '상을 관찰해서'(觀象)라는 것은 괘의 상을 관찰하는 것을 말한다. '말을 이어'(繫辭焉)라는 말은 문자적인 설명을 부과하였다는 말이다. '괘를 세우고 상을 관찰해서'(設卦觀象)라는 말은 물상物象을 관찰하여 괘의 형태를 만드는 것을 말한다. '계사繫辭'는 64괘와 384효 아래에 붙인 말을 가리킨다. 성인이 그 괘를 그리려고 했을 때에 물상物象을 보지 않음이 없었을 것이고, 그 물상을 본받은 후에 괘상卦象을 만들었기 때문에 여기에는 길吉도 있고 흉凶도

24) Willard J. Peterson, Making Connections: "Commentary on the Attached Verbalization" of the *Book of Change, Harvard Journal of Asiatics Studies* vol 42(Harvard-Yenching Institute, November, 1982), p.114.
25) 『周易』, 「繫辭上傳」, "聖人設卦觀象, 繫辭焉而明吉凶, 剛柔相推而生變化."

들어 있다는 말이다. 이 점에 대해서 공영달孔穎達은 더욱 자세하게 "길도 있고 흉도 있는데, 만약 괘효사卦爻辭를 붙이지 않으면 그 이치가 분명하게 드러나지 않기 때문에 길흉의 말을 괘효의 아래에 연결시켜 이 괘와 이 효의 길흉을 분명하게 드러내었다"[26]라고 하였다.

'강유剛柔'는 변화를 말하는 것으로 실제로는 음양을 말한다. '서로 미루어'(相推)는 서로 추동推動하는 것을 말한다. 강유가 서로 추동하면서 변화가 생긴다. 강은 유로 변할 수 있고, 유 또한 강으로 변할 수 있다. 특히 이 구절은 괘 가운데의 강효剛爻와 유효柔爻가 서로 추이推移하면서 변화를 드러내는 것을 말하기 때문에 먼저 강효와 유효가 어떻게 추이하는가를 이해하고 난 후에야 어떤 변화가 일어나는지를 알 수 있다.

(다) 역易은 천지의 도리를 준칙으로 삼았는데, 이 때문에 천지 사이의 모든 도리가 남김없이 포함되어 조리 있게 짜여 있다. 위를 우러러 하늘의 무늬를 관찰하고 아래로 구부려 땅의 이치를 살피니 이 때문에 어두워 드러나지 않는 것과 밝게 드러나는 그 까닭을 알고, 사물의 처음 시작되는 것으로 거슬러 올라가 살피고 사물의 마치는 것으로 돌이켜 보니 이 때문에 삶과 죽음에 대한 이치를 알며, 정精과 기가 응취凝聚하여 물의 형체가 되고 혼魂이 떠돌면서 변화가 생겨나니 이 때문에 귀신鬼神의 실제 상태를 아는 것이다.[27]

이것은 『주역』의 이치 자체가 천지를 본뜬 것으로 천지변화의 규칙과 서로 비슷함을 말한다. '준準'은 '같다'(等, 同)는 의미이니, 평평하고 기준이나 표준이 됨을 말한다. 즉 『주역』을 지은 것은 천지를 표준으로 한다는 말로, 『주역』의 구조 모형은 천지와 그 운동법칙을 표준으로 삼아 제작한 것이고

---

26) 孔穎達, 『周易正義』, "有吉有凶, 若不繫辭, 其理未顯, 故繫屬吉凶之文辭于卦爻之下, 而顯明此卦爻吉凶也."

27) 『周易』, 「繫辭傳」, "易與天地準, 故能彌綸天地之道, 仰以觀於天文, 府以察於地理, 是故知幽明之故; 原始反終, 故知死生之說; 精氣爲物, 游魂爲變, 是故知鬼神之情狀."

그것의 운행 기제는 천지와 일치한다는 말이다. 또 '준'에는 재생산(reproduce) 또는 재현(duplicate)의 의미도 포함되어 있는 것으로 보이지만, 여기에서 말하는 재생산이나 재현은 천지를 있는 그대로 모사模寫하는 것이 아니라 천지가 가지고 있는 도리나 이치를 『주역』에 재현한다는 의미이다.

"남김없이 포함하여 조리 있게 짜여 있다"(彌綸)는 말은 전체적인 차원에서 천지의 도를 꿰매고 짠 것을 말한다. 그러므로 여기에는 없는 도리가 없이 모두 다 포함된다. "천지의 도리를 준칙으로 삼았기" 때문에 "어두워 드러나지 않는 것과 밝게 드러나는 그 까닭(緣故)을 알고" "삶과 죽음에 대한 이치를 알며" "귀신의 상태를 안다"고 하였다. 위의 두 구절을 합하여 말하면『주역』은 천지를 표준으로 하고 있기 때문에 천지의 도리를 하나도 남김없이 다 포함할 수 있다는 의미이다. 즉 성인이 『주역』을 지을 때에 천지가 가지고 있는 운행 법칙을 모두 포괄하고 있다는 말이다.

(라) 성인은 천하의 복잡함을 관찰하고 그 형용되는 모습에 견주어 그 사물이 가지고 있는 마땅함을 형상함이라, 이런 까닭에 그것을 象이라 한다. 성인이 천하의 움직임을 보아 그 모이고 통하는 것을 관찰해서 그 법도와 예제에 따라 행하며 말을 얽어매어 길흉을 판단하는지라, 이런 까닭에 爻라고 말한다. 천하의 복잡함을 궁구하는 것은 괘에 있고, 천하의 움직임을 고무시키는 것은 辭에 있으며, 바꾸어 적절히 마름질 하는 것은 變에 있고, 미루어 행하게 하는 것은 通에 있으며, 신묘하게 하여 밝히는 것은 사람에게 있고, 묵묵히 이루며 말하지 않아도 믿음을 주는 것은 덕행에 있다.[28]

이 인용문의 앞부분은 이미 위의 「계사상전」 8장에 나온 글이다. "천하의 복잡함을 궁구하는 것은 괘에 있고"라는 말은 성인이 천하 사물의 현상이

---

28) 『周易』, 「繫辭上傳」, "聖人有以見天下之賾, 而擬諸其形容, 象其物宜, 是故謂之象. 聖人有以見 天下之動, 而觀其會通, 以行其典禮, 繫辭焉以斷其吉凶, 是故謂之爻. 極天下之賾者存乎卦, 鼓天下之動者 存乎辭, 化而裁之存乎變, 推而行之存乎通, 神而明之存乎其人, 默而成之, 不言 而信, 存乎德行."

매우 복잡하고 어지러운 것을 보고 그것을 괘상卦象 속에 담아 놓았다는 말이다. 이 구절은 괘효사는 길흉득실을 드러내 주고 있는데, 그 뜻은 천하를 충분히 고무시켜 사람들이 스스로 자발적으로 바른 행동을 하도록 해 주는 것을 설명하고 있다.

어떻게 하여야 "신묘하게 하여 밝히는"(神而明之) 단계에 도달할 수 있는가? 이것은 사람에 달려 있는 것이지 신神에 의해 결정되는 것이 아니다. 여기에서 말하는 '신神'은 더 이상 인간의 길흉화복을 결정하는 존재론적 의미의 초월적인 것이 아니라, 덕성화德性化·인문화人文化와 주체화主體化의 전환 과정을 거쳐 풍부한 이성정신을 지닌 인간의 빼어난 능력이라는 의미로 변화하고 있다. 그것은 바로 인간의 자각自覺이고 모든 결정과 행위를 신에서 인간 자신의 것으로 전환하고 있음을 말한다. 신의 절대적 권위가 떨어지는 단계에서 이를 대신하여 출현한 것이 바로 성인이다.

"신묘하게 하여 밝히는 것은 사람에게 있고"(神而明之, 存乎其人)라는 말에서 '신神'은 초월적 존재로서의 신이 아니라 측정하기가 쉽지 않은 음양의 변화 혹은 역易의 이치를 말한다. 측정할 수 없는 역리易理를 파악하는 것은 오직 개인의 능력이나 역량에 달려 있다는 말이다.

「계사전」은 '신'의 문제를 도덕적 문제로 방향을 전환하여 "묵묵히 이루며 말하지 않아도 믿음을 주는 것은 덕행에 있다"고 말한다. 이것은 『주역』이 가진 이치를 파악하여 훌륭한 덕행을 충분히 실행할 수만 있다면 다른 사람에게 믿음을 얻을 수 있다고 말한다. 즉 『주역』의 이치를 깊이 있게 깨달으면 그 사상과 『주역』의 이치가 말하지 않아도 일치하게 된다는 말이다. 이것은 『순자』「대략大略」편에서 말하는 "역을 잘하는 자는 점치지 않는다"[29]라는 말에 해당한다고 할 수 있을 것이다. "덕행에 달려 있다"(存乎德

---

29) 『荀子』, 「大略」, "善易者不占."

行)는 말은『주역』을 이용하는 자가 이렇게 할 수 있는 것은 평시의 수양이 어떠한가에 의해 결정된다는 말이다. 여기에서『주역』은 이미 신의 소리를 듣는 데 치중하는 점치는 책에서 상당한 기능적 변화를 하고 있음을 보여 주고 있다.

이처럼 「계사전」은『주역』이라는 책이 가진 가치와 의미를, 설시撰蓍를 통하여 신의 소리를 듣기 위한 도구서道具書의 기능으로부터 덕행德行이라는 도덕적 수신의 영역으로 전환시켜 해석하고 있다. 이를 뒷받침하기 위해 『주역』의 작자인 성인은 괘상卦象의 형식적 체계에 근거하여『주역』이 가진 철학적 혹은 문화적 해석이 가능한 여지에 대해 분명하게 이야기하고 있다.

『역전』이 저술된 시기에 곧바로『주역』의 경전화經典化와 유가화儒家化라는 과정이 수반된다. 이 때문에 위에서 인용된 「계사전」의 내용들은『주역』이 오경지수五經之首라는 숭고한 지위를 가질 수 있는 해석학적 근거들을 이미 내재하고 있음을 보여 주고 있다. 이런 작업을 통하여 성인작역聖人作易의 계보가 더욱 충실하게 재구성되고,『주역』의 경전 지위 역시 강화된다.

(마) 옛날 포희씨가 천하의 왕 노릇 할 때, 우러러 하늘의 상을 관찰하고 구부려서 땅의 법을 관찰하며 날짐승과 들짐승의 무늬와 땅의 마땅한 이치를 관찰하였다. 가까이로는 자기 몸에서 취하고, 멀리로는 사물에서 취하였다. 여기에서 8괘를 처음 만들어, 신명의 덕을 통하여 만물의 실상을 분류하였다.30)

인용문 (마)의 말은 앞에서 인용된 「계사전」의 말들을 총결總結한 것으로, 어떤 의미에서는『역전』사상의 핵심적인 총론總論이라고도 할 수 있다. 하지만 무엇보다 중요한 것은 그것이 우리가 여기에서 던지고 있는 "도대체

---

30)『周易』, 「繫辭下傳」, "古者包犧氏之王天下也 仰則觀象於天 俯則觀法於地 觀鳥獸之文 與地之 宜 近取諸身 遠取諸物 於是始作八卦 以通神明之德 以類萬物之情."

성인이란 무엇인가?"라는 문제에 대한 근본적인 대답이라는 것이다.[31] 또한 이런 근본적 대답에 선행하여 "고대의 성인은 어떻게『주역』을 만들었는가?"라는 물음에 대한 직접적 대답이라고도 할 수 있다.

위의 인용문에 보이는 포희씨包犧氏는 바로 전설 속의 '복희씨伏犧氏'이다. 중국의 시조始祖 신화나 전설 중에서, 복희씨는 중국의 문명 창조의 조상으로 간주된다. 여러 전적에 기재된 복희씨의 공적은 매우 많지만, 특히『주역』을 지은 것과 관계가 있는 것으로 기록되어 있다.『관자管子』・『신어新語』・『백호통白虎通』・『풍속통의風俗通義』・『효경孝經』 등에도 복희씨가 행한 문명 창조와 공적이 기록되어 있다.

문화발생학의 각도에서 보면 고대인의 이런 주장은 결코 복희씨를 한 명의 구체적인 실체적 개인으로 설정하여 보는 것이 아니라, 사실은 인류 문명 초기에 필요로 했던 각종 기물의 창조를 가능하게 만든 하나의 문화적 상징부호로서 제시된 것이다. 하나의 개방적인 문화부호로서의 복희씨가 가진 함의는 문화의 발전을 따라 끊임없이 확대되었고, 이런 상황에서 고대인들은 문명 초기 사람들이 행한 문화 창조의 대부분을 거의 모두 복희씨의 이름으로 가탁해 놓고 있다. 이런 점에서 복희씨는 중국 문화의 발생학적 기초와 상징이 되어 버린다.[32]

복희씨라는 명칭의 출현은 하나의 성인 계보를 짐작하게 만든다.「계사전」의 문장에서는 신농神農・황제黃帝・요堯・순舜으로 이어지는 다섯 성인의 계보를 보여 주고 있는데, 여기에서 복희씨는 당연히『역전』이 구상하려 하는 고사故事 속의 첫 번째 성인이다. 여기에서 우리가 관심을 가져야 하는 문제는,「계사하전」에서는 더 나아가 성인들의 창조적 제작과 역사적 공헌이 모두 8괘(실제로는 64괘)의 체계 속에 내포된 인문적 원리에서 나왔음

---

31) 鄭開, 「聖人爲何?─以『易傳』的討論爲中心」, 25쪽.
32) 朱炳祥, 『伏羲與中國文化』(武漢: 湖北敎育出版社, 1997), 104~107쪽 참조 바람.

을 말하고[33] 있다는 점일 것이다.

　어떤 의미에서는 "복희가 처음 8괘를 만든 사건은 무의식적인 객관세계
의 존재를 인간의 자각의식으로 전환한 것"[34]으로 볼 수도 있다. 다시
말하면 복희씨의 8괘 창작이 가지고 있는 의미는 실제의 역사라는 측면이

---

33) 예를 들어 「繫辭下傳」, "복희씨가 매듭을 지어 그물을 만들어, 사냥하고 고기를 잡으니,
　　대개 그 이치를 離卦에서 취하고, 복희씨가 몰하고 신농씨가 나와서 나무를 깎아 보습을
　　만들고 나무를 휘어 쟁기를 만들어, 쟁기로 갈고 김매는 이로움을 천하 사람에게
　　가르쳤으니, 대개 그 이치를 益卦에서 취하고, 한 낮에 시장을 열어 천하의 백성들을
　　오게 하고, 천하의 재화를 모아서 교역하고 물러가, 각각 그 필요한 바를 얻게 하니,
　　대개 噬嗑卦에서 취하고,…… 황제·요·순이 저고리와 치마를 늘어뜨리고 가만히
　　앉아 있어도 천하가 다스려졌다고 하니 이는 대개 乾卦와 坤卦에서 취한 것이며, 나무를
　　쪼개서 배를 만들고, 나무를 깎아서 노를 만들어 배와 노의 이로움으로써 통하지
　　못하는 것을 건너게 하여 멀리가게 함으로써 천하를 이롭게 하니, 대개 渙卦에서 취하고,
　　소를 길들이고 말을 타서 무거운 짐을 끌고 먼 곳 까지 이르게 함으로써 천하를 이롭게
　　하니, 대개 隨卦에서 취한 것이고, 문을 이중으로 하고 목탁을 쳐서 도적을 막으니
　　대개 豫卦에서 취한 것이고, 나무를 끊어 절구 공이를 만들고, 땅을 파서 절구를 만들어,
　　절구와 공이의 편리함으로 모든 백성들이 구제되었으니, 대개 小過卦에서 취하고,
　　나무를 휘어 활을 만들고 나무를 깎아 화살을 만들어, 활과 화살을 이용함으로써
　　천하에 위엄을 보이니 대개 睽卦에서 취하고, 아주 옛날에는 굴 속에서 살고 들판에서
　　거처하더니 후세에 성인이 이것을 집으로 바꾸어서 위에는 마룻대를 얹고 아래에는
　　서까래를 얹어 바람과 비에 대비케 하였으니 대개 大壯卦에서 취하였고, 옛날의 장사지내
　　는 방법은 땔나무 덤불로 두껍게 사서 들판 가운데에 매장하여 봉분도 하지 않고
　　나무도 심지 않았으며, 장례 치르는 기일도 일정하지 않았는데, 성인이 관곽으로 바꾸었
　　으니 대개 大過卦에서 취한 것이고, 아주 옛날에는 노끈을 맺는 방법을 이용하여 천하를
　　다스렸는데 후대에 성인이 그것을 글자와 문서로 대치하여 관리들이 이것으로 백성을
　　다스렸고 만민들은 이것을 가지고 번거로운 일을 살폈으니 이는 대개 夬卦에서 취한
　　것이다."(作結繩而爲罔罟, 以佃以漁, 蓋取諸離. 包犧氏沒, 神農氏作, 斲木爲耜, 揉木爲耒,
　　耒耨之利, 以敎天下, 蓋取諸益. 日中爲市, 致天下之民, 聚天下之貨, 交易而退, 各得其所,
　　蓋取諸噬嗑. 神農氏沒, 黃帝堯舜氏作, 通其變, 使民不倦, 神而化之, 使民宜之. 易窮則變,
　　變則通, 通則久, 是以「自天祐之, 吉无不利'. 黃帝堯舜垂衣裳而天下治, 蓋取諸乾坤. 刳木爲舟,
　　剡木爲楫, 舟楫之利以濟不通, 致遠以利天下, 蓋取諸渙. 服牛乘馬, 引重致遠, 以利天下, 蓋取諸
　　隨. 重門擊柝, 以待暴客, 蓋取諸豫. 斷木爲杵, 掘地爲臼, 臼杵之利, 萬民以濟, 蓋取諸小過.
　　弦木爲弧, 剡木爲矢, 弧矢之利, 以威天下, 蓋取諸睽. 上古穴居而野處, 後世聖人易之以宮室,
　　上棟下宇, 以待風雨, 蓋取諸大壯. 古之葬者, 厚衣之以薪, 葬之中野, 不封不樹, 喪期无數,
　　後世聖人易之以棺槨, 蓋取諸大過. 上古結繩而治, 後世聖人易之以書契, 百官以治, 萬民以察,
　　蓋取諸夬.)
34) 余敦康, 『周易現代解讀』(北京: 華夏出版社, 2006), 353쪽.

아니라, 문화의 시작과 인문정신의 시작과 서두를 상징하는 하나의 사건이라고 할 수 있다. 인문세계의 시작과 근원을 성인제작에 돌려 "필요한 물건을 갖추어 사용할 수 있도록 하고 문명의 이기를 세워 천하를 이롭게 한 것으로는[35] 성인보다 더 큰 것이 없다"[36]라고 말하는 것이다.

성인이 상을 관찰하여 기물을 제작하는 뜻은 문화적 가치의 중요성과 합리성을 드러내는 데 있는 것으로 보인다.[37] 성인 복희씨의 작역作易을 말하는 8괘를 그린 사건의 의미를 단지 역사적 현상을 부정하는 신화적 허구나 전설로만 한정해서는 곤란하다. 우리는 우리의 눈길과 생각을 성인제작이라는 상징적 의미가 가지고 있는 문화세계의 창조와 제2의 창세라는 인문적 지평으로 돌려야 할 것으로 보인다.

이럼에도 불구하고 뒤의 제4장에서는 최근에 출토된 숫자괘數字卦 등의 고고학적 자료들과 다양한 문헌자료들을 통하여 작역자作易者로서의 성인에 대한 상세한 논의를 전개하려고 한다.

3. 성인지도와 신도설교:『주역』의 해석자·문명 개창자로서의 성인

이미 앞에서 인용하였고 뒤에서도 몇 번 더 인용되겠지만,『역전』은 성인지도聖人之道에는 모두 네 가지가 있다고 말한다.「계사전」은 다음과 같이 말하고 있다.

---

35) 高亨은 "'備物致用立功成器'의 功자는 현재의 통행본『주역』에는 빠져 있는데,『漢書』「貨殖列傳」에『주역』을 인용하여 '立功成器'로 되어 있음을 지적하고 지금 이 문장에 근거하여 功자를 보탰다." 또한『漢書』「翟進傳」에서 물을 완비하여 용에 이르고, 공법을 세워 기물을 만드는 것을 천하의 이익으로 삼는다는 말은 바로『역전』의 이 문장을 사용한 것이다.(『周易大傳今注』, 北京: 淸華大學出版社, 2010, 405·414쪽을 참조 바람)

36)『周易』,「繫辭下傳」, "備物致用立成器, 以爲天下利莫大乎聖人."

37) 鄭開,「聖人爲何?—以『易傳』的討論爲中心」, 27쪽.

(가) 주역에는 성인이 항상 사용하는 도가 네 가지 있으니, 주역으로 말(言)을 하는 사람은 그 말(辭)을 숭상하고, 주역으로 행동하는(動) 사람은 그 변화(變)를 숭상하고, 주역으로 기물(器)을 만드는 사람을 상象을 중시하고, 주역으로 복서卜筮를 행하는 사람은 점치는(占) 기능을 숭상한다.

(나) 그러므로 군자가 장차 무슨 일을 하고 무슨 행동을 하려 할 때에는 물어서 말하려 하니, 그 명을 받는 것이 메아리가 울리는 것과 같아서 먼 것이나 가까운 것과 그윽한 것이나 심원한 것을 가리지 않고 마침내 미래의 일을 알게 된다. 천하의 지극히 정미로운 자가 아니면 누가 이 일에 참여할 수 있겠는가?

(다) 삼과 오로써 변화하니, 그 수를 섞고 뒤집어 봄으로써 변화에 통달하여 마침내 천하의 모든 문채를 이루며, 그 수를 끝까지 궁구하여 천하의 모든 상을 정한다. 천하의 지극한 변화를 아는 자가 아니면 누가 이 일에 참여할 수 있겠는가?

(라) 역은 생각하는 일이 없고 작위 하는 일이 없어서 고요히 움직이지 않다가 감하여 마침내 천하의 모든 일에 통달하니, 천하의 지극히 신묘한 자가 아니라면 누가 이 일에 참여할 수 있겠는가?

(마) 역은 성인이 심오함을 궁구하고 조짐을 연구하는 것이니, 심오하기 때문에 천하 사람들의 심지에 통할 수 있으며, 일의 조짐을 볼 수 있기 때문에 천하의 일을 성취할 수 있으며, 이처럼 신묘하기 때문에 빨리 달려가지 않아도 신속하며 가려고 의도하지 않아도 이를 수 있다. 공자께서 말씀하신 "주역에 성인의 도가 네 가지 있다"는 것은 바로 이를 말한 것이다.[38]

위의 인용문은 『주역』이 말하고 있는 '성인지도'에는 네 측면이 있음을 말하고 있다. 동시에 이 문장은 『주역』이 가지고 있는 함의 즉 역도易道를 성인이 어떻게 보고 이용할 것인가에 대해 말하고 있다. 우선 「계사전」은 『주역』이 가지고 있는 주요한 네 가지 내용을 사辭, 변變, 상象, 점占으로

---

38) 『周易』,「繫辭上傳」, "易有聖人之道四焉, 以言者尙其辭, 以動者尙其變, 以制器者尙其象, 以卜筮者尙其占. 是以君子將有爲也, 將有行也, 問焉而以言, 其受命也如嚮, 无有遠近幽深, 遂知來物. 非天下之至精, 其孰能與於此? 參伍以變, 錯綜其數, 通其變, 遂成天下之文, 極其數, 遂定天下之象. 非天下之至變, 其孰能與於此? 易无思也, 无爲也, 寂然不動, 感而遂通天下之故. 非天下之至神, 其孰能與於此? 夫易, 聖人之所以極深而研幾也. 唯深也, 故能通天下之志, 唯幾也, 故能成天下之務, 唯神也, 故不疾而速, 不行而至. 子曰"易有聖人之道四焉"者, 此之謂也."

나누어 말하고 있다. 여기서는 『주역』이라는 책은 다양한 의미들을 중층적重
層的으로 표현하고 있기 때문에 읽는 사람들의 관점에 따라 이 책이 가진
방향이나 핵심이 달라질 수 있음을 밝히고 있다.

좀 더 구체적으로 이야기해 보도록 하자.

첫째, "(주역으로) 말을 하는 사람은 그 말을 숭상한다."(以言者尙其辭)

'사辭'는 괘사와 효사를 말하고 주로 학문적인 입장에서 풀이 또는 해석하
는 것을 말한다. 성인이 팔괘와 육십사괘를 만든 것은, 괘상을 관찰하여
길흉을 예측하고, 아울러 괘 아래에 괘사卦辭를 달고 효 아래에 효사爻辭를
달아서, 괘사와 효사의 말을 통해 역도易道를 설명하려고 한다.

둘째, "(주역으로) 행동하는 자는 역에서 말하는 변화를 숭상한다."(以動者尙其變)

'동動'은 일반적인 운동보다는 괘효의 변화 또는 인간의 행동을 말한다.
공영달孔穎達은 "'(주역으로) 행동하는 자는 역에서 말하는 변화를 숭상한다'
는 것은 성인이 움직임을 일으키고 도모함이 있기 때문에 음양의 변화를
본받는 것을 말한 것이다"[39]라고 하였다. 여기에서 말하는 '변變'은 바로
괘와 효의 변화를 말하고, 괘효의 변화는 천지만물·음양·강유의 변화를
상징적으로 반영하고 있다. 성인은 괘효의 변화를 통해 천지만물과 음양의
변화를 파악할 뿐만 아니라 올바른 행동이 어떤 것인가를 보여 주려고
한다.

셋째, "(주역으로) 기물을 만드는 사람은 상象을 중시한다."(以制器者尙其象)

'기器'는 유용한 기물器物을 말하는 것으로 문명文明과 관련된다. 문명을
개창開創하고 이기利器를 잘 제작할 수 있는 것 역시 성인이 가지고 있어야
할 중요한 책무나 도 가운데 하나이다. 이 문제에 대해 공영달은 "'(주역으로)
기물을 만드는 사람은 상象을 중시한다'라는 말은 형기型器를 만들고 제작하

---

39) 孔穎達, 『周易正義』, "以動者尙其變者, 謂聖人有所興動營爲, 故法其陰陽變化."

는 것이 그 효·괘의 상을 본받는 것이다"[40]라고 하였다. 『역전』의 관점에서
보면 "상상尙象"이 먼저이고 "제기制器"는 나중이다. '상象'은 정지되어 있는
것이 아니라 운동하고 변화하는 것이기 때문에, 성인은 그 생동변화의
원리를 모방하여 발명과 창조를 할 수 있어서 '상'에서 '기'로의 창조적
전환을 가능하게 할 수 있다.[41]

　　넷째, "(주역으로) 점서를 행하는 사람은 점치는 기능을 숭상한다."(以卜筮者尙其占)

　　점서占筮를 행하는 사람은 『주역』의 점단占斷을 숭상한다. 『주역』이 점을
치는 책인가 그렇지 않은 것인가에 대한 논란은 과거부터 지금까지 엄청나
게 많았다. 점서占筮는 『주역』의 발생적 기원이고 철학적 측면은 후대의
해석이라는 관점에서 보면 이 둘을 상호배타적으로 양립시키는 것은 결코
올바른 논의가 될 수 없다. 그런데 여기에서 우리가 중요하게 보아야
할 문제는, 점친 기록에 해당하는 『주역』을 철학적·합리적으로 해석하려
하는 『역전』이 결코 복서의 의미를 완전히 부인하지 않는다는 점이다.
다만, 복서는 『주역』이 가지고 있는 주요한 네 가지 도 혹은 기능 중에서
겨우 하나로서만 명맥을 유지하고 있을 뿐이다.

　　그러면 여기에서 말하는 성인의 도는 무엇이고, 그런 도의 경지는
어떻게 성취 가능한 것인가? 성인의 경지에 도달하기 위해 필요한 것은
바로 "성인사도聖人四道" 아래에서 말하고 있는 인용문 (나)의 "지극히
정미로움"(至精), 인용문 (다)의 "지극한 변화"(至變), 인용문 (라)의 "지극히
신묘함"(至神)의 경지에 도달하는 것이다. 여기에서 말하는 (나)의 "지극히
정미로움"에 대해 역대 황제들의 『주역』 교과서로 사용된 『일강역경해의
日講易經解義』에서는 "이 절은 사辭와 점占을 숭상하는 일에 대해 말한 것이

---

40) 孔穎達, 『周易正義』, "'以制器者尙其象'者, 謂造制刑(型)器法其爻卦之象."
41) 韓星, 「易傳聖人觀及其現代意義」, 『安陽大學學報』(2004년 제3기), 8쪽 참조.

다"42)라고 하였는데, 사물의 깊이를 아는 것을 강조한 말이다. "지극한 변화"는 기미幾微를 아는 것을 의미하고, "지극히 신묘함"은 신명神明한 덕을 말한다.

우리는 위의 분석을 통해서 『주역』이 가지고 있는 "지극히 정미로움", "지극한 변화", "지극히 신묘함"의 '삼지三至'의 단계에 도달할 수 있는 자를 성인이라고 부를 수 있을 것이다. 이 '삼지'가 바로 『주역』을 공부하고 『주역』의 도리인 역도易道를 추구하는 목적이라고 할 수 있다. 이런 역도를 실질적으로 구현하는 존재가 바로 성인이라고 『역전』은 말한다.

이 문제에 대해 『일강역경해의』는 "주역은 진실로 지극히 정미하고 지극히 변화하고 지극히 신묘하지만, 그러나 주역 스스로가 정미하고 변화하고 신묘할 수 있는 것이 아니라 성인이 그렇게 하는 것이다"43)라고 하였다. 여기에서 중요한 것은 『주역』을 어떻게 해석하느냐에 따라 그것의 성격과 지향점이 달라진다는 것이다.

『주역』의 상징체계가 가지고 있는 함축적 의미(connotation)에 대한 해석이나 표현(denotation)은 무한대로 확장될 수 있다. 이런 해석의 권리를 『역전』의 작자는 우선적으로 성인에게 부여하고 있다. 그러므로 인용문 (라)에서 결론적으로 "역은 성인이 심오함을 궁구하고 조짐을 연구하는 것이니, 심오하기 때문에 천하 사람들의 심지에 통할 수 있으며, 일의 조짐을 볼 수 있기 때문에 천하의 일을 성취할 수 있으며, 이처럼 신묘하기 때문에 빨리 달려가지 않아도 신속하며 가려고 의도하지 않아도 이를 수 있다"라고 말하는 것이다. 표면적으로 보면 이 구절은 성인이라는 존재와 『주역』이라는 책을 신비한 것으로 보이게 할 가능성이 크다. 그러나 이것이 이야기하려

---

42) 牛鈕等 撰, 『日講易經解義』(海口: 海南出版社, 2012), 534쪽, "此一節, 是言尚辭尚占之事也."
43) 牛鈕等 撰, 『日講易經解義』, 536쪽, "夫易固至精, 至變, 至神矣, 然非易自能精, 變, 神也, 聖人爲之也."

고 하는 핵심은 오히려 성인이 『주역』이라는 책을 어떻게 해석하고 이용하는가 하는 것에 대해 말하고 있다는 점이다. 이에 대해 『일강역경해의』는 "역의 도는 천지에서 시작해서 성인에서 완성되어 천하에 쓰이는데, 큰 것으로는 가국천하家國天下의 일에서부터 작게는 일용사물日用事物의 이치까지 포함된다"[44]라고 하여 『주역』이 가지는 도리나 의미는 결국 성인에게 구체적으로 실현되어 천하에 적용된다고 말한다.

위에서 살펴본 '성인사도聖人四道'에 대해 청대淸代의 유원劉沅(1767~1855)은 다음과 같이 말하고 있다.

> 사辭·변變·상象·점占은 실제로 술수術數에 가깝다. 특별히 성인의 도를 통하여 밝히려고 하는 것은 배우는 자들이 여기에 마음을 집중하게 만들기 위한 것이다.……성인의 도道는 포함하지 않는 것이 없고, 일용사물日用事物에서도 드러난다. 말은 반드시 도에 충실함으로써 만 가지 변화를 담아내고, 행동은 도를 벗어나지 않고 중용을 넘어서지 않으며, 기물을 만드는 것은 형이하形而下의 기器이지만 또한 형이상形而上의 도道에 깃들어야하며, 종류에 의거하여 상을 취하면 바름을 잃지 않아 그것으로써 백성들이 사용하도록 이끈다. 복서라는 것은 도에서 적절함을 구하여 지나간 것을 밝히고 올 것을 관찰함으로써 사람들에게 버리고 취할 것을 보여주는 것이다.[45]

유원은 사辭·변變·상象·점占의 네 가지는 비록 "술수에 가깝지만" 특별히 '성인지도'를 통하여 네 가지를 말하는 이유는, 배우는 사람들로 하여금 여기에 온 마음을 쏟도록 하여서 진정한 성인의 경지에 도달하도록 하기

---

44) 牛鈕等 撰, 『日講易經解義』, 533쪽, "於此可見, 易之道, 開於天地, 成於聖人, 用於天下, 大而家國天下之事, 小而日用事物之理."

45) 馬振彪, 『周易學說』(廣州: 花城出版社, 2002, p.660)에서 재인용한 것임, "辭變象占, 近於術數. 特明聖人之道, 欲學者盡心乎此.……聖人之道, 無所不包, 而著於日用事物. 言必衷道以該萬變, 動不離道不越乎中, 制器者, 形下之器, 亦形上之道所寓, 依類取象, 不失乎正, 以前民用. 卜筮者, 所以求適於道, 彰往察來, 示人去取."

위해서라고 말한다. 사람들은 괘사와 효사의 말에 근거하여 자신의 견해를 드러내고, 괘효의 변화에 근거하여 진퇴왕래의 행동을 결정하며, 괘효사에 근거하여 기물을 제조하고, 복서의 체계에 근거하여 "지나간 것을 밝히고 올 것을 관찰함으로써 사람들이 버리고 취할 것을" 판단하게 한다고 말한다. 여기에서 주목해야 할 것은 복서 또한 분명히 성인이 말하는 도의 범위 속에 편입시켜 놓고 있다는 점이다. 점을 치는 복서가 네 가지 '도' 중의 한 자리를 차지하고 있다는 것을 어떻게 해석해야 하는가?

물론 『역전』의 작자는 복서를 네 가지 '도' 중에서 가장 뒤에 두고 있다. 이처럼 순서상으로 가장 나중에 두고 있다는 점에 대해 여러 가지 해석이 가능하지만, 이 문제가 그렇게 큰 의미를 가지고 있는 것은 아닌 것으로 보인다. 오히려 복서가 도의 범위 속에 편입되어 있다는 점 자체가 이미 철학적으로 매우 중요한 의미를 지닌다고 볼 수 있다. 그것은 바로 『주역』을 신神의 소리를 경청하기 위해 봉사한 복서에서 철학적 범위 속으로 편입시켜서, 합리성의 바탕 위에서 다시 새롭게 해석하고 있다는 점 때문이다. 여기에서 복서는 단순하게 점을 치던 기능을 넘어서서 성인이 백성을 교화하여 성덕盛德과 대업大業을 성취하게 만드는 하나의 해석학적 매개로서의 역할을 담당하고 있다. 이런 해석학적 관점을 가장 잘 표현한 말이 바로 '신도설교神道設教'이다.

'신도설교'라는 말은 『주역』 관괘觀卦 「단전」의 "하늘의 신묘한 도를 보매 사시가 어긋나지 아니하니, 성인이 신도로써 가르침을 베풀어 천하가 복종한다"[46]에서 나온 말로 "신도神道를 통하여 교화를 행한다"는 의미를 가지고 있다. '신도설교'라는 이 말에 대한 논의를 진행하기 위해서는 신도와 설교設教라는 두 가지 함의에 대한 분석이 필요하다. 전통적으로

---

46) 『周易』, 觀卦 「象傳」, "盥而不薦, 有孚顒若, 下觀而化也. 觀天之神道, 而四時不忒, 聖人以神道設教而天下服也."

'신도설교'에 대한 논의에서 가장 많이 다루어 온 것은 '신도'를 어떤 개념으로 보아야 하는가에 대한 분석이 대부분이다. 이 문제는 뒤에서 좀 더 상세하게 분석하도록 하자. '설교'는 교화를 베풀거나 혹은 시행한다는 뜻으로, 넓은 의미에서 인문적인 활동으로 해석할 수 있다.

『주역』의 발생적 기원에 해당하는 복서와 이것에 대한 후대의 철학적 해석의 문제를 고스란히 보여 주는 것이 바로 '신도설교'이다. 예를 들면 주자의 "『주역』은 복서에 가르침을 시행한다"(易以卜筮設敎)[47]나 『사고전서四庫全書』 「역류서易類舒」에서 말하는 "『주역』은 복서 속에 가르침을 담아두고 있다"(易則寓於卜筮) 등의 관점들은 다름 아닌 『주역』의 '신도설교'의 전형적인 해석이라고 할 수 있다. 다시 말하면 "『역』은 복서로 가르침을 시행한다", "『주역』은 복서 속에 가르침을 담아두고 있다"는 말은 '신도설교'라는 말의 다른 표현이라고 할 수 있다.

어떤 과학적 근거나 합리적 논리를 가지지 못한 미신적인 점복卜이지만, 많은 사람들이 점복에 대해 엄청난 관심을 가지고 있을 뿐만 아니라 그것이 가진 권위에 막연한 믿음과 두려움을 가지고 있다는 점을 부인하기 어려운 것이 현실이다. 복서에 대한 사람들의 이런 두려움과 믿음을 성인들은 매우 지혜롭게 이용한다. 성인은 복서에 대한 사람들의 어리석음이나 근거 없는 믿음을 무조건 비판하거나 발본색원拔本塞源하려고 노력하기보다는, 오히려 이것을 이용하여 전혀 다른 두 세계를 연결하는 놀라운 해석학적 시도를 보여 주고 있다. 그것은 바로 종교적 혹은 신비적 영역과 도덕적·문화적 영역의 단열斷裂 없는 연속과 연결이다.

---

47) 黎靖德 編, 『朱子語類』, 권66(北京: 中華書局, 1986), 1627쪽.

4. 천인중개와 삼재지도: 역리의 구현자

앞서 보았듯이 『주역』「계사전」에서는 획괘畵卦 이전 즉 복희가 8괘를 그리기 이전에 먼저 행했던, 만물을 관찰하는 관물觀物에 대해 말하고 있다. 그것은 바로 "우러러 하늘의 상을 관찰하고, 구부려 땅의 법을 관찰하여, 금수의 무늬와 땅의 마땅함을 본다. 가까이는 몸에서 취하고, 멀리는 사물에서 취한다"라는 대목이다. 또 앞의 인용문 가운데 "우러러 천문天文을 보고, 구부려 지리地理를 살핀다"라는 말도 있었다. 이러한 말들은 기본적으로 성인이 작역作易하는 데 있어서의 첫 번째 과정이 "관물취상觀物取象"이었음을 지적한 것이다. 말하자면 천도天道를 파악하는 것이 성인 복희씨가 8괘를 창제하는 데 있어서 가장 중요한 전제였다는 것이다. 여기에는 분명히 어떠한 인식론적인 관점이 개입하고 있는 것으로 보인다.

"가까이는 몸에서 취하고, 멀리는 사물에서 취한다"라는 말은, "관물취상"의 문제를 해결하기 위한 인식론적인 탐구의 방법은 '이미 알고 있는 것'을 바탕으로 해서 '모르는 것'으로 유추類推해 가고 가까운 곳에서 먼 곳으로 점차 확장되어야 하며, 궁극적으로는 우주와 인간 즉 천인天人의 문제들을 모두 대상으로 삼아 탐구해야 한다는 것을 뜻한다. 8괘 형성의 출발점인 "관물취상"은 기본적으로 현실세계 속의 변화 현상과 사물의 존재 양상을 다양한 각도를 통하여 관찰하는 것에서 시작된다고 말할 수 있다.

작역자作易者 즉 복희는 자연의 변화 현상뿐만 아니라 가까이로는 인간 자기 자신과 관련되는 것도 빠트리지 않는 관찰을 통하여 8괘를 만들어 내었다. 이것이 바로 객관적 사물을 관찰하는 '관물觀物'의 단계이다. 이런 '관물'을 통해 그 속에 들어 있는 보편적인 특성과 법칙을 발견하여(取象)

마침내 '설괘設卦'하는 것이다. 이런 성인의 능력은 기본적으로 '유類'·'고故' 등의 논리적 범주를 이용한 이성적인 사유방식과 관련이 있다.

복희씨는 8괘의 형성에만 그치지 않고, '유類'라는 논리적 관점을 통하여 만물의 다양한 상황을 몇 가지 논리적인 범주로 체계화하여 구분한다. 즉 단순히 8괘를 만들어 자연계의 여덟 가지 대표적인 물상을 표현하는 데 그친 것이 아니라 8괘가 상징하는 것이 거의 무한대로 확장해 나가도록 한 것이다. 8괘는 기본적으로 각각 정해진 괘의 형태, 괘의 이름, 상징물을 가지고 있으며, 또한 각기 특정한 '상징적 의미'를 가지고 있다. 그 대응관계를 표로 나타내어 보면 다음과 같다.

괘명	괘형	상징물	상징적 의미
乾	☰	天	健
坤	☷	地	順
震	☳	雷	動
巽	☴	風	入
坎	☵	水	陷
離	☲	火	麗(附着)
艮	☶	山	止
兌	☱	澤	悅

8괘의 '상징적 의미'는 불변하지만 여덟 가지의 상징의 물상은 여러 부류로 확대 가능하다. 예를 들면 건乾은 하늘을 상징하지만 또한 군주, 용龍, 금金, 옥玉, 좋은 말(馬) 등을 상징할 수 있다. 기본적으로 이들 물상들은 모두 '강건剛健'이라는 성격을 가지고 있기 때문이다. 기타의 다른 괘들 또한 마찬가지이다.

8괘는 상징적인 부호체계로 어떠한 사물이나 사태도 대입할 수 있는 특성을 가지고 있다. 그러므로 왕필王弼은 "뜻이 강건함에 있다면 반드시 말일 이유가 없으며, 류類가 순종에 있다면 반드시 소일 필요가 없다"[48]라고 하였다. 의도하는 것이 강건剛健의 의미에서 벗어나지 않으면 꼭 말이라는 구체적 상징에 얽매일 필요가 없고, 또 유순柔順의 의미에서 벗어나지 않으면 꼭 소라는 구체적 상징에 얽매일 필요가 없다는 것이다. 이처럼 8괘에 대입할 수 있는 범위는 어떤 사물이든지 모두 다 가능하다.「설괘전」은 이런 사실을 잘 보여 주고 있다.

그러나 만약 8괘가 단순한 점서를 위한 사물의 상징으로부터 방향을 바꾸어 우주의 모든 사물이나 사태를 전체적 관점에서 설명하려는 방향으로 나아가게 된다면, 8괘는 우주 전체를 설명하는 하나의 해석체계로 변하게 된다.[49] 이것을 도표로 만들어 보면 아래와 같다.

괘명	괘상	자연물	時令	방위	신체기관	가족관계	동물	색
震	☳	雷	正春	동	발	장남	용	玄黃
巽	☴	風	春夏之交	동남	허벅지	장녀	닭	白
離	☲	火	正夏	남	눈	둘째 딸	꿩	
坤	☷	地	夏秋之交	서남	배	어머니	소	黑
兌	☱	澤	正秋	서	입	셋째 딸	양	
乾	☰	天	秋冬之交	서북	머리	아버지	말	大赤
坎	☵	水	正冬	북	귀	둘째 아들	돼지	赤
艮	☶	山	冬春之交	동북	손	셋째 아들	개	

모든 괘는 "그것을 이름하는 것은 작지만 그것이 취하는 부류는 크다"[50]라고 하여 비록 하나의 괘상卦象을 말하고 있지만 그것이 대표하는 부류는

---

48) 王弼,『周易略例』, "義苟在健, 何必馬乎? 類苟在順, 何必牛乎?"
49) 정병석,『점에서 철학으로』, 272쪽 참조 바람.
50)『周易』,「繫辭下傳」, "其稱名也小, 其取類也大."

엄청나게 많기 때문에 다양한 범주로 확대된다. 예를 들면, 진震은 동물로는 용龍, 신체로는 발, 방위로는 동쪽, 색깔로는 현황玄黃으로 분류된다. 그러므로 객관세계는 "방향으로써 류類를 모으고 무리로써 사물을 나누고 있다"[51]라고 하여, '유類'의 범주로 사물을 관찰하고 분별한다. 『역전』이 '유'를 말하는 것에는 견강부회한 측면이 많은 것이 사실이지만, 『역전』의 작자는 괘상을 부호로 간주하고 이 부호를 운용하여 객관세계의 복잡함을 분류할 수 있다고 생각하였다.[52]

'유'의 범주를 통해 형성된 『주역』의 64괘는 현상세계의 변화를 가능하게 하는 기본원리인 음양과 팔괘를 근거로 하여 자연세계를 총체적 구조 속에서 역동적으로 설명하고, 동시에 인간의 문명과 가치세계가 가지고 있는 의미를 이야기하고 있다. 성인이 만든 이 괘상의 체계는 사람들로 하여금 스스로의 해석을 통한 자기형성의 가능성을 그 속에서 발견할 수 있게 해 준다.

괘효의 체계는 천지만물이 가지고 있는 보편적 이치를 성인이 파악하여 그것을 상징적인 부호로 체계화한 것을 말한다. 그러므로 '상'이라는 것은 천지와 인간의 상호연계적인 관계 속에서 잠재적인 자연지도自然之道 혹은 천도를 인간의 정신문화인 인문지도人文之道 혹은 인도人道로 현실화시키는 중개적仲介的 계기를 함축하고 있다. 이 때문에 괘효 속에는 천도, 지도, 인도의 삼재三才의 도를 포함하고 있다고 말하는 것이다. 『역전』은 한 걸음 더 나아가서 성인의 역리易理에 대한 파악이라는 문제에 대해 다음과 같이 말한다.

우러러 천문天文을 관찰하고 고개 숙여서 지리地理를 살피는 까닭에 보이지 않는

---

51) 『周易』, 「繫辭上傳」, "方以類聚, 物以群分."
52) 정병석, 「易傳의 道器結合的 聖人觀」, 한국유교학회, 『儒敎思想硏究』 제28집, 192쪽 참조.

것과 보이는 것의 까닭(故)을 알며, 처음을 미루어 살피고 끝을 되돌려 보기 때문에 죽음과 삶의 이치를 안다.[53]

'까닭' 즉 '고故'는 사물의 원인과 조건을 가리킨다. 성인은 사물을 관찰하는 가운데 '고'의 범주를 이용해서 "한 번 음하고 한 번 양하는"(一陰一陽) 것을 가능하게 하는 까닭 혹은 이유로서의 근본적인 도리(易道, 易理)를 파악하게 된다. 『역전』은 복희씨가 "만물의 실정을 류類에 따라 구분"하여 "보이지 않는 것과 보이는 것의 까닭(故)을 앎"으로써 "한 번 음하고 한 번 양하는" 우주와 만물에 관한 도리 즉 역도易道 또는 역리易理를 찾아낸다고 말한다. 이러한 '유'와 '고'의 논리적 범주들을 통하여 산출된 역리 또는 역도를 구체화한 것이 『주역』이기 때문에, 이 책에는 당연히 천지와 만물, 인간의 도리들이 그대로 담기게 되는 것이다. 나아가 『역전』은 '성인'과 '천지'를 병칭並稱하면서 성인을 역리의 구현자로 말한다.

> 천지가 순順하게 움직이기 때문에 일월日月이 지나치지 아니하여 사시四時가 어긋나지 아니하고, 성인이 순하게 움직이면 형벌이 분명해져서 백성이 복종한다.[54]

천지의 변화는 불변의 법칙에 따라 움직이기 때문에 사시나 일월의 운행에 어긋남이 생길 수 없고, 성인 역시 법도나 도리를 벗어나지 않고 행동하기 때문에 형벌이 분명해져서 백성이 모두 복종하게 된다는 것이다. 이것은 성인이 천지의 도리를 이해하고 그것을 인간사에 적용시켜서 인간 세계의 질서를 바로잡는 것이라고 할 수 있다.

『역전』은 여기에서 한 걸음 더 나아가 더욱 적극적으로 "천지가 만물을

---

53) 『周易』, 「繫辭上傳」, "仰以觀於天文, 俯以察於地理, 是故知幽明之故, 原始反終, 故知死生之說."
54) 『周易』, 豫卦 「彖傳」, "天地以順動, 故日月不過, 而四時不忒. 聖人以順動, 則刑罰淸而民服."

206 주역과 성인, 문화상징으로 읽다

기르면 성인이 현인을 길러서 만민에게 미치니"[55]라고 하여 성인이 행해야 할 가장 큰 임무가 바로 천도의 응용을 통한 백성의 교화에 있음을 말하고 있다. 성인은 이런 의도와 목적을 『주역』 속에 그대로 담고 있다고 할 수 있다.[56] 성인의 행동은 천도와 조금도 어긋나지 않고 일상생활 속에서 천도를 적용하고 있기 때문에 성인을 천도의 인격화 또는 역리의 구현자라고 말하는 것이다.

앞에서 말한 것처럼, 성인이 『주역』을 제작할 수 있었던 것은 어떤 다른 것이 아니라 현상세계를 전체적으로 이해하고 해석할 수 있는 지적인 능력에 근거하고 있기 때문이다. 성인이 자연세계의 법칙을 탐구하는 목적은 자연세계 자체의 탐구에만 있는 것이 아니다. 진정한 목적은 자연을 본받아 그것을 현실에 적용하는 데 있는 것이다. 여기에서 우리는 성인이 가지고 있는 '천인중개天人仲介'의 의미와 역할이 어디에 있는지를 파악할 수 있게 된다.

이런 성인이 가지고 있는 '천인중개天人仲介'의 의미는 고대에 '무巫'가 지녔던 '천인중개'의 역할과는 분명히 다르다. 전욱顓頊이 절지천통絶地天通 이후에 천과 인간의 직접적인 관계를 끊어버린 결과로 천(自然)과 인간(社會) 사이의 정상적 소통을 회복할 수 있는 어떤 중개仲介 구조가 필요하게 되고, 여기에서 전문적인 '무'가 출현하게 된다. 이런 '무'의 역할이 단순히 하늘의 소리를 듣거나 전달하는 데에 집중되어 있었다면, 『역전』의 성인이 가지고 있는 '천인중개'의 위대한 역할은 천도 또는 역리의 표현과 구체적 실현에 있다.

---

55) 『周易』, 頤卦 「象傳」, "天地養萬物, 聖人養賢以及萬民."
56) 『周易』, 「繫辭上傳」, "이 때문에 하늘의 도에 밝고, 백성의 실정을 관찰할 줄 알기 때문에 이에 神物인 시초를 만들어 백성이 쓰도록 인도하니 聖人이 이로써 재계하여 그 덕을 신령스럽게 한다."(是以明於天之道, 而察於民之故, 是興神物以前民用. 聖人以此齊戒, 以神明其德夫.)

성인은 우주 변화 즉 천도를 파악하여 그것을 인문적·문화적인 각도로 새롭게 해석한다. 『주역』이 비록 천도에 대해 많이 말하지만 그 목표는 인도의 실현에 있는 것이다. 이 때문에 법천法天, 삼재三才, 인문화성人文化成 등이 특히 강조될 수밖에 없다.

5. 덕업겸비: 도기합일적 성인

『역전』에 보이는 성인의 형상과 성격은 도덕과 공업功業을 모두 가지고 있는 존재로 나타난다. 즉 성인은 바로 덕업德業을 겸비한 존재라는 것이다. 이것은 기본적으로 성인이 될 수 있는 기본적인 자격 사항에 해당한다. 건괘乾卦·곤괘坤卦의 「문언전文言傳」 및 「계사전」의 여러 곳에서 '덕'과 '업'을 서로 짝이 되는 범주로 놓고 말하는 구절들이 많이 보인다. 예를 들면, "성덕대업盛德大業"57)·"숭덕광업崇德廣業"58)·"진덕수업進德脩業59)"·"덕구업대德久業大"60) 등의 말이 보인다. 이 중에서 성인과 관련되는 "성덕대업"과 "숭덕광업"이 두 문제에 대해 간단하게 살펴보도록 하자.

「계사전」에서는 "성덕대업"에 대해 말하고 있다. 이 구절을 천지를 찬미하는, 즉 천지의 성덕盛德과 대업大業이 최고임을 말하는 것으로 보기도 한다.61) 이런 입장을 이야기하는 관점은 대부분 앞의 구절과 관련하여 도道를 주어로 사용하는 경우로, 다음과 같이 번역할 수 있다.

---

57) 『周易』, 「繫辭上傳」의 말.
58) 『周易』, 「繫辭上傳」의 말.
59) 『周易』, 乾卦 「文言傳」의 말.
60) 이 말은 『周易』, 「繫辭上傳」의 "有親則可久, 有功則可大, 可久則賢人之德, 可大則賢人之業"이라는 말에서 나왔다.
61) 尙秉和 著, 『周易尙氏學』(北京: 中華書局, 1980)과 楊慶中 編著, 『周易正義』(北京: 中國人民大學出版社, 2010) 등을 참고 바람.

(천지의 도는) 인仁에서 드러나고 일상의 쓰임 속에 감추어져 있어서 (사람들이 쉽게 알지 못하고), (도가) 만물을 고동鼓動(化育)시키지만 성인이 우환의 마음을 가지는 것과는 다르니, (천지의) 성대한 덕과 위대한 사업이 지극하도다! 넉넉하게 가지는 것을 위대한 사업이라 하고, 날마다 새로워지는 것을 성대한 공덕이라고 한다.62)

그러나 이 말을 "고만물이불여성인동우鼓萬物而不與聖人同憂"라는 말에서 끊고 "성덕대업지의재盛德大業至矣哉"를 뒤의 구절과 연결시키면, "······ 성인이 우환의 마음을 가지는 것과는 다르다. (성인의) 성대한 덕과 위대한 사업이 지극하도다! 넉넉하게 가지는 것을 위대한 사업이라 하고, 날마다 새로워지는 것을 성대한 공덕이라고 한다"63)라는 말로 해석할 수 있다. 이럴 경우 "성덕대업盛德大業"을 성인의 '덕'과 '업'으로 보게 되는 것이다. 예를 들면 공영달은 분명하게 성인의 "성덕대업"으로 말하고 있다.

성인은 공용功用의 어머니이고 체體가 도道와 같으니, 만물이 이로 말미암아 통하고 많은 일들이 그것에 의해 다스려진다. 이것은 성인의 지극히 성한 덕이고 광대한 업이니, 지극하도다!64)

행동에 있어서는 덕德이라 하고, 일에 있어서는 업業이라 한다.65)

광대하고 모두 갖추었으므로 부유富有라고 말한다.66)

---

62) 『周易』, 「繫辭上傳」, "顯諸仁, 藏諸用, 鼓萬物而不與聖人同憂, 盛德大業至矣哉. 富有之謂大業, 日新之謂盛德."
63) 『周易』, 「繫辭上傳」, "······不與聖人同憂. 盛德大業至矣哉! 富有之謂大業, 日新之謂盛德."
64) 孔穎達, 『周易正義』, "聖人爲功用之母, 體同乎道, 萬物由之而通, 衆事以之而理. 是聖人極盛之德, 廣大之業, 至極矣哉!"
65) 孔穎達, 『周易正義』, "於行謂之德, 於事謂之業."
66) 孔穎達, 『周易正義』, "廣大悉備故曰富有."

성인은 널리 역과 건곤乾坤 및 점占의 일을 밝히고 아울러 신神의 체體를 밝힘으로써 광대하고 모두 갖추니, 만사가 부유하여 대업이라고 부르는 것이다.[67]

성인은 변통에 능하여, 체가 화化하여 변화에 합치하매 그 덕이 나날이 더하고 새로워진다. 이것은 덕이 극성한 것이니, 그러므로 성덕이라 한다.[68]

공영달은 "성덕盛德"을 성인의 지극한 덕으로, "대업大業"을 일에 있어서의 큰 성취로 말하고 있다. 특히 그는 "행동에 있어서는 덕德이라 하고, 일에 있어서는 업業이라 한다"라고 하여 분명하게 '덕'과 '업'의 범주를 나누어 말하고 있다. 어떤 사람은 "부유富有"를 물질적 생명의 풍부함으로 이해하고, "일신日新"을 정신적 생명의 승화로 보기도 하는데, 이는 본의本義와는 분명히 차이가 있다.[69]

성인의 "성덕대업"과 "인仁과 용用"은 밀접한 관계가 있다. 「계사전」은 다음과 같이 말한다.

인仁의 모습으로 드러나고 일상의 쓰임 속에 감추어져 있어서, 만물을 고동鼓動시켜 화육化育시키지만 성인과 함께 근심하지 않는다.[70]

도道는 인애仁愛의 모습으로 드러나 그 은택을 천하 만물에 두루 베풀도록 하지만 그 불가사의한 기능을 효용 가운데에 숨겨놓아 사람들로 하여금 쉽게 알지 못하게 한다는 말이다. 도道는 인仁에서 드러나고 일용日用 가운데에 숨어 있다. 사람들은 매일 도를 벗어날 수 없지만 오히려 도를 인식하지

---

67) 孔穎達, 『周易正義』, "(聖人)因廣明易與乾坤及其占之與事, 併明神之體, 以廣大悉備, 萬事富有 所以謂之大業."
68) 孔穎達, 『周易正義』, "聖人以能變通, 體化合變, 其德日日增新, 是德之極盛, 故謂之盛德也."
69) 吳怡, 「孔子思想對易經的貢獻」, 劉大均 主編, 『大易集成』(北京: 文化藝術出版社, 1991), 132쪽 참조 바람.
70) 『周易』, 「繫辭上傳」, "顯諸仁, 藏諸用, 鼓萬物而不與聖人同憂."

못하기 때문에 "감추어져 있다"(藏)고 말한다. "성인과 함께 근심하지 않는 다"라는 말은 "도는 성인과 같은 우환을 가지지 않는다"는 말과 같다. 이 구절은 도가 만물을 화육하고 성인이 도를 체득하여 쓰임으로 삼는 구별에 대해 말하고 있다. 천지의 도리는 자연무위自然無爲이지만, 성인의 경우는 유위有爲하여 인간세계에 대한 걱정과 우환을 아직 벗어나지 못하기 때문에 "성인과 함께 근심하지 않는다"고 말한다. 도의 운행변화는 만물이 운행변화에 따라가도록 재촉하지만 도는 성인과 같은 우환의식을 가지지 않는다. 도는 객관적인 것으로, 그 자체의 운동에 따라서 운동할 뿐이다. 성인은 천하에 대해서 우환을 가지고 있지만, 도 자체는 우환을 가지지 않는다.

"숭덕광업崇德廣業"에 대해 「계사전」은 아래와 같이 말한다.

공자께서 말씀하셨다. 역은 지극하도다! 주역은 성인이 덕을 높이고 사업을 넓히는 것이다. 지혜(의 귀함)는 숭고함에 있고 예법(의 귀함)은 낮추는 것이니, 숭고함은 하늘을 본받은 것이고 겸손하게 낮추는 것은 땅을 본받은 것이다.[71]

위의 구절은 성인이 역도易道에 근거하여 "덕을 높이고 사업을 넓히는"(崇 德廣業) 것에 대한 말이다. 공자가 『주역』을 훌륭한 책이라고 감탄하는 이유는, 이 책이 덕德이라는 개인의 도덕적 수양을 높이는 동시에 현실적 사공事功 방면의 사업을 적극적으로 성취하도록 요구하기 때문이다. 이 때문에 공자는 성인이라면 반드시 도덕을 높이고 사업을 넓혀야 하는 두 가지 일(崇德廣業)을 동시에 겸비해야 한다고 말한다. 이런 두 가지의 내용이 『주역』 속에 모두 포함되어 있기 때문에 반드시 『주역』을 연구해야 하고, 아울러 『주역』을 연구하여 배운 내용을 다시 백성들을 위해 이용할 줄 알아야

---

71) 『周易』, 「繫辭上傳」, "子曰易, 其至矣乎! 夫易, 聖人所以崇德而廣業也. 知崇禮卑, 崇效天, 卑法地."

한다는 것이다. 이처럼 『역전』에서는 성인은 반드시 도道와 기器, 덕德과 업業, 내성과 외왕 둘 다를 모두 겸섭兼攝하여 이용할 줄 아는 존재라야 할 것을 분명하게 말하고 있다. 이 두 가지를 모두 겸비하고 있는 것이 바로 성인이라고 불릴 수 있는 기본적 자격이라고 할 수 있다. 이런 입장에서 『주역』의 성인관이 가지고 있는 가장 큰 특징은 바로 도기합일道器合一 혹은 도기결합道器結合적인 성인관이라고 보아야 할 것이다.

"숭덕崇德"은 하늘을 본받아 덕을 높이고 "광업廣業"은 땅을 본받아 일을 넓히는 것이다. 이것이 어쩌면 『주역』이 이야기하려는 핵심 중의 하나라고 할 수 있다. 여기에서 우리가 주목해야 할 부분은 이른바 천지의 법칙을 본받는 '법천지法天地'이다. 이것은 복희씨가 "우러러 하늘의 상을 관찰하고 구부려서 땅의 법을 관찰하여" 8괘를 창제한 의미의 연속에서 보아야 할 것이다. 성인은 '법천지'한 다음에 다시 그것을 현실에 적용하고 있다. 그러므로 공영달은 『주역정의』에서 "역도는 지극하니, 성인이 그것으로 그 덕을 더하여 높이고 그 업을 넓고 크게 하였다"[72]라고 하여, 『주역』의 도에 대한 성인의 해석과 현실적 응용이 가진 의미에 대해 말하고 있다.

위에서 말한 내용을 정리해 보면 바로 '천생인성天生人成'이라는 개념으로 압축할 수 있다. 여기에서 말하는 '천생天生'이라는 말이 "한 번 음하고 한 번 양하는"(一陰一陽) 천지의 '생생生生'하는 상태를 의미한다면, '인성人成'은 생생하는 천지를 본받아 '인문화人文化' 혹은 '인문화성人文化成'해 가는 과정을 말하는 것이라고 할 수 있다. 그러면 모든 사람 누구나 '생생'하는 천지를 본받아 '인문화'하는 능력을 가지고 있는가? 여기에서 『역전』은 우주의 변화와 현실의 복잡한 문제들을 전체적으로 통찰할 수 있는 능력을 겸비하고 있는 사람을 요청한다. 그가 바로 성인이다.

---

72) 孔穎達, 『周易正義』, 「繫辭上傳」, "易道至極, 聖人用之增崇其德, 廣大其業也."

이런 각도에서 성인의 '법천지'는 단순한 인지적 관찰이나 묘사가 아니라, 해석학적인 의미의 재창조라고 할 수 있다. 그러므로 여기에서 말하는 "숭덕광업"은 유가들이 그들의 이념으로 삼고 있는 내성외왕內聖外王의 의미와 기본적으로 그 방향이나 내용에서 동일한 것으로 결코 별개의 것이 아니다. '숭덕'은 내성內聖의 과정이고, '광업'은 외왕外王의 과정이다. 어떻게 "숭덕광업"할 수 있는가? 여기에서 우선적으로 필요로 하는 것은 위에서 인용한 문장에 나온 지혜와 예禮이다. 지혜가 추구하는 것은 숭고崇高이고, 예가 중요하게 여기는 것은 겸손이다. 숭고의 지혜는 하늘을 본받고, 겸손의 예의는 땅을 본받는다.

『역전』에서는 "덕의 성함"(德之盛)에 대해서 말하고 있다.

도의道義를 정밀하게 연구하여 신묘한 경지에 들어가는 것은 쓰임을 다 이루기 위한 것이요, 쓰는 것을 이롭게 하고 몸을 편안케 하는 것은 덕을 높이기 위해서이다. 이를 지난 이후의 차원에 대해서는 혹 알 수 없으니, 신을 궁구하여 변화하는 것을 아는 것이 덕의 성함이다.[73]

"도의를 정밀하게 연구하여 신묘한 경지에 들어가는" "정의입신精義入神"에서, '의義'는 사물의 바른 이치를 말하고 '정精'은 상세하게 연구해서 가장 정미한 곳까지 궁구하는 것을 말한다. 사물의 바른 도리를 연구하고 순수한 곳까지 궁구해 간다는 뜻이다. '신神'에 들어간다는 것은 신묘하고 불가사의한 경지에 들어가는 것 즉 사람이 쉽게 들여다볼 수 없는 사물의 가장 오묘한 곳까지 깊이 연구하는 것을 말한다. 이른바 '입신入神'이라는 단계는 일반적으로 말하는 최고의 경지에 들어간다는 의미로 보더라도 완전히 틀린 말은 아니겠지만, 오히려 사물의 본체(noumenon), 칸트가 말하는

---

73) 孔穎達, 『周易正義』, 「繫辭上傳」, "精義入神, 以致用也. 利用安身, 以崇德也. 過此以往未之或知也, 窮神知化, 德之盛也."

'물자체'(Ding an sich)라는 관점에서 이 문제를 생각해 보는 것도 가능할 것으로 보인다.[74]

「계사전」에서 말하는 '신' 역시 인간의 감각이나 현상적인 음양 등의 개념으로는 파악이 불가능하다. 이 때문에 「계사전」은 "음양불측지위신陰陽不測之謂神"이라고 한다. '신'은 음양으로는 측정이 불가하다는 것이다. 심지어 그것으로는 통약불가通約不可하다고 말한다. 오직 '신'은 사물의 가장 오묘한 곳까지 살필 수 있는 사람에 의해서만 파악 가능하다. 이것이 바로 "도의를 정밀하게 연구하여 신묘한 경지에 들어가는" "정의입신精義入神"이다. 이런 점에서 「계사전」의 '신'과 '물자체' 혹은 본체는 상당히 유사성을 가지고 있는 것으로 보인다.[75]

"쓰임을 다한다"(致用)는 것은 그것을 충분하게 활용하는 것을 말한다. 자신을 위해서나 다른 사람을 위해서, 또는 세상을 위해서 충분히 그것을 현실에 맞게 활용한다는 것을 의미한다. 사람이 사물의 도리를 탐구하고 자기완성을 위해 수양하는 것은 기본적으로 쓰임이 있게 하기 위해서이다. 그 쓰임을 위해 몸을 보존하고 수양하여 자신의 덕을 더욱 성하게 해야 한다. 이에 대해 주자는 『주역본의』에서 다음과 같이 말한다.

그 뜻을 정밀하게 연구하여 신묘한 경지에 들어가는 것은 굽힘이 지극한 것이지만, 그러나 이것은 바깥으로 나와서는 오히려 쓰임을 지극히 하는(致用) 근본이 된다. 쓰임을 이롭게 하여 가는 곳마다 편안하지 않음이 없는 것은 펴는 것이 지극한 것이지만, 그러나 이것은 안으로 들어가서는 오히려 덕을 높이는(崇德) 바탕이 된다. 안과 밖이 어울려서 서로 길러 주고 서로 드러내어 준다.[76]

---

74) Willard J. Peterson, Making Connections: "Commentary on the Attached Verbalization" of the *Book of Change*, p.104쪽 참조.

75) Willard J. Peterson, Making Connections: "Commentary on the Attached Verbalization" of the *Book of Change*, p.104쪽 참조.

76) 朱熹, 『周易本義』, "精研其義, 至於入神, 屈之至也, 然乃所以爲出而致用之本. 利其施用, 无適不

여기서는 뜻을 정밀하게 하는 것이 오히려 쓰임을 지극히 하는 치용致用의 근본이 되고, 쓰임을 이롭게 도모하는 것이 오히려 숭덕崇德의 바탕이 된다고 말한다. 이처럼 숭덕과 치용 즉 광업廣業은 서로 내외內外가 되어 상보적相補的 통일관계를 이루고 있다.

위에서 말한 내용을 종합하면, 『역전』의 성인관이 강조하는 덕업겸비德業兼備는 유가철학 전체의 내용을 모두 담고 있는 포괄적 개념 또는 표현이라고 할 수 있다. 왜냐하면 '덕'은 내재적 도덕수양일 뿐만 아니라 또한 도덕적 실천도 포함하고 있고, '업業'도 마찬가지로 외재적인 사공事功의 영역으로 현실의 수요와 요청에 따라 그 잠재력을 무한하게 발휘할 수 창조적 가능성을 담고 있는 영역이기 때문이다. 이러한 관점을 가장 분명하게 보여주는 관점이 바로 『역전』의 '도기합일적道器合一的 성인관'이라고 할 수 있다.

安, 信之極也, 然乃所以爲入而崇德之資. 內外交相養互相發也."

제4장 『주역』의 형성과 성인작역

1. 성인작역에 대한 전통 유가의 관점

1) 괘효상卦爻象의 성인저작설

『주역』은 크게 두 부분으로 구성되어 있는데, 바로 『역경』과 『역전』이다. 『역경』은 64괘의 괘효상卦爻象과 그 아래 연결된 괘효사卦爻辭로 구성되어 있다. 각 괘는 6효로 이루어져 있어서 모두 384효가 된다. 또 어떤 사람들은 건괘乾卦와 곤괘坤卦의 두 괘에 보이는 용구用九와 용육用六을 일곱 번째 효로 간주하여 386효로 보기도 한다.[1] 모든 괘는 먼저 괘형卦形을 배치하고, 그 다음 괘명卦名을 두며, 마지막에 괘사를 붙인다. 모든 효는 먼저 효제爻題를 나열하고, 그 다음 효사를 붙인다. 괘사卦辭와 효사爻辭는 모두 450가지, 4700여 자字이다.

『역전』은 모두 일곱 개의 전傳으로 구성되어 있다. 「단전彖傳」・「상전象傳」・「문언전文言傳」・「계사전繫辭傳」・「설괘전說卦傳」・「서괘전序卦傳」・「잡괘

---

1) 乾卦의 用九와 坤卦의 用六은 사실 爻로 보기에는 무리가 있고, 그보다는 효의 작용을 말하는 것으로 편의상 그것을 효로 부르는 것으로 보인다. 이 문제에 대해서는 高亨 著, 王大慶 整理, 『高亨周易九講』(北京: 中華書局, 2011), 3쪽 참조 바람.

전雜卦傳」이 그것인데, 「단전」・「상전」・「계사전」은 각각 상하 두 편으로 나누어지기 때문에 『역전』은 모두 10편이다. 이 때문에 십익十翼이라고 말한다. 이들 문장들은 모두 『역경』에 대한 해석이다.

그러면 『주역』은 언제 누가 지었는가? 「계사전」에서는 다음과 같이 말하고 있다. "『주역』의 흥함은 중고中古시기에 해당하는가? 『주역』을 만든 사람은 우환憂患을 가지고 있었던가?"2) 또한 "『주역』이 흥함은 은나라 말기와 주나라의 덕이 성한 시기에 해당하지 않는가? 문왕文王과 주紂의 일에 해당하는 것이 아닌가?3)라는 말이 보이지만, 구체적으로 누가 『주역』을 지었는지, 주대 말엽의 사람이 지은 것인지 확실히 알 수 있는 단서는 없다. 단지 그것이 은주교체기에 지어졌을 것이라고 추측만 할 수 있을 뿐이다.

『주역』을 누가 지었는가 하는 문제에 대해서는 많은 논란이 있다. 『주역』을 지은 작자가 누구인가에 대한 문제가 여러 가지 논란을 일으키게 되는 가장 큰 이유는, 이런 물음에 대해 어떤 명확한 증거를 분명하게 제시해 주지 못하기 때문이다. 『주역』의 작자와 관련된 구체적인 문제로는 음효陰爻(--)와 양효陽爻(一)의 기원 문제, 8괘와 64괘의 기원과 제작자, 중괘설重卦說 및 8괘와 64괘의 발생 순서, 『역전』의 공자저작설 등에 대한 문제들이 포함되어 있다.

괘효의 기원 문제에 대한 논의는 많지만, 대부분의 사람들은 이 문제에 대해 분명한 정설定說을 제기하지 못하고 있다. 괘효의 기원에 관해서 『역전』은 모두 다섯 가지의 관점을 말하고 있다. 「계사전」에서 말하는 '앙관부찰설仰觀俯察說'4) ・ '대연지수설大衍之數說'5) ・ '역유태극설易有太極

---

2) 『周易』, 「繫辭下傳」, "易之興也, 其於中古乎? 作易者其有憂患乎?"
3) 『周易』, 「繫辭下傳」, "易之興也, 其當殷之末世, 周之盛德耶? 當文王與紂之事耶?"
4) 「계사하전」에 나오는 "옛날에 복희씨가 천하에 왕 노릇 할 때, 우러러 하늘의 상을 관찰하고 굽어 땅의 형태들을 관찰하며 새와 짐승의 무늬와 땅에 적합한 것에 대해

說'6), 「설괘전」의 '삼천양지이의수설參天兩地而倚數說'7)과 '건곤부모설乾坤父母說'8)이 그것이다. 이런 관점들이 전통 역학에 끼친 영향은 매우 큰데, 특히 복희의 '앙관부찰설'은 2천 년 동안 거의 정설定說이 되다시피 해왔다.9) 지금까지 이들 문제들은 대부분『역전』이나『사기史記』,『한서漢書』

관찰하였다. 가깝게는 자기에서 취하였고, 멀리는 다른 사물에서 취하였다. 여기에서 비로소 팔괘를 만들어"(古者包犧氏之王天下也, 仰則觀象於天, 俯則觀法於地, 觀鳥獸之文與地之宜, 近取諸身, 遠取諸物, 於是始作八卦)라는 말에서 나왔다. 이것은 복희씨가 여러 현상들을 살펴보아 卦를 만들었다는 觀象作卦를 말하고 있다.

5) 「계사상전」에 나오는 "크게 넓힌 大衍의 수가 50이지만 사용하는 것은 49이다. 이를 나누어 둘로 만들어 하늘과 땅의 兩儀를 상징하고, 하나를 걸어서 하늘, 땅, 인간의 三才를 상징하고, 나머지 시초를 네 개씩 세어 사계절을 상징하고, 네 개씩 덜어낸 나머지를 손가락 사이에 끼움으로 윤달을 상징하니 윤달이 대개 5년에 두 차례 있으므로 (그 이치를 상징하여) 다시 그 나머지를 손가락 사이에 끼운 후에 거는 것이다"(大衍之數五十, 其用四十有九. 分而爲二以象兩, 掛一以象三, 揲之以四以象四時, 歸奇於扐以象閏, 五歲再閏, 故再扐而後掛)에 보인다. 이것은 50支의 蓍草를 이용한 揲蓍를 통하여 卦를 구하는 방법에 대해 말한 것이다.

6) 「계사상전」에 나오는 "이러한 까닭에 易에는 太極이 있으니, 이것이 兩儀를 내고, 양의는 四象을 내고, 사상은 팔괘를 내니, 팔괘는 길함과 흉을 정하고"(是故易有太極, 是生兩儀, 兩儀生四象, 四象生八卦, 八卦定吉凶)라는 말에서 나왔다. 이것은 易의 生生과 발전의 순서에 따른 괘의 형성에 대해 말하는 것으로 보인다.

7) 「說卦傳」의 "옛날 성인이 역을 지음에 그윽이 신명을 도와 시초를 내었고, 하늘의 3의 수와 땅의 2의 수를 취하여 (陰陽奇偶의) 수를 세우고, 음양의 변화함을 보아 괘를 세우고, 강유에서 발휘하여 효를 만들어 내니"(昔者聖人之作易也, 幽贊於神明而生蓍,參天兩地而倚數, 觀變於陰陽而立卦, 發揮於剛柔而生爻)라는 말에서 나왔다. 이 관점은 성인이 神明을 도와 蓍策을 만들어 筮를 행하는 것에 대해 말하는 구절에서 나왔다.

8) 「說卦傳」의 "乾은 하늘이라 그러므로 아버지라 일컫고, 坤은 땅이라 그러므로 어머니라 일컫는다. 震은 첫 번째로 구하여 男을 얻음이라 그러므로 장남이라 이르고, 巽은 첫 번째로 구하여 女를 얻음이라 그러므로 장녀라 이르고, 坎은 두 번째로 구하여 남을 얻음이라 그러므로 中男이라 이르고, 離는 두 번째로 구하여 여자를 얻음이라 그러므로 中女라 이른다. 艮은 세 번째로 구하여 남을 얻음이라 그러므로 少男이라 이르고, 兌는 세 번째로 구하여 여를 얻음이라 그러므로 少女라 이른다"(乾, 天也, 故稱乎父, 坤, 地也, 故稱乎母, 震一索而得男, 故謂之長男, 巽一索而得女, 故謂之長女, 坎再索而得男, 故謂之中男, 離再索而得女, 故謂之中女, 艮三索而得男, 故謂之少男, 兌三索而得女, 故謂之少女)라는 말에 보인다. 이것은 乾坤을 부모로 삼아 여섯 자식을 낳는 것을 말하는데, 구체적으로는 "건의 도(건의 운행변화)가 남성이 되고 곤의 도(곤의 운행변화)가 여성이 되니"(乾道成男, 坤道成女)라는 말을 통하여 괘의 형성을 설명한 것으로 보인다.

9) 정병석,『점에서 철학으로』, 166쪽 참조 바람.

등에서 말하는 성인작역聖人作易이라는 지고至高의 권위에 의지하여 왔다는 것이 통상적인 관점이다.

『주역』은 한대漢代 이후 경학자들에 의해 성인이 지은 책인 성인지서聖人之書로 간주되어 왔다. 이렇게 말하는 이유나 근거는 『주역』의 가장 중요한 골간에 해당하는, 다시 말하면 텍스트 중의 텍스트에 해당하는 8괘와 64괘의 괘효, 괘효사와 『역전』이 모두 성인들, 즉 세 명의 성인(복희씨, 문왕, 공자)이나 네 명의 성인(복희씨, 문왕, 주공, 공자) 들에 의해 쓰였거나 만들어졌다고 보아 왔기 때문이다.

『한서』「예문지藝文志」에서 반고班固는 삼성설三聖說을 제기하여 복희씨가 8괘를 그렸고, 문왕이 64괘와 괘효사를, 공자가 『역전』을 지어서 경문經文을 해석하였다고 말한다.[10] 그리고 동한대東漢代를 거쳐 송대宋代의 주자에 이르는 시기에 사성설四聖說이 출현하여, 주공周公을 효사爻辭의 작자로 보아서 『주역』을 지은 작자의 반열에 포함시키게 되었다.

공영달의 『주역정의』에는 『주역』을 지은 작자로 수많은 성인들이 등장한다. 공영달은 복희가 획괘畫卦한 후에 중괘重卦를 한 사람으로 모두 네 가지 설을 말하고 있다. 그에 따르면, 왕필王弼은 복희가, 정현鄭玄은 신농神農이, 손성孫盛은 우禹임금이, 사마천司馬遷은 문왕이 중괘를 한 것으로 말하고 있다고 한다. 그는 또 정현은 문왕이 괘효사를 모두 지었다고 했고 마융馬融은 문왕이 괘사를, 주공이 효사爻辭를 지었다고 했으며, 십익十翼의 작자로는 대부분 공자를 들고 있다고 말한다.[11] 여기에 『주역』을 지은 사람으로 등장하는 복희, 신농, 우, 문왕, 주공, 공자 등은 모두 중국문화사 속에 등장하는 위대한 성인들이다. 이것은 바로 『주역』이 성인지서임

---

10) 『漢書』,「藝文志」, "宓戱始作八卦. 文王重易六爻, 作上下篇. 孔子爲彖, 象, 繫辭, 文言, 序卦之屬十篇. 故曰易道深矣, 人更三聖, 世歷三古."

11) 孔穎達, 『周易正義』(臺北: 藝文印書館, 1982), 序, 417쪽 참조 바람.

을 분명하게 보여 주는 대목이다.

『역전』에서 8괘의 형성 과정에 대해 말하는 가장 분명한 관점은 바로 복희의 획괘畵卦이다.

> 가) 옛날에 포희씨가 천하에 왕 노릇 할 때, 우러러 하늘의 상을 관찰하고 (허리를) 굽혀서는 땅의 형태들을 관찰하며 새와 짐승의 무늬와 땅에 적합한 것에 대해 관찰하였다. 가깝게는 자기에서 취하였고, 멀리는 다른 사물에서 취하였다. 여기에서 비로소 팔괘를 만들어, 신명의 덕에 통하게 하고 만물의 실상을 분류하고 정돈하였다.[12]

위에서 말하는 것은 8괘의 기원에 관한 가장 일반적인 관점으로, 포희씨包 羲氏 즉 복희씨가 천지만물의 변화를 살펴 8괘를 제작하였다는 입장이다. 8괘의 형성은 복희씨가 현실세계 속의 다양한 변화현상과 사물의 존재 양상을 다양한 각도를 통하여 관찰하여 괘를 만든 데서 비롯되었다는 것이다. 이것이 바로 성인인 복희씨가 '천지만물을 관찰하여' 8괘를 제작하 였다는 관점이다.

8괘를 만든 사람이 복희씨라는 것은 선진시기 이래로 전해 내려온 정통적 인 관점으로, 이 관점에 대해서는 줄곧 이의異議가 없었다. 그러나 복희씨는 원시시대의 인물이며, 당시 문자가 없어서 그 자체의 사적史籍이 없기 때문에 한마디로 확정적으로 인정하기가 어렵다. 다만 여기에서 일단 인정할 수 있는 것은, 8괘가 아주 먼 옛 시대에 ☰·☷·☲·☵·☴·☳·☶·☱ 등의 형태로 만들어졌고, 여기에 후대 사람들이 건乾·곤坤·리離·감坎·손 巽·진震·간艮·태兌라는 괘명卦名을 부여하였을 것이라는 점이다.[13]

---

12) 「繫辭下傳」, 제2장, "古者包羲氏之王天下也, 仰則觀象於天, 俯則觀法於地, 觀鳥獸之文, 與地 之宜, 近取諸身, 遠取諸物, 於始作八卦, 以通神明之德, 以類萬物之情."
13) 高亨 著, 王大慶 整理, 『高亨周易九講』, 6쪽 참조 바람.

복희가 8괘를 만들었다는 관점 외에 『역전』에는 괘의 형성 과정에 대해 말하고 있는 부분이 또 있다.

나) 황하에서 하도河圖가 나오고 낙수洛水에서 낙서洛書가 나오니, 성인이 이것을 법하여…….14)

다) 옛날 성인이 역을 지을 때, 신명한 변화를 몰래 도와서 시초를 이용하여 괘를 만들어 내었다.…… 음양의 변화를 관찰하여 괘를 제정하였다.15)

나)에서는 고대의 성인이 하도河圖를 본받아 8괘를 만들었고 낙서洛書를 본받아 구주九疇를 만든 것을 설명하고 있다. 옛날에 황하에서 등 위에 도형이 그려져 있는 용마龍馬가 출현하였고, 낙수洛水에서 등 위에 도형이 그려져 있는 신령한 거북이가 출현하였는데, 이것은 상서로운 조짐이다. 그래서 복희씨는 하도에 근거하여 8괘를 그렸고, 우임금은 낙서에 근거하여 구주를 제정하였다고 한다. 구주는 전설로는 천제天帝가 우임금에게 준 천하를 다스리는 아홉 가지 큰 법으로, 바로 낙서洛書를 말한다. 또 전설에 의하면 황하의 신마神馬가 8괘가 그려진 도圖를 복희씨에게 전해 주었다고 말하고 있다. 다시 말하면 8괘의 기원 혹은 출발은 사람이 아니라 천天이라는 것이다. 하지만 그렇더라도 그것을 구체적으로 이용하여 구체화시킨 사람은 복희씨이다.

하도와 낙서는 초기에 실전失傳되었다가 후대인들이 옛날 책에 나오는 기록에 근거하여 숫자를 조합하여 간단한 도표로 만들어 내었다고 한다. 비록 몇 가지 숫자만 있으나, 그 배치를 지극히 교묘하게 하여 여러 가지 다양한 상상을 할 수 있도록 하였다.

---

14) 「繫辭上傳」, 제11장, "河出圖, 洛出書, 聖人則之.……"
15) 「說卦傳」, 제1장, "昔者聖人之作易也, 幽贊於神明而生蓍……觀變於陰陽而立卦."

다)의 인용문은 8괘의 기원을 성인이 점을 치는 시초점蓍草占에서 나온 것으로 말하는 입장이다.

앞에서 말한 세 가지의 관점은 표면적으로 볼 때 8괘의 기원이 약간씩 다르다. 즉 8괘의 기원에 대해 가)의 관점은 철저하게 인간의 손에서 나온 것으로, 나)의 관점은 인간의 손이 아닌 천으로부터 받은 것으로, 다)는 성인이 치는 점에서부터 나온 것으로 말하고 있다. 그러나 주목해야 할 점은 8괘가 모두 직·간접적으로 성인의 손을 거쳐 구체적으로 형성되었다는 사실이다.

이 외에도 『역전』은 성인의 직접적인 작역作易에 대해 여러 군데에서 언급하고 있다. 예를 들면 「설괘전」에서는 "옛날 성인이 역을 지은 것은⋯⋯ 음양의 변화를 관찰하여 괘를 세우고, 강한 것과 부드러운 것에서부터 효를 드러낸다. 도와 덕에 조화하여 따르며 의리에 의해 다스리게 된다"[16]라고 말하고 있다. 이런 「설괘전」의 관점 역시 성인이 괘효를 만들었다는 사실을 분명하게 밝히고 있다.[17]

64괘의 작자에 대한 관점은 몇 가지로 나누어 볼 수 있다. 왕필王弼은 복희씨가 중괘重卦를 하였다고 했고, 정현鄭玄은 신농이, 손성孫盛은 우禹가, 사마천司馬遷은 문왕이 중괘를 하였다고 말한다. 가장 일반적으로 알려져 있는 관점은 바로 문왕의 중괘설重卦說이다. 사마천은 『사기』의 「일자열전日者列傳」에서 "복희씨가 8괘를 만들고 문왕이 384효를 만들었다"[18]라고 하였다. 앞서 본 『한서』 「예문지」에서도 문왕의 중괘를 언급하고 있고, 왕충王充 역시 똑같은 관점을 말하고 있다.[19] 중괘를 한 사람이 누구인가를

---

16) 「說卦傳」, 第一章, "昔者聖人之作易也⋯⋯觀變於陰陽而立卦, 發揮於剛柔而生爻, 和順於道德而理於義."
17) 8괘의 기원설에 관한 설명은 정병석, 『점에서 철학으로』, 169~171쪽 참조 바람.
18) 『史記』, 「日者列傳」, "自伏犧作八卦, 文王演三百八十四爻."
19) 『論衡』, 「正說」, "說易者皆謂伏犧作八卦, 文王演爲六十四."

막론하고, 64괘의 형성에 대한 전통적인 관점은 성인이 8괘를 중첩해서
만들었다는 것이다.

팔괘가 배열되니 만물의 상징이 그 가운데에 있고, 팔괘에 인하여(근거하여) 그것을
각각 포개니 효爻가 그 가운데에 있으며, 강剛과 유柔가 서로 밀치니(서로 번갈아
가면서 자리를 옮기니) 무궁한 변화가 그 가운데에 있게 된다.[20]

옛날 성인이 역을 지은 것은 장차 성명의 이치를 따르고자 한 것이니, 이 때문에
하늘의 도를 세워서 음과 양이라 하고, 땅의 도를 세워서 유와 강이라 하고, 사람의
도를 세워서 인과 의라 하였다. 삼재를 겸하여 둘로 겹쳤기 때문에, 역은 여섯
획이 되어 괘를 이루게 되었다.[21]

이처럼 『역전』은 분명히 64괘를 8괘를 중첩하여 이루어진 것으로 보고
있다. 64괘를 중괘重卦로 부르는 이유는 바로 8괘를 중첩하였다는 말에서
나온 것이다.

20세기 들어온 이후로 실증주의적 경향과 새로운 출토자료들이 발굴되
면서 괘효상의 형성에 대한 여러 가지 다양한 학설들이 출현하게 되었다.
예를 들면 '고문자설古文字說'·'서수설筮數說'·'결승기사설結繩記事說'·'생
식숭배설生殖崇拜說'·'귀복조문설龜卜兆紋說'·'태양숭배설太陽崇拜說'·'천
문역법설天文曆法說' 등으로 엄청나게 많다. 이 중 비교적 영향력이 있는
것은 '고문자설'·'귀복조문설'·'생식숭배설'·'서수설' 등이다.

'고문자설'은 『역위건곤착도易緯乾坤鑿度』에서 시작된다. 예를 들면 여기
에서는 '☰'은 고문의 천天으로 지금의 건괘乾卦에 해당하고, '☷'은 고문의
지地로서 지금의 곤괘坤卦이고, '☴'은 고대의 풍風으로 지금의 손괘巽卦이고,

---

20) 「繫辭下傳」, 제1장, "八卦成列, 象在其中矣. 因而重之, 爻在其中矣, 剛柔相推, 變在其中矣."
21) 「說卦傳」, 第一章, "昔者聖人之作易也, 將以順性命之理. 是以天之道曰陰與陽, 立地之道曰柔
與剛, 立人之道曰仁與義. 兼三才而兩之, 故易六畵而成卦."

'☶'은 고대의 산山으로 지금의 간괘艮卦이고, '☵'은 고대의 수水로 지금의 감괘坎卦이고, '☲'는 고대의 화火로 지금의 리괘離卦이고, '☳'는 고대의 뢰雷로 지금의 진괘震卦이고, '☱'는 고대의 택澤으로 지금의 태괘兌卦라고 말한다.22) 『역위』의 이 설이 어디에 근거하는지 알 수는 없지만 아마도 「설괘전」의 영향을 받은 것처럼 보인다. 역학사易學史에서는 송대宋代의 양만리楊萬里와 명대明代의 황종염黃宗炎(1616~1686)도 이 설을 따른다. 근세에 이 설을 이어받은 사람으로는 유사배劉師培(1884~1920), 양계초梁啓超(1873~1929), 곽말약郭沫若(1892~1978) 등이 있다.23)

'귀복조문설龜卜兆紋說'을 가장 먼저 말한 사람은 여영량余永梁(1906~1950)이다. 그는 "괘효는 조兆를 모방했다"24)라고 하였고, 풍우란馮友蘭(1895~1990) 역시 『중국철학사신편中國哲學史新編』에서 "8괘는 귀복에서 발전되어 온 것이다", "8괘는 바로 조문을 모방한 것이다. 8괘와 64괘는 바로 표준화된 조문이다"25)라고 하였다. 굴만리屈萬里(1907~1979)는 8괘와 64괘의 역괘易卦를 아래에서 위로 읽는 방식이 귀복龜卜의 관점과 유사하다는 관점 등을 들어서 역괘가 귀복에서 근원하고 있음을 주장하였다.26)

'생식숭배설'은 8괘 중의 양효(—)와 음효(--)는 각각 남녀의 생식기를 상징한다고 보는 관점이다. 전현동錢玄同은 "나는 원시적 역괘易卦는 생식기 숭배시대의 것으로, 건乾과 곤坤 두 괘는 바로 양성兩性 생식기의 기호라고 생각한다"27)라고 하였다. 이 관점은 20세기 초에 중국에서 상당히 유행하였

---

22) 『易緯乾坤鑿度』, 「古文八卦」 참조 바람.

23) 楊慶中, 『周易經傳硏究』(北京: 商務印書館, 2005), 3쪽 참조.

24) 余永梁, 「易卦爻辭的時代與作者」, 顧頡剛 編著, 『古史辨』 第3冊(上海: 上海古籍出版社, 1981), 제149쪽.

25) 馮友蘭, 『中國哲學史新編』 上(北京: 人民出版社, 1998), 84쪽.

26) 屈萬里, 「易卦源於龜卜考」, 黃壽祺·張善文 編, 『周易硏究論文集』 제1집(北京: 北京師範大學出版社, 1984), 43~53쪽 참조.

27) 錢玄同, 「答顧頡剛先生書」, 『古史辨』 제1책(上海: 上海古籍出版社, 1981年版), 77쪽.

지만 이런 견해는 사실 19세기 서양 사람들이 『주역』을 이야기하는 과정에서 이미 많이 언급하였던 내용이다. 예를 들면, 캐넌 맥클라치(Canon McClatchie)는 1876년에 출간된 'A Translation of the Confucian Yi King'이라는 번역서에서, 『주역』을 기본적으로 음양陰陽의 이원론에 기초한 천문학의 일종으로 간주하는 동시에 고대 중국의 생식기문화와 관련된 내용으로 구성되어 있다고 보았다.[28] 캐넌 맥클라치는 그의 『주역』 번역본에서 양陽을 양물陽物 즉 'the Membrum Virile'로 번역하고 있는데, 'the Membrum Virile'는 남성의 음경陰莖을 말한다. 또 음陰을 'the Pudendum Muliebre'로 번역하고 있다. 'the Pudendum Muliebre'는 여성의 생식기를 의미한다. [29]

'서수설筮數說'은 괘卦와 수數의 관계에서 괘효의 기원을 찾아내려는 관점이다. 물론 『역전』에서도 대연지수大衍之數나, 설시揲蓍하여 성괘成卦하는 문제에 대해 말하고 있다. 즉 괘효의 형성과 서수筮數가 직접적인 관계를 가진다는 것이다. 그리고 1980년대에 출현한 숫자괘의 해독에 따라서 괘와 수의 관계 문제는 더욱 중요하게 부각된다.

숫자괘를 통해서 보면 원시적 괘효 부호는 확실히 숫자와 관련이 있다. 그러나 여기에서 말하는 숫자는 일반적인 숫자가 아니라 서수筮數이다. 말하자면 원시적 괘효 부호는 서수의 직접적인 배열이고, 후대인들이 본 『역경』의 '⼀'과 '⼀⼀'은 그런 서수 부호를 해석하거나 간략화한 것으로 보인다. 이런 의미에서 말한다면 괘효 부호의 출발은 서점筮占이라고 보아야 할 것이다.[30]

복희가 8괘를 그렸다는 관점은 중국에서 2000년 동안 정통의 주류적인

---

28) 알프레드 포르케 저, 양재혁·최해숙 역주, 『중국고대철학사』(서울: 소명출판, 2004), 45쪽 참조.

29) Canon McClatchie, *A Translation of the Confucian Yi King*'(American Presbyterian Mission Press, reprinted by Cheng-wen Publishing Co. 1973), Introduction v.

30) 楊慶中, 『周易經傳硏究』, 6쪽 참조.

지위를 차지하고 있었지만, 청대淸代에서부터 민국民國 초기에 성행했던 강렬한 의고적疑古的 관점은 전통적인 관점을 거의 와해시켜 버리고 말았다. 숫자괘 등의 신출新出 출토 자료의 발견은 그러한 상황을 더욱 가속화시켰다. 그러나 아직도 전통적 관점이 완전히 와해된 것은 아니다. 전통적인 관점, 예를 들면 복희씨가 괘를 그렸다는 관점은 비록 믿을 수는 없으나 그렇다고 완전히 근거가 없는 것도 아니다. 중국학자 왕영생汪寧生(1930~2014)은 중국 서남부의 소수민족들이 그것과 유사한 고대 서법의 점치는 방법을 보존하고 있는 것을 확인하고, 이것이 8괘의 기원이 될 수 있다고 보았다. 또 인류학자들의 연구에 근거하면, 서남부의 소수민족 중에는 수數를 가지고 점을 치는 풍속이 보편적으로 유행하고 있다고 한다. 예를 들면 묘족苗族은 나무를 두 조각으로 내어 두 조각의 나무가 땅에 떨어지는 정반의 상황(一正一反, 혹은 두 개의 正, 혹은 두 개의 反)을 가지고 길과 흉을 결정한다.

그러나 고대의 서법과 가장 비슷한 것은 역시 사천四川 양산涼山의 이족彝族의 점치는 방법이다. 이 방법을 뇌부자雷夫孜라고 부른다. 먼저 무사巫師들은 가는 대나무 혹은 풀뿌리를 왼손에 한 묶음 묶고 오른손으로 마음대로 한 부분을 나누어 왼쪽 손에 남아 있는 수가 홀수인지 짝수인지 살핀다. 이렇게 하여 세 번 행하면 세 개의 숫자를 얻을 수 있다. 어떤 때는 나무 조각에 칼로 흔적을 파서 일정한 숫자를 만들어 낸다. 그런 후에 이 세 개의 숫자에 근거하여 이것이 홀수인지 짝수인지와 그 선후 배열에 따라 복수復讐를 할 것인지 말 것인지, 여행이나 혼인을 할 것인지 등의 문제를 판단한다. 수를 둘로 나누고 세 번에 걸쳐 점치기 때문에 여덟 가지의 가능한 배열과 조합이 있게 된다. 다시 말하면 8개의 답안이 있을 수 있는 것이다. 예를 들면 '홀수, 짝수, 홀수'의 경우에는 전쟁을 하면 반드시 이기기 때문에 상괘上卦가 되고, '홀수, 짝수, 짝수'일 경우는 전쟁을 하면 반드시 패하고 손실이 크기 때문에 하괘下卦가 된다. 즉 수를 홀수와 짝수

둘로 나누어 세 번 점을 치면 여덟 개의 상황이 나온다. 예를 들면 복수를 할 경우에 나오는 여덟 가지의 점괘에 대한 해석은 아래와 같다.

짝수, 짝수, 짝수: 승부가 나지 않음(中平)

홀수, 홀수, 홀수: 이기지 못하면 패함. 이기면 대승, 지면 대패함(中平)

짝수, 홀수, 홀수: 싸움이 크게 순조롭지 못함(下)

홀수, 짝수, 짝수: 반드시 패하고 손실이 큼(下下)

짝수, 홀수, 짝수: 싸움이 크게 불리하지 않음(中平)

짝수, 짝수, 홀수: 싸움에서 이길 희망이 보임(上)

홀수, 홀수, 짝수: 싸움의 여부에 큰 영향이 없음(平)

홀수, 짝수, 홀수: 싸우면 이기고 노획품이 반드시 많음(上)

이처럼 복수전을 하기 전에 반드시 뇌부자雷夫孜를 행하여 행동을 결정한다. 만약 상괘上卦가 나오면 반드시 싸우러 가고, 중괘中卦나 하괘下卦가 나오면 다시 생각해 보아야 한다. 이처럼 고대의 서법은 분명히 '수복법數卜法'의 일종으로 볼 수 있다.[31]

왕영생에 따르면, 이런 점치는 방법과 8괘의 관계가 완전히 딱 들어맞을 수는 없다. 고대의 서법은 분명히 숫자점에 속하는 것으로, 간단한 것에서 복잡한 과정으로 발전하여 복희가 괘를 그리고 문왕文王이 중괘하는 전통적 관점은 실제 상황에 들어맞는다고 말한다.[32] 이런 왕영생의 관점에 대한 유술선劉述先(1034~2016)의 해석은 상당히 이채롭다.

왕영생의 관점은 대체로 옳은 것으로 보인다. 그러나 그는 대륙의 관방官方의 의견에 묶여서 성인聖人이 괘를 그렸다는 신화에 대해서는 이야기하지 않고 있다.

---

31) 汪寧生, 「八卦起源」, 黃壽祺·張善文 編, 『周易硏究論文集』 第1集(北京: 北京師範大學出版社, 1985), 98~99쪽 참조.
32) 汪寧生, 「八卦起源」, 黃壽祺·張善文 編, 『周易硏究論文集』 第1集, 96~103쪽 참조.

사실 이런 신화는 우리들에게 매우 중요한 정보를 말하고 있다. 복희는 하나의 상징으로 간주할 수 있는데, 그는 목축의 상태에서 아직 농경의 시대로 진입하지 못하였는데도 불구하고 이미 괘를 그린 사실을 상징한다. 중국 고대의 신화 전문가의 연구에 의하면 복희의 전설과 서남부의 소수민족은 매우 밀접한 관계를 가지고 있다. 예를 들면 원가袁珂(1916~2001)[33]가 말하기를 전통의 복희와 여와女媧는 원래 남매간이거나 혹은 부부간이라고 말한다. 이런 전설은 이미 유래가 오래된 것이다. 한대의 석각화상石刻畵像과 벽돌의 그림 및 서남지구의 묘족苗族, 동족侗族이나 이족彝族 등의 소수민족들에서 유행하는 전설에서 그 증거를 찾을 수 있는데 이것은 더욱 믿을 만하다.…… 기타의 신화전설에 의하면 복희와 뇌신雷神 사이의 혈통관계를 살펴볼 수 있는데, 복희는 실은 뇌신의 아들이다. 복희가 사람들에게 베푼 최대의 공헌은 바로 불을 사람들에게 제공해 준 것이다. 사람들로 하여금 불에 익힌 동물의 고기를 먹게 했다는 데 있다. 역사에서 전하는 바에 의하면 그는 일찍이 8괘를 그렸고, 이런 부호는 천지만물의 여러 가지 상황을 포함하고 있고 사람들은 그것을 가지고 생활 속에서 생긴 여러 가지 사정을 기록한 것이다. 이러한 신화전설로부터 분명하게 살펴볼 수 있는 사실은 8괘가 복희에서 기원한다는 상징으로 대표되는 서남 소수민족의 문화는 후대에 중원문화에 의해서 접수되고 거기에서 다시 진일보 발전한 것이다. 왕영생은 서법筮法은 마땅히 복법卜法과 마찬가지로 원시사회로부터 유행된 일종의 점복 방법이라고 말한다. 후인들은 여덟 가지의 괘상卦象이 너무 부족하다고 여겼기 때문에 8괘를 다시 중첩하여 64괘로 만들었고, 설시揲蓍의 방법 또한 가면 갈수록 번잡해졌다. 본괘本卦 이외에 변괘變卦가 있고, 괘사 이외에 효사를 더 추가하여 책을 만들었는데 이것이 바로 『주역』과 같은 종류의 책이 나온 유래이다.[34]

여기서 유술선은 『주역』의 서법과 가장 비슷한 것을 중국 서남부의 소수민족의 점법에서 찾고 있다. 구체적으로 사천四川 양산凉山의 이족彝族이

---

33) 袁珂는 중국의 유명한 신화학자이다. 1941年에 成都의 華西대학 중문과를 졸업하였다. 1962년에 『中國神話傳說』을 출판하였다. 이 책은 최초의 체계적인 漢族 고대 신화에 대한 저술이다. 이후에 『中國古代神話』 등을 출판하였다.

34) 劉述先, 『哲學思考漫步』, 190~192쪽.

치는 뇌부자雷夫孜라는 점법에 대해 이야기하고 있다. 이어서 그는 복희의 전설과 서남부의 소수민족이 밀접한 관계를 가지고 있음을 말한다. 복희와 여와女媧가 원래 남매간이거나 부부간이며 뇌신과 복희의 관계가 부자 사이라는 신화전설을 예로 들면서, 8괘가 복희에서 기원한다는 상징으로 대표되는 서남 소수민족의 문화가 후대에 중원문화에 의해서 접수되었다고 말한다. 그리고 여기에서 진일보하여 『주역』이 출현하였다고 말한다. 이런 점에서 유술선은 복희가 8괘를 처음으로 그렸다는 관점이 전혀 근거가 없는 것은 아니라고 주장하고 있다.

괘효상의 기원에 대한 관점은 여전히 많은 문제가 존재한다. 숫자괘의 출현으로 보면 괘효상의 기원은 마땅히 수와 관련이 있고, 수의 탄생은 분명히 서점筮占과 관련이 있다. 서筮로부터 수數에 이르고 수로부터 괘卦에 이르는 관점이 대체로 정확할 것으로 보인다. 그러나 이 문제에 대한 전통적인 관점은 대부분 몇몇 성인에 의한 창작으로 말하고 있는데, 이것이 바로 성인작역聖人作易이다.[35]

2) 괘효사의 성인저작설

『역경』이라는 책은 문자 부분에 속하는 64조의 괘사卦辭와 384조(혹은 386조)의 효사爻辭를 가지고 있다. 이들 괘사와 효사는 누가 지었는가? 『역경』의 괘사와 효사의 저자에 대한 한대 이후의 견해는 대부분 문왕과 주공을 이야기한다. 예를 들면 정현은 괘효사의 저자를 문왕으로, 마융馬融과 육적陸績 등은 괘사는 문왕, 효사는 주공이 지은 것으로 보고 있다. 심지어 괘사와 효사를 공자가 지었다고 보는 관점도 있다.

피석서皮錫瑞(1850~1908)는 『경학통론經學通論』에서, 일반적으로 공영달의

---

35) 정병석, 『점에서 철학으로』, 166~167쪽을 참조 바람.

관점에 근거하여 문왕이 괘사와 효사를 지었다고 하거나 문왕이 괘사를, 주공이 효사를 지었다고 말하지만 어떤 분명한 문헌적 증거는 없다고 하면서, 괘효의 사辭는 모두 공자가 지은 것으로 보아야 한다고 주장하였다. 그러나 괘사는 문왕이, 효사는 주공이 지었다는 설이 일반적이다. 왜냐하면 『역경』의 괘효사에서 다루어진 내용은 대부분 문왕 이후의 사건이나 인물들과 관련되기 때문이다.

이 문제에 대해 고형高亨(1900~1986)은 『역경』의 성립 시기를 대체적으로 주나라 초기로 본다. 즉 『역경』에 들어 있는 역사적 내용들 중에서 가장 늦은 것이 문왕과 무왕의 시기에 해당하는 것이라고 말한다. 예를 들면, 수괘隨卦(䷐) 상육上六 효사의 "(상육은) 붙들어 묶어 놓고 이에 좇아 얽어매니, 왕이 서산에서 제사를 올리게 했다"(拘係之, 乃從維之, 王用亨于西山)라는 구절에서, "종유從維"를 "종일縱絏" 즉 해방의 의미로 보아 이 구절은 문왕이 유리羑里의 감옥에서 석방된 사건을 말하는 것이라고 보았다. 또 진괘晉卦(䷢) 괘사의 "왕이 내린 종마種馬를 이용하여 많은 말을 번식시켰는데 하루에 세 번이나 교접하였다"(康侯用錫馬蕃庶, 晝日三接)라는 말에서 "강후康侯"는 처음에 강康에 봉해졌다가 다시 위衛에 봉해진 "강숙康叔"을 가리키는데, 이것은 강숙이 위에 봉해지기 이전의 일과 관련된 것으로 보고 있다. 또 명이괘明夷卦(䷣) 육오六五 효사의 "기자箕子의 (밝은 것을 숨기는) 명이이니, 바르게 함이 이로울 것이니라"(箕子之明夷, 利貞)라는 말에서 기자는 은말주초殷末周初의 사람으로 이 글 속에는 무왕 이후의 일은 기록된 것이 없기 때문에 『역경』은 주대 초기에 이루어진 것으로 보인다고 말한다.36) 그러나 이런 입장들 역시 문헌상으로 확실한 증거가 있는 것은 아니다.

전통적인 관점에 의하면 『역경』 괘효사의 작자에 대해서는 통일된 관점

---

36) 高亨 著, 王大慶 整理, 『高亨周易九講』, 10쪽 참조 바람.

이 없지만 공통적으로 성인의 손에서 나왔다고 보고 있다. 고대의 학자들은 『역경』이 성인의 손에서 나왔다는 경학적 신앙에 사로잡혀서 오직 괘효사의 해석에만 치중하며 성인의 미언대의微言大義를 구하는 데 온 힘을 경주하였지, 괘효사의 구조적 특징이나 사료적 가치의 문제에 대해서는 크게 주의하지 않았다. 그러다가 20세기 초반에 『역경』의 신성한 지위가 타파되면서 사람들은 그것에 대해 다양한 관점에서 연구를 진행할 수 있었고, 이로 말미암아 괘효사와 은상殷商 복사의 연원관계 및 괘효사의 구조, 괘효사 중에 보존된 사료 문헌이나 잠언箴言, 고가古歌 등으로 연구의 관점을 전환하게 되었다. 여기에서 이들 괘사와 효사를 창작보다는 편집編輯이라는 측면에서 보기 시작한다. 전통역학에서는 이들 문제에 대해서 약간 언급하는 것이 있었으나 사료나 연구방법의 제한으로 말미암아 성과가 크지 않았다. 그러나 부단한 새로운 자료의 출토로 말미암아 현대의 학자들은 새로운 방향에서 연구하기 시작한다.

3) 『역전』과 공자의 찬역

『역전』의 작자에 대해서는 사마천을 시작으로 하여 대부분 공자가 지은 것으로 보아 왔다. 전통적으로 대부분의 유가들은 『주역』의 『역경』 부분의 작자를 복희씨, 문왕, 주공 등 고대의 성인들에게로 돌리고 『역전』의 작자를 공자로 말하고 있다.

기존의 문헌들 속에서 공자와 『주역』의 관계에 대한 몇 가지 중요한 언급들을 발견할 수 있다. 그 중 가장 쟁점이 되는 몇 가지 문제들에 대해 살펴보도록 하자. 이 중 언급된 내용들 중에서 가장 많이 다루어지는 문제는 역시 공자가 『역전』을 지었다는 '공자찬역孔子贊易'이다. 이 문제가 직접적으로 언급된 곳은 『사기』 「공자세가孔子世家」이다.

공자는 만년晩年에 『역』을 좋아하여 「단전」, 「계사전」, 「상전」, 「설괘전」, 「문언전」을 정리하였다. 그는 죽간을 묶은 가죽 끈이 세 번이나 끊어질 만큼 『역』을 반복해서 읽었다. 그는 "만약 나에게 (이렇게 공부할 수 있는) 몇 년의 시간을 더 주어진다면 나는 『역』의 도리에 다 밝아질 수 있을 것이다"라고 하였다.[37]

사마천은 위의 문장에서 공자가 만년에 얼마나 『주역』을 열심히 즐겨 읽었는지 책을 묶은 가죽 끈이 세 차례나 끊어졌다는 유명한 '위편삼절韋編三絶'의 고사를 말하고 있다. 공자는 또 만약 다시 몇 년의 시간이 더 주어진다면 『주역』의 도리에 대해 더욱 분명하게 깨닫는 바가 있을 것이라고 말한다. 이러한 『사기』 「공자세가」의 관점에 근거하여 한대 이후 대부분의 학자들은 『역전』을 공자가 지었다고 보았다. 예를 들면 반고班固도 『한서』 「예문지」에서 다음과 같이 말한다.

공자는 「단전」, 「상전」, 「계사전」, 「문언전」, 「서괘전」에 속하는 10편을 지었다(爲).[38]

사마천이나 반고의 경우에는 엄밀하게 말하여 공자가 『역전』을 분명하게 직접 저작하였다는 말은 하지 않았는데, 이와는 달리 십익을 공자가 분명하게 지었다는 것(作)으로 말하는 관점이 있다. 송대에 출현하였을 가능성이 크지만, 서한西漢 말년에 성서成書된 것으로 알려진 『역위건곤착도易緯乾坤鑿度』에서 바로 그와 같은 기록을 발견할 수 있다. 여기에서는 공자가 뜻을 꺾고 예禮와 사史의 공부를 중단한 뒤 50세 이후에 『역』을 연구하여 십익을 지었다고 말한다.[39] 만약 『건곤착도』가 정말 서한시기에 출현한 것이 틀림없다면 이 말은 십익을 공자가 지었다는 가장 확실한

---

37) 『史記』, 「孔子世家」, "孔子晩而喜易, 序彖繫象說卦文言. 讀易, 韋編三絶. 曰: '假我數年, 若是, 我於易則彬彬矣.'"
38) 『漢書』, 「藝文志」, "孔氏爲之「彖」, 「象」, 「繫辭」, 「文言」, 「序卦」之屬十篇."
39) 『易緯·乾坤鑿度』, "嗚呼天命之也, 嘆訖而後息志, 停讀禮止史削, 孔子五十究易, 作十翼."

전거典據가 되는 구절(locus classicus)일 수 있을 것이다.[40]

왕충王充도 분명하게 공자가 『역전』을 지었다고 언급하였다.

공자는 「단전」, 「상전」, 「계사전」을 지었다.[41]

반고나 왕충은 「공자세가」의 "정리하다"(序)라는 말을 분명하게 '저작하였다'라는 의미로 받아들였고, 한대 이후 대부분의 학자들은 십익 전체를 모두 공자가 지은 것으로 보았다. 이처럼 공자가 『역전』을 지었다는 이른바 찬역贊易은 유가들의 전통적인 관점이다.

2. 괘효상의 성인저작설에 대한 비판

1) 괘효상의 기원과 숫자괘

성인이 『주역』을 지었다는 신성불가침의 권위는 송대의 구양수歐陽修와 청대의 최술崔述 등의 비판적 관점의 출현으로부터 시작하여 고힐강顧詰剛을 필두로 하는 20세기 초기의 의고파疑古派의 집요한 공격으로 심각한 내상을 입게 되었다. 특히 이러한 의고적 경향은 20세기 후반의 숫자괘數字卦 등의 새로운 출토자료의 발견을 통하여 '성인작역聖人作易'이라는 경학적 신앙을 포기하게 만드는 결정적인 계기들을 연이어 제공하였다. 20세기 초기의 의고파들은 중국 고사古史는 결코 진실한 객관적 역사가 아니라 후대 사람들이 만든 것에 불과하다고 말한다. 이런 주장에 따라 『주역』이 가진 '성인지서

---

40) Willard J. Perterson, Making Connections: "Commentary on the Attached Verbalization" of the *Book of Changes*, p.74.
41) 『論衡』, 「謝短」, "孔子作象繫辭."

聖人之書'로서의 지위 역시 새로운 전기를 맞이하게 된다.

고힐강은『고사변古史辨』에서 "한대인漢代人의 경설經說 타파", "복희와 신농의 성스러운 경전의 지위를 파괴하고 그 복서卜筮의 지위를 세움", "십익이『역경』의 상·하경과 일치하지 않음을 분명하게 밝힘"[42] 이라는 구호를 통하여『역경』과『역전』의 성립 시기, 저자 등의 문제를 집중적으로 고증하고 있다. 이런 논쟁을 통하여 그들은『역경』과『역전』의 성격이 다른 점을 밝혀 역학 연구에 새로운 장을 열었다.

이 시기에 고힐강과 비슷한 견해를 가진 학자로는 곽말약郭沫若(1892~1978)과 고형이 있다. 곽말약은 유물사관唯物史觀의 입장에서『주역』에 관한 두 편의 논문을 발표하였다.[43] 그는「주역의 제작시대」(周易之制作時代)라는 논문에서 전통적인 복희·문왕·공자의 "인경삼성人更三聖"이라는 삼위일체三位一體의 신성한 관점은 기본적으로 믿을 수 없는 허구라고 비판한다.[44] 한편, 고형은 전체적으로『주역』고경古經 즉『역경』은 결코 한 사람이 지은 것이 아니며 또한 한 시대에 지어진 것이 아님을 주장하면서[45]『역경』과『역전』의 원의를 구별하여 볼 것을 말하고 있다.[46]

'성인지서'로서의『주역』의 지위는 20세기 후반으로 갈수록 더욱 흔들리기 시작한다. 갑골문, 숫자괘 등의 발견에 의해『주역』의 '성인작역'이라는

---

42) 顧頡剛,『古史辨』第3冊(臺北: 明倫出版社, 1970), 自序 참조 바람.

43) 하나는 1927년에 쓴「周易的時代背景與精神生産」이고, 다른 하나의 논문은 1935년에 쓴「周易之制作時代」이다.「周易的時代背景與精神生産」은『주역』괘효사의 사료가치를 이용하여 殷周 사회의 정치, 경제구조와 정신 문제 등을 말하고 있다.「周易之制作時代」는 주로『주역』경전의 저자와 成書 시대를 고증하고 있다.

44) 郭沫若,「周易之制作時代」, 黃壽祺·張善文 編,『周易研究論文集』第一輯, 272~288쪽 참조 바람.

45) 高亨 著, 王大慶 整理,『高亨周易九講』, 10쪽 참조 바람.

46) 고형은 유명한『周易古經今注』와『周易大傳今注』를 통하여 '經意' 즉 經의 원의와 전傳의 이해인 '傳解'를 구별하고 있다. 그는 분명히『역경』과『역전』을 구별하여『역전』을 통한 解經이『역경』의 원의와 엄청난 차이를 가지고 있음을 지적하고 있다.

전통적 관점은 새로운 도전에 직면하게 된다. 2000년 이상을 지탱해 온 '성인지서'로서의 『주역』은 출토자료들의 발견에 의해 '성인작역'의 관점이 대부분 부정되어 버린다.

전통적인 괘효상의 기원은 복희가 천지만물의 변화를 살펴 8괘를 만들었고 문왕이 8괘를 중첩하여 64괘를 만들었다는 것이 일반적인 관점이다. 이 관점은 신성불가침의 권위를 가지고 거의 별다른 저항 없이 수천 년을 이어 왔다. 그러나 이런 관점은 현대에 이르러 그 절대적인 권위가 심각한 도전을 받게 된다. 물론 이전에도 괘효상 기원설에 대한 상이한 관점들이 없었던 것은 아니다. 이미 앞에서 언급한 양효(—)와 음효(--)를 남녀의 생식기의 상징으로 보는 관점이나,[47] 괘효상이 문자 혹은 그림 문자에서 나왔다는 관점이다.[48] 또 괘효상이 귀복龜卜의 조문兆紋에서 변천되어 나왔다는 관점[49]도 있다. 그러나 이런 관점들은 대부분 개인의 주관적인 관점이거나 어떤 한 측면만을 지나치게 강조하여 보편적인 지지를 얻는 데에는 한계가 있었던 것으로 보인다. 이런 상황에서 괘효상의 기원설을 가장 설득력 있게 이야기해 주는 것으로 볼 수 있는 것이 바로 숫자괘이다. 숫자괘의 발견은 8괘의 기원과 중괘의 문제에 대한 의문들을 상당 부분 해소해 준다고 할 수 있다.

여기에서 말하는 숫자괘는 중국 고대의 유물들 즉 갑골甲骨·도기陶器나 청동기靑銅器에 남아 있는, 점서占筮하여 얻은 숫자를 기록한 것들이다. 처음 학자들은 여기에 기록된 숫자가 무엇을 의미하는가에 대해 여러 가지 다양한 의견들을 제시하였다. 이것을 씨족을 표시하는 족휘族徽나

---

47) 이 관점에 대해서는 錢玄同의 「答顧頡剛先生書」(『古史辨』 제1책), 77쪽과 郭沫若의 『中國古代社會硏究』, 제26쪽(北京: 人民出版社, 1954) 참조 바람.
48) 이 관점은 郭沫若의 周易之制作年代(『靑銅時代』, 人民出版社), 63~70쪽 참조 바람.
49) 이 문제에 대해서는 余永粱의 「易卦爻辭的時代及其作者」(『歷史語言硏究所集刊』 第一本 第一分)와 屈萬里의 「易卦源於龜卜考」(『歷史語言硏究所集刊』 第27本) 등을 참조 바람.

옛 글자의 한 형태인 기자奇字로 간주하기도 하였지만,[50] 1978년 장정랑張政烺은 이것을 가장 이른 형태의 서괘筮卦라고 주장하였다.[51] 이로부터 숫자괘는 학계의 주목을 받기 시작하면서 중요한 주제로 부상되었다. 장정랑은 숫자괘에 대해서 다음과 같이 말하고 있다.

내가 보기에 이들 기자奇字는 서수筮數로 보인다. 여섯 개의 숫자가 한 조組로 이루어진 것은 중괘重卦이고, 금문金文에 보이는 세 개의 숫자가 한 조를 이룬 것은 단괘單卦이다. 『주역』을 연구하는 사람들은 일관되게 홀수는 양이고 짝수는 음이라고 본다. 나는 이런 습관에 따라 주원周原 갑골에 보존되어 있는 완벽한 상태의 4조組의 숫자를 양효와 음효를 이용하여 감하간상坎下艮上의 몽괘蒙卦, 손하간상巽下艮上의 고괘蠱卦, 간하간상艮下艮上의 간괘艮卦, 리하감상離下坎上의 기제괘旣濟卦를 그려 내었다.[52]

주요한 것은 이들 숫자를 모두 서수筮數로 추정할 수 있다고 말한다.…… 주원 복갑卜甲에 보이는 숫자는 1·5·6·7·8이다. 전통적인 방법에 따르면, 노양老陽과 소양少陽은 모두 양陽이고 노음老陰과 소음少陰은 모두 음陰으로, 1·5·6·7·8 등의 여러 숫자가 사용되고 있지만 다만 음양 두 효爻로 구분할 수 있다. 흑판黑板에 몽蒙, 고蠱, 간艮, 기제旣濟의 네 개의 괘를 그리고 있다. 내가 보기에 금문金文 중 세 개의 숫자는 단괘單卦이고, 주원 복갑의 여섯 개 숫자는 중괘重卦로 보인다. 전설 중에는 복희씨가 8괘를 그리고 주문왕이 중괘重卦한 것으로 말하는 것도 있고, 또한 복희씨가 중괘하거나 신농씨가 중괘하였다는 말도 있다. 고고학적 자료로 보면 갑골甲骨 외에 또한 금문金文에도 보이고 (공간적으로는) 주원 일대뿐만 아니라 전파된 지도 오래되었는데, 그 시작이 문왕 이전임을 알 수 있다.[53]

---

50) 唐蘭, 「在甲骨金文中所見的一種已經遺失的中國古代文字」(『考古學報』 1957년 제2기), 33~ 36쪽 참조.

51) 張政烺의 「試釋周初青銅器銘文中的易卦」(『考古學報』 1980年 第4期)와 「帛書六十四卦跋」 (『文物』 1984年 第3期) 및 「殷墟甲骨文中所見的一種筮卦」(『文史』 1985年 24輯) 등을 참고 바람.

52) 張政烺, 『張政烺文集』, 『論易叢稿』(北京: 中華書局, 2012), 60~61쪽.

53) 張政烺, 『張政烺論易叢稿』(北京: 中華書局, 2011), 46쪽.

장정랑은 갑골이나 도기, 청동기 등에 보이는 이른바 특이한 기자_{奇字}를 기본적으로 점을 친 기록인 서수_{筮數}로 간주하고 있다.

현재까지 출토된 문헌 가운데 보이는 숫자로 이루어진 괘를 살펴보면, 『주역』의 괘획_{卦畵}은 숫자괘와 어떤 관련이 있는 것으로 추정해 볼 수 있다. 가장 이른 시기에 존재하였던 것으로 보이는 신석기시대 후기에 속하는 송택_{崧澤}문화54)시기의 1·2·3·4·5·6에서부터 상말주초_{商末周初}의 1·5·6·7·8·9, 전국시기의 1·6·8·9, 한초의 1·6·8, 현재 우리가 보고 있는 통행본의 음양효 부호괘에 이르기까지의 과정은 확실히 뚜렷한 변천의 흔적을 보여 준다. 현재까지도 숫자괘는 지속적으로 발견되고 있는데, 이들은 모두 숫자의 조합으로 이루어져 있다.

전국시대 이전의 숫자괘는 서괘_{筮卦}의 원시적인 형태로서 육자괘_{六子卦}와 삼자괘_{三子卦} 혹은 사자괘_{四子卦}가 있다. 하나의 숫자는 하나의 효_爻에 해당하기 때문에 육자괘는 중괘에, 삼자괘는 단괘_{單卦}에 해당하는 것으로 간주된다. 이들 숫자괘는 역괘_{易卦}라고 단정할 수는 없고, 일종의 서괘라고 볼 수 있다.

고고학적 자료들은 일반적으로 알려져 있는 문왕중괘설이 절대적으로 옳은 것은 아니라는 단서를 제공해 준다. 지금까지 출토된 상말_{商末}과 서주_{西周}시기의 문물 중에서 아직 현재의 음양 부호로 이루어진 부호괘의 흔적은 발견할 수 없다. 부호괘는 숫자괘에 비해 분명히 간이_{簡易}하고 그려 넣기도 쉬웠을 것이다. 여기에서 우리는 다음과 같은 가정을 할 수 있다. 만약 문왕이 중괘_{重卦}하고 주공_{周公}이 계사_{繫辭}한 것이 사실이라면, 『주역』의 고경_{古經}은 은말주초_{殷末周初}에 완비되어 있어야 하고, 서주_{西周}시기의 숫자괘와 부호괘는

---

54) 崧澤문화는 지금부터 약 5800~4900년 전의 신석기시대에 속하는 것으로 母系社會에서 父系社會로 넘어가는 과도 단계에 해당하는 것으로 보인다. 이것은 처음에 上海市 靑浦區 崧澤村에서 발견되었기 때문에 송택문화라고 부르게 되었다. 송택문화는 위로는 承馬家浜文化를 계승하고 아래로는 良渚文化에 이어지고 있다.

마땅히 함께 존재해 있어야 한다. 그러나 사실은 결코 그렇지 못하다. 이 때문에 우리는 의문을 가지지 않을 수 없게 되는 것이다.

현재까지의 출토된 숫자괘들을 보면 서주시기의 숫자괘는 1·5·6·7·8·9의 여섯 개의 자연수로 효를 표시하고 있는데, 「계사전」의 7·8·9·6이 아니다. 즉 당시 서수筮數의 배열에는 어떤 규칙도 보이지 않는다. 서수가 고정되어 있지 않기 때문에 삼획괘 즉 오늘날의 단괘에 해당하는 삼자괘三子卦는 여덟 개에 그치지 않는다. 이런 관점에서 보면 8괘를 중첩한 64개의 숫자괘의 관점은 나오기 어렵다. 다시 말하면 여섯 개의 숫자로 된 복괘復卦는 결코 삼자괘를 중첩하여 구성된 것이 아니라는 것이다.[55] 이런 각도에서 숫자괘와 부호괘는 다르다고 말한다.

물론 어떤 학자들은 숫자괘를 음양 부호를 숫자로 환원한 것으로 보기도 하지만,[56] 현재까지의 연구 성과로 볼 때 숫자괘와 부호괘는 분명히 다르다. 그보다는 차라리 숫자괘는 부호괘의 전신前身이라고 보는 것이 합당할 듯하다. 즉 부호괘는 숫자괘의 발전된 형태로 보아야 한다는 것이다. 우리는 숫자괘를 부호괘로 전환할 수는 있지만, 부호괘를 숫자괘로 바꾸기는 어렵다. 이것은 숫자괘에서 『주역』의 괘획으로의 변천에는 엄청난 변화가 있었음을 의미한다. 즉 음양의 효획이라는 구조의 전환은 단순한 서점 기능의 변화가 아닌, 엄청나게 많은 다양한 내용과 정보를 담을 수 있는 상징 부호로의 전환이었던 것이다.

부호괘에는 두 가지가 있다. 하나는 지금 우리가 보는 통행본 『주역』의 음양 부호이고, 다른 하나는 상박장초죽서上博藏楚竹書 『주역』과 부양한간阜陽漢簡 『주역』에 보이는 1·6·8 등의 숫자이다. 『주역』의 6·7·8·9는 분명히 서수이지만, 초죽서楚竹書 『주역』 및 부양한간 『주역』의 1·6·8은 서수가

---

55) 周立昇 著, 『周立昇文集』 下卷(濟南: 山東大學出版社, 2011), 24~25쪽 참조 바람.
56) 이런 관점을 가진 사람으로는 曹瑋와 廖明春 등이 있다.

아니라 서수로부터 변환되어 이루어진 이미 숫자의 의미를 넘어선 부호이다. 이를 음양 부호와 구별하기 위해 숫자 부호라고 부를 수 있다. 이것은 단순한 음양 부호나 서수가 아닌 숫자괘 부호인 것이다. 이런 부호괘는 다시 두 가지로, 즉 음효와 양효를 괘의 부호로 삼은 통행본『주역』의 음양 부호괘와, 1·6·8을 괘의 부호로 삼은 초죽서『주역』및 부양한간『주역』등의 숫자 부호괘로 나누어 볼 수 있다.

『주역』의 음효와 양효는 부호이며, 6·7·8·9는『주역』의 서수이다. 통행본『주역』은 이 음효와 양효 두 부호의 배열이기 때문에 8괘와 64괘의 성립이 가능하다. 만약 숫자괘의 경우, 숫자의 배열이라면 가능한 배열법이 매우 방대하고 번잡하였을 것이다. 숫자괘가 성립되는 경우의 수를 살펴보면 다음과 같다.

두 개의 홀수의 전체 배열은 $2^6=64$
세 개의 홀수의 전체 배열은 $3^6=729$
네 개의 홀수의 전체 배열은 $4^6=4096$

그러나 통행본『주역』은 이 문제를 기우奇耦의 분류라는 변환의 법칙을 만들어 내어 8괘와 64괘의 형성이라는 중요한 단계로 들어설 수 있게 만들었다.

숫자괘에서 현재의 부호괘 즉 역괘易卦로 성립하기까지는 두 번의 중요한 변화가 있었던 것으로 보인다. 첫 번째 단계는 바로 서수筮數의 간략화 과정이고, 두 번째 단계는 서수의 부호화 과정이다. 또 첫 번째 과정을 두 단계로 세분하여 서수가 더욱 간략화되는 과정을 말하기도 한다. 즉 1에서 5까지의 숫자는 버리고 오직 6·7·8·9의 숫자만을 사용하는 경우를 세분하여 말하기도 한다.[57] 숫자괘가 부호괘로 변하는 이것이 바로 역괘易卦의 성립이다.

1979년 강소성江蘇省 해안현海安縣 청돈靑墩 유적지에서 가장 이른 시기의
숫자괘 형태들이 출토되었다. 예를 들면 3·5·3·3·6·4(艮下乾上, 遯)과 6·2·
3·5·3·1(兌下震上, 歸妹) 등의 형태이다.[58] 이 시기의 숫자괘에는 1에서 8까지
8개의 숫자가 모두 운용되고 있다.[59] 그러나 1978년 호북성湖北省 강릉천성관
江陵天星觀에서 출토된 전국시기의 죽간에는 1·5·6·7·8·9 등의 자연수만
있고, 이미 2·3·4는 서수로 사용되지 않고 있다.[60]

장정랑은 32례例의 은주시기 갑골문과 금문 및 전국시기 천성관 초간의
세 자리(三位)와 여섯 자리(六位)의 숫자를 역괘易卦로 판정하고, 이런 역괘를
숫자괘로 불렀다. 이들 서괘筮卦 중에는 1·5·6·7·8·9의 수만 출현하고,
2·3·4의 수는 출현하지 않는다. 또 1·5·6·7·8·9의 수가 출현하는
빈도는 결코 평균적이지 않다. 1과 6이 가장 잦고, 그 다음은 7·8·5·9이
다.[61] 1과 6의 출현 빈도가 높고 2·3·4가 출현하지 않는 이유에 대해
장정랑은, 서인筮人들이 3을 1로, 2와 4를 6으로 집중하고 전환한 결과라고
추측하고 있다.[62] 여기에서 장정랑은 양효(—)와 음효(--)가 직접적으로
'一'과 '〦' 두 수의 변형에서 나온 것이라고 본다. 이 단계를 지나서 부호괘로
의 전환이 이루어진다.

전국시대에 접어들면서 서수筮數는 점점 기수奇數와 우수偶數 두 가지로

---

57) 饒宗頤는 「殷代易卦及有關占卜諸問題」(『文史』第20輯, 1983)에서 "숫자는 단지 六·七·八·
　　九만을 사용하고 一에서 五까지의 수는 사용하지 않았다"고 하였다. 六·七·八·九
　　이 네 가지 수는 통행본 『주역』에서 사용되는 서수(七·八·九·六)와 거의 일치한다.
58) 출토된 骨角에 새겨져 있는 遯卦와 歸妹卦의 숫자괘의 형태를 있는 그대로 그려 보면
　　다음과 같다. ☰ × ☰☰ < ▮, < ☰ ☰ × ▮▮
59) 張政烺, 「試釋周初靑銅器銘文中的易卦」(『考古學報』1980年 第4期), 補記, 414쪽 참조.
60) 張政烺, 「試釋周初靑銅器銘文中的易卦」(『考古學報』1980年 第4期), 補記, 414쪽 참조.
61) 張政烺, 『張政烺文集』, 『論易叢稿』, 7·24·43~44·61·63쪽 참조.
62) 이런 관점은 비록 추측이지만 오랫동안 다른 학자들에 의해 크게 비판받지 않았다.
　　張政烺, 『張政烺文集』, 『論易叢稿』, 8·61쪽 참조.

귀결되고, 서법에서는 기수와 우수를 분명하게 구분하면서 마침내 '─' 'ㅅ'이라는 두 가지 부호로 기록되기 시작한다. 이로부터 숫자괘는 부호괘로 변하게 되는데, 이것이 바로 역괘易卦의 성립이다. 즉 "서법에서 가장 중요한 변혁이 있었는데, 그것은 바로 서수를 기수와 우수 두 가지로 귀납하여 기수는 '─'로, 우수는 'ㅅ'의 부호로 바꾸어 기록한 것"[63]이라고 할 수 있다. 지금까지 출토된 역괘 중에서 시간적으로 가장 이른 것은 아마도 강릉천성관의 전국시대 초묘죽간楚墓竹簡 역괘일 것이다.

1977년 안휘성安徽省 부양阜陽 쌍고퇴双古堆 1호 한묘漢墓에서 출토된 죽간 『주역』도 이른 시기의 자료라고 할 수 있다. 여기에서 임괘臨卦는 '䷒'로 기록되어 있는데, 효爻는 모두 '─'과 'ㅅ'로 이루어져 있다.[64] 반면 1973년 장사長沙 마왕퇴馬王堆 3호 한묘에서 출토된 백서『주역』에는 임괘가 '䷒'로 기록되어 있다. 숫자괘의 원형과 비교할 때, 죽간『주역』의 효는 옛 숫자 'ㅅ'(六)의 형상을 유지하고 있지만 백서『주역』의 효는 이미 옛 숫자(六)의 형태가 'ㅅ'로 변하였으며, 통행본『주역』에서는 'ㅅ'을 '--'으로 표현하고 있다. 말하자면 '六'으로부터 'ㅅ'→ 'ㅅ'→ '--'으로, 서수筮數에서 부호괘符號卦로 단계적으로 변화해 간 것이다. 이처럼 8괘의 발생적 기원은 점친 기록으로서의 숫자괘로 보아야 할 것이다.[65]

2) 출토자료를 통해 본 '문왕중괘설'의 부정

『사기』의 「태사공자서太史公自序」 속에서 사마천은 명확하게 "문왕이 연역演易하였다"(文王演周易)는 관점을 제기하고 있다.

---

63) 戴璉璋, 『易傳之形成及其思想』(臺北: 文津出版社, 1988), 19쪽.
64) 安徽省 阜陽 雙古堆 西漢汝陰侯墓 竹簡 周易에 관한 자료에 대해서는 「阜陽漢簡簡介」(『文物』 1983年 第2期)를 참고하기 바람.
65) 서수에서 부호괘로의 변천 문제에 대해서는 정병석, 『점에서 철학으로』, 177~178쪽을 참조하였음.

옛날에 서백은 유리에 갇힌 몸이 되어 『주역』을 풀이하셨고, 공자께서는 진과 채에서 고생하시고 『춘추』를 지으셨으며, 굴원은 추방당하고 나서 『이소』를 지었고, 좌구명은 실명하고 나서 『국어』를 남겼다. 손자는 다리를 잘리고서 병법을 논했고, 여불위는 촉나라로 쫓겨 간 뒤 『여씨춘추』를 세상에 전하였으며, 한비는 진나라에 갇히고 나서 「세난」과 「고분」편을 지었다. 『시경』 삼백 편도 성현께서 발분하여 지은 것이다.[66]

이로부터 문왕의 중괘설은 확고한 정설定說로 자리 잡게 된다. 『한서』에서는 문왕의 연역을 더욱 분명하게 구체적 역사로 받아들이고 있다.[67] 이것이 바로 복희씨가 팔괘를 그리고 문왕이 단괘를 중첩하여 육효를 만들었으며 공자가 『역전』을 지었다고 하는, 『주역』 경전의 성립이 세 명의 성인과 세 차례의 역사시기를 겪었다는 전통적인 관점이다. 그러나 문왕중괘설文王重卦說은 전세傳世 문헌과 고고학 자료를 종합하여 분석해 보면 성립하기가 어렵다.

전세 문헌들을 살펴보면, 문왕 이전에 64괘가 이미 존재하고 있었던 것으로 보인다. 『주례周禮』 「춘관春官」에 태복太卜이 하夏·상商·주周 세 왕조의 삼역三易의 법을 관장했다는 기록이 있는데 여기에는 "하나는 연산連山, 두 번째는 귀장歸藏, 세 번째는 주역이다. 그 경괘經卦는 모두 여덟 개이고, 별괘別卦는 64개이다"[68]라고 되어 있다. 여기에서 말하는 『연산』은 아직

---

66) 『史記』, 「太史公自序」, "昔西伯拘羑里, 演周易. 孔子厄陳·蔡, 作春秋. 屈原放逐, 著離騷. 左丘失明, 厥有國語. 孫子臏脚, 而論兵法. 不韋遷蜀, 世傳呂覽. 韓非囚秦, 說難·孤憤. 詩三百篇, 大抵賢聖發憤之所爲作也." 사마천은 文王의 일을 기록하는데, 항상 신중한 것으로 보인다. 예를 들면 문왕이 명을 받아 왕을 칭하는 일을 기록하는데, 연이어 네 개의 "蓋"자를 사용하고 있다. 張守節의 『正義』에 "然自'西伯蓋即位五十年'以下至'太王興', 在西伯崩後重逃其事, 爲經傳不同, 不可全棄, 乃略而書之, 引次其下, 事必可疑, 故數言'蓋'也"(『史記正義』, 120쪽)이라 하였다.
67) 『漢書』, 「藝文志」, "至於殷·周之際, 紂在上位, 逆天暴物. 文王以諸侯順命而行道, 天人之占可得而效, 於是重易六爻, 作上下篇. 孔氏爲之象·象·系辭·文言·序卦之屬十篇. 故曰易道深矣, 人更三聖, 世曆三古."

제대로 고증할 수 없지만, 적어도 상대商代의 『귀장』이 이미 8괘가 서로 중첩된 64괘를 가지고 있었음은 분명하다. 『주역』은 상대의 『귀장』을 이용하고 있었기 때문에[69] 문왕이 육효를 중첩할 필요가 없었는데, 이 점은 이미 고고학 자료로 실증되었다.[70]

출토문헌으로 보면, 1993년 호북湖北 강릉江陵 왕가대王家臺에서 출토된 진간秦簡 『귀장』에는 54종의 6획괘가 존재하고 있는데, 통행본 『주역』 64괘와 거의 일치한다.[71] 은상의 복골卜骨에도 6획괘를 표시한 서수筮數가 있다. 또 1995년 하남河南 안양安陽 유가장劉家莊의 은대 유적지에서 출토된 95TJJI의 4호 복골 위에는 삼획괘三畫卦를 표시하는 서수 '九一匕'과, 6획괘를 표시하는 서수 '一一六六一五' 및 '六八八八六六'이 새겨져 있다.[72] 3획의 팔괘와 6획의 64괘가 모두 은상시기에 이미 존재하고 있었음을 알 수 있다. 이렇게 본다면 문왕중괘설은 성립하기가 쉽지 않다.

괘효상의 숫자괘 기원설이 등장하기 전까지는 8괘가 먼저 생기고 문왕이 다시 8괘를 중첩하여 64괘가 나왔다는 문왕의 중괘설이 당연시되어 왔지만, 숫자괘의 발견은 이런 관점에 대해 의문을 가지게 만들어 버렸다. 왜냐하면 단괘보다 중괘가 먼저 나왔거나 혹은 단괘와 중괘가 동시에 존재하였을 가능성이 크기 때문이다. 은말주초의 갑골, 청동기 문양, 도기 등에 새겨진 숫자괘들을 보면 6자괘가 더 일찍 출현하였고, 빈도에서도 6자괘가 3자괘보다 훨씬 많이 출현한다. 이것은 괘의 발전이 3자괘에서 6자괘로 발전한 것이 아님을 추정할 수 있게 한다. 이미 처음부터 6자괘와 3자괘가 모두

---

68) 『周禮』, 「春官·大蔔」, "一曰連山, 二曰歸藏, 三曰周易, 其經卦皆八, 其別皆六十有四."
69) 李過의 『西溪易說』, 「序」에 이르길, "以周質之歸藏, 不特卦名用商, 辭亦用商, 如屯之'電膏', 師之'帥師', 漸之'取女', 歸妹之'承筐', 明夷之'垂其翼', 皆因商易舊文"고 하였다.
70) 邢文, 「秦簡『歸藏』與『周易』用商」, 『文物』 2000年 第2期, 58쪽~63쪽 참조 바람.
71) 邢文, 「文王演『周易』考辨」, 『哲學研究』 2011年 第3期, 47~56쪽을 참조 바람.
72) 『1995—1996年安陽劉家莊殷代遺址發掘報告』.

존재하고 있었기 때문에, 적어도 64괘와 8괘의 관념이 동시에 생겼다고 해야 할 것이다.

물론 현재까지도 이 문제에 대해 여러 가지 논란이 있다. 예를 들면 한중민韓仲民은 여섯 가지의 근거를 통해 중괘설重卦說을 부정하고 64괘가 오히려 8괘보다 앞서 존재한다고 말한다.[73] 대연장戴璉璋의 다음과 같은 주장 역시 같은 맥락이다. "여러 가지 괘례卦例를 통하여 볼 때 6자괘가 가장 빠를 뿐만 아니라 또 보편적이다. 3자괘는 은주시기에 출현하였는데, 수량도 비교적 적다. 이런 현상으로 볼 때 반드시 단괘로부터 중괘로 발전한 것이 아니라, 중괘로부터 간화簡化되어 단괘가 출현한 것이다."[74] 이에 비해 등구백鄧球栢은 8괘의 결합으로 64괘가 이루어진 흔적을 백서 『주역』에서 발견할 수 있으며, 이것이 바로 8괘에서 64괘로 발전하는 체계적 사유방식이라고 말한다.[75] 그러나 어느 관점이 옳은 것인가를 떠나서, 현재 우리가 볼 수 있는 상대商代 기물器物들의 여섯 자리 숫자로 된 역괘易卦와 전세 문헌 증거들을 종합적으로 검토해 보면 64괘 체계는 실제로 주문왕 이전에 이미 존재하고 있었다고 보는 편이 옳을 것이다.

상대에 이미 64괘가 존재했다는 입장은 문왕이나 주공의 중괘설을 부정하는 결과를 만들었고, 여기에서 자연스레 『귀장歸藏』의 존재가 주목받게 된다. 특히 중요한 것은 1993년에 호북성湖北省 강릉현江陵縣 형주진荊州鎭 왕가대王家臺 15호 묘에서 발견된 왕가대 진간秦簡 『역점易占』[76]의 발견이다. 이 죽간에는 모두 54개의 괘가 보이는데, 괘는 괘획卦畫, 괘명, 괘사의 세 부분으로 구성되어 있다. 이들 괘의 괘사에 남아 있는 내용들이 기존에 남아 있는 『귀장』의 내용[77]과 거의 같다는 사실에 근거하여 이 왕가대

---

73) 韓仲民, 『帛易略說』(北京: 北京師範大學出版社, 1992), 93~97쪽 참조 바람.

74) 戴璉璋, 『易傳之形成及其思想』, 17쪽.

75) 鄧球栢, 『帛書周易校釋』(長沙: 湖南出版社, 1996), 31~32쪽 참조 바람.

76) 荊州地區博物館, 「江陵王家臺15號秦墓」(『文物』 1995年 第1期) 참조 바람.

진간『역점』을『귀장』으로 간주하는 학자들도 있다.[78]

『주역』의 많은 괘명卦名들 중에는『귀장』에 연원을 두고 있는 것들이 많다.『귀장』에서 직접 나온 괘명으로 둔屯, 송訟, 사師, 비比, 동인同人, 명이明夷 등이 있고, 가인家人, 항恒, 감坎, 리離, 무망无妄 등은『귀장』의 괘명을 약간 바꾼 것들이다. 이처럼 상대商代에 이미 64괘가 존재하고 있었기 때문에 문왕의 중괘설은 자연스럽게 그 근거를 잃어버리게 된다.[79] 결론적으로 말해서 신성불가침의 영역으로 간주되었던 '문왕중괘설'이라는 '성인작역' 의 관점은 여기에서 부정되는 것이다.

숫자괘를 비롯한 새로운 출토자료의 발견과 이해는 우리로 하여금 『주역』의 기원과 발전과정에 대해 새로운 관점을 가지게 만들었다. 예를 들면 출토된 숫자괘는 대부분이 중괘重卦이다. 그런데 문제는 중괘가 존재하고 난 후에도 여전히 우리가 잘 알고 있는 '—'과 '--'이라는 부호는 출현하지 않았고, 음양陰陽 등의 관점은 더더욱 발견되지 않고 있다는 점이다. 이러한 것들은 모두 후대의 철학적 해석과 발전의 성과물들이다. 이들 출토자료로 부터 우리는 이른바 "태극생양의太極生兩儀, 양의생사상兩儀生四象, 사상생팔 괘四象生八卦"라는『주역』의 중요한 명제가 후대의 이상화된 결과일 뿐 결코 원초적인 상황을 반영하는 것은 아니라는 점을 파악할 수 있다.[80] 즉 숫자괘는『주역』의 원초적 혹은 발생적 기원을 말하는 서수筮數의 기록이나 부호이지, 결코 철학적 문자가 아니라는 것이다. 리괘離卦라는 부호가 가진 상징적 의미를 불로 규정하는 것은 후대의 산물일 뿐이다. 이런 인간

---

77) 대표적인 것으로는 馬國翰의『玉函山房輯佚書』가 있다.
78) 王家臺 秦簡『易占』을『歸藏』으로 보는 대표적인 논문에는 王明欽의「試論歸藏的幾個問題」 (『一劍集』, 中國婦女出版社, 1996), 李家浩의「王家臺秦簡易占爲歸藏考」(『傳統文化與現代 化』1997年 第1期), 林忠軍의「王家臺秦簡歸藏出土的易學價値」(『周易硏究』2001年 第1期), 邢文의「秦簡歸藏與周易用商」(『文物』, 2002.2) 등이 있다.
79) 정병석,『점에서 철학으로』, 182쪽을 참조 바람.
80) 劉述先,『哲學思考漫步』, 193쪽 참조 바람.

인지능력의 연속적인 축적과 발전을 한 두 명의 성인으로 대체하는 것은 문제가 될 수밖에 없다.

또 하나 언급하여야 할 것은 「계사전」에서 성인이 기물器物을 만드는 것에 관한 언급이다.

> 포희씨가 죽고 신농씨가 일어나, 나무를 깎아 보습(쟁기 날)을 만들고 나무를 휘어 쟁기(쟁기 자루)를 만들어서 쟁기로 갈고 감매는 이로움을 천하 사람에게 가르쳤으니, 대개 그 이치를 익괘益卦에서 취하였다. 한낮에 시장을 열어 천하의 백성들을 오게 하고 천하의 재화를 모아서 교역交易하고 물러가게 해서 각각 그 필요한 바를 얻게 하니, 대개 서합괘噬嗑卦에서 취하였다.[81]

신농씨는 익괘益卦에서 상징을 취하여 농기구들을 만들고 서합괘에서 상징을 취하여 사람들이 교역할 시장을 만들었다고 말하고 있다. 그런데 익괘와 서합괘는 64중괘에서만 보일 뿐, 8괘의 단괘는 아니다. 출토자료에 의지할 필요도 없이, 이런 기록은 그 자체로 문왕의 중괘설을 그대로 부정하는 단서라고 할 수 있을 것이다. 왜냐하면 신농씨가 결코 문왕 이후의 사람일 수는 없기 때문이다.

3. 괘효사의 성인저작설에 대한 부정

숫자괘 기원설의 등장으로 역괘易卦와 중괘重卦의 성인저작설이 부정되면서 자연스럽게 괘효사卦爻辭의 성인저작설 역시 부정된다. 즉 괘효사는 문왕이나 주공의 저작이 아니라, 복사卜辭나 점사占辭의 기록이 대부분이라

---

81) 「繫辭下傳」, "包犧氏沒, 神農氏作, 斲木爲耜, 揉木爲耒, 耒耨之利, 以教天下, 蓋取諸益. 日中爲 市, 致天下之民, 聚天下之貨, 交易而退, 各得其所, 蓋取諸噬嗑."

는 것이다. 물론 이 중에는 점사 이외에 역사적 사실에 대한 소량의 기록이나 창작한 내용, 혹은 당시 유행하던 고가古歌・고요古謠도 상당 부분 포함되어 있는 것으로 보인다.[82]

『역경』의 괘효사의 내용이 모두 점사占辭의 기록은 아니지만, 점을 친 결과들을 기록한 내용이 많이 남아 있다는 사실은 부정할 수 없다. 마치 갑골문이 복점의 과정과 결과를 기록한 것이라는 점과 유사하다. 괘사와 효사를 기록한 사람들은 아마도 점을 치는 것을 전문으로 하는 사관史官이나 점인占人들이었던 것으로 보인다. 그러므로 괘・효사의 원작자는 한두 사람이 아니고 많은 사람일 가능성이 크다. 괘・효사가 문왕이나 주공 같은 한 성인의 단독 저작이라고 말하는 주장은 분명히 무리가 있는 관점이라고 할 수밖에 없다.[83]

최초의 역학 속에는 괘효사(문자)가 없었던 것으로 보인다. 비록 64괘는 유형적有形的 중개물仲介物이지만, 그것의 해석은 입과 귀로 전달될 수밖에 없었을 것이다. 이른바 역학의 구전口傳 시기이다.[84] 문자가 없는 역학 시기에 대해 주자는 다음과 같이 말하고 있다.

> 천지자연天地自然의 역易도 있고, 복희의 역도 있고, 문왕과 주공의 역도 있고, 공자의 역도 있다. 복희 이전에는 모두 문자가 없고 오직 역도易圖와 괘획卦畫만 있었기 때문에, 가장 깊이 있게 완색玩索해야만 역을 지은 본래의 정미로운 뜻을 볼 수 있었을 것이다. 문왕 이후에야 비로소 문자가 있게 되었는데, 바로 지금의 『주역』이다.[85]

---

82) 『주역』의 괘효사를 古歌로 연구한 대표적인 저작에는 李鏡池의 「周易筮辭考」와 高亨의 「周易卦爻辭的文學價値」가 있고 최근의 연구 성과로는 黃玉順의 『易經古歌考釋』 등이 있다.

83) 정병석, 『점에서 철학으로』, 179~180쪽을 참조 바람.

84) 吳前衡, 『傳前易學』(武漢: 湖北人民出版社, 2008), 149쪽 참조 바람.

85) 朱熹, 『周易本義』 "有天地自然之易, 有伏羲之易, 有文王周公之易, 有孔子之易. 自伏羲以上, 皆無文字, 只有圖畫, 最宜深玩, 可見作易本原精微之意. 文王以下, 方有文字, 卽今之周易."

주자는 『역』에는 몇 가지 종류가 있다고 말한다. 순서에 따르면, 천지자연의 역도 있고, 복희의 역도 있고, 문왕과 주공의 역도 있고, 공자의 역도 있다. 그러나 복희 이전에는 문자가 없는 무문자의 시기라고 말한다. 즉 괘획이나 도상만 존재하는 시기가 있었음을 말하고 있다. 후대에 『주역』의 64괘 부호들은 각기 상응하는 괘효사를 가지게 된다. 그러나 최초의 괘효사는 비록 64괘의 해석에 모종의 텍스트 역할을 하기는 했어도 결코 그 스스로 의미를 만들어 내지는 못하고 수동적인 입장에서 의미를 부여받을 수밖에 없었다. 즉 점서占筮를 통하지 않으면 괘효사는 해석될 수 없는 죽어 있는 문자일 뿐이었다. 괘효사는 오직 점서를 통해서만 비로소 의미를 제공받을 수 있었던 것이다.

『주역』이 완성된 한 권의 경전으로 정착하려고 할 경우에는 다만 복서에만 의지하거나 머물러서는 안 되고, 반드시 인용과 해독을 거쳐야만 한다. 괘효사의 문자가 존재하지 않았던 초기의 『주역』과는 달리 후대의 서례筮例 해석을 살펴보면, 이미 사람들은 서책筮策보다는 괘효사나 괘효상으로 어떤 도리를 해석하는 경향이 더 일반적이었다. 이것은 사람들이 이미 『주역』의 괘효사를 경전의 본문으로 간주하고 있음을 말해 준다. 즉 괘효사를 그 속에 어떤 보편적인 도리를 속에 담고 있는 문자로 인식하게 되었다는 것이다. 구체적인 예를 가지고 말하면, 『좌전』에는 이미 『주역』을 단순히 점서를 위해서만 사용한 것이 아니라 괘효사를 인용하여 도리를 말하는 것이 출현하고 있다. 이 문제에 대해 진래陳來는 다음과 같이 말한다.

더욱 주의해야 할 만한 것으로는, 사람들의 『주역』에 대한 이용은 춘추시대에 이르면 이미 점서활동의 범위를 넘어서서, 『주역』의 괘효사와 점서활동을 분리시켜서 괘효의 체계를 독립적인 텍스트의 체계로 만들어 어떤 철학적 이치나 법칙을 설명하고 증명하는 것으로 인용된다.[86]

이것은 유가가 의리로써 역을 말하는 것으로, 『역전』을 형성하는 선하先河라고 할 수 있다. 상박역上博易은 현재로서는 가장 오래된 『주역』 판본이라고할 수 있는데, 이것은 순수한 괘획과 괘효사의 형식, 즉 후세 『주역』 경전텍스트의 형식으로 출현하고 있다. 또 백서 『역전』 중에서 괘효사로부터끄집어 낸 도리로 논술하는 것 역시 마찬가지이다.

『좌전』이나 『국어』 중에서 통행본 『주역』의 괘효사를 발견할 수 있고,상박역은 더욱 직접적인 증거를 제공해 준다. 그것들은 비록 완벽하지못한 잔결殘缺이지만, 잔존하는 괘효사를 통해 보면 사용하는 글자가 다른것 이외에 통행본 『주역』 괘효사의 용어나 구식句式과 서로 일치한다.이 잔본은 반드시 하나의 완전한 판본이 있었을 것임을 추정하게 한다.또 이 시기에 『주역』의 괘효사가 하나의 본문으로 이미 정형화되어 있었으리라는 점도 충분히 추정해 볼 수 있다.[87]

문자가 있고 난 후에 민가·민요와 운명에 관한 판단사(吉, 凶, 悔吝 등)들이 서로 섞여 『주역』 텍스트 속에서 고정되는데, 이런 것들이 바로 괘효사의 어구語句가 된 것으로 보인다.[88] 민가와 민요가 괘효사의 어구가 된뒤에 괘효사의 어구는 점단 해석의 근거가 되고, 『주역』 본문의 내용은이로 말미암아 풍부하게 된다. 그리고 괘효사의 근원에 관한 또 하나의관점이 있는데, 그것은 곧 사史의 복서 기록에 근원하고 있다는 것이다.이경지李鏡池는 다음과 같이 말한다.

---

86) 陳來, 『古代思想文化的世界』(北京: 三聯書店, 2002), 27쪽.
87) 陳仁仁, 「從楚地出土易類文獻看周易文本早期形態」, 『中國哲學』(中國人民大學, 2007.9월), 9쪽.
88) 괘효사의 古歌는 黃玉順이 『주역』 괘효사의 古韻 분석에 근거하여 체계적으로 분석하고 있다. 黃玉順, 『易經古歌考釋』(巴蜀書司, 1995)라는 책은 『주역』 괘효사를 전부 古詩형식으로 환원하여 "『역경』은 그 속에 이미 『詩經』의 연대보다도 더욱 이른 시기의시집을 담고 있다"라고 말한다.

나는 『주역』 괘효사의 성립 원인에 대해서 이와 같은 하나의 추측을 해 본다. 그것은 바로 괘사와 효사는 복사卜史가 점을 친 복서의 기록이라는 것이다. 『주례周禮』 「춘관春官」에서 말하기를, "점치는 사람은 복서하면…… 한 해가 끝날 때쯤 그 점이 맞았는가, 그렇지 않는가를 따져 보았다"라고 하였다. 점을 치면 반드시 하나의 효수爻數를 가지고 점을 치는데, 이 때문에 몇 가지의 기록이 있다. 한 해가 끝날 때가 되면 바로 점친 각종의 기록을 모아서 서로 대조하여 그 점의 적중的中 여부를 따져 본다. 그러므로 괘효사 중에는 서로 연속되지 않는 사구詞句가 많이 있는 것이다.[89]

이것은 괘효사의 성립 배경을 점단占斷의 해석에서 찾는 관점이다. 이런 관점은 부분적으로 이해가 가기는 하지만, 최초의 괘효사가 어떻게 형성되었는가 하는 물음에 대한 결정적인 단서나 해석을 제공하고 있는 것으로 보기는 어렵다.[90]

앞에서 말한 것처럼, 현재 발견되는 숫자괘에는 대부분 문자 즉 괘효사가 붙어 있지 않다. 이러한 것들은 이른바 구전口傳 단계의 역학 시기에 해당하는 것이라고 할 수 있다. 다만 주원周原에서 출토된 어떤 숫자괘에는 문자가 붙어 있는데, 이 문자들은 대부분 운명의 판단사判斷辭 즉 점사占辭 들이다.[91] 여기에서 자주 나타나는 운명의 판단사는 화禍·복福·유有·망亡·재災 등이다.

『주역』에 기록된 문자의 전체 총량總量은 갑골 복사에 비해 매우 적지만, 운명 판단사의 개념들은 오히려 풍부하고 다양한 계보를 가진다. 운명의 판단사가 부족하기 때문에 원시적 점서는 부득불 다른 구어口語 형식과 결합해야만 했다. 대표적인 두 가지 종류의 구어 형식이 당시에 광범위하게 유행하였다. 하나는 역사적 고사故事이고, 다른 하나는 민간가요이다. 당시

---

89) 李鏡池, 『周易探源』(北京: 中華書局, 1978), 21쪽.
90) 吳前衡, 『傳前易學』, 128쪽 참조 바람.
91) 韓仲民, 『帛易略說』, 30쪽 참조 바람.

에 이것들은 가장 고도의 문화적 내용을 지닌 것들이었다. 이렇게 점서와 결합된 구어문화로서의 역사고사와 민간가요는 점차 점서 과정에서 없어서는 안 될 필수적인 구성부분이 된다. 시간이 지나면서 운명의 판단사는 민간가요나 역사고사와 결합하여 64괘를 함께 해석하게 만드는 괘효사를 형성하게 되는 것이다.[92]

전통 역학사에서 『역경』괘효사의 저자에 대해서는 통일된 관점이 있는 것은 아니지만, 어떤 한 명의 성인에 의해서 주도적으로 창작되었다는 공통된 견해를 유지하고 있었다. 그러나 20세기 이후 괘효사의 편찬이라는 문제에 대한 진일보한 인식을 하게 되면서 괘효사의 성인창작설은 점차 수정되기 시작한다. 괘효사는 어떤 성인의 독립적 창작에서 나온 것이 아니라, 이미 있었던 서사筮辭나 역사적 사실 등을 가공·정리·편찬하여서 이루어진 것으로 보는 것이 현재의 대체적인 관점이다.

점서占書로서의 『주역』에 보이는 모든 괘사 혹은 효사는 그 목적이 모두 길흉을 표현하는 데 있지만, 동시에 『주역』괘효사는 상고시대의 여러 가지 사회적 상황을 반영하고 있을 뿐만 아니라, 또한 상고시대의 다양한 역사적 사건을 말하고 있기도 하다. 이를 통하여 상고시기 사람들의 여러 가지 사유와 인식을 표현하고 있고 또한 예술적인 측면도 그 속에 담아내고 있다. 이런 점에서 『주역』은 역사학·철학·문학 각 방면에서 귀중한 가치를 담고 있는 책이라고 할 수 있다. 특히 상고시기의 사료史料가 부족한 상황에서 『주역』이 가지고 있는 가치는 더욱더 빛이 난다.[93]

구체적으로 『주역』의 서사 중에는 오래된 역사 자료들이 포함되어 있다. 수괘需卦(☷) 육사 효사의 "피 속에서 기다리니 구멍으로부터 빠져 나왔다"[94],

---

92) 吳前衡, 『傳前易學』, 150쪽 참조 바람.
93) 高亨 著, 王大慶 整理, 『高亨周易九講』, 115쪽.
94) "需于血, 出自穴."

같은 괘 상육 효사의 "구멍 속에 들어가니 초대하지 않은 세 명의 손님이 온다. 공손하게 대하면 끝내는 길할 것이다"[95], 감괘坎卦(☵) 초육 효사의 "거듭된 위험에 깊은 구덩이 속으로 들어가니 흉하다"[96] 등의 구절들은 상고시기의 혈거穴居생활을 말하는 것으로 추측해 볼 수 있다. 또 둔괘屯卦(☳) 육삼 효사의 "사슴을 쫓는데 길 안내자가 없이 오직 숲속으로 들어갈 뿐이니"[97], 해괘解卦(☳) 구이 효사의 "사냥에서 세 마리의 여우를 잡아 누런 화살을 얻으니"[98] 등의 구절은 상고시기의 수렵활동에 대해 말하는 것으로 보인다. 그리고 둔괘屯卦 육이六二 효사의 "어려우며 (나아가지 못하여) 머뭇거린다. 말을 타고 가려 하나 말이 행렬을 이탈하여 나아가지 못하고 배회하니, 이들은 도적의 무리가 아니라 혼인하러 온 사람들이다"[99], 규괘睽卦(☲) 상구 효사의 "그것들은 도적이 아니라 혼인을 하자는 것이니 가서 비를 만나면 길할 것이다"[100] 등의 구절에 대해 어떤 학자들은 원시시기 약탈혼의 경우를 말하는 것으로 보고 있다.[101]

『역경』 중의 어떤 괘효사는 운율이 있는 시가의 형식을 취하고 있다. 이 때문에 20세기 초반부터 많은 학자들은 『시경詩經』 연구의 성과를 이용하여 괘효사 중의 시가들을 연구하기 시작했다. 대표적인 학자로는 이경지李鏡池와 황옥순黃玉順 등이 있다. 이경지는 "이것을 복사卜辭와 비교하면, 복사가 산문 식이라면 『주역』에는 시가도 있고 괘효사에는 협운叶韻[102]의 구절들이 많이 보인다. 이것은 인위적으로 수식하거나 예술화한

---

95) "入于穴, 有不速之客三人來, 敬之, 終吉."
96) "習坎, 入于坎窞, 凶."
97) "卽鹿无虞, 惟入于林中."
98) "田獲三狐, 得黃失."
99) "屯如邅如. 乘馬班如, 匪寇婚媾."
100) "匪寇, 婚媾, 往遇雨則吉."
101) 위의 괘효사와 역사고사에 관한 내용은 정병석, 『점에서 철학으로』, 194~196쪽을 주로 인용하였음.
102) 본래 같은 韻에 속하지 않는 글자를 동일한 운으로 사용하는 것으로 叶韻이라고

것으로 보인다"[103)라고 하였다. 그는 또 「주역서사고周易筮辭考」라는 글에서 괘효사의 문장 중에도 비흥比興 식의 시가가 있다고 말한다. 여기에서 그는 두 수首의 시가를 소개하고 있다. 먼저 명이괘明夷卦 초구 효사의 경우이다.

명이의 때에 날개를 늘어뜨리고 날아가네.(明夷于飛, 垂其翼)

군자가 돌아감에 사흘을 먹지 않고 떠나감이 있네.(君子于行, 三日不食)

다음은 중부괘中孚卦 구이 효사의 경우이다.

우는 학이 그늘에 있거늘 그 자식이 화답하도다.(鳴鶴在陰, 其子和之)

내가 좋은 술을 가지고 있으니 내가 너와 더불어 나누고 싶도다.(我有好爵, 吾與爾靡之)

여기에서 이경지는 명이괘 초구 효사의 '익翼'과 '식食'이 서로 협叶하는 경우를 예로 들고, 중부괘中孚卦 구이 효사에 보이는 '화和' · '작爵'과 '미靡'는 고음古音에서 서로 협운叶韻이 되는 것을 이야기하고 있다.[104) 이 외에도 그는 시가 식의 구절들이 괘효사에 많이 보이고 있음을 말한다.[105) 초기에 점단을 해석할 때 『역』에는 고정된 괘효사가 없었기 때문에 모든 점단 해석은 구어에 철저하게 의존할 수밖에 없었는데, 이들 구어의 상당 부분은 민가 또는 민요 등으로 구성되어 있었던 것으로 보인다. 민간의 가요는

한다. 즉 韻律을 맞춘다는 의미이다.
103) 李鏡池, 『周易探源』, 192쪽.
104) 李鏡池, 『周易探源』, 38~39쪽 참조 바람.
105) 예를 들면, 屯卦의 육이 효사의 "屯如遭如, 乘馬班如", 상육의 "乘馬班如, 泣血漣如", 否卦 구오의 "其亡其亡, 繫于苞桑", 賁卦 육사의 "賁如皤如, 白馬翰如", 離卦 구삼의 "日昃之離, 不鼓缶而歌, 則大耋之嗟, 凶" 등을 말하고 있다.

사람들이 생활하는 가운데에서 만나고 느끼고 생각하고 희망하는 것들을 표현한 것으로, 그 속에는 영웅적인 인물과 역사적 사건에 대한 노래와 찬송이 담겨 있었다. 따라서 괘효사에 반영된 그런 시가들은 바로 당시의 문화적 관점과 내용을 담은 것이라고 할 수 있다.

황옥순은 12개의 이유를 들어 『역경』이 분명히 고가古歌를 인용하고 있음을 증명하고 있다. 이런 각도에서 그는 건괘乾卦를 여러 용의 노래(群龍之歌)로, 곤괘坤卦를 대지의 노래(大地之歌)로, 무망괘无妄卦를 재난의 노래(災難之歌)로, 대축괘大畜卦를 축산의 노래(養畜之歌)로, 건괘蹇卦를 고난의 노래(艱難之歌)로, 명이괘明夷卦를 기자의 노래(箕子之歌)로, 점괘漸卦를 큰 기러기의 노래(鴻雁之歌)로, 미제괘未濟卦를 여우의 노래(狐狸之歌)로 말하고 있다.106)

위에서 살펴본 것처럼, 괘효사의 상당 부분이 원래 역사고사나 민간가요였다고 생각하는 관점은 이른바 성인작역聖人作易의 신앙을 무너뜨리고 그 이론적 전제를 붕괴시키는 근거로 작용한다. 역사고사와 민간가요가 『주역』 괘효사의 기원이 된다는 이런 관점은 5・4운동 이래 역학 연구에 중요한 계기를 제공하게 된다.

4. 공자와 『주역』의 관계

공자와 『주역』의 관계에 대해서 말할 경우 가장 먼저 떠올리는 것은 대부분 공자가 『역전』을 지었다는 '공자찬역孔子贊易'의 관점이다. 이것이 바로 공자와 『주역』의 관계에 대해 다루는 일반적이고 전통적인 관점이다.

---

106) 黃玉順, 『周易古歌考釋』, 緖論 참조 바람. 황옥순은 이 책에서 『역경』의 語句가 난해한 근본 원인을 운명판단(점사)이 가요의 구절 속에 들어가 가요 자체의 어구 형태를 변화시켰기 때문이라고 보고 있다. 시가와 괘효사의 관계에 대한 문제는 정병석, 『점에서 철학으로』, 196~197쪽을 주로 인용하였음.

공자와 『주역』의 관계라는 문제는 역학사 혹은 유학사 속에서 매우 다양한 각도로 논의되어 왔다. 역학사 속에서 공자와 『주역』의 관계에 대한 논의는 크게 네 가지 방향에서 진행되었다.

첫째, 공자가 괘효사를 지었다는 '공자작역孔子作易'이다. 이 관점은 보편적으로 수용되지 않고 소수의 사람들에 의해서 주장된 것으로, 남송南宋의 이석李石, 청대의 요평廖平과 강유위康有爲 등의 입장이다.

둘째, 앞에서 말한 '공자찬역'의 관점이다.

셋째, 공자가 『주역』을 공부하고 연구하였다는 '공자학역孔子學易'의 관점이다. 이것은 "공자께서 말씀하셨다. 하늘이 나에게 몇 년의 수명을 더 허락해서 오십이 되어 『주역』을 배우게 한다면 큰 허물이 없을 것이다"[107]라는 『논어』의 말과 관련된 논의이다.

넷째, 공자가 『주역』을 제자나 후학들에게 전수하였다는 '공자전역孔子傳易'의 관점이다. 이런 근거는 『사기』와 『한서』에 보인다.[108]

전통적인 역학사 속에서 다루어진 공자와 『주역』의 관계에 대한 주된 논의들은 마왕퇴 백서 『역전』의 출토 이후에 상당 부분 해소된다. 이 자료에 보이는 공자의 『주역』에 대한 관점들은 기존의 역학사에서 논의되었던 많은 의문들을 해소할 수 있는 내용들이 포함되어 있다. 그러면 과연 공자가 『역전』을 지었는가 하는 문제에 대해 어떤 관점을 제공해 주고 있는지 살펴보도록 하자. 여기에서는 우선 기존의 철학사에서 논의되어 온 공자와 『주역』에 관계에 대한 문제들이 무엇인가를 살펴본 뒤에, 이 문제들이 새로운 출토자료에 의해서 어떤 방식으로 재해석되는가 하는 점들을 백서帛書 『역전』「요要」편을 통해 분석하려고 한다.

---

107) 『論語』, 「述而」, "子曰, 加我數年, 五十以學易, 可以無大過矣."
108) 黃沛榮, 『易學乾坤』(臺北: 大安出版社, 1998), 157쪽.

1) 공자와 『주역』의 관계에 대한 여러 쟁점들

기존의 문헌들 속에서 공자와 『주역』의 관계에 대한 몇 가지 중요한 언급들을 발견할 수 있다. 그 중 가장 쟁점이 되는 몇 가지 문제들에 대해 살펴보도록 하자. 이 중 언급된 내용들 중에서 가장 많이 다루어지는 문제는 역시 공자가 『역전』을 지었다는 '공자찬역'이다. 이 문제가 직접적으로 언급된 곳은 『사기』「공자세가」이다.

> 공자는 만년에 『역』을 좋아하여 「단전」, 「계사전」, 「상전」, 「설괘전」, 「문언전」을 정리하였다. 그는 죽간을 묶은 가죽 끈이 세 번이나 끊어질 만큼 『역』을 반복해서 읽었다. 그는 "만약 나에게 (이렇게 공부할 수 있는) 몇 년의 시간이 더 주어진다면 나는 『역』의 도리에 더욱 밝아질 수 있을 것이다"라고 하였다.[109]

위의 인용문에서 사마천은 공자가 만년에 『주역』을 얼마나 열심히 즐겨 읽었던지 책을 묶은 가죽 끈이 세 차례나 끊어졌다는 사실을 말하고 있다. 공자는 자신에게 몇 년의 시간이 더 주어진다면 『주역』의 도리에 대해 더 많이 깨우치는 바가 있을 것이라고 말한다. 『사기』「공자세가」의 이 문장에 근거하여 한대 이후 유가들은 공자가 『역전』을 지었다는 점에 대해 의심하지 않았다. 반고班固[110], 왕충王充[111]이나 『역위건착도易緯乾鑿度』 등이 이런 관점을 분명하게 보여 주고 있다. 즉 「공자세가」의 "정리하다"(序)라는 말을 반고와 왕충 등은 분명하게 '저작하였다'라는 의미로 해석하고 있다.

그러나 공자가 『역전』을 지었다는 확고부동한 '공자찬역'의 관점은 후대

---

109) 『史記』, 「孔子世家」, "孔子晚而喜易, 序彖繫象說卦文言. 讀易, 韋編三絶. 曰: '假我數年, 若是, 我於易則彬彬矣.'"
110) 『漢書』, 「藝文志」, "孔氏爲之彖象繫辭文言序卦之屬十篇. 故曰易道深矣, 人更三聖, 世歷三古."
111) 『論衡』, 「謝短」, "孔子作彖象繫辭."

로 갈수록 서서히 부정되기 시작한다. 어떤 학자는 사마천이 서한西漢 사람이기 때문에 『사기』의 이 기록은 믿을 만한 것이 못 된다고 말한다. 대표적인 인물이 바로 송대의 구양수歐陽修이다. 그는 『역동자문易童子問』에서 이렇게 의문을 제기한다.

「계사」,⋯⋯ 「문언」, 「설괘」 이하는 모두 성인의 저작이 아니다. 그리고 여러 사람의 말이 뒤섞여 있으니, 또한 한 사람의 말이 아니다.⋯⋯ 「설괘」, 「잡괘」는 서인筮人의 점서占書에 불과할 뿐이다.[112]

구양수 등이 『역전』을 공자의 저작이 아니라고 주장하는 근거는 몇 가지로 정리할 수 있다.

첫째, 공자는 "술이부작述而不作"을 말하여, 강술講述은 하였지만 저작은 하지 않았다는 주장이다.

둘째, 맹자는 분명히 공자의 적전嫡傳임에도 불구하고 공자가 『춘추春秋』를 지은 것에 대해서만 말했을 뿐 『주역』을 지었다고는 언급하지 않았다는 점이다. 예를 들면 최술崔述은 "맹자는 『춘추』에 대해서는 몇 번이나 말하였지만, 공자가 『주역』을 전한 것에 대해서는 한 번도 말씀하시지 않았다"[113]라고 하였다.

셋째, 만약 공자가 『역전』을 정말 지었다면 『역전』 중에 "자왈子曰"이라는 말은 출현하기 어렵다는 것이다.

구양수 등은 이런 몇 가지 이유들을 들어 『역전』은 공자의 저작이 아니라고 주장하였다.[114] 그러나 이러한 주장들은 비록 나름대로 합당한 근거를

---

112) 『易童子問』, 第三卷, "「繫辭」⋯⋯ 文言」, 「說卦」而下, 皆非聖人之作. 而彖說敧乱, 亦非一人之言也.⋯⋯「說卦」, 「雜卦」者, 筮人之占書也."
113) 崔述, 『洙泗考信錄』, "孟子之於春秋也, 嘗屢言之, 而無一言及於孔子傳易之事."
114) 林忠軍 著, 『易學源流與現代闡釋』(上海: 上海古籍出版社, 2012), 79쪽.

제시하고 있지만 그에 대한 반론 역시 만만치 않다.

우선 주자는 "술이부작"에 대해, '술述'은 옛것을 전술傳述하는 것이고 '작作'은 성인이 아니면 불가능한 것이기 때문에[115] 공자는 겸손하여 감히 '창작創作'하지 않았다고 말한 것이라고 한다. 그러나 주자의 이런 관점은 공자가 말하려는 본래 의미를 완전히 표현하고 있는 것으로 보이지는 않는다. 공자는 「술이述而」편의 다른 곳에서 "대개 모르면서 그것을 (멋대로) 지어내는 사람이 있으나, 나는 그런 것이 없다"[116]라고 하여 새로운 창작은 분명히 어떤 문제에 대한 올바른 앎(知)에 기초하여야 함을 말하고 있다. 이 말은 학문의 진지함을 말한 것으로, 얼마든지 새로운 창작이 가능함을 말하는 것이라고 할 수 있다. 이런 점에서 '술이부작'하였다는 단순한 이유로 공자가 『역전』의 저자가 아니라고 보는 관점 역시 그렇게 설득력이 있는 것으로는 보이지 않는다.

또 두 번째 '공자전역孔子傳易'의 사실은 『사기』나 『한서』 등에 구체적인 사승師承관계가 보인다.[117] 공자의 직전直傳제자들이나 후학들의 관심에 따라 『주역』을 중요하게 여기는 강도가 달랐기 때문에 맹자는 『주역』의 전승 계보에서 빠질 가능성이 있다. 이 점은 백서 『주역』「요要」편에서도 나름대로의 단서들이 보인다.

세 번째로, '공자찬역'을 부정하는 근거인 「계사전」과 「문언전」의 "자왈子曰"이라는 말에 대한 관점이다. 구양수는 "자왈子曰"이라는 말이 바로 공자의

---

115) 朱熹, 『朱子集註』, 「述而」, "述傳舊而已, 作則創始也, 故作非聖人不能, 而述則賢者可及."

116) 『論語』, 「述而」, "蓋有不知而作之者, 我無是也." 이 문장에서 말하는 '作'의 의미는 '행동을 마음대로 한다'(妄作)는 의미로도 볼 수도 있으나, 여기에서는 『十三經注疏』의 "時人有穿鑿妄作篇籍者, 故云然"의 '妄作篇籍'의 뜻으로 해석하였다. 이 문제에 대해서는 楊伯峻의 『論語譯注』(홍콩: 中華書局香港分局, 1987)의 73~74쪽과 來可泓의 『論語直解』(上海: 復旦大學出版社, 1996), 194~195쪽에서 잘 설명하고 있다.

117) 예를 들면, 『史記』, 「儒林列傳」 제61의 "自魯商瞿受易孔子, 孔子卒, 商瞿傳易, 六世至齊人田何……."

자작自作이 아니라는 점을 명백하게 보여 주는 증거라고 했지만, 이에 대해 주자는 "자왈子曰"이라는 말은 "뒷날 제자들이 첨가해 넣은 것"[118]이라고 보았다. 실제로 이와 유사한 용례들이 많다.[119] 그러므로 "자왈"이라는 말이 보인다고 해서 공자가 『역전』을 지은 것이 아니라고 하는 것은 충분한 이유가 되지 않는다는 것이다.[120] 이처럼 '공자찬역'에 대한 공방은 매우 치열하다.

그런데 문제가 되는 것은 공자가 『역전』의 저자가 아니라는 관점에서 출발하여 공자와 『주역』은 어떠한 관계도 없다고 주장하는 극단적인 사람들이다. 이들은 가장 직접적인 증거에 해당하는 『논어』의 구절을 거론한다.

　　공자께서 말씀하셨다. "하늘이 나에게 몇 년의 수명을 빌려 주어 오십이 되어 『주역』을 배우게 한다면 큰 허물이 없을 것이다."[121]

이 말은 공자와 『주역』의 관계를 가장 분명하게 설명해 주는 증거라고 할 수 있다. 사마천이 『사기』에서 말한 공자가 만년에 『주역』을 좋아하여 "만약 나에게 (이렇게 공부할 수 있는) 몇 년의 시간을 더 준다면 나는 『역』의 도리에 더 밝아질 수 있을 것이다"라는 말 역시 『논어』의 이 구절에 근거하고 있다. 위의 『논어』의 구절이야말로 공자와 『주역』의 관계를 가장 분명하게 말해 주는 결정적인 논거라고 할 수 있다. 그리고 이 구절의 중요성에 비례해서 논란 역시 가장 치열하다.

---

118) 朱熹, 『朱子語類』第67卷(中華書局, 1986), "他所謂'子曰'者, 往往是弟子後來旋添入, 亦不可知."
119) 예를 들면 『墨子』에서 자주 보이는 "子墨子", 『史記』의 "太史公曰", 『孟子』에서 일관되게 "孟子"라는 말을 하는 것은 같은 용례로 보인다.
120) 이 문제에 관해서는 李學勤의 『簡帛佚籍與學術史』(南昌: 江西敎育出版社, 2001), 256~257쪽 참조 바람.
121) 『論語』, 「述而」, "子曰, '加我數年, 五十以學『易』, 可以無大過矣.'"

위의 『논어』의 기록에 대해 학자들은 『논어』 판본의 차이를 통해 전혀 다른 관점을 말하고 있다. 한대에 『논어』는 모두 세 개의 판본이 존재하고 있었다. 『한서』에서 "『논어』는 고본古本이 21편이고 제본齊本이 22편이며 노본魯本은 20편이다"[122]라고 하였는데, 이 『고논어古論語』·『제논어齊論語』·『노논어魯論語』 세 판본은 편수가 각기 다르고 글자와 자구 또한 같지 않다. 육덕명陸德明은 『경전석문經典釋文』에서 "노본魯本은 '易'을 '역亦'으로 읽는데, 지금은 고본을 따른다"[123]는 말을 하고 있다. 만약 『노논어』에 따라 문장을 읽으면 "(하늘이) 나에게 몇 년의 수명을 빌려 주어 오십이 되어서 배운다면 또한 큰 허물이 없을 것이다"(子曰, 加我數年, 五十以學, 亦可以無大過矣)가 되어 공자와 『주역』은 전혀 관계없는 것이 되어 버린다.

위의 문제에 대해서 어떤 학자들은 "易을 역亦으로 본다"는 말은 발음상의 문제로, 두 글자는 발음이 서로 같은 통가자通假字의 경우라고 말한다. 즉 통가자는 글자 모양은 다르지만 같은 뜻으로 통용되는 글자를 말한다. 육덕명이 『경전석문』 중에서 주로 다루는 문제가 문자의 독음讀音과 함의를 다루는 데 치중하고 있기 때문이다. 이런 경우에 해당하는 방증을 살펴보면, 먼저 『주역』 대장괘大壯卦(䷡) 육오六五 효사의 "상양어역喪羊於易"(경계에서 양을 잃다)에 대해 육덕명은 주석에서 "역易, 이곡반以鼓反, 정음역鄭音亦"(역의 발음은 이와 곡의 반절인데 정현은 역으로 발음한다)라고 하였다. 아울러 려괘旅卦(䷷) 상구上九의 "상우어역喪牛於易"(경계에서 소를 잃어버리다)의 주석에서도 마찬가지로 '易'을 '역亦'의 발음으로 사용하고 있다.[124] 이런 관점에 의거하면 『논어』「술이」편의 '역'은 의미가 '역易'이고 발음이 '역亦'이라고 보는 것이 더 합당하다는 관점이다.

---

122) 李學勤, 『簡帛佚籍與學術史』, 262쪽.

123) 『經典釋文』, 『論語音義』, "魯讀 '易'爲'亦', 今從'古'."

124) 이 문제에 관한 더욱 상세한 해석은 林忠軍 著, 『易學源流與現代闡釋』, 80~81쪽 참조 바람.

설령 더욱 신빙성이 있는『고논어』를 버려두고『노논어』의 관점을 따른다고 하더라도,[125] 공자와『주역』의 관련성을 보여 주는 문장은 「술이」편 외에『논어』의 다른 구절에서도 발견된다.

> 공자께서 말씀하셨다. "남쪽 나라 사람들의 말에 '사람이 항상적인 덕을 가지고 있지 않으면 무당이나 의원도 될 수 없다' 하였으니, 그 말이 옳다. 항상적인 덕을 가지지 못한 사람은 부끄러움을 당할 것이다." 공자께서 말씀하시기를 "(그런 사람은) 점을 칠 필요도 없다"라고 하셨다.[126]

"항상적인 덕을 가지지 못한 사람은 부끄러움을 당할 것이다"라는 말은 항괘恒卦(☷)의 구삼九三 효사 "그 덕이 항상되지 못하여 혹 창피함을 당하니, 바르더라도 (후회하는) 부끄러움을 당할 것이다"(不恒其德, 或承之羞, 貞吝)에서 나온 말이다. 공자는 이 구절을 인용하여 사람은 변치 않는 덕을 가지고 있어야 함을 강조하고 있다. 이 구절은 매우 정확하고 신빙성 있는 기록으로, 문자 상에서 불일치가 없고 고금古今 학자의 이해 또한 일치한다.[127] 이 문장을 통해 보면 공자는『주역』을 분명하게 이해하고 있었던 것이다. 공자가『주역』을 배웠다는 사실을 상당 부분 증명해 주는 구절이라고 할 수 있다.

위의 논의를 통하여, 공자가『주역』을 좋아하고 열심히 공부하였다는 언급은 있어도 그가『역전』을 지었다는 직접적인 언급이나 증거를 발견하

---

125) 『古論語』는 孔子의 집에서 나온 것으로 분서 이전에 사용된 고본이다. 이 두 가지 판본 자체를 가지고 말하면,『魯論語』는 진시황 분서 이후의 한대의 傳本이며, 시대가 비교적 늦고, 여러 왜곡을 면하기 어렵다.『古論語』는 신빙성이 매우 높다. 이런 점에서 『古論語』가 "易"자를 쓴 것이『論語』의 원래 모양이다. 董治安의 「孔子與周易」(北京: 『易學文化研究』, 2007), 3쪽을 참조 바람.

126) 『論語』, 「子路」, "子曰, 南人有言曰, 人而無恆, 不可以作巫醫. 善夫! 不恆其德, 或承之羞. 子曰, 不占而已矣."

127) 董治安, 「孔子與周易」, 3쪽 참조 바람.

기가 어려울 뿐만 아니라, 『주역』을 구체적으로 어떻게 보고 평가하였는지
도 알 수 없다. 즉 위의 논의들은 공자와 『주역』의 관계를 간접적으로
말하는 것에 불과한 것이다. 이런 상황에서 마왕퇴馬王堆 백서『주역』의
발견은 여러 가지 점에서 공자와『주역』의 관계에 대한 획기적인 관점을
제공해 준다.

2) 공자의 '노이희역'과 『주역』에 대한 새로운 평가

마왕퇴 한묘에서 출토된 백서『역전』에는 「요要」 이외에도 「계사繫辭」,
「이삼자문二三者問」, 「역지의易之義」, 「무화繆和」, 「소력昭力」 등의 문헌들이
발견되었다. 이들 문헌들 속에는 통행본『역전』에는 없는 새로운 내용들
이 들어 있다. 통행본 『역전』의 내용과 공통되는 부분은 「계사전」의
일부분이다.

일반적으로 마왕퇴 한묘는 기원전 168년에 형성된 것으로 보는데, 대략
한 문제文帝 시기에 해당한다. 백서『주역』의 성서成書 시기는 한 왕조가
성립된 기원전 202년에서 얼마 지나지 않은 무렵으로 보이고, 백서『역전』은
늦어도 전국 후기(BC 281~221)에 이미 생겨나 있었던 것으로 본다.[128] 이들
문헌들의 출현은 공개 직후부터 역학사를 새롭게 써야 할 정도의 획기적인
사건으로 간주되었다. 특히 「요」편은 공자와『주역』의 관계에 대한 전통적
논쟁들을 잠재울 수 있는 폭발력이 매우 큰 내용들을 담고 있는 중요한
문헌이다.

「요」편은 손괘損卦와 익괘益卦를 말하는 부분에서 제한적으로 도가적
색채를 보이기는 하지만,[129] 전체적으로 유가 계열에 속하는 문장이라는
점에 대해서는 크게 이론이 없다. 특히 이 자료는『주역』을 높이는 관점에서

---

128) 淺野裕一, 「儒家對『易』的經典化」, 『周易硏究』 2009年 94期, 26쪽.
129) 嚴靈峰, 「有關帛書易傳的幾個問題」, 『國際易學硏究』 1(1995), 51~54쪽 참조 바람.

서술된 것으로, 공자의 『주역』에 대한 관점을 분명하게 보여 주는 귀중한 문헌이다. 「요」의 성립 연대에 대해서는 순자荀子 이전의 전국 말로 보는 견해도 있고[130] 순자 이후 전국 말에서 한대 초기의 작품으로 보는 관점도 있다.[131] '요要'라는 말은 요약하거나 핵심적인 의미를 끄집어낸다는 말로 보인다. 만약 「요」편의 내용을 가지고 말한다면, 『주역』의 핵심은 덕의德義에 있고, 인간은 단순히 복서卜筮를 좇지 말고 이성에 근거해야 하며, 역도易道는 간요簡要함을 귀하게 여긴다는 세 가지 정도로 요약할 수 있을 것으로 보인다.[132]

마왕퇴 한묘 백서 『주역』이 출토된 이후부터 대부분의 학자들은 공자와 『주역』의 관계에 대해 기본적으로 공통된 인식을 가지기 시작했다.[133] 즉 『논어』 「술이」와 『사기』 「공자세가」의 기록 및 백서 『역전』 「요」편에 실린 자공子貢의 공자에 대한 질의 등을 종합해 보면 공자와 『주역』의 관계 및 공자 역학관의 핵심이 무엇인지 드러나는데, 그런 관점은 만년에 이르러 중대한 변화가 발생한 것으로 보인다는 것이다.

공자는 나이가 들어서 『역易』을 좋아하여, 거처할 때는 자리에 두었고 길을 갈 때면 자루에 두었다. 자공子貢이 말하기를 "선생님께서 이전에 제자들에게 가르치시기를 '덕행이 없는 자가 신령을 좇아가며 지모智謀가 없는 자가 복서를 빈번하게 행한다'고 하셨는데 저는 이 말이 매우 옳다고 여겼습니다. 이 말을 가지고 생각해 보면 저는 선생님의 이런 모습은 이해하기 어렵습니다. 선생님께서는 어찌 연세가

---

130) 張文立, 「帛書 《易傳》 的時代和人文精神」, 『國際易學研究』 1(1995), 79쪽에서는 전국 중기 보다 약간 늦은 시기로 보고 있다. 廖名春은 「帛書 《要》 試釋」(『帛書 《易傳》 初探』(臺灣: 文史哲出版社, 1998)에서는 전국 말이지만 荀子 이전으로 보고 있다.
131) 王葆玹, 「帛書 《要》 與 《易之義》 的撰作時代及其 《繫辭傳》 的關係」(道家文化研究) 6, 1995), 351~355 참조 바람. 王博, 「《要》 篇約論」(『道家文化研究』 6, 1995)은 荀子 이후 秦末(특히 秦火 이후)漢初로 보고 있다.
132) 劉彬 著, 『帛書要篇校釋』(北京: 光明日報出版社, 2009), 14쪽 참조. 본서의 帛書 易傳 「要」편의 번역은 이 책에 근거하고 있음을 밝혀 둠.
133) 王國雨, 「論『易經』在早期儒家經傳體系中的地位」, 『燕山大學學報』 第12卷 第4期(2011), 31쪽.

드시면서 그것을 좋아하십니까?" 하였다. 공자께서 말씀하시기를 "군자의 말은 방정해야 한다. (내가)『역』을 좋아하는 것이 마치 이전에 (그대들에게) 말한 것과 배치되는 것처럼 보여 책망을 받지만, 실은 어긋나지 않고 틀리지 않다.『주역』의 요체를 자세하게 살펴보면 이전에 말한 것과 위배되지 않음을 알게 될 것이다"라고 하였다.[134]

공자가 만년에 "거처할 때면 곁에 두고 길을 갈 때면 자루에 넣어 지니고 다닐" 정도로『주역』을 좋아하자 자공이 그것은 예전에 제자들에게 가르치던 내용과는 너무나 다르지 않느냐고 묻고, 이에 대해 공자가 대답하는 내용이다. 자공이 공자에게 그렇게 물은 이유는 과거에 공자가 복서를 즐겨 행하는 사람들은 덕행이 부족하거나 지모가 부족한 자들이라고 말해 왔기 때문이다. 말하자면 공자는『주역』은 복서의 책이기 때문에 그 가치를 높게 평가하지 않았던 것이다. 공자의『주역』에 대한 이런 평가가 만년에 이르러 변화한 것을 보고 자공이 매우 놀라워하면서 질의하고 있는 장면을 매우 사실적으로 표현하고 있다.

백서『역전』「요」편에서 말한 공자의 "만년희역晚年喜易" 즉 "노년희역老年喜易"의 관점은 앞에서 말한 공자와『주역』의 관계에 대한 몇 가지 논란들에 결정적인 증거들을 제시해 주고 있다. 사마천의『사기』와 반고의『한서』에서 말하는 "공자만이희역孔子晚而喜易"의 기록은 백서『역전』「요」편의 "공자는 나이가 들어서『주역』을 좋아했다"는 문장을 통해서 분명한 근거를 얻게 된다. 특히 "위편삼절韋編三絕"의 고사도 "거처할 때는 자리에 두었고 길을 갈 때면 자루에 두는" 정도로 열렬한『주역』애호가인 공자에게는 당연히 생길 수 있는 일이었다.

---

134) 劉彬 著,『帛書易傳新釋暨孔子易學思想研究』, 中國社會科學出版社(北京, 2016), 242~243쪽, "夫子老而好易, 居則在席, 行則在囊. 子贛曰: 夫子它日教此弟子曰, 德行亡者, 神靈之趨, 智謀遠者, 卜筮之繁. 賜以此爲然矣. 以此言取之, 賜緡行之爲也. 夫子何以老而好之乎? 夫子曰 君子言以榘方也. 前羊(逆)而至者, 弗羊(逆)而巧也. 察其要者, 不詭(違)其辭."

『사기』에서는 공자가 만년에 『주역』을 좋아했다는 내용을 그가 노나라로 돌아간 노魯 애공哀公 11년(BC 484) 이후의 일로 기록하고 있는데, 애공 11년은 공자의 나이 68세에 해당한다. 『좌전』에 근거해서 보면 자공 역시 이 무렵에 노나라에 머물고 있었으므로, 공자와 자공이 대화를 나누었다는 사실은 분명한 설득력을 가지고 있는 것으로 보인다.[135]

공자와 『주역』의 관계에 대해 논란이 되었던 또 다른 문제 중의 하나가 바로 『역전』 특히 「계사전」에 보이는 "자왈子曰"이라는 구절이다. 그런데 백서 『역전』 「요」편에서도 "자왈子曰"이라는 말이 보일 뿐만 아니라, "자子"를 "부자夫子"로 표기하고 있다. 물론 "자왈" 등의 표기가 「요」편에서 보인다는 사실이 공자의 찬역贊易을 말해 주는 것은 결코 아니지만, 적어도 그것이 완전히 근거가 없거나 순수한 허구만은 아니라는 사실을 증언해 주는 것이라고 할 수 있다.[136]

그러면 공자는 어떤 이유에서 만년에 『주역』을 좋아하게 되었는가? 공자는 왜 비판과 자기모순을 감내하면서 복서의 도구였던 『주역』을 새롭게 긍정적으로 보고 있는가? 공자가 『주역』을 긍정적으로 본다고 해서 『주역』의 점을 믿거나 좋아한다는 말은 결코 아니다. 공자가 『주역』을 좋아하게 된 구체적인 이유들은 무엇인가? 「요」편에서는 아래와 같이 말하고 있다.

『상서尚書』는 결실缺失이 많으나 『역』은 결실되지 않았을 뿐 아니라 옛 성인이 남긴 말씀과 도리(遺言)가 들어 있다. 나는 실제로 점을 치는 것을 즐겨하기보다는 그 괘효의 말을 좋아한다. 내가 이것에 무슨 잘못이 있는가?[137]

---

135) 李學勤, 『周易經傳溯源』(長春: 長春出版社, 1992), 226쪽.
136) 劉彬 著, 『帛書要篇校釋』, 1쪽 참조 바람.
137) 劉彬 著, 『帛書要篇校釋』, "尚書多仒(闕)矣, 周易未失也. 且有古之遺言焉. 予非安其用也, 予樂其辭也, 予何尤於此乎."

공자가 만년에 『주역』을 재평가하고 적극적으로 인정하는 이유 중의 하나는 다른 경전에 대한 『주역』이 가진 텍스트의 빼어남 때문이다. 그는 위의 「요」편에서 "『상서』는 결실이 많으나 『주역』은 결실되지 않았을 뿐 아니라 옛 성인이 남긴 말씀과 도리(遺言)가 들어 있다"라고 하였다. 여기에서 공자는 우선 『주역』의 괘효사 속에 보이는 "옛 성인이 남긴 말씀과 도리"를 매우 가치 있는 것으로 보는 것 같다. 그러므로 그는 괘효사를 이용하여 점을 치기보다는, 옛 성인이 남긴 말씀과 도리를 더 좋아한다고 말하는 것이다. 이것이 공자가 『주역』을 좋아하게 된 이유 중의 하나이다. 이 말을 통하여 우리는 공자가 『주역』이 가진 경전으로서의 가치를 어떻게 보고 있는가 하는 점을 어렵지 않게 발견할 수 있다.

물론 위의 구절에 대해서는 다양한 시각이 존재할 수 있다. 우선 이 구절을 보았을 때 직관적으로 생각나는 것은 진시황秦始皇의 분서焚書와 관련된 문제이다. 예를 들면 조건위趙建偉는 『상서尙書』를 상고上古의 책으로 해석하면서, 상고시기의 책들이 진시황의 분서를 만나 모두 멸절되고 오직 『주역』만이 온전하게 남았다고 보기도 한다.[138] 그러나 이것은 전체적 맥락을 무시한 주장으로 보인다. 왜냐하면 공자가 여기에서 『주역』이 결실되지 않았다고 말하는 이유는 결코 『주역』이라는 문헌이 온전하게 보존되었다는 그런 의미가 아니라, 다른 경전과는 근본적으로 구별되는 모든 문제를 남김없이 다 설명할 수 있는 철학적 체계를 갖추고 가지고 있다는 말이다.

『상서』를 『서경書經』으로 보지 않고 상고시기의 책으로 보는 관점은 또한 공자가 『시詩』, 『서書』, 『예禮』, 『악樂』과의 비교를 통해 『주역』이 가진 특성을 설명하고 있다는 맥락을 살피지 못하고 있다. 「요」편에서 공자는

---

138) 趙建偉, 『出土簡帛周易疏證』(臺北: 萬卷樓, 2000), 270쪽.

『시』, 『서』, 『예』, 『악』과의 비교를 통하여 『주역』이 가지고 있는 우월성과 특징에 대해 다음과 같이 말한다.

그러므로 『역』에는 천도가 있는데, 일월성신 등으로 완전하게 기술記述할 수는 없기 때문에 음양으로 그것을 개괄한다. 지도地道가 있는데, 수·화·금·토·목 등으로 완전하게 기술할 수는 없기 때문에 유강柔剛으로 그것을 개괄한다. 인도人道가 있는데, 부자·군신·부부·형제 등으로 완전하게 기술할 수는 없기 때문에 상하上下로 그것을 개괄한다. 사시四時의 변화가 있는데, 만물로 그것을 모두 기술할 수는 없기 때문에 8괘로 그것을 개괄한다. 그러므로 『역』이라는 책은 하나의 정해진 류類로써 『역』의 도리를 속속들이 모두 다 탐구할 수는 없다. 오직 변역變易을 사용해서만 비로소 완벽하게 그것의 실정實情을 개괄할 수 있기 때문에, 이를 일러 역易이라고 한다. 『시』, 『서』, 『예』, 『악』은 백 편에 그치지 않으나 천도, 지도, 인도, 사시의 변화와 군도君道는 말하기가 어렵다.[139]

"『시』, 『서』, 『예』, 『악』은 백 편에 그치지 않으나 천도, 지도, 인도, 사시의 변화와 군도를 말하기가 어렵다"라는 말은, 『시』, 『서』, 『예』, 『악』 등의 책은 백 편도 훨씬 넘게 많지만 그 속에서 '천도', '지도', '인도'와 '군도'를 효과적·체계적으로 말하지 못하고 있는 데 비해, 『주역』은 '음양', '강유'로써 천지의 도와 사시의 변화를 모두 표현하고 '상하'로써 '인도'와 '군도'를 모두 드러낼 수 있기 때문에 『시』, 『서』, 『예』, 『악』의 정수가 모두 농축되어 있다는 뜻이다.[140] 즉 『시』, 『서』, 『예』, 『악』은 구체적인 각각의 일을 기록하기 때문에 당연히 누락을 면할 수 없지만, 『주역』은 상징적인 부호체계를

---

139) 劉彬 著, 『帛書要篇校釋』, "易又(有)天道焉, 而不可以日月生(星)辰尽称也, 故为(谓)之以阴阳, 又(有)地道焉, 不可以水火金木土尽称也, 故律之以柔剛, 又(有)人道焉, 不可以父子君臣夫妇先后尽称也, 故要之以上下, 又(有)四时之变焉, 不可以万勿(物)尽称也, 故为之以八卦. 故易之爲書也, 一類不足以亟之, 變以備亓諸者也, 故胃之易.……『詩』, 『書』, 『禮』, 『樂』不止百扁, 難以致之."

140) 廖名春, 『『周易』經傳與易學史新論』(濟南: 齊魯書社, 2001), 第161쪽.

통하여 이치를 말하기 때문에 천인天人의 모든 문제를 효과적으로 개괄하는 것이 가능하다는 것이다.[141]

3) 공자와 '찬역'

앞에서 우리는 역학사 속에서 논의되었던 공자와 『주역』의 관계에 대한 몇 가지 쟁점들을 소개하고, 이어서 백서 『역전』 「요」편에 보이는 공자의 『주역』과 관련된 문장들의 분석을 통하여 기존의 역학사에서 논란이 되었던 문제들을 해소할 수 있는 근거나 자료들을 발견할 수 있었다. 물론 이 자료가 가진 신빙성에 대한 논의가 전혀 없는 것은 아니지만, 이 자료에 보이는 공자의 『주역』에 대한 관점들은 여러 가지 중요한 입장들을 분명하게 보여 준다. 특히 『논어』나 『사기』에서 보이는 공자와 『주역』에 관한 논란들, 예를 들면 '위편삼절'이나 '만년희역'의 관점들은 「요」편을 통하여 직접적으로 증명되거나 분명한 근거들을 얻게 된다.

역학사 속에서 논의되었던 공자와 『주역』의 관계에 대한 쟁점들이 상당 부분 증명되었다는 점에서 우리는 백서 『역전』 「요」편이 가지는 문헌적 가치에 주목하지 않을 수 없다. 물론 여기에서 간과할 수 없는 것은, 『주역』이라는 책의 성격 및 공자와의 관계에 대한 논의가 가지는 철학적 가치와 중요성이다. 백서 「요」편의 자공과 공자의 대화를 통해 보면 공자의 역학관은 만년에 중대한 변화가 생기게 된다. 이전에 공자는 『역』을 다만 사람의 길吉과 이익을 추구하기 위해 사용하는 복서의 책으로 보고 평가절하하였던 것 같다. 그러다가 만년에 이르러 『역』에 대한 태도가 크게 변하게 되는데, 그러한 변화의 근본 원인은 『역』이 가진 성질에 대한 새로운 발견과 해석에 있었다. 공자가 만년에 발견한 『역』은 복서의 책일 뿐만 아니라,

---

141) 정병석, 「『周易』의 유가 경전화」, 『철학논총』 제76집(2014년 4월), 161쪽 참조 바람.

또한 철리가 충만한 철학서였으며, 인도의 교훈과 옛 성인의 말씀 및 도리가 가득 차 있는 책이었던 것이다.

공자 역학관의 중대한 변화로 말미암아 일부 제자들이 『주역』을 수용하고 그것을 중요하게 여기면서 『주역』이 경전으로서의 지위를 점차적으로 확고히 함에 따라 후대에 마침내 유가의 경전으로 진입할 수 있었던 것으로 보인다. 그러나 위에서 살펴본 것처럼, 우리는 마왕퇴 백서 「요」편의 분석을 통하여 공자가 『주역』을 좋아하고 열심히 공부하였다는 증거들은 발견할 수 있었지만 공자가 『역전』을 지었다는 찬역贊易의 어떤 직접적인 언급이나 증거는 도저히 발견할 수 없었다. 이런 점에서 주백곤朱伯崑은 『역전』과 공자의 관계에 대해 다음과 같이 추정하고 있다.

전체적으로 말하여 통행본 『역전』은 공자와 밀접한 관련을 가지고 있지만, 이것은 전국시기의 공자 후학後學의 손에서 나온 것으로 보인다. 시대사조의 영향으로 다른 학파의 사상을 흡수한 전국시대 학술적 대융합의 산물이다.[142]

공자와 『역전』의 밀접한 관련성은 인정하지만, 공자의 찬역은 인정할 수 없다는 평가이다. 또 공자가 찬역하였다는 역사적 사실을 아무리 관대하게 평가하려고 해도 다만 "공자는 『주역』에 대해서 단순한 독자讀者가 아니라 어떤 의미에서는 작자作者라는 가능성을 암시하고"[143] 있을 뿐이라는 정도의 언급에만 머무를 수밖에 없다는 것이 분명한 현실이다.

---

142) 朱伯崑, 『易學基礎敎程』(北京: 九州出版社, 2003), 71쪽.
143) 李學勤, 『簡帛佚籍與學術史』, 262쪽.

제5장 문화적 상징부호로서의 성인과 『주역』 해석의 지평 전환

1. 상고시기의 자연재해와 문화개창자로서의 성인

중국 초기의 중요 문헌들에는 상고시기에 발생한 '자연재해' 즉 '천재天災'에 대한 기록들이 많이 실려 있다. 이것은 상고시기가 결코 인류가 생존하기에 적합한 세계가 아니었고, 당시의 환경이 매우 열악하였다는 것을 말해주는 것이라고 할 수 있다. 예를 들면, 열 개의 태양이 떠올랐다거나[1] 혹은 엄청난 홍수가 발생하여 치수治水하였다는[2] 이야기들이 보인다. 다행스럽게도 그때마다 영웅 즉 성인이 출현하여 재해를 바로잡고 세계를 태평하게 만드는데, 이들의 활약으로 인해 사람들은 안전하고 편안한 삶을 유지할 수 있었다.

상고시기에 자연재해가 발생하여 혼란이 생기자 성인들이 출현하여 세상을 구하였다는 이런 사건들에서 진정한 인간의 역사가 시작되는 것으

---

1) 『山海經』에는 요임금 시절에 동방의 天帝 帝俊과 태양의 여신 義和 사이에서 태어난 10개의 태양이 제멋대로 떠오른다. 이때 동이족의 명사수 羿가 나타나 아홉 개의 해를 떨어뜨리고 나서야 자연의 질서를 되찾는다는 영웅신화가 기록되어 있다.
2) 鯀과 禹 부자의 2대에 걸쳐 홍수를 막은 이야기이다.

로 보인다. 유가를 대표로 하는 많은 사상가들의 역사관과 세계관은 모두 이것을 원점 혹은 기점으로 삼고 있고, 여기에서 형성된 성인의 관점과 의미 역시 후대 유가의 인문주의 사상의 발전 속에서 계속해서 이어지고 새롭게 해석된다.

중국 고대에 천天은 분명히 숭고한 신성성神聖性을 가지고 있었지만, 한편으로 당시 사람들은 천에 대해서 또 다른 일면의 생각을 가지고 있었던 것으로 보인다. 『여씨춘추呂氏春秋』「유시람有始覽」편에서는 "하늘은 재앙을 내리거나 상서로움을 드러내는데, 각각 그 일을 담당하는 직책이 있다"3)라고 하였다. 하늘은 인간에게 오직 신성한 지고至高의 존재적 의미만 가지고 있는 것이 아니라, 필요에 따라 재앙을 내리는 것 역시 중요한 직분 중의 하나로 여기고 있었던 것이다. 이 말 속에는 천天 혹은 자연계가 결코 완벽하거나 선한 것이 아니라 언제든지 재해를 만들어 낼 수 있다는 두려움이 반영되어 있다.

현실에서 발생하는 '자연재해'는 사람들의 경험 속에서 도저히 피할 수 없는 실존적 공포의 대상이고, 또한 지울 수 없는 기억으로 남아 있다. 이처럼 '자연재해'가 가지고 있는 파괴와 공포는 자연계를 바라보는 인간의 의식과 사유에 분명하게 영향력을 미치는 중요한 위치를 점유하고 있었던 것으로 보인다.

'자연재해'(天災)가 발생하게 되는 원인은 크게 두 가지가 있다. 그 중 하나는 '천'은 재해를 발생하기 때문에 천재天災는 바로 원시질서의 결함缺陷으로 간주된다. 이런 원시질서의 결함이라는 측면에서 사람들은 신이나 영웅의 역량으로 구원하거나 보충해 줄 것을 요청하게 된다. 『열자列子』「탕문湯問」편에서는 "그러므로 천지 또한 사물이다. 사물에는 부족한 면이

___

3) 『呂氏春秋』,「有始覽」, "天降災布祥, 並有其職."

있기 때문에 옛날 여와씨女媧氏는 오색석五色石을 단련하여 그 이지러진 부분을 메꾸었다"[4]라고 하였다. 이처럼 상고시기의 '천재'는 대부분 영웅(신) 의 이차적인 창조 혹은 개창開創을 통하여 자연의 결함을 보충하여 해결되는 것으로 표현된다.

그럼에도 불구하고 여전히 '자연재해'가 끊임없이 빈발하고 있다는 사실은 또 다른 하나의 해석을 출현하게 만든다. 바로 인간세계에 덕이 사라진 상덕喪德으로 야기된 재해이다. 인간세계에 악행과 비도덕적인 일이 끊임없이 생기면 그로 말미암아 자연재해가 발생하게 된다는 관점이다. 이것이 천재의 두 번째 원인으로 해석된다. 이런 천재 관념의 배후에는 하나의 신앙체계가 있고, 눈앞에는 더욱 현실적인 정치작용이 있다. 그것은 바로 서한西漢시기에 동중서董仲舒 등에 의해 제기된 이른바 '천인감응天人感應'의 관점이다.[5]

'재해災害'라는 개념이 가진 의미의 분석을 통해 살펴보도록 하자. '재災'는 '자연재해'(天災)와 '재화災禍'라는 두 가지를 포함하고 있고, '해害'는 '재災'의 결과를 말한다. '재화災禍'는 주로 사람의 측면에서 말하는데, 한편으로는 인류사회의 전쟁이나 정치적 혼란 등을 의미하고 있고 다른 한편으로는 인간의 질병을 지칭한다. '재해'가 생기는 원인은 일차적으로는 천 즉

---

4) 『列子』, 「湯問」, "然則天地亦物也. 物有不足, 故昔者女媧氏煉五色石以補其闕." 이 문장은 상고시대 女媧氏가 오색의 돌을 달구어서 하늘의 이지러진 곳을 기웠다는 고사를 기록하고 있는데, 임금을 보좌하여 국가에 큰 공로가 있음을 비유한다. 『淮南子』 「覽冥」편과 『論衡』 「談天」편의 기록에 의하면, 당시 共工氏와 祝融氏라는 두 신이 不周山에서 결투를 벌였다. 결과는 공공씨가 패해 자신의 머리로 부주산을 들이받아 부주산이 부러졌다. 부주산은 하늘과 땅 사이의 주요한 기둥인데, 기둥이 부러지자 큰 틈이 벌어졌다. 대지는 평형을 잃어 동남으로 기울어졌고 홍수가 발생해 천지는 망망한 바다로 변했다. 인류는 피할 곳이 없어 큰 고통을 겪었다. 여와가 인류의 고통을 차마 보지 못하고 산 위에 있던 五色石을 이용해 찢어진 틈을 수선했다. 전설에 의하면 지금도 지평선에서 볼 수 있는 휘황한 붉은 노을은 여와가 수선할 때 사용했던 오색석이라고 한다.
5) 唐曉峰 著, 『從混沌到秩序』(北京: 中華書局, 2010), 41쪽 참조 바람.

자연에 있지만, 또한 인위적인 원인도 있다.[6]

천재지변天災地變과 성인이 구세救世한다는 전설은 중국 초기의 문헌들에서 어렵지 않게 찾아 볼 수 있다. 예를 들면 "하늘이 핏빛 비를 내리고, 여름에 얼음이 생기고, 땅이 갈라져 샘이 솟고, 푸른 용이 종묘宗廟에서 생기고, 해가 밤에 나오고, 대낮에 해가 나오지 않는다."[7] 이것은 모두 사람들이 자연계를 믿지 못하거나 완벽하지 못하다는 생각의 반영인데, 중국 고대인들이 기술한 이런 자연재해들을 발생하게 만드는 대표적인 요인으로 들 수 있는 것은 물과 불이다. 구체적으로는 홍수洪水와 한발旱魃이다. 수재水災와 한재旱災는 중국 고대에서 가장 자주 보이는 '자연재해'로서, 현실 속의 사람들에게 늘 두려움을 안겨 주는 사건들이다.

수재와 한재에 관한 기록은 갑골문에서부터 시작하여 후대의 문헌들에 이르기까지 일일이 다 기록할 수 없을 정도로 많이 보인다. 상고의 신화 역시 이 두 가지 재해에 대해 특별한 관심을 기울이고 있다. 우禹임금의 치수治水나 예羿가 해를 쏘아 떨어뜨린 신화전설은 바로 이 두 가지 재해(영웅의 구세를 포함하여)의 가장 유명한 이야기로, 여러 문헌들에 흩어져 있다. 예를 들면 열 개의 해에 관한 전설은 후대의 『회남자』에서 활을 잘 쏘는 후예后羿(즉 羿)의 전설과 결합하여 해를 쏘아 백성을 구하는 내용과 의미를 표현하고 있다.

요堯의 때에 이르러 열 개의 태양이 함께 출현하여, 모든 집들이 불타고 초목도 모두 말라죽었으며 백성들은 먹을 음식물조차도 없었다. 계유・척치・구잉九嬰・대풍・봉희・수사가 모두 함께 나와서 사람들을 해롭게 하였다. 요임금이 예를 파견하여 도화의 뜰에서 마음대로 횡행하는 척치를 죽이고, 북방의 흉수凶水 위에서 아홉

6) 劉希慶 著, 『順天而行—先秦秦漢人與自然關係專題研究』(濟南: 齊魯書社, 2009), 293~294쪽 참조 바람.
7) 劉恕, 『資治通鑑外紀』, 卷一, "天雨血, 夏有氷, 地坼及泉, 靑龍生於廟, 日夜出, 晝日不出."

개의 머리를 가진 구잉을 죽이고, 동방 청구靑丘의 못에서 활로 큰 새인 대풍을 사살하였다. 위로는 열 개의 태양을 맞춰서 떨어뜨리고 아래로는 중원을 해롭게 하는 계유를 잡아 죽이고, 또 동정호에 이르러 수사의 목을 자르고 상림에서 엄청나게 큰 산돼지를 산채로 잡았다. 이로 말미암아 일곱 개의 큰 해가 모두 사라지니, 백성들이 모두 매우 기뻐하여 한마음으로 요를 천자로 추대하였다. 이때 천하 각지의 좁은 길을 넓히고 험한 것을 평탄하게 만들었으며 멀거나 가까운 곳도 모두 도로를 만들기 시작했다.[8]

순舜의 때에 물의 신인 공공共工이 홍수를 일으켜 큰물이 동방의 부상扶桑에까지 미쳤다. 이때 용문산은 통로가 없었다. 여양산과 용문산이 서로 연결되어 황하가 지나가는 길이 막혀 버리고 장강長江과 회하淮河의 물길이 서로 소통되어, 전국 각지가 완전히 혼란에 빠지니 백성들은 흩어져 구릉 위로 올라가고 나뭇가지를 잡고 살아 보려 발버둥 쳤다. 순임금이 우를 파견하여 삼강오호三江五湖를 소통하였다. 이궐산을 깎아 재와 윤의 큰 두 강물을 열어서 수류를 소통하게 하고 도로를 평정하여 홍수가 동해로 흘러들어 가게 했다. 큰물이 다 물러가고 구주九州에 물이 마르게 되었으니, 백성들이 편안히 살게 되었다. 이 때문에 요순堯舜을 성인이라 부르게 되었다.[9]

위의 『회남자』의 문장들에 보이는 재해를 구제救濟하는 관점은 "이때 천하 각지의 좁은 길을 넓히고 험한 것을 평탄하게 만들며 멀거나 가까운 곳도 모두 도로를 만들기 시작했다"라는 사실이다. 이것은 문명적인 질서의 형성과 관련되어 있다. 즉 재해를 구원하는 것과 대지의 질서가 형성되는 상호관계를 발견할 수 있다. 비교적 이른 요堯의 시대에는 주로 가뭄이

---

8) 『淮南子』, 「本經訓」, "逮至堯之時, 十日並出, 焦禾稼, 殺草木. 而民無所食. 猰貐, 鑿齒, 九嬰, 大風, 封豨, 脩蛇皆爲民害. 堯乃使羿誅鑿齒於疇華之野, 殺九嬰於凶水之上, 繳大風於靑丘之澤, 上射十日, 而下殺猰貐, 斷脩蛇於洞庭, 擒封豨於桑林, 萬民皆喜. 置堯以爲天子. 於是天下廣狹, 險易, 遠近始有道里."

9) 『淮南子』, 「本經訓」, "舜之時, 共工振滔洪水, 以薄空桑, 龍門未開, 呂梁未發, 江淮通流, 四海溟涬, 民皆上丘陵, 赴樹木. 舜乃使禹疏三江五湖, 闢伊闕, 導瀍澗, 平通溝陸, 流注東海. 鴻水漏, 九州乾, 萬民皆寧其性, 是以稱堯舜以爲聖."

발생하였지만, 순舜의 시대에는 수해가 문제시되었다. 이러한 수재에 대해서는 우임금의 "트고, 열고, 이끌고, 바르게 하고, 통하게 하는" 일련의 기술적·문명적 조치를 통해 인간 스스로 자연의 재앙을 극복하게 된다.

재해가 넘쳐나는 원시상태로부터 질서 있는 문명의 시대에 들어가는데에는 성인의 풍부한 발명과 제작製作에 기대는 경우가 많다. 이들 재해신화 중에서 우리는 다수의 문화영웅 혹은 문화개창자로서의 성인의 활약상을 쉽게 찾아 볼 수 있다. 이런 종류의 원시적 재해를 평정平正하거나 원시적 결함을 보충하는 성인의 행위를 우리는 제2의 창세創世 행위[10] 혹은 구세救世 행위라고 부를 수 있다.

유가와 기타의 다른 사상가(도가 제외)들이 말하는 인류에게 의미를 지니는 개벽開闢 혹은 창세는 새로운 문명의 이기利器를 발명하여 인류를 재난으로부터 구제하는 '문화개창文化開創'이라고 할 수 있다. 사람이 살기 힘든 환경이나 세계를 사람이 살기에 적당한 환경으로 만들어 내고 완벽하지 못한 자연을 성인의 힘을 통하여 사람들이 안전하고 편안하게 살 수 있는 세계로 만들어 내는 것이 바로 제2의 창세이다. 그리고 이렇게 사람이 살 수 있는 세계 또는 환경을 새롭게 만들어 낸 사람이 바로 성인이다. 이들 성인이 개창한 것은 천지가 아니라 문화 혹은 문명세계의 형성이다.[11]

문명세계 혹은 인문세계의 개창은 재난을 구제하는 것에서부터 시작하고, 재난을 구제하는 것은 생존환경에 대한 이차적 개창을 의미한다. 이차적 개창은 인류와 인류사회에 대해서 더욱 직접적이고 현실적인 의미를 가진다. 이러한 문화개창 혹은 이차적 개창을 주도하는 사람이 바로 성인이다. 유가는 성인이 세상을 구원하는 전설에 대해서는 즐겨 말하지만, 신이나 조물주가 세상을 창조하여 만드는 전설은 결코 말하지 않는다. 이처럼

---

10) 張光直, 『中國靑銅時代』(北京: 北京三聯書店, 1983), 251~287쪽.
11) '성인창세'의 문제에 대해서는 唐曉峰 著, 『從混沌到秩序』, 41~47쪽을 많이 참조하였음.

인문세계(역사)의 기점起點은 성인이 인문사회와 문화를 개창하는 풍성한 공적에서부터 시작한다. 『주역』의 「계사전」은 이런 내용들을 매우 구체적으로 기술하고 있다.

옛날에 포희씨가 천하에 왕 노릇 할 때, 우러러 하늘의 상을 관찰하고 굽어 땅의 형태들을 관찰하며, 새와 짐승의 무늬와 땅에 적합한 것에 대해 관찰하였다. 가깝게는 자기에서 취하였고, 멀리는 다른 사물에서 취하여, 여기에서 비로소 팔괘를 만들어 신명의 덕에 통하게 하고 만물의 실상을 분류하고 정돈하였다. 노끈을 매어서 그물을 만들어 사냥하고 고기를 잡으니, 대개 그 이치를 리괘離卦에서 취하였다. 포희씨가 죽고 신농씨가 일어나서, 나무를 깎아 보습(쟁기 날)을 만들고 나무를 휘어 쟁기(쟁기 자루)를 만들어서 쟁기로 갈고 감매는 이로움을 천하 사람에게 가르쳤으니, 대개 그 이치를 익괘益卦에서 취하였다. 한낮에 시장을 열어 천하의 백성들을 오게 해서 천하의 재화를 모아서 교역交易하고 물러가서 각각 그 필요한 바를 얻게 하니, 대개 그 이치를 서합괘噬嗑卦에서 취하였다. 신농씨가 죽고 황제·요·순이 일어나서, 사물의 변화에 통하여 백성들로 하여금 더 이상 싫증나서 게으르지 않도록 하고 (그들이 행한) 변화가 매우 신묘해서 백성들로 하여금 마땅한 바를 얻어 만족하도록 만드니, 역易은 궁하면(극한 상황에 이르면) 변하고, 변하면 통하는 길이 생기며, 통하면 오래 지속할 수 있다. 이 때문에 "하늘로부터 돕는지라 길하여 이롭지 않음이 없다"라고 한다. 이에 황제·요·순이 저고리와 치마를 늘어뜨리고 가만히 앉아 있어도 천하가 다스려졌다고 하니, 이는 대개 그 이치를 건괘乾卦와 곤괘坤卦에서 취한 것이다. 나무를 쪼개서 배를 만들고 나무를 깎아서 노를 만들어, 배와 노의 이로움으로써 통하지 못하는 것을 건너게 하여 멀리 가게 함으로써 천하를 이롭게 하였다.[12]

---

12) 『周易』, 「繫辭下傳」, "古者包犧氏之王天下也, 仰則觀象於天, 俯則觀法於地, 觀鳥獸之文與地之宜, 近取諸身, 遠取諸物, 於是始作八卦, 以通神明之德, 以類萬物之情. 作結繩而爲罔罟, 以佃以漁, 蓋取諸離. 包犧氏沒, 神農氏作, 斲木爲耜, 揉木爲耒, 耒耨之利, 以敎天下, 蓋取諸益. 日中爲市, 致天下之民, 聚天下之貨, 交易而退, 各得其所, 蓋取諸噬嗑. 神農氏沒, 黃帝堯舜氏作, 通其變, 使民不倦, 神而化之, 使民宜之. 易窮則變, 變則通, 通則久, 是以'自天祐之, 吉无不利.' 黃帝堯舜垂衣裳而天下治, 蓋取諸乾坤."

복희와 여와

위의 유명한 「계사전」의 인용문은 성인들에 의한 중국 상고사의 문명발전사를 기술하고 있다는 느낌을 주고 있다. 복희씨와 신농씨에서 황제를 거쳐 요순으로 이어지는 문명발전사의 흐름을 그대로 보여 주고 있다. 이들 성인들은 8괘를 만든 것 외에, 그물·쟁기·시장과 배 등을 만들었다. 그러나 복희씨나 신농씨 등이 과연 실재한 인물인가 하는 것은 분명히 따져 볼 만한 문제이다.

"포희씨包犧氏"는 포희씨庖犧氏·복희씨伏犧氏 등으로 쓰인다. 포희씨는 전설 속의 인물로, 뱀의 몸에 인간의 머리를 가지고 있으면서 성인의 덕을 가지고 있는 것으로 표현된다. 뱀의 몸에 사람의 머리가 달려 있다는 것은 현재의 우리들로서는 도저히 이해가 가지 않는 관점이다. 아마도 몸뚱이에 용이나 뱀과 같은 비늘이 있었던 것으로 보는 것이 더 합리적일지도 모른다. 결코 뱀과 같은 몸뚱이가 있을 수는 없기 때문이다. 고대 사람들은 용이나 뱀은 같은 종류에 속하는 것으로 보고 중국인 스스로 용의 후손이라고 말하는데, 아마도 이런 관점은 신농씨의 모습과 무관하지가 않을 것으로 보인다.

수인씨燧人氏가 나무를 비벼서 불을 얻었고 복희씨는 팔괘와 역법曆法 및 그물, 음식을 불에 익혀 먹는 방법을 발견하고 만들었다고 전해진다. 이런 내용들이 중국 원시시대의 실제 발전 상황을 기록한 것이라고 보는 사람은 아마도 거의 없겠지만, 그것이 전설인지 믿을 만한 역사인지의 논의는 이차적인 문제에 속한다. 어떤 의미에서는 이 문제가 그렇게 중요하지 않을 수도 있다. 어차피 이 시기 문화를 개창하는 성인은 실재의 인물이라기보다는 인간의 문명을 만들고 삶의 질을 높인 문화적 인격의 상징부호일 가능성이 크기 때문이다.

그래도 이들 성인의 실존을 증명하고 싶다면 어느 정도의 단서는 찾을 수 있을 것으로 보인다. 복희씨는 아마도 원시시대 씨족부락의 추장으로 문명의 초기 단계에 존재한 사람이었을 것이다. 추측의 근거는 "옛날에 포희씨가 천하에 왕 노릇 할 때"(古者包犧氏之王天下也)에서 "왕王"을 '통치한다'는 의미의 동사로 보면, 이 구절의 뜻은 "고대의 복희씨가 천하를 통치하던 때"라는 말로 해석 가능하기 때문이다. 선진문헌 중에서 성인이 인문세계를 개창하였다는 주장은 매우 광범위하게 퍼져 있다. 예를 들면 유소씨·복희씨·신농(염제)·황제·전욱顓頊·요·순·우 등의 이름들은 중국의 상고시기에 빼놓을 수 없는 문화개창자들이다.

2. 문화적 상징부호로서의 『역전』의 성인

제자백가들의 성인을 숭배하는 이른바 숭성崇聖의 관점은 사회심리적 인소因素들과 분명한 내재적 연관성을 가지고 있다. 즉 숭성 관념은 절대적인 천天이나 신화神化에 속하는 숭신崇神의 단계에서 인간의 의지가 반영된 성인화의 단계로 전환한 것을 의미한다. 이런 성인숭배의식의 형성은 사회공동체가 가지고 있는 집체정신의 염원과 희망을 상징적으로 표현한 것이라 할 수 있고, 숭성의식의 특징들이 가지고 있는 내용들을 한마디로 정리하면 성인은 포괄적인 문화적 상징부호라는 것이다.

『역전』에서 성인이 비록 구체적인 실재의 인물로 제시되어 있기도 하지만, 실제로는 사회공동체가 지니고 있는 내재內在 정신의 상징적 표현이라고 할 수 있다. 왜냐하면 사람들이 숭배하려는 것은 그들이 도저히 근접할 수 없는 초월적인 존재가 아닌, 현실 속에 존재하는 그들 자신들의 염원이 투영된 것으로, 인문화성人文化成의 책무를 담당한 성인이라는 이름의 사회적 자아일 뿐이기 때문이다. 다시 말하면 문화적 상징부호로서의 성인의 실제 내용은 현실 속의 인간들의 염원과 희망을 담은 하나의 매개체라는 것이다.

어떤 학자들은 중국을 성인을 숭배하는 국가라고 말하는데, 이는 상당히 근거가 있는 말이다. 왜냐하면 철학·역사·문학 등이 중심이 되는 이론형 문화를 분석하거나, 또는 예의제도와 도덕, 풍속이나 습성 등이 중심이 되는 대중형 문화를 관찰하거나를 막론하고, 모두 성인의 강력한 영향력과 포괄적인 통섭작용을 벗어나기 어렵기 때문이다. 성인은 오래전부터 모든 사람들이 부단히 추구하고 사모해 온 가장 이상적인 문화적 인격의 상징부호이다.

거의 구세주에 버금가는 성인이 가진 비범한 지능 및 숭고한 품덕은 유가뿐만 아니라 모든 중국인이 신봉하는 이상적 모델이다. 심지어 성인은 존재 그 자체만으로 거대한 정신적 호소력과 정감적 응집력을 지니는[13] 하나의 문화적 상징부호라고 할 수 있다. 여기서 우리는 "중국 고대인들의 성인에 대한 여러 가지 본질적 규정으로부터 보면, 성인은 분명히 평범함을 초월한, 보통사람과는 다른 존재에 속한다. 그러면 보통사람과는 다른, 평범함을 넘어선 성인이라는 존재는 어떻게 가능한가? 또한 성인은 왜 평범함을 초월하여 보통사람과 다를 수 있는가? 성인과 보통사람과의 사이는 어떠한 관련이 있는가?"[14] 등의 여러 가지 물음들을 던질 수 있다.

앞에서 이미 말한 것처럼, 중국 고대에는 많은 성인들이 출현하였다. 유소씨·복희씨·신농(염제)·황제·요·순·우 같은 사람들이다. 이들은

---

13) 王文亮, 『中國聖人論』, 22쪽 참조 바람.
14) 王文亮, 『中國聖人論』, 22쪽.

과연 역사 속에 실제로 존재한 인물들로 인간을 위해 그 많은 문명의 이기利器들을 모두 발명해 낸 것이 사실인가? 그렇지 않으면 '성인을 만들어 내는' 이른바 '조성造聖운동'에 의해 의도적으로 날조한 것인가? 만약 옛사람들의 '날조'가 결코 우연으로부터 나온 것이 아니라 사유의식과 나름대로의 규율을 가진 하나의 오래된 보편적 현상이라고 말한다면, 그들은 어떤 이유에서 또는 무슨 근거로 이런 허구적 날조를 자행하였는가? 우리는 이 문제에 대해 분명하게 파악할 필요가 있다.

중국 고대인들이 의도적으로 날조했을 가능성이 큰 성인숭배의 의식 혹은 정신은 공동체의 집체정신을 표현하는 상징 또는 부호로 볼 수 있다. 의식 혹은 정신은 추상적이고 '보이지 않는 실재'(invisible reality)이다. 여기에서 부호가 생긴다. 집체윤리 또는 공동체의 정신은 모두 물질적 형식을 초월한 '보이지 않는 실재'이다. '보이지 않는 실재'는 반드시 실재하는 어떤 물질형식을 통하여 표상된다. 부호는 바로 이런 신성한 것을 대표하고 전달하고 은유하고 상징하는 '볼 수 있는 실재'에 해당한다.

사람들이 직접 만져 보지도 못하고, 추상적이고, 보이지 않는 실재의 도덕적 존재를 표현하려고 시도할 때 부호가 생긴다. '보이는 물질'로써 '보이지 않는 정신'을 표현하는 것이 부호의 본질이다. 구체적인 물질을 사용하여 추상적인 정신을 표현하는 것은, 익숙한 형상으로써 말하기 어려운 감정을 전달하고, '보이는 물질'의 도움을 받아 '보이지 않는 정신'을 상징하며, '복잡한 윤리'로 하여금 '간단한 구속'으로 변하게 하는 이런 것들이 바로 부호의 전체적인 의미와 사회적 기능이다. 그러므로 부호는 앞서 말한 두 가지 특성 사이에 끼여 있는 전환 매체이다. 전자는 '익명적인 것', '모호한 것'(obscure)이며, 후자는 '친밀한 것', '가장 익숙한 것'이다. 이와 같이 친밀한 것(intimate)으로 모호한 것을 대신 지칭함으로써 두 가지 사이에 상징(symbol)의 관계가 형성된다.15)

---

15) E. Durkheim, *Elementary Forms of Religious Life*, Trans by K. E. Fields(New York: Free Press, 1995), p.434.

이것이 바로 뒤르켐(Durkheim)이 말하는 "'보이는 물질'로써 '보이지 않는 정신'을 표현하는" 부호의 전체적인 의미와 사회적 기능이나 본질에 대한 설명이고, 동시에 '집체표상'(collective representation)에 대한 개념적 정의이다.

부호는 일종의 상상으로, 보이지 않는 것을 보일 수 있도록 변화시키는 기능을 가지고 있다. 부호는 또 간단한 상상이어서, 복잡한 것을 쉽게 이해될 수 있도록 변화시킬 수 있다. 이 때문에 부호로서의 성인을 표현하기 위해서는 유소씨 · 복희씨 · 신농(염제) · 황제 · 요 · 순 · 우 같은 실재적인 인물들을 성인으로 만들기 위한 조성造聖이 요청되었던 것으로 보인다.

기본적으로 부호는 구체적인 존재의 상태(thing)를 표현하기 때문에, 공동체의 집체적 정감(集體情感)은 사람으로 표현되거나 절차적 순서로 구체화될 수 있다. 만약 사람으로 표현된다면, (역사 속에 진실로) 실재한 사람이든 신화 속의 (날조된 허구적) 인물이든, 그들은 사실 모두 부호일 뿐이다.[16] 따라서 고대인들이 의도적으로 날조했을 가능성이 큰 성인의 존재는 역사적 진실 여부와는 관계가 없는, 또는 역사적 진실 여부가 전혀 의미가 없는, 단지 정신적 · 문화적 부호인 것이다.

공동체의 바람과 성원에 의해서 신명神明처럼 받들어지는 어떤 하나의 부호가 보편적으로 허용되고 인정받는다는 사실은, 그것이 바로 공동체 정신의 본질과 윤리의 근거가 된다는 말이다. 이럴 경우, 공동체의 생존과 발전을 보증하기 위해서는 부호상징에 대한 경외敬畏와 존중이 지극히 중요한 사실로 대두된다. 여기에는 절대성과 강제성을 지니는 금기禁忌와 신성神聖이라는 특수한 방법이 동시에 사용된다. 따라서 참으로 유용하게 강제하는 방식은 외적인 힘의 억제가 아니라 내재적 신앙이다. 그러므로 한 집단(群體)의 신화는 바로 한 집단 공동의 신앙체계를 의미한다. 그것은

---

16) 塗爾幹, 渠敬東 · 汲喆 譯, 『宗敎生活的基本形式』(上海: 上海人民出版社, 1999年版), 第303頁.

하나의 도덕체계이며, 일종의 우주론이고 한 권의 역사라고 할 수 있다.[17]

성인의 존재와 성인숭배가 비이론적이고 비합리적으로 보이는 이유는 그 하층 구조가 엄밀한 사고의 체계가 아닌 감정으로, 또 상징 형식으로 구성되어 있기 때문으로 보인다.[18] 하지만 그렇다고 해서 성인의 이야기가 결코 조리가 없거나 아무런 의미가 없는 것은 결코 아니다. 다만 그 조리가 논리적 규칙보다는 감정의 통일에 더 근거하고 있을 뿐이다.

예술은 우리에게 직관의 통일을 주고, 과학은 사고의 통일을 주고, 종교와 신화는 감정의 통일을 준다. 성인이라는 부호 역시 그 출발점이 인간의 정서에서 시작된다. 성인이라는 부호는 단순한 정서나 감정이 아니라 그것들의 표현이다. 과학의 관점에서 볼 때 성인의 신화는 공상적인 허구나 납득하기 어려운 이야기의 묶음으로 보일지 모르나, 그 속에는 매우 풍부한 인문적 · 철학적 의미의 세계가 잠복되어 있다.

위의 분석을 통해서 우리는 고대 중국인들이 가지고 있는 성인숭배의 현상들과, 성인을 하나의 정신적 · 문화적 상징 또는 부호로 보고 있는 문제들에 대해 어느 정도 가까이 접근할 수 있었다. 이런 점에서 전국 말에서 한초에 걸쳐 성립된 것으로 보이는 『역전』의 성인관이 가지고 있는 가장 큰 특징은 문명 발전을 주도하는 하나의 문화적 상징부호라는 점에서 찾을 수 있을 것이다.

『역전』에 등장하는 성인은 빼어난 지적 능력으로 인류의 삶을 향상시키고 문명 발전을 주도해 온 문화적 영웅이다. 동시에 성인은 총명함이나 예지뿐만 아니라 모든 사람을 인애仁愛의 마음으로 대할 줄 아는 유덕有德함 또한 지니고 있어서, 백성을 덕으로 교화하는 위대한 지도자의 모습으로 표현되고 있다.

---

17) 塗爾幹, 渠敬東 · 汲喆 譯, 『宗教生活的基本形式』(上海: 上海人民出版社, 1999年版), 第495頁.
18) Ernst Cassirer, *The Myth of the State*, 최명관 역, 『국가의 신화』(서광사, 1988), 54쪽.

성인이 가지고 있는 이지적 능력으로 말하면, "역은 성인이 심오함을 궁구하고 조짐을 연구하는 것이니"[19] 그는 "신이 하는 바를 알 수 있고"[20] "의리에 정밀하고 신묘한 경지에 들어가며"[21] "신묘함을 궁구해서 변화를 아는"[22] 그런 존재이다. 여기에서 더욱 중요한 사실은, 성인은 이처럼 변화의 도를 파악하여 "천하 사람들의 뜻과 통하고 천하의 사업을 확정하여 천하의 의심스러운 문제를 해결해 낼 줄 아는"[23] 사람이라는 점이다.

이렇게 성인은 현실세계의 인간들이 필요로 하는 것과 원하는 것이 무엇인지를 파악하여 그들의 힘든 현실을 구제해 줄 수 있는 존재로 형용되고 있다. 힘든 삶을 살아가고 있는 사람들은 자연스럽게 우주의 예측불가한 변화와 현실의 복잡한 문제들을 전체적으로 통찰하여 해결해 줄 수 있는 사람이 출현하여 자신들의 어려운 삶을 구제해 주기를 희망하고 적극적으로 바라게 된다. 이른바 구세영웅 또는 문화영웅으로서의 성인이 출현하기를 염원하게 되는 것이다.

위에서 말한 것처럼, 성인들의 활동이나 역할은 『주역』을 지은 것은 물론이고 인간사와 인류의 모든 문명 발전을 주도하고 전개해 나가는 데 있다. 이른바 전통적인 성인사관의 주장이다. 당연히 이런 역사발전의 전체 과정에서 가장 중요한 역할을 하는 존재는 바로 성인이다. 성인은 가만히 앉아서 추상적인 도를 논하기만 하는 것이 아니라, 그러한 도를 현실 속에서 구체적으로 적용하고 실천하여 덕과 업을 함께 실현하는, 즉 "숭덕광업崇德廣業"을 행하는 존재로 표현되고 있다. "숭덕광업"은 『역전』에서 말하는 "진덕수업進德修業"[24]의 의미로, 반드시 "성덕대업盛德

---

19) 「繫辭上傳」, "聖人之所以極深而硏幾也."
20) 「繫辭上傳」, "知變化之道者, 其知神之所爲乎?"
21) 「繫辭下傳」, "精義入神."
22) 「繫辭下傳」, "窮神知化."
23) 「繫辭上傳」, "聖人以通天下之志, 以定天下之業, 以斷天下之疑."

大業"하여야 도달할 수 있는 경지이다.

『역전』은 인간이 살아가기에 부적합하고 결함이 많은 현실세계를 안전하고 편안하게 살 수 있는 환경으로 바꾸어 놓은 것에 성인의 위대함이 있다고 보았다. 이 때문에 『역전』은 성인이 기물器物을 제작하여 천하를 이롭게 하는 것을 매우 중요하게 보고 있다. 이런 성인의 역할에 대해 「계사전」은 다음과 같이 말한다.

> 이런 까닭에 자연현상을 본받는 것으로는 천지보다 큰 것이 없고, 변하여 통하는 것으로는 사계절보다 큰 것이 없고, 형상을 드러내 밝음을 나타내는 것으로는 일월보다 큰 것이 없고, 숭고하기로는 부귀보다 큰 것이 없고, 사물을 갖추어 쓰이게 하며 象상을 세워 기물器物을 만들어서 천하를 이롭게 함은 성인보다 큰 것이 없다.[25]

"가장 크다"(莫大)는 말은 '가장 위대하다'는 것을 의미한다. 이런 위대한 것을 「계사전」은 모두 다섯 가지로 말한다. 구체적으로 말하면 바로 천지天地・일월日月・사시四時・부귀富貴・성인이다. 이것들이 위대한 이유는 모두 인간사회에 어떤 이로움을 주는 작용을 하기 때문이다. 즉 천지의 위대함은 자연현상을 본받는 법상法象에 있고, 일월의 위대함은 형상을 드러내어 밝음을 나타내는 것에 있으며, 사시의 위대함은 변통變通에 있고, 부귀의 위대함은 숭고崇高함에 있다. 성인은 "사물을 갖추어 쓰이게 하며 상을 세워 기물을 만들기" 때문에 천지・일월・사시・부귀와 함께 위대한 것의 범위 속에 포함된다.

『역전』에서 말하는 복희씨・신농씨・황제・요・순 등이 성인으로 추앙받는 이유는 어떤 도덕적인 의미보다는 인간들을 위해 필요한 기물과

---

24) 乾卦 「文言傳」.
25) 「繫辭上傳」, "是故法象莫大乎天地, 變通莫大乎四時, 縣象著明莫大乎日月, 崇高莫大乎富貴, 備物致用, 立成器以爲天下利, 莫大乎聖人."

제도를 만든 공헌 때문이다. 그러므로 『역전』에서 출현하는 성인들은 대부분 뛰어난 현실적 사업능력을 갖추고 있을 뿐만 아니라 창조적인 사업과 문물을 개척, 발명하고 추진하는 사람들로 표현되어 있다. 「계사전」에서는 다섯 성인들이 등장하여 각기 팔괘, 농기구와 시장, 의복, 배, 우마차, 절구, 활, 집, 관 등을 발명하였음을 설명하고 있다.[26]

「계사전」에서 말하는 성인들은 사회와 역사에 늘 유용하고 새로운 기물과 제도를 만들어 문명 발전을 주도하고 인류의 삶에 어떤 중요한 '공헌'을 하는 모습으로 표현된다. 성인이 이러한 일을 하는 이유는 모두 백성들의 안녕과 복리를 도모하기 위한 것이다. 성인은 천지가 만물을 기르는 작용을 본받아 모든 백성들을 양육하고, 또 천지가 교감하여 만물을 기르는 특성을 보고 배워서 인심을 감화시키고 나라를 다스려 나간다. 여기서 말하는 성인이 가지고 있는 가장 큰 특성은, 천지를 이해하고 또 이런 이해에 근거하여 백성들을 양육하고 감화시키는 데 응용하였다는 점이다.

그렇다고 하여 『역전』은 결코 성인에게 새로운 발명이나 문물의 개척 등의 구체적인 사업에만 힘을 경주해야 한다고는 말하지 않는다. 『역전』의 성인은 늘 천지를 본받아(效法) 천지만물과의 연계를 단절시키지 않는다. 바로 "높이는 것은 하늘을 본받고 낮추는 것은 땅을 본받는다"(崇效天, 卑法地)는 것이다. 천지가 만물을 생성하는(天生) 역할을 한다면, 성인은 그들을 보존하여 본성에 따라 스스로를 완성하도록 도와주어야 할 '성물成物'의 책임을 가지고 있다. 그러므로 "본성을 이루고 간직하고 간직하는 것이 도의를 실천하는 문이다"(成性存存, 道義之門)[27]라고 말한다.

---

26) 「繫辭下傳」, "作結繩而爲罔罟, 以佃以漁, 蓋取諸離. 包犧氏沒, 神農氏作, 斲木爲耜, 揉木爲耒, 耒耨之利, 以敎天下, 蓋取諸益." 「繫辭傳」下, 第2章, "上古穴居而野處, 後世聖人易之以宮室, 上棟下宇, 以待風雨, 蓋取諸大壯. 古之葬者, 厚衣之以薪, 葬之中野, 不封不樹, 喪期无數, 後世聖人易之以棺槨, 蓋取諸大過. 上古結繩而治, 後世聖人易之以書契, 百官以治, 萬民以察, 蓋取諸夬."

성인이 가지고 있어야 할 책임 혹은 역할에 대해 공영달은 "만물의 본성을 이루어 줄 수 있어야 하고, 만물의 존재를 보존해 줄 수 있어야 한다"[28]라는 매우 중요한 언급을 하고 있다. 공영달의 이 말은『역전』의 성인관이 가지고 있는 두 가지 책무가 어디에 있는가를 매우 적절하게 표현해 주는 말이라고 할 수 있다. 성인의 첫 번째 책무는 천지생성의 도리와 법칙을 파악하고 본받아서 현실의 인간들이 반드시 행해야 할 도덕적 실천의 당위성에 대해 교화하는 것에 있다. 성인이 이렇게 할 수 있는 것은 그가 천도를 본받아 일상생활 속에서 천도를 적용하고 있기 때문이다. 이런 이유에서 성인을 천도의 구현자라고 말하는 것이다. 두 번째 책무는 바로 인간이 이 세계 속에서 안녕한 삶을 살 수 있도록 해 주는 데 있다. 두 가지의 책무를 한마디로 말하면 바로 '숭덕광업'이다.

이런 성인의 역할에 대해 「계사전」은 "천지가 위位를 펼치면 성인이 능함을 이루니, 사람에게 도모하고 귀신에게 도모하여 백성이 능할 수 있는 단계에 들어선다"[29]라고 말한다. 여기에서 성인의 역할은 백성이 모두 능할 수 있게 만드는 데 있다. 다시 말하면 성인은 자연계 및 사회와 인류의 발전법칙을 완전히 파악하여 천하를 변화시키고[30] 백성의 마음을 감화시켜서 천하를 화평和平하게 하고,[31] 아울러 천지의 도를 완전히 파악하여 그것을 백성들이 적절하게 사용할 수 있도록 만들어 주는[32] 천도의 구현자와 문화적 인격의 상징부호로 표현되고 있다.

---

27) 「繫辭上傳」의 말.
28) 孔穎達,『周易正義』, "能成其萬物之性, 存其萬物之存."
29) 「繫辭下傳」, "天地設位, 聖人成能, 人謀鬼謀, 百姓與能."
30) 恒卦『象傳』, "天地之道, 恒久而不已也. '利有攸往', 終則有始也. 日月得天而能久照, 四時變化而能久成, 聖人久於其道而天下化成, 觀其所恒, 而天地萬物之情可見矣."
31) 咸卦『象傳』, "天地感而萬物化生, 聖人感人心而天下和平."
32) 泰卦『象傳』, "財成天地之道, 輔相天地之宜, 以左右民."

3. '신명지덕'의 해석을 통해 본 『주역』 성격의 창조적 전환

앞에서 우리는 복희가 8괘를 만든 사실에 대해 몇 번 논의를 하였다. 다시 한 번 복희가 8괘를 그린 내용이 소개되어 있는 「계사전」의 말을 통하여 다른 하나의 문제를 토론해 보도록 하자.

> 옛날에 포희씨가 천하에 왕 노릇 할 때, 우러러 하늘의 상을 관찰하고 굽어 땅의 형태들을 관찰하며 새와 짐승의 무늬와 땅에 적합한 것에 대해 관찰하였다. 가깝게는 자기에서 취하였고 멀리는 다른 사물에서 취하여, 여기에서 비로소 팔괘를 만들어 신명의 덕에 통하게 하고 만물의 실상을 분류하고 정돈하였다.[33)]

위의 인용문을 통해 우리는 성인이 무엇을 하였는지(성인이 8괘를 만듦), 어떻게 8괘를 그렸는지(성인이 우러러 살펴보고 구부려 관찰하여 사물의 이치를 파악함) 등의 내용들을 발견할 수 있다. 그러면 여기에서 한 걸음 더 나아가, "신명의 덕에 통하게 하고"(以通神明之德)라는 말 속에 포함되어 있는 문화적 이상과 철학적 함의에 대해 분석해 보도록 하겠다. 이런 분석을 통하여 『역전』의 해석 혹은 성인의 개입에 의하여 『주역』이라는 책이 어떤 성격의 책으로 변화하는가 하는 문제를 살펴보려고 한다. 좀 더 범위를 좁혀서 말하면, 점이나 신의 문제를 어떤 방식으로 해석하는가 하는 문제를 통하여 점서占書로서의 『주역』이 어떻게 새롭게 해석되어 창조적 전환을 이루어 나가는지에 대해 집중적으로 분석하려고 한다.

우선 "신명의 덕에 통하게 하고"(以通神明之德)라는 말에서 우리가 주목하여야 하는 글자는 '이以'라는 글자이다. '이以'라는 글자는 앞의 문장에 보이는, 성인이 8괘를 그린 이유와 목적이 어디에 있는가 하는 것을 직접적으로

---

33) 『周易』, 「繫辭下傳」, "古者包犧氏之王天下也, 仰則觀象於天, 俯則觀法於地, 觀鳥獸之文, 與地之宜, 近取諸身, 遠取諸物, 於是始作八卦, 以通神明之德, 以類萬物之情."

지적하여 말하기 때문이다. 좀 더 구체적으로 말하면 "천지만물을 관찰하여 8괘를 만들고, '그것을 통해서(이용해서)' 신명神明의 덕에 통하게 하려는 목적이다"라는 표현으로 바꾸어 놓을 수 있다.

8괘를 그린 목적 혹은 동기를 "신명의 덕에 통하는 것"(以通神明之德)에서 찾고 있다. 이를 통하여 성인이 8괘를 제작한 문화적 이상과 인문적 가치 등의 여러 가지 문제들에 대해 이야기 할 수 있을 것으로 보인다. 복희가 괘를 그린 목적 중 하나는 "신명한 덕에 통한다"이며,[34] 『역전』은 이런 성인의 포부를 빌려서 문화적 이상과 철학적 함의를 표현하려고 하는 동기를 암묵적으로 담고 있다.

또 하나 "신명의 덕에 통하게 하고"(以通神明之德)라는 문장에서 주목해야 할 것은 '지덕之德'이라는 말이 추가되어 있다는 점이다. 만약 그저 "신명에 통한다"(以通神明)라고만 표현한다면, 그것은 축종복사祝宗卜史[35]를 대표로 하는 초기의 귀복龜卜 제사문화를 말하는 것에 속한다. 그런데 "신명에 통한다"(以通神明)에 '지덕之德'이라는 두 글자를 첨가하게 되면 매우 중요한 의미의 전환이 일어나게 된다. '지덕之德'이라는 두 글자는 단순한 장식어가 아닌 의미심장한 '전환어轉換語' 즉 기존의 경향과 대세大勢를 뒤바꾸는 의미를 지닌 말이라고 할 수 있다.[36]

『주역』의 고경占經 속에는 과거의 여러 가지 문화적 흔적들이 담겨 있다. 고대의 역사적 사실들도 있고, 점을 친 기록들도 많이 보인다. 특히 그

---

34) "신명한 덕에 통한다"라는 말은 앞의 인용문을 제외하고, 「계사하전」 6장에서도 "음과 양이 덕을 합해서 강유가 형체를 갖게 되고 이로써(건곤으로써) 천지의 일을 본받으며 (이를 통해) 신명의 덕에 통달하니 음양이 덕을 합하여 강유가 형체를 갖게 되고 이로써 천지의 일을 체득하여 신명의 덕에 통한다"(陰陽合德而剛柔有體, 以體天地之撰, 以通神明 之德)라는 말이 있다.

35) 祝은 제사를 관장하는 직책이고, 宗은 世系를, 卜은 占卜을, 史는 記事를 주로 담당하는 직책이다.

36) 鄭開, 「聖人爲何?—以『易傳』的討論爲中心」, 24쪽 참조 바람.

속에는 복서卜筮와 관련된 '문화적 흔적'이 매우 많이 포함되어 있다. 이런 점에서 『주역』의 고경은 귀신이나 상제의 관념(즉 神道)을 주된 문화 내용과 사유 양식으로 하는 단계에 머물러 있다고 할 수 있을 것이다. 이 시기의 귀신이나 상제는 인간이 알지 못하는 바를 알 수 있고 인간이 보지 못하는 것을 볼 수 있는 존재이다.

그러나 이에 대한 『역전』의 해석은 다르다. 『역전』은 점占으로 길흉화복을 묻는 전통 속에 놓여 있는 것이 아니라, 그것을 현저하게 약화시키거나[37] 창조적으로 전환시킨 것이라고 말할 수 있다. 구체적으로 말하면 『역전』은 『역경』이 담고 있는 신도적神道的 세계관과 가치관으로부터 전환하여, 당시 제자백가들의 새로운 사상내용이나 인문이성, 문화체계 등을 통해 새롭게 해석함으로써 인문세계의 합리성과 가치의 문제를 강조한다. 단순히 길이나 복을 추구하고 흉이나 화를 피하려는 '추길피흉趨吉避凶'과 '구복피화求福避禍'를 위한 점서의 단계에서 벗어나, 이른바 점서에 대한 인문주의적 해석이 본격적으로 시작된 것이라고 할 수 있다.

춘추전국시대에 이르면 사회의 급격한 변화에 따라 사람들의 『주역』과 점에 대한 이해에 있어서도 근본적인 변화가 발생한다. 이 시기에 이르면 천명天命이나 귀신鬼神에 대한 관점들은 그 본질에서 많은 변화를 겪게 된다. 종래에 그것들이 가지고 있었던 초월적·신비적인 성격들이 사라지면서 인간들은 자신들의 운명을 주재한다고 믿었던 초월적인 천명이나 귀신관의 속박에서 벗어나게 되고, 독특한 유가적 인문주의가 출현하여 새로운 조류로 자리 잡기 시작한다. 이런 전체적인 분위기 속에서 점이라는

---

37) 예를 들면, "역에는 성인의 도 4가지가 있다. 말을 하는 사람은 그 말을 숭상하고, 행동하는 사람은 그 변화를 숭상하며, 기물을 만드는 사람은 상을 중시하고, 점서를 행하는 사람은 점치는 기능을 숭상한다"(易有聖人之道四焉, 以言者尙其辭, 以動者尙其變, 以制器者尙其象, 以卜筮者尙其占)라는 말에서 점을 치는 복서는 『주역』이 가지고 있는 주요한 네 가지 기능 중의 하나일 뿐이지, 결코 전부가 아니다.

행위 또한 유가적 인문주의에 의해 평가되고 해석된다.

특히 춘추시대에 이르면 점을 치는 행위는 두 가지의 큰 도전에 직면하게 된다. 하나는 점을 치는 활동 자체가 제한을 받거나 무시되어 버리는 것이고, 다른 하나는 점과 덕德 두 가지 중에서 어느 것이 더 우선적인가 하는 문제에 직면하게 된 것이다.[38] 점을 치는 활동 자체가 무시되거나 의심받는 경우를 '의점설疑占說'이라 한다. 또 점과 덕의 충돌 문제는 결국에는 덕이 점의 지위와 권위를 대신해 버리는 '이덕대점설以德代占說'로 표현된다.[39] 예를 들면 "덕을 닦은 후 점을 다시 친다"[40], "성인은 번거로이 복서하지 않는다"[41] 등이다.

이런 경향들은 전국시기의 순자荀子에게 바로 전달되어 "역을 잘하는 사람은 점을 치지 않는다"[42], "소인은 안으로 성실하지 못하면서도 바깥으로 도움을 구하려 한다"[43]라는 관점으로 나타난다. 순자가 말하는 '부점不占'의 관점은 공자가 말했던 "점칠 필요가 없다"(不占而已矣)[44]라는 입장의 발전이라고 할 수 있다.

물론 순자가 말하는 '부점'과 공자가 말하는 '부점'은 내용적으로 전혀 별개의 것으로 보일 수도 있다. 공자는 올바른 덕을 갖추지 못한 사람은 "점칠 필요가 없다"(不占而已矣)라고 말했지만, 순자는 '역을 잘 이해하는 사람'은 "점을 치지 않는다"라고 말한다. 즉 순자는 『주역』을 바르게 이해하는 사람이라면 『주역』이 도덕적 교훈을 말하는 경전이라는 사실을 이해해

---

38) 陳來, 『古代思想文化的世界』, 29~37쪽 참고 바람.
39) 廖名春·康學偉·梁韋弦 著, 『周易硏究史』(長沙: 湖南出版社, 1991), 23~26쪽 참조.
40) 『左傳』, 襄公 13년, "修德改卜."
41) 『左傳』, 哀公 18년, "聖人不煩卜筮."
42) 『荀子』, 「大略」, "善爲易者不占."
43) 『荀子』, 「大略」, "小人不誠於內而救之於外, 不待卜而後知吉."
44) 『論語』, 「子路」, "子曰, '南人有言曰, 人而無恆, 不可以作巫醫. 善夫! 不恆其德, 或承之羞. 子曰, 不占而已矣.'"

야 한다는 것이다. 따라서 그가 말하는 '부점'은 개인의 길흉을 귀신에게 물어 보는 무책임한 행동은 하지 않겠다는 의미이다.

위에서 말한 '점'과 '덕德'의 충돌이나 긴장에서, '덕'이 '점'의 지위를 대신하게 되는 인문정신을 더욱 명확히 표현한 곳은 바로 마왕퇴 백서 『주역』의 『역전』 부분이다.

> 덕이 없는 자가 점을 치면 『역』의 점 또한 정확하지 않다.[45]

> 덕이 없는 자는 역을 알 수 없다.[46]

> 덕행이 없는 자는 신령을 쫓고, 지모智謀가 없는 자는 복서를 찾는다(察).[47]

> 공자께서 말씀하셨다. 『역』에서, 나는 점치는 면은 뒤로하고, 나는 그 덕의德義를 볼 뿐이다. 그윽하게 도움을 받아 수數에 도달하며, 수를 밝혀 덕德에 도달하여, 인仁을 지키고 의義를 행할 뿐이다. 도움을 받았으나 수에 도달하지 못하면, 그것은 무巫가 된다. 수를 밝혔으나 덕에 도달하지 못하면, 그것은 사史가 된다. 사무史巫의 복서는, 우러러보지만 이르지 못하고, 점을 쳐서 맞추기를 원하지만 그렇지 못하다. 후세의 선비들이 나를 의심하는 것은 혹 역으로써인가? 나는 그 덕을 구할 뿐이다. 나는 사무와 길은 같으나 귀결점이 다르다. 군자는 덕행으로 복을 구하며, 고로 제사하여 복을 구함이 적고 인의로 길함을 구하지 아니하겠는가? 고로 복서로 (복을 구함이) 드물다. 축무祝巫의 복서는 그 다음이 아니겠는가?…… 밝은 군주는 천시天時를 묻지 않고, 별자리도 보지 않으며, 좋은날·좋은 달을 택하지도 않으며, 복서를 치지 않고도, 길흉을 안다. 천지의 마음에 따르니, 이를 역의 도라 이른다.[48]

---

45) 馬王堆 帛書 『周易』, 『易之義』, "無德而占, 則易亦不當."
46) 馬王堆 帛書 『周易』, 『要』, "無德則不能知易."
47) 馬王堆 帛書 『周易』, 『要』, "德行亡者, 神靈之趨; 知謀遠者, 卜筮之繁."
48) 馬王堆 帛書 『周易』, 『要』, "子曰: 易, 我后其卜祝矣, 我觀其德義耳. 幽贊而達乎數, 明數而達乎德, 有人(守)者義行之耳. 贊而不達於數, 則 其爲之巫. 數而不達於德, 則其爲之史. 史巫之筮, 鄕之未也, 始之而非也. 后世之士疑丘者, 或以易乎? 吾求其德而已, 吾與史筮同塗而殊歸者也. 君子德行焉求福, 故察祀而寡也, 仁義焉求吉? 故卜筮而希也. 祝巫卜筮其后乎?……故明君不時不宿, 不日不月, 不卜不筮, 而知吉凶. 順於天地之心, 此謂易道."

위에서 말한 몇 개의 자료는 복서로부터 덕의德義와 덕행德行으로 초점을 옮겨 가는 사상적 전환을 분명하게 보여 주고 있다. 공자가 만년에 주목한 『주역』의 성격이 중층적重層的이며 그것을 이해하는 태도와 지평이 다름을 말하고 있다. 즉 『주역』은 점을 치는 복서의 책일 뿐만 아니라 또한 철학적 함의가 충만한 철학서이며, 인도人道의 교훈과 옛 성인이 남긴 말씀과 도리가 가득 차 있고 "덕의를 보는"(觀其德義) 것을 통하여 숭덕광업할 수 있게 해 주는 책이었다.

여기에서 『주역』이 가지는 성격은 이해하는 단계나 태도에 따라 결정된다. 구체적으로 공자는 『주역』을 보는 몇 가지 태도에 대해 말하고 있다. 공자가 보기에 무巫가 보는 『주역』은 "드러나지 않은 (신명의 뜻을) 드러낼 수 있지만 책수策數에 이르지 못하고"(贊而不達於數), 사史의 『주역』은 "책수를 밝히지만 덕에 이르지 못하는"(數而不達於德) 것이다. 이 때문에 공자는 "나는 『주역』의 덕과 의를 추구할 뿐이다. 나와 사무史巫는 길은 같지만 그 궁극적인 목표는 다르다"라고 하여 자신이 보는 『주역』과 사와 무가 『주역』을 보는 관점은 분명히 다르다는 점을 밝히고 있다.

공자는 『주역』을 통하여 "그 덕의를 보고"(觀其德義) "그 덕을 구할 따름"(求其德而已)이라고 하였다. 여기에서 공자는 『주역』을 이해하는 세 가지 관점을 이야기하고 있는데, 이것은 흡사 『주역』의 해석사를 압축적으로 이야기하고 있는 것처럼 보인다.

"『역』에서 나는 축49)과 복을 뒤로한다. 나는 그 덕의를 볼 뿐이다"라는 공자의 말은 『주역』에 대한 해석의 시야가 점서로부터 '덕의'로 전환되었다는 것을 의미한다. 공자는 덕의가 길흉을 예지하려는 점서보다 더욱 중요하다고 생각했기 때문에 "축과 복을 뒤로하고 덕의를 본다"고 말하였던

---

49) 祝은 신을 섬기는 일을 주로 하는 사람들로 곧 巫이다. 『說文解字』에서는 "무는 축이다"(巫, 祝也)라고 하여 무와 축을 같은 것으로 보고 있다.

것이다. '덕의'의 지평이 전체『주역』해석 활동의 근본적인 원칙이 되었음을 볼 수 있다. 이로부터『주역』은 術술의 영역에서 學학의 단계로, 즉 점서지술占筮之術에서 덕의지학德義之學으로 그 지평을 전환하게 된다. 공자는 덕과 의를 통해『주역』을 볼 것을 강조한다.

『역전』을 저술한 학자들은 이미『주역』이 지닌 의미를 덕의를 핵심으로 삼는 인문정신의 방향으로 바꾸어 놓고 있다. 왜냐하면 고대 사상문화 세계의 기본적 경향을 완전히 다르게 고치거나 새롭게 구축하였기 때문이다. 이는 하나의 중대한 사상적 전환이자 정신적 초월이다. 사람의 길흉화복은 자율적인 덕행에 의해 결정되는 것이지, 타율적인 신의神意에 의해 결정되는 것이 아니라는 사실을 파악하게 되었기 때문이다.

옛날 성인이 역을 지음에, 그윽하게 도와 시초를 내었고, 하늘의 3의 수와 땅의 2의 수를 취하여 수를 세우고, 음양의 변화함을 보아서 괘를 세우고, 강유에서 발휘하여 효를 만들어 내니, 도덕에 조화하여 따르고 마땅함에 의해 다스려지게 하였으며, 이치를 궁리하여 본성을 다하게 하여 명에 이른다. 옛날 성인이 역을 지은 것은 장차 성명의 이치를 따르고자 한 것이니, 이 때문에 하늘의 도를 세워서 음과 양이라 하고, 땅의 도를 세워 유와 강이라 하고, 사람의 도를 세워 인과 의라 하였다. 삼재를 겸하여 둘로 겹쳤기 때문에 역은 여섯 획이 되어 괘를 이루게 되었고, 음으로 나누고 양으로 나눔으로써 유와 강을 차례로 쓰기 때문에 역은 여섯 자리가 되어 (강유가 서로 섞여) 무늬를 이루었다. 하늘과 땅이 자리를 정하고 산과 못이 기를 통하여 천둥과 바람이 서로 부딪히고 물과 불이 서로 쏘지 않아 팔괘가 서로 섞이게 된다. 지나간 것을 세는 것은 앞으로 나아가는 움직임(순방향)을 따르는 것이요 올 것을 아는 것은 거꾸로 돌아오는 움직임(역방향)을 따르는 것이니, 이 때문에 역은 역방향으로 헤아리는 것이다.50)

---

50)『周易』,「說卦傳」, "昔者聖人之作易也, 幽贊於神明而生蓍, 參天兩地而倚數, 觀變於陰陽而立卦, 發揮於剛柔而生爻, 和順於道德而理於義, 窮理盡性以至於命. 昔者聖人之作易也, 將以順性命之理. 是以立天之道曰陰與陽, 立地之道曰柔與剛, 立人之道曰仁與義. 兼三才而兩之, 故易六畫而成卦, 分陰分陽, 迭用柔剛, 故易六位而成章. 天地定位, 山澤通氣, 雷風相薄, 水火不相

"도덕에 조화하여 따르고 마땅함에 의해 다스려지게 하다"(和順於道德而理於義), "이치를 궁구하여 본성을 다하게 하여 명에 이른다"(窮理盡性以至於命), "성명의 이치에 따른다"(順性命之理) 등의 문제들은 이미 유가철학의 도덕형이상학에 관한 심오한 이론구조를 형성할 단서들을 제공하고 있다. 예를 들면, 그 중 도덕·리의理義·성명性命에 관한 토론은 바로 후대 유가들의 인성론과 윤리학에서 가장 관심을 가지는 문제들로서 『맹자』나 『중용』의 관점들과 거의 부합한다.51)

성인이 "신명의 덕에 통하는"(通神明之德) 것을 통해서 "덕을 높여 사업을 넓히는"(崇德廣業) 것으로 전환하는 것은 옛 문화전통에 대한 창조적 전환 혹은 해석이라고 할 수 있다. 그렇다면 이러한 엄청난 일을 행한 성인의 능력이나 경지는 어느 정도인가? 다시 말하면 도대체 '신명의 덕'은 무엇을 말하는 것인가?

우선 말할 수 있는 것은 유가라면 누구나 말하는 천인합일天人合一이 바로 이러한 정신경지의 구체적인 표현이라는 것이다. 성인이 비록 구전통舊傳統 속의 귀신과 상제는 아니지만 귀신이나 상제와 그 성질이나 능력이 같다는 것이 바로 다름 아닌 "신명한 덕에 통한다"는 말의 함의이다. 「계사상전」에서는 "신묘하게 하여 변화시키는 것은 (실행하는) 사람에게 있고, 도모하면 이루어지고 말하지 않아도 믿게 되는 것은 덕행에 달려 있다"52)라고 말한다. 이 말은 성인과 신명 사이의 관계를 잘 말해 주는 것이라고 할 수 있다. 즉 성인은 사실 귀신의 내재적 정신능력을 지닌 사람이며, 이러한 정신능력은 주로 덕행德行에 호소하여 나타나는 것이다. 이것은 곧 순자의 "선을 쌓아 덕을 이루면 신명함을 스스로 얻어 성인의 마음이

射, 八卦相錯. 數往者順, 知來者逆, 是故易逆數也."
51) 鄭開, 「聖人爲何?―以『易傳』的討論爲中心」, 26쪽 참조 바람.
52) 『周易』, 「繫辭下傳」, "神而明之, 存乎其人, 黙而成之, 不言而信, 存乎德行."

갖추어진다"53)라는 말로 설명 가능할 것이다.

> 무릇 대인은 천지와 더불어 그 덕에 합하며, 일월과 더불어 그 밝음에 합하며, 사시와 더불어 그 질서에 합하며, 귀신과 더불어 그 길흉에 합하며, 천에 앞서 있으면서도 천이 어기지 않고 천의 뒤에 있으면서도 천시를 받드니, 천 또한 어기지 않는데 하물며 사람에게 있어서랴, 하물며 귀신에게 있어서랴?54)

건괘 「문언전」이 언급한 '대인大人'은 바로 성인을 말한다. 대인은 덕행의 가장 높이 발전된 단계이며(군주의 덕에 상응함), 또한 『역전』이 묘사하는 성인의 내재 정신의 최고 경지이다. 이 구절의 말은 성인과 천지・신명 사이의 관계를 잘 말해 주고 있다. 여기에서 성인은 사실 귀신의 내재적 정신능력을 지닌 사람으로 표현되어 있다.

> 『역』은 생각하지 않고 작위(作爲)하는 일이 없어 고요히 움직이지 않다가 감하여 마침내 천하의 모든 일에 통달하니, 천하에서 지극히 신묘한 자가 아니라면 누가 이에 참여할 수 있겠는가? 『역』은 성인이 심오함을 궁구하고 기미를 연구하는 것이니, 심오하기 때문에 천하의 사람들의 심지에 통할 수 있으며, 일의 미묘한 조짐을 볼 수 있기 때문에 천하의 일을 성취할 수 있으며, 이처럼 신묘하기 때문에 빨리 달려가지 않아도 신속하며 가려고 의도하지 않아도 이를 수 있다.55)

여기에서 말하는 '역易'을 '시괘蓍卦'로 해석하거나 『역경』으로 해석하는 경우도 있다. "생각함이 없다", "작위함이 없다"는 것은 주관적 측면의

---

53) 『周易』,「勸學」, "積善成德, 而神明自得, 聖心備焉."
54) 乾卦「文言傳」, "夫大人者, 與天地合其德, 與日月合其明, 與四時合其序, 與鬼神合其吉凶, 先天而天弗違, 後天而奉天時, 天且弗違, 而況於人乎, 況於鬼神乎?"
55) 『周易』,「繫辭上傳」, "易, 無思也, 無爲也, 寂然不動, 感而遂通天下之故. 非天下之至神, 其孰能 與於此? 夫易, 聖人之所以極深而研幾也. 唯深也, 故能通天下之志; 唯幾也, 故能成天下之務; 唯神也, 故不疾而速, 不行而至."

정신경지를 가리키는 것이지만, 『역경』은 성인 제작의 객관적 결과이다. 즉 성인이 『역경』을 제작한 정신경지 혹은 깨닫고 이해한 상태는 "생각함이 없고" "작위함이 없으며" "고요히 움직이지 않다가, 감하여 마침내 천하의 모든 일에 통달하는" 내재적 특징을 지닌다. 앞에서 인용한 "신묘하게 하여 밝히는 것은 사람에게 있고 묵묵히 이루며 말하지 않아도 믿음을 주는 것은 덕행에 달려 있다"라는 말과 일치한다. 성인이 어떤 이유에서 『역경』을 제작하였는가의 내재적 정신경지는 인식론상의 철저한 깨달음을 포함하고 있으며, 또한 윤리학적 의미상의 도덕적 자각을 포함하고 있는 것으로 볼 수 있다.[56]

위에서 우리는 『역전』을 중심으로 하여 "성인이 행한 것"(성인제작)의 핵심이 문화세계와 인문정신을 창제한 데 있음을 살펴보았다. 『역전』에 보이는 성인은 과거의 사상문화 전통을 창조적으로 전환하여 『주역』을 전혀 성격이 다른 책으로 전환시켜 놓고 있다. 당연히 유가사상에서의 성인은 이상적인 것으로서 그들이 말하는 성인이나 성왕의 행적이나 현실적 업적은 분명히 역사적 진실이 아니지만, 이것이 결코 사상적 논리의 측면에서 성인이 가지고 있는 의미를 파악하는 데 결코 방해가 되지 않는다.

4. '신도설교'를 통해 본 『주역』 해석의 지평 전환

『역전』에 성인이라는 개념이 출현하면서 『주역』의 성격과 해석의 방향이 점서에서 인문적 · 철학적 지평으로 전환한다는 것이 이 책의 핵심 주제이다. 이 문제의 분석을 위한, 『역전』이 출현한 당시의 철학사적 배경과

---

56) 鄭開, 「聖人爲何?—以『易傳』的討論爲中心」, 28쪽 참조 바람.

성인 개념의 형성이라는 관점은 이미 앞에서 상세하게 논의하였다.

『역전』에서 자주 등장하는 성인은 점서占筮를 중심으로 하는『역경』속에서는 전혀 발견되지 않고, 오직『역전』의「단전」·「문언전」·「계사전」·「설괘전」에서만 발견된다.『역경』과『역전』의 성립 시기를 고려하면,『역전』에 보이는 성인 개념은 결코『역경』자체가 가지고 있었던 문제의식이나 관점에서 나온 것이 아니라,『역전』형성 당시의 철학적 경향이나 배경, 좀 더 구체적으로 말하면 제자백가들의 철학적 흐름과 상당 부분 관련이 있음은 이미 앞에서 다루었다.

『역전』에서 성인이 가지고 있는 의미는 매우 중요한데, 특히 성인이『주역』을 지었다는 '성인작역'이라는 주장을 통하여『주역』이라는 책이 가지고 있는 본질이나 성격을 성인의 도道[7]를 통해 규정하고 있다.『역경』에서 보이지 않았던 성인 개념이『역전』에서 나타나기 시작하였다는 사실은 점서인『역경』을 철학적으로 해석하는 데 있어서 분명히 어떤 중요한 역할을 하였을 것으로 보인다.

『역경』에서 보이지 않았던 성인 개념이 갑자기『역전』에서 출현하고 있다는 사실은, 본래『역경』이 성인을 중심으로 하는 철학적 사유를 가지고 있었다기보다는 후대 해석의 질적質的 변화를 통하여 성립된 것으로 보아야 한다. 즉 점서역占筮易의 범위에 속한『역경』을 철학적으로 해석한『역전』의 형성 과정에서 출현한 중요한 개념 중의 하나가 바로 성인이다.『역경』을 철학적으로 해석한『역전』의 철학적 개념들은 대부분 당시의 철학사적 배경과 무관할 수 없다. 실제로『역전』의 형성 당시에 성인 개념이 요청되고 하나의 철학적 관점으로 정착되었는데, 이것은『역전』의 성인관과 밀접한 관련성이 있다.

---

57)『周易』,「繫辭傳」, "易有聖人之道四焉."

성인에 대한 요청과 숭배라는 관점이 가지고 있는 가장 중요한 의미는 천지 질서나 현실 질서의 불완전함에 대한 인문적 질서의 보완이라는 점이다. 대부분의 유가들이 결코 천지의 존재를 무시하는 것은 아니지만, 원래의 천지는 결코 인류가 생활하기에는 적합하지 않기 때문에 성인이 그것을 인류에 적합하게 조절하여 인문세계를 재창조한다는 의미이다. 이른바 "천지는 낳고 성인은 그것을 완성한다"[58]라는 말이다.

이런 관점은 『논어』에서도 그대로 나타나서, "위대하도다! 요의 임금 됨이여! 오직 하늘만이 크다고 하지만 오직 요임금이 그것을 본받았다"[59]라고 하여 인문적 질서의 형성은 성인만이 가능하다는 성인숭배의 관점이 나타나기 시작한다. 성인의 이런 역할은 대부분의 유가들에 있어서는 보편적인 관점이다.

맹자 또한 예외는 아니다. 그는 "요임금 때에 세상이 아직 고르게 다스려지지 않았으니, 홍수가 생겨 천하에 범람하고 초목이 무성하며 금수가 번성하며, 오곡이 여물지 않고 금수가 사람을 핍박하며 새 발자국이 나라 안에 얽혀 있었다"[60]라고 하였다. 인간의 문명적 질서가 작동하기 이전의 원시적 자연 상태에 대한 언급이다. 인간의 정신적 활동에 의한 문명의 손길이 닿지 않았던 요임금 때의 무질서하고 조잡한 자연을 기록하고 있다. 이러한 의미의 자연 상태는 인간의 문화적 능력에 의한 개선과 다스림을 필요로 하는 대상이라는 데 초점이 있다고 할 수 있다.[61]

천지 질서의 불완전함에 대한 인문적 질서의 보완이라는 사례들은 특히

---

58) 『荀子』, 「富國」, "天地生之, 聖人成之."
59) 『論語』, 「泰伯」, "大哉堯之爲君也! 巍巍乎! 唯天爲大, 唯堯則之."
60) 『孟子』, 「滕文公」, "當堯之時, 天下猶未平, 洪水橫流, 氾濫於天下. 草木暢茂, 禽獸繁殖, 五穀不登, 禽獸偪人, 獸蹄鳥迹之道, 交於中國."
61) 엄연석, 「『맹자』에서 자연과 도덕본성 사이의 일관성과 모순성 문제」, 『인문과학연구』 14(동덕여대인문과학연구소, 2008), 31쪽 참조 바람.

「계사전」에서 매우 많이 보이는데, 이것을 한마디로 정리한 관점은 태괘泰卦의 「상전」에 잘 나타나 있다.

천지가 서로 사귀는 것이 태泰이니, 군자는 이것을 보고서 천지의 도를 마름질하고 천지의 마땅함을 보충하여 도움으로써 백성을 돕는다.62)

「상전」에서는 대부분 군자나 선왕을 말하는 데 비해 여기에서는 '후后'를 말하고 있다. '후'를 말하는 곳은 『주역』에서는 태괘泰卦 이외에 구괘姤卦가 있는데, '후'는 왕王을 말하는 것으로 보인다. "재성財成"은 곧 "재성裁成"으로, '재裁'는 옷을 만들기 위하여 비단이나 베를 자르는 것 즉 마름질한다는 의미이다. "재성천지지도財成天地之道" 즉 천지의 도를 마름질한다는 것은 자연의 도 그 자체로는 사람들에게 직접적인 도움이 안 되므로 백성들에게 적합한 환경으로 만들어 준다는 의미이다. 말하자면 자연 상태의 천지지도 자체에 대한 후천적인 혹은 인문적인 보완을 의미한다. "보상輔相"은 돕는다는 뜻으로, "천공대지天工代之" 즉 하늘의 일을 대신해서 행할 뿐이다. 군주인 '후'는 이 태괘의 상을 본받아서 천지의 도를 '재성裁成'한다. 즉 지나친 것을 마름질하고 부족하거나 모자라는 부분은 채우도록 돕는 것이다. 그러므로 주자는 『주역본의』에서 "마름질하여 그 지나침을 억제하고, 보충하여 도와서 모자람을 보충하는 것이다"63)라고 말한다. "천지의 도를 마름질하여 천지의 마땅함을 보충하여 돕기" 위해서는 백성들의 생활에 직접적으로 유용한 문명의 이기利器나 설비를 제공하여 그들을 도와야 한다. "좌우左右"는 곧 "좌우佐佑"로서, 돕는다는 의미인 '보우保佑'를 말한다. 태괘 「상전」의 이 구절은 훌륭한 군주 즉

---

62) 『周易』, 泰卦 「象傳」, "天地交, 泰, 后以財成天地之道, 輔相天地之宜, 以左右民."
63) 朱熹, 『周易本義』, "財成以制其過, 輔相以輔其不及."

성인의 지혜나 위대성은 바로 천지의 도 혹은 역리易理를 파악하여 그것을 현실의 인간들에게 적합한 것으로 이용하고 응용할 수 있도록 해 주는 데 있음을 역설하고 있다.

「계사전」에서는 구체적으로 다섯 명의 이런 성인들을 소개하고 있는데, 이들 5대 성인은 모두 새로운 발명을 한 존재들이다. 복희씨, 신농씨, 황제, 요, 순 등의 다섯 군주들이 각기 팔괘, 농기구와 시장, 의복, 배, 우마차, 절구, 활, 집, 관 등을 발명하였다는 것은 앞에서 소개한 바와 같다. 이에 대해서는 「계사하전」의 제2장에서 구체적으로 말하고 있다.

위에서 말한 것처럼, 제자백가나 『역전』이 강조하려는 것은 천지의 개창이 아니라 인문질서가 어떻게 형성되었는가 하는 문제이다. 이런 관점에서 보았을 때 인문세계의 기점起點은 '성인작聖人作'에서 시작되고, 성인은 여러 방면에서 재앙에 빠져 있는 백성을 구원하는 구재救災 활동으로 인간세계를 평안하게 하였기 때문에 자연스럽게 사람들의 숭배 대상이 될 수밖에 없다는 것이다.

성인이 점차 숭배의 대상으로 변한다는 사실에서 뚜렷한 하나의 변화는, 천天과 인人 혹은 신神과 인人 사이의 비중이 점차로 변하기 시작한다는 점이다. 즉 인간만이 결함이 있는 것이 아니라 천지 역시 결함이 있고 신 역시 더 이상 무소불위의 존재가 아니라는 점에서 인간 자신이 가진 능력으로 천지의 결함을 보충할 수 있다는, 인간의 자각과 천지에 대한 능동적이고 주동적인 해석이 본격적으로 진행되기 시작하는 것이다. 이런 성인의 역할과 숭배라는 철학적 경향이 점서占筮의 책인 『역경』을 철학적으로 해석한 『역전』의 형성 배경에 직·간접적인 영향을 미친 것은 매우 자연스러운 현상이라고 할 수 있을 것이다.

춘추전국시대의 제자백가들(道家 제외)이 인문세계의 기점을 대부분 '성인작聖人作'이라는 관점에서 시작한 것처럼, 『역전』의 성인이 작作한 구체적 업적들은 대부분 인간세계를 안녕하게 만든 것으로서 인문질서의 형성이라고 할 수 있다. 이런 성인의 역할은 춘추전국시기 제자백가들의 관점과 크게 차이가 없다. 여기에서 지적해야 할 사항은, 『역전』이 비록 성인에 대한 제자백가들의 다양한 관점을 종합하여 보다 체계적인 철학적 관점에서 정리한 것임은 분명하지만, 이보다 더욱 중요한 것은 성인지도聖人之道에 대한 일련의 철학적 해석 과정을 통하여 『주역』이 완전히 다른 성질의 책으로 변화하게 된다는 사실이다. 즉 『주역』은 점서의 지평에서 철학적·인문적 지평으로 전환하여 더 이상 점을 치는 책이 아니라 유학의 도덕체계와 형이상학을 말하는 책으로 변화하게 된다.

『역전』의 철학적 해석의 많은 부분이 성인의 이름을 빌려 논의를 전개하고 있기 때문에 『역전』의 주인공은 사실상 성인이라고 하여도 크게 틀린 말은 아닐 것이다. 그러나 『역전』의 주인공인 성인은 결코 역사에 나타난 복희씨, 문왕 등의 실제의 인물을 지칭하는 것은 아니다. 그보다는 오히려 철학적 발전 과정과 인간 사유의 축적에 의해 형성된 문화적 상징부호이고 인간들의 염원과 희망을 담은 사회적 자아일 뿐이다. 그러면 '성인작역'이라는 말을 우리는 어떤 각도에서 해석하여야 하는가?

『역전』에서 성인의 등장을 단순히 성인이라는 절대적 권위에 의거하여 『주역』의 합법성을 인정받으려는 시도에서 나온 것으로 보아서는 곤란하다. 그보다는 오히려 삶의 환경에 대한 우환의식에서 나온 자연과 세계에 대한 새로운 자아의식과 당시 사람들의 향상된 인식사유의 수준을 상징적으로 반영하고 있는, 인문주의적 해석 지평의 확장이라는 측면에서 그것이 가진 의미를 찾아야 할 것으로 보인다. 이런 점에서 이 책은 '성인작역'이 가지고 있는 함의를 토론하기 위한 전제로서 성인과 성인숭배의 형성 배경이라는 『주역』 해석의 질적 변화와 지평 전환을 가능하게 만든 문제들에 대해 예비적으로 이미 논의하였다. 『역전』에 등장하는 어떤 문장에서도 성인 자체가 신과 같은 신이神異한 능력이나 초월적 능력을 지니고 있다는 언급은 찾을 수가 없을 것이다. 그보다는 성인이 가지고 있는 앙관부찰仰觀俯察의 관찰능력과 이성적 추리능력에 대한 언급이 주를 이룬다.

『주역』은 성인이 천지의 변화를 관찰하여 얻은 도리들을 그대로 담고 있기 때문에 "천지와 가지런히 들어맞다"[64] 또는 "천지와 더불어 서로 비슷하다"[65]라고 말한다. 그런데 여기에서 한 걸음 더 나아가 '성인'은 '천지'를 본받아(效法) 그것을 현실에 적용한다. 그러므로 『주역』은 "천지가 만물을 기르면 성인이 현인을 길러서 만민에게 미치니"[66]라고 하여, 성인이 행해야 할 가장 큰 임무가 바로 천도의 응용을 통한 백성의 교화에 있음을 말하고 있다.[67] 이런 관점을 잘 드러내 주는 표현이 바로 관괘觀卦의 「단전」에서 말하는 '신도설교神道設敎'이다.

앞에서 이미 말하였지만, '신도설교'라는 말은 관괘 「단전」의 "하늘의 신묘한 도를 보매 사시가 어긋나지 아니하니, 성인이 신도로써 가르침을 베푸니 천하가 복종한다"[68]에서 나온 말로, 신도를 이용하여 백성들을 교화시켜 모두 복종하게 한다는 의미이다. '신도설교'는 기본적으로 점술, 제사나 기도 등의 우회적인 방법을 이용하여 도덕적 교화의 효과를 노리는 것을 말한다. 미신이라는 껍데기 아래에 이성적 요소를 담은 것이라고 할 수 있다. 그러나 이것은 진한秦漢 이후에 정치적 도구로 이용된 '신도설교'와는 구별된다. 보통사람들에게 깊이 있는 철학적 이치를 이해시키는

---

64) 「繫辭上傳」, "易與天地準, 故能彌綸天地之道."

65) 「繫辭上傳」, "與天地相似, 故不違, 知周乎萬物而道濟天下, 故不過."

66) 頤卦 「象傳」, "天地養萬物, 聖人養賢以及萬民."

67) 「繫辭上傳」, "이 때문에 하늘의 도에 밝고, 백성의 실정을 관찰할 줄 알기 때문에 이에 신물인 시초를 만들어 백성이 쓰도록 인도하니 성인이 이로써 재계하여 그 덕을 신령스럽게 한다."(是以明於天之道, 而察於民之故, 是興神物 以前民用. 聖人以此齊戒, 以神明其德夫)

68) 觀卦 「象傳」, "盥而不薦, 有孚顒若, 下觀而化也. 觀天之神道, 而四時不忒, 聖人以神道設教而天下服也."

것은 어렵지만 귀신이나 점을 믿게 하는 것은 오히려 쉽다. 여기에 착안하여 나온 교화 방식이 '신도설교'이다.

여기에서는 '신도'를 종교적인 제사 혹은 복서卜筮와 관련되는 입장에서 말하지만, '신도'를 자연의 도로 해석하는 경우도 있다. 이 문제에 대해 논의해 보도록 하자.

> 단전에서 말하였다. 크게 보이는 것으로 위에 있으면서 순하고 겸손하여 중정中正으로써 천하를 보니, 관은 손을 씻고 아직 제수를 올리지 않았을 때처럼 하면 (백성들이) 마음속에 진실한 믿음을 가지고 우러러볼 것이며, 아랫사람들이 이를 보고 교화된다는 것이다. 하늘의 신도를 보매 사시가 어긋나지 아니하니, 성인이 신도로써 가르침을 베푸니 천하가 복종한다.[69]

"하늘의 신도를 본다"(觀天之神道)와 "신도로써 가르침을 세운다"(以神道設敎)라는 중요한 두 구절의 말은 모두 '신도'를 중심어로 삼고 있다. 무엇이 '신도'인지 이해하기 위해서는 이 두 개념의 의미를 정확하게 파악하는 것이 관건이다. 이에 대한 입장은 크게 두 가지로 나누어진다.

첫 번째 입장은 '신도'를 '신명神明의 도로 보는 관점이다. 이는 고형高亨을 대표로 한다. 그는 다음과 같이 말한다.

> 사람이 신에게 제사를 지내는 이유는 천상天上에는 신神이 있고 신은 신도神道를 가지고 있기 때문이다. 어떻게 하늘의 신도를 보는가? 사시가 운행하는 데 착오가 없음을 통해서이다. 그러므로 말하기를 "하늘의 신도를 봄에 사시가 어긋나지 않는다"라고 하는 것이다. 성인은 이로써 '신도로써 가르침을 세워' 사람들이 신을 믿게 하면, 즉 신이 선함에는 상을 주고 악함에는 벌을 줄 수 있으며 신이 사람의 빈부귀천을 장악할 수 있음을 믿게 하면, 사람들은 감히 예禮를 벗어나 간사한 일을 하거나

---

69) 『周易』, 觀卦 「彖傳」, "彖曰, 大觀在上, 順而巽, 中正以觀天下, '觀, 盥而不薦, 有孚顒若.' 下觀而化也. 觀天之神道而四時不忒; 聖人以神道設敎而天下服矣."

윗사람을 범하거나 난을 일으키지 않는다. 그러므로 말하기를 "성인이 신도로써 가르침을 세우니 천하가 복종한다"라고 하였다.[70]

고형은 '신도'를 '신명지도神明之道'로 해석하고, 이것을 근거로 하여 「단전」을 분석하였다.

두 번째 입장은 '신도'를 '자연의 도'로 해석하는 것이다. 이것은 황수기黃壽祺와 장선문張善文의 관점이다. 그들은 다음과 같이 말한다.

신도는 '신묘한 자연규율'을 말한 것이다. 그 아래의 네 구절 또한 대자연의 신묘한 법칙의 놀라운 모습과 '성인'이 자연규율을 본받아 가르침을 세우는 모습을 보여 주고, '우러러 살펴보는' 도의 매우 심오한 의미에 대해 말하고 있다.[71]

이 외에도 여러 가지 다양한 관점들이 많지만 대부분 위의 두 관점을 벗어나지 않는다.

'신도'는 바로 신神의 규율과 도리이다. 그것은 미묘하여 이치로 깨우치기 힘든 것으로, 천하의 민중들이 그것을 두려워하여서 쉽게 복종하게 된다. 일반 사람들의 신도에 대한 믿음은 결코 의심하지 않는 것이기 때문에, 이를 통하여 사람들의 의지와 생각을 통일할 수 있다. 이것이 바로 '설교'의 목적이라고 할 수 있다.

『역경』 중의 관괘觀卦가 말하는 것은 바로 신명神明을 제사지내는 의식이다. 관괘의 괘사卦辭에서는 "관이불천盥而不薦"이라고 하였는데, '관盥'은 곧 관灌으로서 제사 때 술로 땅을 적셔서 신을 맞이하는 단계를 말하고, '천薦'은 받치는 것으로서 신에게 희생물을 바친다는 뜻이다. 고대의 제례祭禮에서는 먼저 술을 부은 후에 희생물을 바쳤다. 제사를 받는 신은 선조나 상제이다.

---

70) 高亨, 『周易大傳今注』(濟南: 齊魯書社, 2006年版), 163쪽.
71) 黃壽祺・張善文, 『周易譯注』(上海古籍出版社, 1989年版), 第173頁.

사람들이 제사를 지내는 목적은 신령으로부터 복을 받고, 흉을 피하고 길을 얻기를 바라서이다. 이러한 심리적 기제가 '신도'를 이용한 '설교'의 방식을 고안하게 만든 것으로 보인다.

'신도설교'는 원고遠古시대에서 발원하여 은주殷周시기를 거쳐 춘추시대에 점차 발효되어 익어 갔고, 전국시기에 '신도설교'라는 분명한 명제로 정리되어 출현하였다. '신도설교'의 출현은 그 영향이 매우 커서, 전통적 미신이나 종교와 인문철학 사이의 긴장을 해소시켜서 백성의 인심과 풍속을 깨끗하게 하고 질서를 안정시키며 문명을 전승하는 중요한 작용을 하였다.72) '신도설교'라는 이 말은 두 가지 일이나 사태로 구성되어 있다. 하나는 신도神道를 존숭하여 천지에 제祭를 지내고 귀신에 사祀를 지내는 일이고, 다른 하나는 교화를 추진하여 예의를 밝히고 풍속을 선하게 하는 일이다. 전자가 수단이라면 후자는 목적이라고 할 수 있다. 제사가 가진 도덕적 효능에 대해 분명하게 이야기하는 내용이 있다.

초나라 소왕이 말하기를 "사祀는 그만둘 수 없는가?" 하자 관야보가 대답하였다. "사는 효의 덕을 밝히고 백성을 증식시키며 나라를 위하고 백성을 안정시키기 위한 것으로 폐기할 수 없습니다. 백성의 풍기가 일단 방종하게 떨어지면 정체되고 말며, 정체됨이 오래가면 떨쳐 일어날 수 없으며 모든 생명이 번식할 수 없습니다. 따르지 않는 백성을 이용하고자 하고 번식하지 아니하는 것을 살리려 한다면 나라를 지켜낼 수가 없습니다. 이런 까닭으로 선왕께서는 일제日祭·월향月享·시류時類·세사歲祀의 제사를 올렸고, 제후는 그 중 일제를 지내지 않으며, 경이나 대부는 월향 이상을 지내지 않으며, 사서인士庶人은 시제 이상을 지내지 않습니다. 천자는 모든 신령과 자연만물에 두루 제사를 올리며, 제후는 천지와 삼진三辰 그리고 자신의 봉토 안의 산천에 제사를 올리며, 경과 대부는 그 예법에 규정된 대상에게 제사를 올리고, 사서인은 자신들의 조상에 대한 제사 이외에는 올릴 수 없습니다. 해와 달이 이미 용미龍尾의 별자리에 모일 때면 흙의 기운이 수장되고 천기가 상승하기

---

72) 鄭萬耕, 「"神道設教"說考釋」, 山東大周易硏究中心, 『周易硏究』 2006년 제2기, 46쪽.

시작하여, 백물百物이 제 집을 마련하여 생명을 비춰 가며 온갖 신령들이 자주 움직이게 됩니다. 천자와 제후 나라의 경대부들은 이에 증제와 상제를 올리고 일반 가정에서는 상제와 사제에 맞추어 부부가 길일을 택하여 그 희생을 경건하게 자성을 올리는데, 그 제실을 깨끗이 소제하고 그 제복을 갖추어 입고 예주를 정결하게 양조하여 그들의 자녀와 족인을 이끌고 그 시향의 순서에 따라서 경건하게 종축의 안내에 따라 제사를 올립니다. 그때 제문을 순서에 따라 읽어 선조들의 뜻을 밝히되 엄숙하고 깨끗하게 하여, 마치 조상이 친히 임하여 있는 듯이 합니다. 이때에는 그 주향州鄕의 친구와 인척, 가까운 형제와 친척이 모두 함께 모입니다. 그리하여 온갖 고통을 서로 막아 주고 참언이나 사악한 이들을 모두 없애어 서로의 친분과 화합을 확인하며, 그 친밀감과 사랑을 다지고 위와 아래를 안정시키며 같은 족성族姓 임을 알려 혈연을 공고히 합니다.…… 천자가 친히 체교禘郊의 제사에 쓰일 자성을 방아로 찧고 왕후가 직접 제복을 마름질하는데, 공 이하로부터 서인에 이르기까지 누가 감히 엄숙하고 경건한 태도로써 신령에게 온 힘을 바치지 않겠습니까? 백성은 이 제사를 치르는 것으로써 공고해지는 것이니, 이와 같은 제사를 어찌 감히 그만둘 수 있겠습니까?"[73]

제사를 지낼 때에는 모두 공손하고 경건하게 마치 여러 신과 조상이 흠향歆饗하는 것을 지켜보는 것처럼 한다. 이러한 제전祭典을 통하여 마을의 친척과 형제간의 단결과 우애를 다질 수 있다. 제사를 통해 서로간의 갖가지 모순과 오해를 해소하며, 친척과 형제가 진지한 정을 깊이 나누고 단결하게 되는 것이다. 이처럼 제사는 백성으로 하여금 공경하도록 가르치

---

73) 『國語』, 「楚語下」, "王曰祀不可以已乎? 對曰祀所以昭孝息民, 撫國家, 定百姓也, 不可以已. 夫民氣縱則氐, 氐則滯, 滯久而不振, 生乃不殖. 其用不從, 其生不殖, 不可以封. 是以古者先王日祭月享時類歲祀. 諸侯舍日, 卿大夫舍時, 士庶人舍時. 天子邊祀群神品物, 諸侯祀天地, 三辰及其土之山川, 卿大夫祀其禮, 士庶人不過其祖. 日月會於龍尾, 土氣含收, 天明昌作, 百嘉備舍, 群神頻行. 國於是乎蒸嘗, 家於是乎嘗祀, 百姓夫婦擇其令辰, 奉其犧牲, 敬其粢盛, 潔其糞除, 慎其采服, 禋其酒醴, 帥其子姓, 從其時享, 虔其宗祝, 道其順辭, 以昭祀其先祖, 肅肅濟濟, 如或臨之. 於是乎合其州鄉朋友婚姻, 比爾兄弟親戚. 於是乎弭其百苛, 殄其讒慝, 合其嘉好, 結其親昵, 億其上下, 以申固其姓.……天子親春禘郊之盛, 王後親繅其服, 自公以下至於庶人, 其誰敢不齊肅恭敬致力於神! 民所以攝固者也, 若之何其何之也!"

고 임금을 섬기도록 가르치는 중요한 교화기능을 가지고 있다. 이를 통하여 나라와 백성을 평화롭게 하고 사회를 안정시킨다.

이런 제사의 종교적 활동은 종교적 몽매주의와는 다르다. 그것은 제사의 식 속에 담긴 민중을 교화하고 국가를 안정시키는 기능을 강조한 것으로, 이미 천신天神의 속박을 타파하고 인간사를 중시하는 방향으로 가고 있음을 보여 주고 있다. 비록 아직은 '신도설교'와 같은 고도의 차원 높은 이론적 추상화까지는 미치지 못했다고 하더라도 이미 그 속에는 신도설교의 관점들이 내재되어 있다. 이런 관점에 대해 좀 더 상세하게 살펴볼 필요성이 있다.

우리는 사람들이 귀신을 숭배의 대상으로 생각하던 때에도 자연으로부터 사람을 구분해 내고, 한 걸음 더 나아가 사람이 가진 역량을 찬양하는 경향이 있었음을 발견할 수 있다. 즉 인간세상의 영웅들이 점차 사람들의 제사와 숭배를 받는 대상으로 변해 가고 있었던 것이다. 『예기』 「제법祭法」에는 이런 말이 있다.

무릇 성왕이 제사를 제정하는 것은, 백성에게 법을 베푼 이에게 제사를 지내고, 죽음으로써 일에 힘쓴 자에게 제사를 지내는 것이다. 힘써서 나라를 안정시킨 자는 제사를 받고, 큰 재해를 막은 자는 제사를 받으며, 큰 우환을 물리친 자는 제사를 받는다. 그러므로 여산씨厲山氏가 천하를 다스릴 때 그 아들은 농農이라 하였는데 능히 백곡을 번식하게 할 수 있었다. 하가 쇠미해지고 주나라의 기棄가 이를 계승한 뒤에 곡식의 신인 직稷으로 삼아 제사를 지냈다. 공공씨共工氏가 구주를 제패할 때 그 아들 후토后土가 능히 구주를 평정하였으니, 그러므로 땅의 신인 사社로 삼아 제사를 지냈다. 제곡帝嚳은 능히 성신星辰을 순서 있게 하여 만물에게 비쳐 주었고, 요는 능히 상을 주고 형법을 고르게 하여 의리로써 마쳤으며, 순은 모든 일에 부지런하다가 순수巡狩길에 죽었고, 곤鯀은 홍수를 막다가 갑자기 죽었는데 우가 곤의 공로를 잘 수습했다. 황제黃帝는 백 가지 물건을 바르게 이름 지어서 백성들에게 분명히 하고 재물을 함께했으며, 전욱顓頊이 능히 이것을 닦았다. 또

설契은 사도가 되어 민중을 지도해서 선량하게 하였고, 명冥은 치수의 벼슬에 부지런
하다가 물에서 죽었고, 탕은 너그러움을 가지고 백성을 다스려 그 사나움을 없앴다.
문왕은 문덕을 가지고 다스렸으며, 무왕은 무공으로 백성들의 재앙을 없앴다. 이들은
모두 백성에게 있어서 공덕이 큰 사람들이다. 또한 일월을 비롯한 여러 별은 백성이
존중하는 대상이고, 산림, 천곡, 구릉은 백성이 생활하는 물자를 얻는 근원이다.
이러한 종류의 것이 아니면 제사의 전적에 싣지 않는다.[74]

위에서 말하는 "공적이 있기 때문에 제사를 받는 신령"은 대체로 여산씨厲
山氏, 공공씨共工氏로부터 시작하여 순과 우의 시대에 이르기까지의 '영웅'들
로서, 그들은 대부분 민중의 보편적인 추대를 받은 것으로 보인다. 그
시대에는 또 민중이 보편적으로 믿는 또 다른 종류의 신령이 있었는데,
바로 일월성신日月星辰과 산림천곡山林川穀으로 이것들은 대표적인 자연신自
然神이다. 상제의 그림자는 이 시기의 신령세계에서는 더 이상 보이지
않는다. 귀신 관념의 출현은 신앙의 요소 이외에도, 실질적으로 민중을
교화하려는 필요성에 의한 것이었다. 귀신 관념의 출현 및 형성은 '신도설교'
의 필수불가결한 전제조건이다.

정치가 '신권정치'로부터 '인도'정신이 충만한 도덕에 의거하는 '덕정德政'
으로 전환되면서 사람들에 대한 교화의 방식 또한 '신교神敎'로 부터 '덕교德敎'
로 전향되었다. 여기에서 말하는 '신교'는 신도설교神道設敎를 말하고, '덕교'
는 도덕적 교화를 말한다. 사회사상의 중심이 신령세계로부터 인간세계로
전향하면서 사회문명의 수준이나 의식 수준 역시 이미 많은 발전과 고양이

---

74) 『禮記』, 「祭法」, "夫聖王之制祭祀也, 法施於民則祀之, 以死勤事則祀之, 以勞定國則祀之,
能禦大菑則祀之, 能捍大患則祀之. 是故厲山氏之有天下也, 其子曰農, 能殖百穀. 夏之衰也,
周棄繼之, 故祀以爲稷. 共工氏之霸九州也, 其子曰後土, 能平九州, 故祀以爲社. 帝嚳能序星辰
以著衆, 堯能賞均刑法以義終, 舜勤衆事而野死, 鯀鄣鴻水而殛死, 禹能脩鯀之功, 黃帝正名百
物, 以明民共財, 顓頊能脩之, 契爲司徒而民成, 冥勤其官而水死, 湯以寬治民而除其虐, 文王以
文治, 武王以武功, 去民之菑. 此皆有功烈於民者也. 及夫日月星辰, 民所瞻仰也. 山林川穀丘陵,
民所取財用也. 非此族也, 不在祀典."

있었던 것이다. 그러나 현실세계의 관념은 여전히 '신도설교'를 필요로 하였으며, '신도' 역시 여전히 중요한 위치에 있었다. 공자가 인의 등의 도덕적 관념을 이야기하거나 전국시기의 제자백가들이 '신도'에 대하여 이성적 탐색을 할 때에도, '신도설교'는 역사의 무대에서 퇴출당하지 않고 다양한 방면에서 여전히 중요한 역할과 위치를 점하고 있었다.

유가들에게 있어서 백성을 교화하는 교민教民은 매우 중요하다. 예를 들면 맹자는 다음과 같이 말한다.

> 하늘이 이 백성(사람)을 내심은, 먼저 아는 사람으로 하여금 늦게 아는 사람을 깨우치게 하고 선각자로 하여금 뒤늦게 깨닫는 자를 깨우치게 하신 것이다. 나는 하늘이 낸 백성 중에 선각자로서 내 장차 이 도道로써 이 백성들을 깨우쳐야 할 것이니, 내가 이들을 깨우치지 아니하고 그 누가 하겠는가.[75]

맹자의 이 말은 왕조의 멸망은 백성들을 끝없이 착취하고 무자비하게 탄압한 원인이 크기 때문에 가장 존중해야 할 대상이 바로 백성이라는 점을 강조하고 있다. 그러므로 교민教民이 가장 중요한 일로 부각된다. 이전 왕조들이 멸망한 교훈을 통해 유가들은 백성들이 가진 엄청난 역량을 경험하였기 때문에 민중에 대한 교화를 주장한다. 은나라 사람들은 상제숭배나 조상숭배의 제사 활동과 백성을 교화하는 문제를 연계하지 않았지만[76] 주대周代에 이르면 조상을 숭배하는 종교와 인도적인 교화를 연결하기 시작한다.

> 제사는 사람을 위하는 것이며, 백성은 신의 주인이다.[77]

---

75) 『孟子』, 「萬章上」, "天之生此民也, 使先知覺後知. 使先覺覺後覺也. 予天民之先覺者也, 予將以 斯道覺斯民也, 非予覺之而誰也."

76) 鄭萬耕, 「'神道設教'說考釋」, 48쪽.

77) 『春秋左傳』, 僖公 19年, "祭祀以爲人也. 民神之主也."

여기에서는 분명히 귀신에게 제사지내는 목적이 인간사를 위한 것임을 분명하게 말하고 있다. 증자曾子는 "(부모의) 마지막을 신중히 하고, 먼 조상을 추모하면 백성의 덕이 두터워진다"[78]라고 하여, 신중하게 부모의 상장喪葬의 일을 처리하고 공경과 정성으로 조상에게 제사를 지내면 백성들의 도덕과 풍속이 각박하지 않고 두터워질 수 있다고 말한다. 이것은 종교적 제사와 도덕적 교화를 매우 명확하게 연결시킨 것이라고 할 수 있다.

『역전』역시 백성을 교화하는 것에 대해 말한다.

연못 위에 땅이 있는 것이 림臨이니, 군자가 그것을 본받아서 가르쳐 주려는 생각이 무궁하며 백성을 보살피는 것이 끝이 없다.[79]

바람이 땅 위에서 행하는 것이 관觀이니, 선왕이 그것을 본받아서 사방을 순시하며 백성을 다 살펴서 적절한 가르침을 베푼다.[80]

물이 거듭 이르는 것이 습감習坎이니, 군자가 이것을 본받아 항상 덕을 행하며 가르치는 일을 익힌다.[81]

교화를 행하기 위한 좋은 방법 중의 하나가 바로 하늘에 제사지내고 주상을 숭배하는 경천존조敬天尊祖이다. 『역전』에서는 제사에 대해서도 많이 언급하고 있다.

우레가 땅에서 나와 분출하는 것이 예豫이니, 선왕이 이것을 본받아 예악을 제정하고 덕을 숭상하여 아주 성대하게 제사지내고 조상을 숭배한다.[82]

---

78) 『論語』, 「學而」, "曾子曰. 愼終追遠, 民德歸厚矣."
79) 臨卦 「象傳」, "澤上有地, 臨, 君子以敎思無窮, 容保民無疆."
80) 觀卦 「象傳」, "風行水上, 觀, 先王以省方觀民設敎."
81) 坎卦 「象傳」, "水洊至, 習坎, 君子以常德行習敎事."
82) 豫卦 「象傳」, "雷出地奮, 豫. 先王以作樂崇德, 殷薦之上帝. 以配祖考."

성인이 음식을 삶아서 상제에게 제사를 올리고, 크게 제물을 삶아서 성현을 길러 준다.[83]

바람이 물 위에 행하는 것이 환渙이니, 선왕이 이를 본받아 상제에게 제사를 올리고 사당을 세운다.[84]

그러면 경천존조의 전통 종교와 『역전』의 인문주의적 관점의 대립은 어떤 방식에서 해소할 수 있는가? 모순되는 이 둘의 대립을 해소하기 위해서 출현한 것이 바로 '신도설교'이다. 전통 종교와 인문주의의 대립은 점과 철학 사이의 대립관계와 결코 다르지 않으며, 점이라는 신도神道와 철학적 도덕의 결합이 바로 '신도설교'라고 할 수 있다.

'신도'가 종교적 혹은 신비적 영역이라면, '설교'는 넓은 의미에서 도덕적·문화적 영역에 속하는 것으로 볼 수 있다. 이것이 바로 『역전』의 『주역』에 대한 절묘한 해석의 예이다. 복서卜筮는 신도에 속하고, 가르침은 인도人道의 영역이다. 즉 신도가 수단이라면 목적은 가르침 즉 설교에 있는 것이다. 이것은 바로 복서의 귀신숭배에서 인문이성으로의 절묘한 발전과 전환인 동시에 융합이다. '신도설교'라는 말은 『주역』의 성격을 그대로 보여 줄 뿐 아니라, 『주역』의 해석학적 지평의 무한한 확장을 가능하게 해 주는 것이기도 하다.

성인의 행동은 천도天道와 어긋나지 않고 일상생활 속에서 천도를 적용하고 있기 때문에, 성인은 바로 천도를 구현한 상징적 인격부호라고 말할 수 있다. 『역전』은 성인을 천도의 구현자로 보아 천지인天地人 삼재三才라는 관점에서 말한다. 이것이 바로 『역전』이 이전의 제자백가들이 주장한 성인의 관점들을 보다 철학적 관점에서 체계화한 경우라고 할 수 있다. 즉

---

83) 鼎卦 「象傳」, "聖人亨以享上帝, 而大亨以養聖賢."
84) 渙卦 「象傳」, "風行水上. 渙, 先王以享於帝立廟."

성인의 문제를 천도와 인도라는 관점에서 다루어 성인을 천도의 구현자로 규정하고, 천도·지도·인도의 삼재라는 일관된 하나의 도에서 파악하고 있다. 『역전』은 성인이 『주역』을 지을 때 세계관, 역사관 및 인생관을 '삼재지도'라는 하나의 체계 속에 집어 놓고 있음을 말한다.[85]

『역전』은 '삼재'를 통하여 천·지·인이 가지고 있어야 할 고유한 기능과 역할에 대해 말하고 있다. 『역전』은 천지의 생성 활동을 통하여 자연사물의 발생과 활동을 서술하는 데 그치지 않고, 그것을 인간에 연결시킨다. 천·지·인의 모든 존재 양식들은 공통된 생성의 흐름 속에 놓여 있기 때문에, 인간의 활동 역시 전체 우주의 생성 활동의 연속적인 한 부분에 속한다. 만물의 변화 과정과 인류의 역사는 하나의 같은 전체를 구성하고 있는데, 여기에서 인간의 천지 사이에서의 특수 지위와 의의라는 문제가 부각되면서 천생인성天生人成 또는 인문화성人文化成이라는 문명 발전의 문제가 다루어지고, 자연스럽게 성인의 철학적 중요성이 부각된다.

『역전』은 비록 성인을 강조하여 그것을 철학적 해석에 중심에 두고 있지만, 그렇다고 해서 『주역』의 발생적 기원에 해당하는 『역경』의 점서 부분을 미신으로 배척해 버리지 않는다. 『역전』은 그것을 『역경』과의 역사적 연속성이라는 관점에서 합리적이고 철학적인 방법으로 재해석하고 있다. 『역전』의 이런 해석에 의하여 『주역』은 더 이상 점을 치는 데 이용되는 점서占書로만 머물러 있지 않고, 이미 다양한 문화적이고 인문적인 성격을 가지고 있는 책으로 그 성격이 변모되었다.

『주역』이란 책은 다양한 성격과 기능들을 중층적으로 표현하고 있기 때문에 그 책을 읽는 사람들의 관점에 따라서 방향이나 핵심이 달라질 수 있다. 그러므로 『주역』에서는 네 가지의 성인지도聖人之道가 있다고

---

85) 「繫辭下傳」, "易之爲書也, 廣大悉備, 有天道焉, 有地道焉, 有人道焉. 兼三材而兩之, 故六, 六者, 非它也, 三才之道也."

말하는데, 그 가운데 언행言行이나 제기制器와 관련된 것은 모두 인문적 활동에 속하는 것들이다. 네 가지의 성인지도에 관한 논의는 『주역』이 철학적 혹은 인문적 지평으로 전환한 후에 생긴 『주역』이라는 책이 가진 성격과 효용의 문제에 대한 논의로 보인다. 그런데 여기에서 중요한 문제는 복서卜筮의 문제이다. 『역전』은 결코 『주역』을 철학적 혹은 인문적 지평에서 해석하는 경우에도 복서의 작용을 완전히 부인하지 않는다. 다만 『주역』에서 점의 형식은 여전히 잔류하고 있지만, 이미 인간의 길흉을 묻는 점의 기능이나 작용은 더 이상 크게 영향을 발휘하지 못하고 자각적自覺的·수신적修身的·자기반성적인 인문주의적 성격을 가진 점의 형식으로 전환되어 버린다.

천·지·인 삼재라는 측면 이외에 『역전』이 체계적인 철학적 관점에서 성인의 문제를 다룬 것으로는 덕德과 업業의 문제를 도기道器라는 범주를 통하여 정리한 경우이다.

> 이런 까닭에 형체로 나타나는 그 이상(이전)의 상태를 도라 하고, 형체로 나타나는 그 이하(이후)의 상태를 기器라 하고, 바꾸어 적절하게 마름질한 것을 변變이라 하고, 미루어서 행하게 하는 것을 통通이라 하고, (이런 도리를) 들어서 세상 사람들이 사용하도록 하는 것을 사업이라고 한다.[86]

여기에는 두 가지의 의미가 포함되어 있다. 하나는 형이상적인 도와 형이하적인 기는 결코 단절되어 존재하는 것이 아니라 연속되어 있고 상호 전환이 가능하다는 점이다. 다른 하나는 도 속에 포함되어 있는 이치를 통하여 기물을 만들어 내고 천하의 백성들을 가르치는 사업이 강조된다는 점이다. 이 때문에 『역전』은 사람들에게 덕을 높이는 것만을

---

86) 「繫辭上傳」, "形而上者謂之道, 形而下者謂之器, 化而裁之謂之變, 推而行之謂之通, 舉而錯之天下之民謂之事業."

강조하지 않고 동시에 성인에게 새로운 문물의 개발 등 현실에 필요한 구체적인 사업 역시 적극적으로 발전시킬 것을 말한다.

공자께서 말씀하셨다. 주역은 참으로 지극하도다! 주역은 성인이 덕을 높이고 사업을 넓히는 책이다. [87]

공자는『주역』이 개인의 도덕적 수양을 높이는 동시에 현실의 구체적인 방면의 사업을 이루도록 하게 만든다는 점에서 대단히 훌륭한 책이라고 평가하고 있다. 여기에서『주역』은 이미 유가의 핵심적인 철학과 이상을 체계적으로 주장하는 유가의 가장 중요한 경전으로 그 성질을 전환하고 있다. 그러므로 공자는『주역』의 작자인 성인이 도덕을 높이고 사업을 넓히는 두 가지 일(崇德廣業)을 수행하는 문제에 대해 매우 높은 찬사를 보내는 것이다. 이처럼『역전』에서 보이는 성인은 도와 기, 덕과 업, 내성內聖과 외왕外王 중 어느 하나도 빠뜨리지 않고 모두 이용할 줄 아는 존재이다. 성인은 인간을 고통에 빠지게 하는 두 가지 큰 재난 즉 천재지변이나 금수독충禽獸毒蟲 등의 피해로 표현되는 원시적 천지 질서의 결함과, 인간세계의 상덕喪德이라는 문제를 함께 해결할 수 있는 능력을 가지고 있다. 동시에『역전』의 성인관은 유가적 이념인 수신과 경세, 내성內聖과 외왕外王의 균형이라는 성인의 이상적 모형을 제시해 준다는 점에서 매우 중요하다.

---

87) 「繫辭上傳」, "子曰, 易其至矣乎! 夫易聖人所以崇德而廣業也."

제6장 『역전』의 삼재와 성인

『역전』은 '천인天人'의 문제를 천·지·인의 '삼재三才'로 나누어 분석하고 있다. 『역전』이 '천인'의 문제를 천·지·인의 '삼재'로 나누어 설명하려는 의도는 도대체 어디에 있는 것인가? 『역전』은 이 세계의 생성작용을 은유적인 방식을 통해 생동적·효과적으로 표현하기 위하여 천과 지의 역할을 분명하게 나누어 설명하고 있는 것으로 보인다. 이처럼 부단히 생성하는 천지의 사이에서 존재하고 있는 인간 역시 자신의 분명한 역할을 가지고 있다. 이런 천지와 인간이라는 '삼재'의 주요 역할을 한마디로 압축하여 말하면 바로 '천생인성天生人成'이라고 할 수 있다. 여기에서 말하는 '천생인성'의 '천'은 '천'과 '지'를 모두 포함하고 있는 것으로, 실은 '천지지도天地之道' 즉 '천지의 도'를 의미한다.

『역전』은 천도·지도·인도 등의 삼재의 도가 말하려는 논의의 핵심이 바로 '천생인성'에 있음을 말하고 있다. 『역전』은 '천지의 도'를 통하여 '인도'를 말하지만, '인도'는 주동적으로 '천지의 도'에 참여한다. 여기에서 인간의 적극적인 역할과 성인이 자연스레 요청된다. 이런 관점을 『역전』은 철학적인 차원으로 전환시켜 "한 번 음하고 한 번 양하는 것을 도라고 하고, 그것을 이어받은 것을 선이라 하며, 그것을 이룬 것을 성이라 한다"[1]라고 하여, 변역變易하는 '천지의 도'에 대한 파악을 통해 '인도'를 말하고 나아가 '천지의 도'에 근거해서 인간 자신이 능동적인 작용을 발휘하는 '인문화성人文化成'을 실현해야 함을 강조한다.

이런 과정을 여기에서는, '천지의 도'를 파악하는 '지천지知天地'의 단계로 부터 천지의 도를 본받는 '법천지法天地'의 단계로, 다시 천지의 도를 현실에 응용하고 적용하는 '용천지用天地'의 단계로 나아가는 '인성人成' 실현의 단계로 나누어 분석하려고 한다.

1. 『역전』의 천인관과 천·지·인 제등관의 출현

천도天道와 인도人道 혹은 천天과 인人의 관계 등의 문제는 중국철학사에서 가장 중요한 문제로 다루어져 왔다. 이런 천인의 관계 문제를 보통 '천인지제 天人之際'라고 말한다.[2] 위진魏晉시기의 명교名敎와 자연自然의 문제 역시 천인의 문제를 다룬 것이다. 여기에서 말하는 명교는 유가가 강조하는 인위적인 도덕체계를 말하고, 자연은 도가가 말하는 스스로 그러함의 뜻으로 우주만물의 가장 기초적인 본성을 의미한다. 이런 입장에서 위진시 기에 논의된 자연과 명교의 문제는 크게 보면 천인의 문제를 논하는 것이라 고 할 수 있다. 중국의 역사 속에서 많은 철학자들은 '천인관계'에 대한 여러 가지 다양한 견해들을 말하고 있다. 도가나 순자의 경우 '천인의

---

1) 「繫辭傳」, "一陰一陽之謂道, 繼之者善也, 成之者性也."
2) 이 말은 司馬遷이 자신이 지은 『史記』의 성격을 "천인의 관계와 고금의 변화에 통달하는 것"(通天人之際, 達古今之道)에 있다고 한 말에서 나왔다. 사마천 외에 董仲舒, 揚雄, 王弼, 柳宗元 등도 역시 '천인지제'라는 개념을 통하여 '천인관계'의 중요성에 대해 언급하고 있다. 여기에서 '際'의 의미는 천과 인이 서로 소통하고 서로 融會한다는 뜻을 가지고 말한다.

분리'를 말하였지만, 가장 대표적인 관점은 역시 '천인합일天人合一'이라고
할 수 있을 것이다.

대부분의 유가철학자들은 그들의 철학적 관점을 '천(천도)과 인(인도)의
합일'이라는 구조와 바탕 위에서 전개하고 있는데, 특히 이런 관점을
가장 구체적이고 체계적으로 말하는 책이 바로 『주역』이다. 『주역』의
핵심이 '천인관계'의 문제를 다루는 데 있다는 말을 가장 분명하게 언급하
는 자료로는 최근 출토된 곽점초간郭店楚簡의 『어총語叢』을 들 수 있다.
그 중 『어총 1』은 주요한 경전들이 가지고 있는 특성들에 대해 다음과
같이 정리하고 있다.

> 『시경』은 옛날과 지금의 시들을 모아 놓았고, 『서경』은 옛날과 지금의 기록된 말들을
> 모아 놓았고, 『역경』은 천도와 인도에 관한 것들을 모아 놓았고, 『춘추』는 옛날과
> 지금의 일들을 모아 놓았다.[3]

이 기록은 육경六經이 가지고 있는 내용과 성격을 설명하고 있는 중요한
자료라고 할 수 있다. 특히 『주역』이 가지고 있는 성격을 천도와 인도를
다루고 있다는 관점은 매우 중요한 언급이다. 위 인용문에서는 "회천도인도
會天道人道"의 '회會'를 천도와 인도를 모은다는 의미의 '회집會集'이나 '취聚'
또는 '합合'의 의미로 해석하였지만,[4] 그것을 단순한 천도와 인도의 모음이
나 나열이라는 의미보다는 '회통會通' 또는 '합일合一'의 뜻으로 해석하기도
한다.[5] 『주역』이 궁극적으로 말하려는 내용이 천도와 인도의 합일이나

---

3) 『郭店楚墓竹簡』, 「語叢一」(北京: 文物出版社, 1998), "詩, 所以會古今之詩也者, 書, 所以會古今
   之識者也, 易, 所以會天道人道也, 春秋, 所以會古今之事也."
4) 이런 해석을 하는 관점에는 涂宗流와 劉祖信의 관점이 있다. 『郭店楚簡先秦儒家佚書校釋』
   (萬卷樓, 臺北, 2001), 269에서 270쪽을 참조 바람.
5) 會通의 뜻으로 해석하는 대표적인 학자로는 湯一介가 있다. 「釋'易, 所以會天道人道者也'」
   (『周易研究』 2002年 第6期), 제3~8쪽을 참조 바람. 이 외에도 施炎平의 「周易和儒家人文哲
   學」(『周易研究』 2004年 第5期), 제57~64쪽을 참조 바람.

합덕合德에 있다고 보기 때문이다.

천인의 합일이나 회통이라는 것은 일종의 직분職分이나 기능 간의 합일을 의미한다. 즉 어느 한쪽이 다른 한쪽을 실질적으로 흡수하거나 통일하는 것이 아니라, 각자가 고유한 본질과 작용을 그대로 유지한 채 기능적으로 통일되는 이질적異質的 통일성을 말한다.[6] 특히 『주역』은 천인의 관계를 천·지·인의 삼재로 나누어, 삼재가 각각 가지고 있는 직분 간의 통일 혹은 합일에 관해 말하고 있다는 점에서 매우 독특하다. 이런 천·지·인의 삼재가 지닌 천인합일의 구조는 이중적인 합일구조를 가지고 있다. 먼저 천과 지의 기능적 합일이 있고, 다시 천지와 인간 사이의 기능 간의 합일이 있기 때문이다.

일반적으로 천·지·인의 삼재가 가지는 의미를 인간 지위의 격상이나 인간의 만물 속에서의 특수한 지위[7] 또는 생태적인 의미에서의 자연과 인간의 통일성이라는 관점으로 파악하지만, 의미를 이렇게 단순화시켜서 제한하는 것은 곤란하다. 그보다는 '천인'이 가지고 있는 직분을 더욱 구체적으로 나누어 그 역할을 말하고 있다는 점에 주의를 기울여 볼 필요가 있을 것으로 보인다.

『역전』은 왜 천인의 관계를 천·지·인의 삼재로 나누어 설명하고 있는가? 그것은 아마도 천지의 변역變易과 생생生生의 작용을 더욱 생동적·효과적으로 표현하기 위해서는 천과 지의 역할을 상세하게 나누어 설명하고, 그처럼 부단히 생성하는 천지의 사이에서 존재하고 있는 인간의 역할이 무엇인지를 말하기 위해서일 것이다. 이런 삼재의 주요 역할을 한마디로 압축하여 말하면 바로 '천생인성天生人成'이라고 할 수 있다. 여기에서 말하는

---

6) 정병석, 「천인합일의 생명관」, 『철학연구』 50집(대한철학회, 1993), 38쪽.
7) 예를 들면 鄭萬耕·趙建功 著, 『周易與現代文明』(北京: 中國廣播電視出版社, 1998)에서는 '삼재'의 관점을 인류 중심론이라는 관점에서 다루고 있다. 73~78쪽 참조.

'천생인성'의 '천'은 '천'과 '지'를 모두 포함하고 있는 것으로, 실은 '천지지도天地之道' 또는 '천지의 도'를 의미한다.

그러면 『역전』만이 천인의 관계를 천·지·인의 삼재로 나누어 설명하고 있는가? 선진시기의 문헌 속에서도 천·지·인을 함께 연계하여 말하거나 대칭하여 사용하는 경우가 많이 보인다. 예를 들면, 『노자』 중에는 이런 구절이 있다.

> 그러므로 거센 바람은 아침나절을 채 가지 못하고 세찬 소낙비는 한 나절을 채 가지 못한다. 거센 바람을 일으키고 세찬 소낙비를 내리게 하는 이는 누구인가? 천지 아닌가. 천지조차 오랫동안 지속하지 못하는데 하물며 사람이랴?[8]

> 사람은 땅을 본받고, 땅은 하늘을 본받고, 하늘은 도를 본받고, 도는 자연을 본받는다.[9]

위의 『노자』의 문장 속에는 분명히 천·지·인을 대비적으로 연계하여 사용하고 있다. 그러나 노자는 사람과 천지 사이의 가치 서열을 분명하게 나누고 있다. 천·지·인이라는 존재 간에는 가치 서열이 분명히 있고 결코 제등齊等하지 않다는 점을 명백하게 보여 주고 있다. 여기에서 '제등'이라는 말은 다 같이 평등하거나 동등한 것을 의미한다. 특히 사람과 천·지의 관계가 결코 제등하지 않다는 점은 분명하다. 다시 말하면 천·지·인의 관계가 가치 서열에서 결코 동등하거나 평등하지 않다는 말이다.

천·지·인을 대비적으로 연계하여 말하는 경우는 『국어國語』나 『좌전左傳』 등에도 보인다. 『국어』의 경우이다.

> 천天은 사람에 근거해야 하고, 성인도 천에 근거해야 한다. 사람이 어떻게 행동하면

---

8) 『老子』, 23장, "故飄風不終朝, 驟雨不終日. 孰爲此者? 天地. 天地尙不能久, 況於人乎?"
9) 『老子』, 23장, "人法地, 地法天, 天法道, 道法自然."

천지는 바로 어떤 징조를 드러내 보이니, 성인은 천지의 징조에 따라 일을 이루어야 한다.10)

『좌전』에서는 다음과 같이 말한다.

예禮는 상하간의 기강이고 천지의 경위經緯이며 백성이 삶을 영위하는 근거이다. 그래서 선왕先王이 그것을 존중하였다. 그러므로 사람이 잘 헤아려서 예에 맞도록 할 수 있는 자는 완성된 사람이다.11)

위에서 살펴본 것처럼, 춘추시기에 이미 천·지·인을 대비적으로 연계하여 사용하는 경향은 어떤 한 학파의 전유물이었던 것이 아니라, 상당히 보편적으로 유행하였던 것으로 보인다. 그런데 묵자12)나 장자의 경우는 인人 대신에 천·지·성인聖人의 형식으로 사용하기도 했다.

하늘과 땅은 큰 아름다움을 지니고 있으나 말하지 아니하고, 사계절은 분명한 법을 지니고 있으나 따지지 아니하며, 만물은 정해진 이치를 지니고 있으나 말하지 않는다. 성인이란 천지의 아름다움에 근원을 두고, 만물의 이치에 도달한 사람이다.13)

『묵자』의 '성인지덕聖人之德'이나 『장자』에서 말하는 성인은 사람 중에서 특히 탁월한 사람을 지칭하는 것으로 보인다. 여기에서 그들이 일반적인

---

10) 『國語』, 越語 下, "天因人, 聖人因天; 人自生之, 天地形之, 聖人因而成之."
11) 『左傳』, 召公 25年, "禮, 上下之紀, 天地之經緯也, 民之所以生也, 是以先王尚之. 故人之能自曲直以赴禮者, 謂之成人."
12) 예를 들면 『墨子』, 「尚賢中」에 "周頌道之日. 聖人之德. 若天之高. 若地之普. 其有昭于天下也. 若地之固. 若山之承. 不坼不崩. 若日之光. 若月之明. 與天地同常. 則此言聖人之德. 章明博大. 埴固以修久也. 故聖人之德. 蓋總乎天地者也"라는 말이 보인다. 여기에서 묵자가 말하는 "聖人之德"은 天地와 齊等한 것으로 말하고 있다.
13) 『莊子』, 「知北遊」, "天地有大美而不言, 四時有明法而不議, 萬物有成理而不說. 聖人者, 原天地之美而達萬物之理."

사람이 아닌 성인이나 '성인지덕'을 말하는 측면은 『역전』의 삼재三才를 이해하는 데 많은 시사점을 준다. 『역전』은 천과 인의 관계를 천·지·인의 삼재로 전환시키면서 인간 자체의 위상을 끌어올려 천·지·인의 제등을 강조하려고 한다. 즉 천·지·인을 대비적으로 연계하면서 그것을 가장 이론적으로 체계화한 관점은 역시 『역전』에서 말하는 '삼재관'이라고 할 수 있다.

중국 고대인들이 말하는 천·지·인의 관점이 '천인합일'의 관점과 밀접한 관련이 있는 것은 너무나 당연하지만, 그 둘을 똑같은 것으로 보아서는 곤란하다. 이 두 관점은 모두 천인관계를 말하고 있지만, 천인합일이 다만 조건만을 말하는 데 비해 천·지·인의 관점은 인간이 자연을 정복할 수는 없지만 동시에 천지에 기생하거나 부속되어 있는 존재도 아니라는 점을 말하려는 데 더욱 초점이 있다. 『역전』은 천·지·인의 조화와 제등이라는 점에서 인간의 우주 속에서의 특수한 지위와 의미를 이야기하고 있는 것이다.

그러나 천·지·인의 제등은 갑자기 하늘에서 떨어지는 식이 아니라 순차적인 단계를 거쳐 이루어졌다. 그것은 바로 천지의 법칙에 순응하는 단계인 순천지順天地 → 인간이 천지의 변화에 참여하는 참천지參天地 → 천·지·인 제등의 단계로 나눌 수 있다. 이것을 방향을 전환하여 인간의 입장에서 말하면, 천지의 도를 파악하는 '지천지知天地'의 단계에서 천지의 도를 본받는 '법천지法天地'의 단계로 나아가고, 다시 천지의 도를 현실에 응용하고 적용하는 '용천지用天地'의 단계로 나아가는 것이다. 즉 천지의 부단한 생성변화의 도를 이해하고, 그런 천지의 강건한 변화를 본받고, 그것을 우리의 생활 속에서 적용하여 구현하는 것이 바로 『역전』의 '삼재지도'가 말하려는 근본 의미라고 할 수 있을 것이다.

2. 『역전』의 삼재관과 성인의 요청

『주역』이 가지고 있는 가장 큰 특색 중의 하나는 천(天道)·지(地道)·인(人道)의 '삼재' 또는 '삼재지도'라는 관점을 통하여 자연과 인간의 문제를 통일적으로 이야기하는 것에 있다. 비록 '삼재'라는 개념이 경經에서 출현하지도 않았고 또 『역전』의 모든 전(傳)에서 보편적으로 언급되는 개념은 아니지만[14] 경과 전을 아우르는 전체 내용을 감안할 경우 천·지·인의 삼재 혹은 삼극三極이라는 말이야말로 『주역』의 핵심적인 내용을 가장 잘 표현하고 포괄하고 있는 개념이라고 할 수 있다.

「계사전」에서는 "여섯 효의 움직임은 삼극의 도이다"[15]라고 하였는데, 『경전석문經典釋文』은 정현鄭玄(127~200)의 말을 인용하여 "삼극은 삼재이다"[16]라고 하였다. 또 「계사전」에서는 "역이라는 책은 넓고 커서 모두 다 갖추고 있으니, 천도가 있고 인도가 있고 지도가 있다. 삼재를 겸하여 둘로 하니, 여섯이다. 여섯이란, 다름이 아니라 삼재의 도이다"[17]라고 하여, 『주역』이 천·지·인 삼재의 도를 모두 포함하고 있음을 분명하게 말하고 있다.

8괘 경괘經卦의 삼획三畫에서 위의 획은 천, 중간의 획은 인, 아래의 획은 지를 상징한다. 만약 문왕의 중괘설을 인정한다면, 8괘가 겹쳐 64 별괘別卦가 되면 「설괘전」에서 말하듯이 "삼재를 겸하여 둘로 중첩하니, 역은 여섯 획이 괘를 이룬다"[18]가 된다. 『주역집해周易集解』는 당대唐代 최경崔憬(생몰년

---

14) 그 중에서 「계사전」과 「설괘전」만이 천도·지도·인도의 '삼재'라는 개념을 통하여 '천인'의 문제를 이야기하고 있을 뿐이다. 『繫辭傳』 上, 第2章의 "六爻之動, 三極之道也"에서는 '삼재'와 같은 의미로 '三極'이라는 말을 사용하고 있다.
15) 『周易』, 「繫辭上」, "六爻之動, 三極之道也."
16) 『經典釋文』, "三極, 三才也."
17) 『周易』, 「繫辭下」, "易之爲書也, 廣大悉備, 有天道焉, 有人道焉, 有地道焉. 兼三材而兩之, 故六. 六者, 非它也, 三材之道也."

미상)의 말을 인용하여 "괘를 겹쳐 여섯 획이 된다는 말은, 천·지·인의 도를 겸하는 것이다. 두 효가 일재—才이므로 여섯 효는 삼재가 되니, 바로 삼재를 겸하여 둘로 중첩하기에 여섯인 것이다. 여섯이란 곧 삼재의 도이다"[19]라고 하였다. 더욱 구체적으로 청대淸代 이도평李道平(1817~1843)의 『주역집해찬소周易集解纂疏』에서는 "초효初爻와 이효二爻는 지도이고, 삼효三爻와 사효四爻는 인도이고, 오효五爻와 상효上爻는 천도이다"[20]라고 말한다. 이런 관점은 전통적인 "삼재를 겸하여 둘로 겹친다"라는 말에 대한 전형적인 해석으로, 여섯 효를 천·지·인의 질서 있는 세 계층으로 나누어 말하는 경우이다. 정현, 공영달, 주자의 관점도 이와 다르지 않다. 그러나 이런 일반적인 관점과는 구별되는 다른 견해도 있다.

『주역집해』에서는 육적陸績(188~219)의 '삼극지도'를 인용하여 삼극에 대해, "초효와 사효는 하극下極, 이효와 오효는 중극中極, 삼효와 상효는 상극上極"[21]이라고 말하기도 한다. 그래서 현대의 유명한 역학자인 상병화尙秉和(1870~1950)는 『주역상씨학周易尙氏學』에서 육적의 설을 따라 하극下極이 지극地極, 중극中極이 인극人極, 상극上極이 천극天極이라 하면서, 여섯 효는 팔괘 중의 어떤 두 괘를 중첩시킨 것으로서 그 속에 두 개의 천·지·인 체계를 담고 있다고 보았다. 일반적인 관점과는 약간의 차이가 있지만, 『주역』이 천·지·인 삼재의 도를 상징하고 있다고 보는 점에서는 다를 것이 없다.[22]

'삼재'라는 말이 가장 먼저 보이는 문헌은 당연히 『역전』이지만, 이미

---

18) 『周易』, 「說卦」, "兼三才而兩之, 故易六畫而成卦."

19) 『周易集解』, "崔憬曰: 言重卦六爻, 亦兼天地人道, 兩爻爲一才, 六爻爲三才, 則是兼三才而兩之, 故六. 六者, 即三才之道也."

20) 『周易集解纂疏』, 乾, "孔疏引先儒雲: 一二爲地道, 三四爲人道, 五上爲天道."

21) 『周易集解』, "陸績曰: 此三才極至之道也. 初, 四, 下極; 二, 五, 中極; 三, 上, 上極也."

22) 鄭晨寅, 「周易三才之道的神話意蘊」, 『周易硏究』 2006년 5기, 76~77쪽 참조.

원시사회에서도 이와 유사한 사유양식이 있었다는 고고학적 증거들을 출토문물 속에서 발견할 수 있다. 1980년대 말 하남성河南省 복양시濮陽市 서수파西水坡에서 몇 기의 고분들을 발굴하였는데, 거기서 발견된 유물들 가운데 약 6500여 년 전의 것으로 추정되는 번호 M45 제1조組의 조개껍데기로 만든 그림들이 가장 많은 이목을 끌었다. 이 그림이 나온 무덤은 이들 고분군에서 가장 큰 것으로, 묘실墓室의 위는 천원天圓을 상징하는 호형弧形으로 되어 있고 아래는 지방地方을 상징하는 사각형으로 되어 있다. 여기에서 주목할 내용은, 이 묘에 매장되어 있는 묘주墓主를 중심으로 왼편에는 조개껍데기로 만든 용 즉 방룡蚌龍이, 오른편에는 조개껍데기로 만든 호랑이 즉 방호蚌虎가 그려져 있다는 점이다. 아래의 사진과 같다.

복양고분 내부(사진 출처: baidu.com)

이 사진은 복양고분濮陽古墳 내부의 모습을 촬영한 것으로, 왼쪽은 조개껍데기로 만든 용이고 오른쪽은 호랑이이며 가운데에 묘주의 유해가 자리하고 있다. 주연량周延良은 다음과 같이 말한다.

이런 모습으로 배치되어 있는 것은, 아마도 용은 하늘이고 양陽이며 호랑이는 땅이고 음陰으로, 즉 위의 하늘과 아래의 땅 혹은 '양의兩儀'를 상징한 것으로 보인다. 용과 호랑이의 도식圖式을 가지고 말하면, 사람이 그 가운데에 자리하고 있음은 '사람은 양의가 만든 산물'이라는 것이다. 천·지·인 삼재라는 철학적 관점이 묘실의 평면에 배치되었음을 도해圖解를 통해서 알 수 있다.[23]

이 문제에 대해 더 보충을 하면, 용은 구름신(雲神)을 상징하고 있는데[24], 구름은 당연히 하늘을 대표하는 것으로 볼 수 있으며, 호랑이는 먼 옛날에 인류가 두려워하거나 숭배하던 지상의 동물로서 땅을 대표한다. 그리고 사람은 용과 호랑이 사이에 자리해 있다. 건괘乾卦 「문언전」에서도 "구름은 용을 따르고 바람은 하늘을 따르며……. 하늘에 근본을 두는 것은 위와 친하고 땅에 근본을 두는 것은 아래와 친하니, 각자 그 부류를 따른다"[25]라고 말한다.[26] 용으로 상징되는 하늘과 호랑이로 상징되는 땅 사이에 사람이 존재하고 있다는 것은 천·지·인의 구조를 충분히 연상할 수 있게 해 준다. 원시인의 사유와 관념 속에 이미 삼재에 대한 사유나 관념이 존재하였음을 복양고분을 통해 어느 정도 추정할 수 있을 것으로 보인다.

삼재의 도는 음양 관념에 연원을 두며, 천지는 음양 관념의 중요한 내용이다. 「서괘전」에서도 "천지가 있고서야 만물이 있고, 만물이 있고서야 남자와 여자가 있다"[27]라고 하였다. 이러한 천인관계는 서양 전통철학에서 주도적인 지위를 가지고 있는 주객이분主客二分의 방식과는 다른, 중국 특유의 '천인합일적'인 정체성整體性 사유 모형으로, 사람을 천부지모天父地

---

23) 周延良, 『夏商周原始文化要論』(北京: 學苑出版社, 2004), 20쪽.
24) 何新, 『諸神的起源─中國遠古太陽神崇拜』(北京: 光明日報出版社, 1996) 참조.
25) 『周易』, 「文言」, 乾, "雲從龍, 風從虎,……本乎天者親上, 本乎地者親下, 則各從其類也."
26) 濮陽 古墳과 관련되는 논의는 鄭晨寅, 「周易三才之道的神話意蘊」, 76~77쪽을 부분 참조하였음.
27) 『周易』, 「序卦」, "有天地然後有萬物, 有萬物然後有男女."

母의 산물로서 하늘과 땅 가운데에 존재하게 만들었다. 그러므로 「설괘전」은 다음과 같이 말한다.

> 건乾은 하늘을 상징하는 것이므로 아버지라고 하고, 곤坤은 땅을 상징하므로 어머니라고 한다. 진震은 곤의 음이 첫 번째로 건의 양과 결합하여 장남長男이 되고, 손巽은 건의 양이 첫 번째로 곤의 음과 결합하여 장녀長女가 된다. 감坎은 곤의 음이 두 번째로 건의 양과 결합하여 둘째 아들이 되고, 리離는 건의 양이 두 번째로 곤의 음과 결합하여 둘째 딸이 된다. 간艮은 곤의 음이 세 번째로 건의 양과 결합하여 셋째 아들이 되고, 태兌는 건의 양이 세 번째로 곤의 음과 결합하여 셋째 딸이 된다.[28]

위의 인용문은 바로 천지를 부모로 은유하여 만물은 모두 천지가 낳은 자식이라는 말을 하고 있다. 여기에서 전체 우주는 혈연적인 연결성 혹은 상관성을 가지게 된다. 『역전』에서는 인간을 포함한 일체의 만물이 모두 천과 지 혹은 양과 음을 대표하는 건(☰)과 곤(☷)을 부모괘父母卦로 하여 생겨 나온 것으로서 모두 혈연적으로 연결되어 있음을 말하고 있다.

만물 중에서 가장 중요한 존재가 바로 인간이다. 여기에서 삼재라는 개념이 나온다. 그러면 '재才'는 어떤 의미를 가지고 있는가? 삼재三才의 삼三이 하늘·땅·사람 세 가지를 의미한다는 것은 누구나 알고 있는 사실이지만, '재才'의 개념에 대해 정확하게 파악하는 사람은 그렇게 많지 않다.

완각본阮刻本『십삼경주소十三經注疏』에서는 "삼재를 겸하여 둘로 겹치다"(兼三才而兩之)의 '재才'를 '재材'로 쓰고 있다. 『십삼경주소교감기十三經注疏校勘記』에 따르면, 악본岳本, 송본宋本, 고본古本, 족리본足利本, 민본閩本, 감본監本, 모본毛本에서는 '재材'를 '재才'로 썼고, 『석경石經』은 초각初刻에서 '재才'로

---

28) 「說卦傳」, 제10장, "乾天也, 故稱乎父. 坤地也, 故稱乎母. 震索而得男, 故謂之長男. 巽一索而得女, 故謂之長女. 坎再索而得男, 故謂之中男. 離再索而得女, 故謂之中女. 艮三索而得男, 故謂之少男. 兌三索而得女, 故謂之少女."

썼다가 나중에는 '재材'로 고쳤다고 한다.[29] 그런데 건괘乾卦의 괘사卦辭 "원형이정元亨利貞" 아래의 공영달의 소疏에 있는 "괘가 되려면 반드시 세 개의 획으로 삼재를 본떠야 한다"[30]라는 구절에는 '재才'로 되어 있다. 이런 여러 가지 상황들을 종합해 보면 대체로 '재才'와 '재材'는 통용되었던 것으로 보인다. 『설문해자』에서는 '재材'를 "나무막대기"(木梃)로 해석하였는데,[31] 단옥재段玉裁의 주에서는 "나무막대기(梃)는 한 개의 나무줄기(一枚)이니, '재材'란 쓸 만한 것을 이름이다"[32]라고 설명하고 있다. 이로 볼 때 삼재三才의 '재才'자는 재료나 재질의 뜻으로 해석하는 것이 타당할 듯하다.

그러나 삼재를 오직 삼재三才로 쓰는 것만을 인정하는 관점도 있는데, 황수기黃壽祺와 장선문張善文의 『주역역주周易譯注』에서는 완각본의 '재材'를 '재才'로 고쳐 놓고 있다.[33] 『설문해자』에서는 '재才'를 "초목의 처음 상태"[34]로 해석하였으며, 단옥재의 주에서는 "모든 시작을 가리키는 의미로 확장되었다"[35]라고 덧붙이고 있다. 이처럼 '시작'이라는 뜻이 바로 '재才'의 본의로, 원시적·초기적이라는 의미를 가지고 있다. 여기에서 처음부터 타고나는 재才의 능력 즉 재능才能이란 말이 나온다.

좀 더 구체적으로 삼재를 '태극-음양-삼재'라는 서열 속에 놓고 말하면, 우주가 혼돈에서 처음 열리고 다시 음과 양이 분리된 뒤에 이어서 천·지·인의 삼재가 각각 자신의 위치에 자리하게 된 것은 최초의 존재적 상태를 표현하는 것이다.[36] 이것은 마치 하늘과 땅 사이에서 풀과 나무가 처음으로

---

29) 『十三經注疏校勘記』참조.
30) 『周易正義』, 「上經乾傳卷一」, "成卦, 必三畫以象三才."
31) 『說文解字』, 「木部」, "材, 木梃也."
32) 『說文解字注』, "梃, 一枚也. 材謂可用也."
33) 黃壽祺·張善文 撰, 『周易譯注』(上海: 上海古籍出版社, 2004), 560쪽.
34) 『說文解字』, 「才部」, "才, 艸木之初也."
35) 段玉裁, 『說文解字注』, "引伸爲凡始也."
36) 鄭晨寅, 「周易三才之道的神話意蘊」, 77쪽 참조.

땅에 뿌리를 내리고 자라나기 시작하는 것과 같은, 최초의 시원적·원초적 모습을 상징하고 있는 것으로 보인다.

재才에는 '존재'의 뜻도 있다. 『상용고문자자전常用古文字字典』에 의하면, "복사卜辭를 새긴 글에서 재才는 모두 재在로 가탁해서 쓰고 있다"[37]고 한다. 하늘과 땅 사이에 있으면서 사람은 한편으로는 천지에 의존해서 있지만 다른 한편으로는 하늘과 동등한 지위로 격상할 수 있는 존재가 될 수도 있다. 근원적인 존재로서의 천·지·인의 삼재의 원형에 해당하는 신화가 있다. 하늘과 땅을 압도하는 인간의 지혜와 능력을 말하는 신화이다. 비로 유명한 반고盤古신화이다.

반고신화가 본격적으로 출현한 것은 3세기경 삼국시대 오吳나라 서정徐整의 『삼오역기三五曆紀』와 『오운역년기五運歷年記』이다. 이 책들은 모두 실전되었지만, 당대唐代 구양순歐陽詢 등이 편찬한 『예문유취藝文類聚』나 송대의 『태평어람太平御覽』 등에서 『삼오역기』를, 또 청대 마숙馬驌의 『역사繹史』에서 『오운역년기』를 인용하여 반고의 신화를 이야기하고 있다. 반고의 탄생에 대해서는 다음과 같이 말한다.

반고의 천지개벽〈사진 출처: 『三才圖會』〉

---

37) 王延林, 『常用古文字字典』(上海: 上海書百出版社, 1987).

천지가 혼돈하여 그 형상은 마치 달걀과 같았는데, 반고는 그 안에서 태어났다. 1만 8천 년 전에 천지가 개벽할 때, 맑고 가벼운 양기는 위로 올라가 하늘이 되고 탁하고 무거운 음기는 아래로 내려가 땅이 되었다. 반고는 그 안에 있었는데, 하루에도 수없이 변하였다. 지혜는 하늘을 앞질렀고 능력은 땅을 압도했다.[38]

이처럼 천지의 사이에서 태어난 반고는 천지의 생장을 따라서 자라고, 사후에는 그의 몸 일부가 변화하여 만물을 창조하는 존재가 된다.

최초로 태어난 반고가 죽게 되자 몸이 변하였다. 기氣는 풍운風雲이 되고 목소리는 세찬 천둥소리가 되었으며, 왼쪽 눈은 태양이 되고 오른쪽 눈은 달이 되었다. 사지와 오체는 변하여 오악五嶽이 되었다. 피는 강이 되었고, 근맥은 하천·도로 등이 되었으며, 근육은 흙이 되었다. 두발과 콧수염, 턱수염은 별이 되었으며, 가죽은 초목이 되었다. 치아와 뼈는 금석이 되었고, 정액과 골수는 주옥이 되었으며, 땀은 비가 되었다. 몸에 붙어 있던 벌레들은 바람에 감응하여 백성이 되었다.[39]

반고의 이야기는 『술이기述異記』 상권에서도 발견되는데, 거기서는 다음과 같이 말한다.

옛날에 반고가 죽자, 머리는 사악四嶽이 되고, 눈은 해와 달이 되고, 기름은 흘러 강과 바다가 되고, 털과 머리카락은 풀과 나무가 되었다. 진한秦漢시대의 속설로는, 반고의 몸통이 동악이 되고, 배가 중악이 되고, 왼팔이 남악이 되고, 오른팔이 북악이 되고, 발은 서악이 되었다고 한다.[40]

---

38) 『藝文類聚』卷一에 인용한 『三五曆紀』, "天地混沌如鷄子, 盤古生其中. 萬八千歲, 天地開闢, 陽淸爲天, 陰濁爲地, 盤古在其中, 一日九變. 神於天, 聖於地."
39) 『繹史』卷一에 인용한 徐整의 『五運歷年記』, "首生盤古, 垂死化身, 氣成風雲, 聲爲雷霆, 左眼爲日, 右眼爲月, 四肢五體爲四極五嶽, 血液爲江河, 筋脈爲地里, 肌肉爲田土, 髮髭爲星辰, 皮毛爲草木, 齒骨爲金石, 精髓爲珠玉, 汗流爲雨澤, 身之諸蟲, 因風所感, 化爲黎甿."
40) 『述異記』, "昔盤古氏之死也, 頭爲四嶽, 目爲日月, 脂膏爲江海, 毛髮爲草木, 秦漢間俗説. 盤古氏頭爲東嶽, 腹爲中嶽, 左臂爲南嶽, 右臂爲北嶽, 足爲西嶽."

이상에 보이는 반고신화는, 알에서 탄생한 반고가 생전이나 사후에 그의 신체 일부가 변화하여 천지만물이 창조되는 과정에 대해 말하고 있다. 일반적으로 신화 속에는 세계의 각 민족에 전하여 온 인류 기원의 문제, 천지개벽, 시조신始祖神, 건국시조의 이야기 등, 원시시대 여러 종족들의 자연이나 인간에 대한 사유가 담겨 있다. 그러므로 신화는 한 집단이나 민족이 가지고 있는 동일지평의 의식과 사유의 형태를 간접적으로 엿볼 수 있게 해 준다. 신화의 상징세계 속에서는 인간의 근원이, 나아가 모든 생명과 우주의 근원에 대한 인간의 사유가 암시와 상징의 형식을 통해 간접적으로 드러나기 때문이다. 반고신화 속에는 중국의 철학적 사유 지평을 구성하는 세계관, 인간관, 도덕관 등의 원형적 사유가 구성적構成的 원리로 잠재되어 있다.[41]

이런 점에서 반고의 천지개벽 신화가 말하는 핵심은 '천인합일의 생명 철학에 있다고 할 수 있다. 천지는 하나의 존재의 '장場'이며, 사람은 '그곳에 존재하는' 사물이다. 그리고 천지만물은 사람인 반고가 변한 것이어서, 사람의 존재와 천지의 혈육은 서로 섞여 있으므로 나눌 수 없다. 반고신화는 천지숭배, 생명숭배 및 인간 자신의 존재 가치에 대해 묘사하고 있는데, 여기에서 인간은 천지를 구성하는 근원적인 존재로 묘사된다. 이것은 재才, 삼재의 원의와 서로 통하는 면이 있다.[42] 여기에서 분명히 생각해 보아야 할 문제는, 인간이 천지와 혈육의 관계로 서로 섞여 있어서 나눌 수 없기 때문에 빼어나거나 위대하다는 말이 결코 아닐 것이다. 그보다는 인간이 어떻게 이런 우주 속에서 가장 빼어난 존재가 될 수 있는가 라는 것이 더욱 핵심적인 문제로 등장하게 된다.

---

41) 정병석, 「檀君神話와 한국적 사유의 同一地平: 단군신화의 원형적 사유와 유가철학의 관계를 중심으로」, 『민족문화논총』 61집(영남대 민족문화연구소, 2015년 12월), 93~95 쪽 참조.
42) 鄭晨寅, 「周易三才之道的神話意蘊」, 79쪽 참조.

『역전』을 포함한 유가가 우주를 하나의 대생명체로 해석한 것은 결코 인간이 아직 뚜렷한 자아의식을 가지지 못하여 인간과 외재세계를 분리하지 않고 "자연을 자연주의자의 관점에서 보지도 않고, 단순히 실용적 혹은 기술적 관심에서 접근하지 않는"[43] '원시사유'의 단계에 머물러 있기 때문은 아니었다. 만약 유가가 인간과 자연만물을 동일한 하나의 생명으로, 일체적인 존재 연속이라는 관점에서 해석한 것을 두고 단순히 "존재하는 모든 생명형식은 친족관계를 가지고 있고 개별적인 생명들은 서로 소통하는 일체여서, 인간은 결코 자연계에서 특권적인 지위를 가지고 있지 못하고 있다"[44]라는 원시적 자연관의 단계에 여전히 머물러 있었다고 단정하는 것은 잘못이다. 물론 이런 인간과 자연의 '생명의 일체'라는 원시 존재론의 잔영이 중국 문화의 연속성이라는 특징에 의해서 천인합일의 형태로 남아 있는 것은 사실이다. 그러나 유가들은 우주 속의 모든 존재들이 생명을 가지고 있다는 만물유령론萬物有靈論이나 인간과 자연이 혈연적인 친족관계라는 등의 원시 존재론의 관점들을 이미 철학적인 우주론과 심성론의 차원으로 끌어 올려서 논의하고 있었다.[45]

인간은 하늘과 땅 사이에 태어나서 생존을 위해 온갖 역경과 고통을 감내해야만 하였다. "비가 많이 오고 물줄기가 거세거나"[46], "짐승은 많은데 사람은 적거나"[47], 그리고 지진·홍수나 태풍 같은 헤아릴 수 없이 많은 자연의 위력에 시달려야 했던 원시시기의 인류는 공포와 걱정 속에서 하루하루를 고통스럽게 보냈을 것이다. 이런 점에서 인간은 근본적으로 우환적憂患的 존재이다. 동시에 인간이 그러한 우환을 극복할

43) Ernst Cassirer, *An Essay on Man*(New Haven, Yale University Press, 1944), p.82.
44) Ernst Cassirer, *An Essay on Man*, p.82.
45) 정병석,『유학, 연속성의 세계와 철학』(경산: 영남대출판부, 2013), 101~102쪽.
46)『山海經』,「海內經」, "洪水滔天."
47)『莊子』,「盜跖」, "禽獸多而人少."

수 있었던 창조적 존재가 아니었다면 생존은 불가능했을 것이다. 신화는 이런 인류 초창기의 지난하고 고통스런 생존의 원초적인 기억을 보존하고 있다.

과거의 원초적 기억은 인간의 현재에 대해서 여전히 자신의 역할을 수행한다. 현재의 생각이나 의식적인 행위는 과거의 경험을 전제하고 있으며, 과거의 경험은 오랜 시간 우리의 정신과 사고 속에 지속적으로 퇴적되어 있다. 이렇게 퇴적된 과거의 기억은 우리에게 현재의 경험을 이해할 수 있게 해 주는 해석의 틀을 제공해 준다. 과거의 기억으로서의 신화 속에 담긴 시원적始原的 경험은 지금도 우리 사유의 밑바닥에서 잠재성의 영역으로 쉬지 않고 작용하며 영향을 주고 있다. 『회남자』에서는 지극히 힘들고 고통스러웠던 생존의 시원적 경험으로서의 원초적 기억들에 대해 다음과 같이 기록하고 있다.

먼 옛날에는, 사극四極이 황폐하고 구주九州는 찢어져 있었으며 하늘은 다 덮지 못하고 땅은 두루 다 싣지 못하였다. 불이 붙으면 꺼지지 않고 물이 넘치면 멈추지 않았으며, 들짐승이 선량한 백성을 먹고 날짐승이 노약자를 낚아챘다. 이때 여와가 다섯 빛깔 돌을 달구어 창천을 채우고 자라의 발을 잘라 사극에 세우며 흑룡을 잡아 기주를 구제하고 갈대 재를 쌓아 홍수가 멈추게 하니, 하늘이 메워지고 사극이 진정되며 홍수가 마르고 기주는 평정을 되찾았으며 교충이 죽고 백성은 살았다.[48]

옛날 요의 시대에, 열 개의 해가 함께 나와 심은 벼가 타고 풀과 나무가 말라서 사람들이 먹을 것이 없었다. 알유, 착치, 구영, 대풍, 봉희, 수사가 모두 나타나 사람들을 해쳤다. 요가 예에게 명하여, 주화 땅에서 착치를 사살하고, 구영을 흉수 위에서 사살하고, 대풍을 청구 못에서 사살하고, 위로 열 해를 쏘고 아래로 알유를

---

48) 『淮南子』, 「覽冥訓」, "往古之時, 四極廢, 九州裂, 天不兼覆, 地不周載, 火爁炎而不滅, 水浩洋而不息, 猛獸食顓民, 鷙鳥攫老弱, 於是女媧煉五色石以補蒼天, 斷鼇足以立四極. 殺黑龍以濟冀州, 積蘆灰以止淫水. 蒼天補, 四極正, 淫水涸, 冀州平, 狡蟲死, 顓民生."

사살하며, 수사를 동정에서 베고, 봉희를 상림에서 잡게 하였다. 만민이 모두 기뻐하며 요를 천자로 세웠다.[49]

위에 인용된 『회남자』의 글들은 대부분 자연의 재해로부터 인류를 구한 문화적 영웅들에 관한 내용들을 기록한 것이라고 할 수 있다. 이것은 여와女媧와 예羿가 천하의 질서를 안정시키기 이전의, 온갖 재해가 빈발하고 사방에 맹수와 독충이 우글거리던 시기를 살았던 사람들의 힘들고 위태로운 생존환경이 만들어 낸 기억이다. 『주역』도 이런 원초적 기억을 다른 방식 혹은 다른 상징적 내용으로 각색하여 위태로움과 곤경을 이야기하는 괘사와 효사 속에 산발적으로 담아 놓고 있다.

『주역』 고경古經의, "못에 물이 없음"을 상징하는 곤괘困卦(䷮), "호랑이 꼬리를 밟음"을 상징하는 리괘履卦(䷉), '벌레가 우글거리는' 고괘蠱卦(䷑), '대규모의 전쟁'을 말하는 사괘師卦(䷆) 등은 가뭄, 맹수, 해충, 전쟁 같은 천재天災와 인화人禍에 대한 원시 기록들로 보인다. 또 물을 상징하는 감괘坎卦(䷜)의 괘효사 가운데 있는 "거듭된 위험"(習坎), "깊은 구덩이로 들어감"(入於坎窞), "구덩이에 위험이 있음"(坎有險) 등은 아마도 지난날의 홍수와 범람으로 생긴 재해에 대한 두려움의 기억인 것으로 보인다.[50] 이 시기의 인류는 하늘과 땅 사이에 존재하였지만 마치 막 싹이 튼 초목처럼 나약하였다. 이런 상황에서 사람들은 절멸絶滅에 처한 인간과 위기의 세상을 구원하여 '생생불식生生不息'할 수 있도록 만들어 줄 문화적 영웅인 성인을 요청하게 되었던 것이다.

"생하고 또 생하는 것이 바로 역易이다"[51]의 생생生生이라는 말은 생명의

---

49) 『淮南子』, 「本經訓」, "逮至堯之時, 十日並出, 焦禾稼, 殺草木, 而民無所食. 猰貐, 鑿齒, 九嬰, 大風, 封豨, 修蛇皆爲民害. 堯乃使羿誅鑿齒於疇華之野, 殺九嬰於凶水之上, 繳大風於青丘之澤, 上射十日而下殺猰貐, 斷修蛇於洞庭, 禽封豨於桑林, 萬民皆喜, 置堯以爲天子."
50) 鄭晨寅, 「周易三才之道的神話意蘊」, 80쪽 참조.

창생과 생명의 연속을 동시에 말하고 있다. 창생은 천지 혹은 천도가 만물을 낳는 것을 말하는 것이며, 그것을 이어 연속시키는 것은 인류의 책임에 해당한다. 생명의 연속을 담당하는 인류의 책임은 인간이 천지의 화육化育에 참여하는 방식에 의하여 결정된다. 인간만이 유독 천지와 같이 만물의 화육에 참여할 수 있는 것은, 인간이 다른 사물과는 달리 자기의식과 정신을 가지고 있는 지혜로운 존재이기 때문이다. 이런 관점을『상서』는 분명하게 말하고 있다.

> 오직 천지만이 만물의 부모이고, 인간만이 만물의 영장이다.[52]

> 하늘은 백성을 가엾게 여겨서, 백성이 바라는 바를, 하늘은 반드시 그것을 따른다.[53]

> 하늘은 우리 백성이 보는 것으로부터 보고, 하늘은 우리 백성이 듣는 것으로부터 듣는다.[54]

> 오직 하늘만이 친함이 없어서 능히 공경하는 자를 친하게 하시며, 백성들은 항상 그리워하는 사람이 없어 능히 인이 있는 자를 그리워하며, 귀신은 항상 흠향하는 자가 없어 능히 정성스러운 자에게 흠향하니, 하늘의 지위가 어렵구나! 덕만이 오직 다스려지고, 부덕하면 어지럽다.[55]

여기에 인용된『상서』의 말은 인간의 주재성과 우주 속에서의 특수한 지위·작용 및 가치를 적극적으로 표현하는 관점들을 보여 주고 있다. 이로부터 사람의 천지 속에서의 특수한 지위와 주체성을 살필 수 있다. 이를 바탕으로 하여 인간은 한 걸음 더 나아가 우주의 생화生化와 발전에

---

51)『周易』,「繫辭傳」, "生生之謂易."
52)『尙書』,「泰誓上」, "惟天地萬物父母, 惟人萬物之靈."
53)『尙書』,「泰誓上」, "天矜于民, 民之所欲, 天必從之."
54)『尙書』,「泰誓中」, "天視自我民視, 天聽自我民聽."
55)『尙書』,「太甲下」, "惟天無親, 克敬惟親. 民罔常懷, 懷于有仁, 鬼神無常享, 享于克誠. 天位艱哉. 德惟治, 否德亂."

적극 참여하는 가장 중요한 존재로 격상된다. 이런 관점을 구체적으로 보여 주는 것이 바로 『역전』의 삼재관이다.

『역전』은 인류의 역사와 만물의 생성변화를 하나의 전체로 보아, 천인天人 관계의 문제를 천·지·인 삼재의 사상 속에 집어넣어 "천도에 근거하여 인간사를 말하는"(推天道以明人事) 관점을 말하고 있다. 이런 '삼재지도' 속에 『역전』은 세계관, 역사관 및 인생관을 하나의 체계 속에 집어 놓고 있다. 「계사전」은 다음과 같이 말한다.

> 주역이라는 책은 넓고 커서 하나도 남김없이 (모든 것을) 다 갖추고 있는데, (그 중에는) 천도도 있으며 인도도 있고 지도가 있으니, 삼재를 겸해서 둘로 하였다. 그러므로 여섯이니, 여섯이란 것은 다른 것이 아니라 삼재의 도이다.[56]

『주역』이라는 책은 세상의 모든 이치를 다 갖추고 있는데, 그 중에서 가장 대표적인 것이 바로 천도·지도·인도라고 말한다. 전체 우주는 천·지·인을 포괄하는 하나의 큰 상관적相關的인 세계 혹은 체계를 이루고 있고, 이 큰 체계 속에서 여러 가지 다양한 체계들이 서로 의존하면서 존재하는 통일적인 체계를 구성하고 있음을 말하고 있다. 구체적으로 '삼재지도'에 대해서 「설괘전」은 다음과 같이 말한다.

> 옛날 성인이 주역을 지을 때의 의도는 그것으로 인간의 본성과 천명에 따르는 이치를 따르고자 함이었다. 이 때문에 천의 도를 세워서 음과 양이라 하고, 지의 도를 세워서 유와 강이라 하고, 인간의 도를 세워서 인과 의라 하였다. 천·지·인 삼재를 겸하여 둘로 하였기에 여섯 획으로 괘를 이루었다. 음의 자리와 양의 자리를 분별하여 나누고 다시 유효와 강효를 차례로 사용하여, 역이 여섯 위를 통하여 문장을 이루고 있다.[57]

---

56) 「繫辭傳」, "易之爲書也, 廣大悉備, 有天道焉, 有地道焉, 有人道焉. 兼三材而兩之, 故六, 六者, 非它也, 三才之道也."

위의 인용문이 말하고 있는 가장 중요한 내용은 천·지·인의 일체 혹은 합일이라는 존재의 연속 속에서 천·지·인이 각기 고유한 기능과 역할을 가지고 있다는 점이다. 비록 천·지·인은 각자 독립적인 형태로 구별되어 있지만, 하나의 거대한 상관적 세계 혹은 통일적인 하나의 큰 체계라는 측면에서 보자면 이들은 모두 공통된 변역變易의 법칙을 따르고 있다. 그것은 바로 "한 번 음하고 한 번 양하는 것을 도라고 한다"[58]라는 말로 정리할 수 있다.[59]

비록 천도·지도·인도 등의 '삼재'로 나누어 구별했다고 하지만 그것들은 별개로 따로 존재하는 것이 아니라 같은 한 존재의 다른 표현으로, 근본적으로는 모두 천도의 음양을 벗어나지 않고 있다.[60] "천도는 본원적本源的·결정적이고 궁극적인 범주인 데 비해서, 지도와 인도는 천도의 외재적 전개라고 할 수 있다."[61] 그러나 이것은 '삼재' 간의 주종主從관계를 말하려는 데 핵심이 있는 것이 아니라, 천·지·인이 가지고 있는 고유한 기능과 역할을 말하려는 데 초점이 있다. 『역전』의 이런 관점은 천지의 음양의 변역變易에 근거하여 천지자연뿐만 아니라 인류사회의 역사와 문화의 기원과 발전까지도 전체적인 관점에서 고찰하려는 시도로 보인다.

천·지·인의 '삼재'가 가지고 있는 '변화' 혹은 '생성'이 말하는 것을

---

57) 「說卦傳」, "昔者聖人之作易也, 將以順性命之理. 是以立天之道曰陰陽, 立地之道曰柔與剛, 立人之道曰仁與義. 兼三才而兩之, 故易六書而成卦, 分陰分陽, 迭用柔剛, 故六位而成章."
58) 「繫辭傳」, "一陰一陽之謂道."
59) 張岱年은 '삼재지도'를 나누어서 말하면 천도·지도·인도 등의 분명한 구별이 있지만 전체적으로 말하면 "一陰一陽之謂道"라는 공통적인 보편성 속에 있다고 하였다. 『中國古典哲學槪念範疇要論』(北京: 中國社會科學出版社店, 1987), 26쪽 참조.
60) 이에 대해 張載는 "易一物而合三才, 天地人, 陰陽其氣, 剛柔其形, 仁義其性"이라고 했다. 『張載集』(北京: 中華書局, 1978), 235쪽. 吳澄도 『易纂言』(臺北: 商務印書館, 1986年), 제5640쪽에서 역시 말하기를 "6이라는 것은 다른 것이 있는 것이 아니라, 삼재의 도가 각각 음양을 갖추고 있는 것을 말한다"(六者非有他也, 以三才之道, 各有陰陽也)라고 하였다.
61) 謝維揚, 『至高的哲理』(北京: 三聯書店, 1997), 154쪽.

정리하면 '천생인성天生人成'이라는 개념으로 압축할 수 있다.[62) 여기에서 말하는 '천생'이라는 말이 "한 번 음하고 한 번 양하는" 천지의 '생생生生'하는 상태를 의미한다면, '인성人成'은 '생생'하는 천지를 본받아서 '인문화人文化'해 나가는 과정을 말한다.[63) 그러면 모든 사람 누구나 '생생'하는 천지를 본받아 '인문화'하는 능력을 가지고 있는가? 여기에서 『역전』은 우주의 변화와 현실의 복잡한 문제들을 전체적으로 통찰할 수 있는 능력을 겸비하고 있는 사람을 요청한다. 그가 바로 성인이다.

『역전』에 등장하는 성인은 빼어난 지적 능력과 예지를 가지고 있는 사람으로, 미래를 알고 과거의 일을 자신 속에 모두 간직하고 있는 지혜로운 존재이다. 성인은 총명함과 예지로써 변화의 도를 파악하고 "심오한 진리를 탐색하여 기밀을 알 수 있으며"[64) "신이 하는 바를 알 수 있는"[65) 그런 뛰어난 능력을 가지고 있어서, "천하 사람들의 뜻과 통하고 천하의 사업을 확정하여 천하의 의심스러운 문제를 해결해 내는"[66) 특별한 사람으로

---

62) 蒙培元은 천도 · 지도 · 인도 등의 '삼재'가 가지고 있는 작용에 대해 말하고 있다. 즉 천의 도는 '始萬物', 지의 도는 '生萬物', 인의 도는 '成萬物'이라고 말하고 있다. 이런 관점은 '삼재지도'의 각기 다른 작용을 매우 분명하게 잘 나타내 주고 있다고 할 수 있을 것이다. 『人與自然』, 113쪽 참조 바람.

63) 일반적으로 '天生人成'이라는 개념은 대부분 『순자』의 전유물로 생각한다. 실제로 순자철학의 핵심은 '천생인성'에 있다고 할 수 있다. 순자는 "천지는 낳고 성인은 완성시킨다"("天地生之, 聖人成之"; 「富國」), "천지는 군자를 낳고 군자는 천지를 다스린다"("天地生君子, 君子理天地"; 「王制」)라고 말한다. 순자의 이런 '천생인성'의 관점은 기본적으로 '天人之分'이라는 천과 인간의 구분에서 나온 것이라고 할 수 있다. 순자는 「天論」편에서 천 · 지 · 인이 가지는 직분을 아예 나누어 말하고 있다. 즉 그는 "天有其時, 地有其利, 人有其治, 夫是之謂能參"라고 말한다. 순자와 『주역』이 말하는 '천생인성'의 관점이 가지고 있는 가장 큰 차이점은 '자연세계' 즉 '천지'를 바라보는 관점에서 나타난다. 순자는 기본적으로 '천지'를 인간에 의해 합리적으로 조정되고 관리되어야 하는 被治的 대상으로 보고 있는 반면에 『역전』은 '천지'를 인간이 본받아야 할 대상으로 보고 있다는 점에서 차이가 있다. 그러나 『순자』나 『역전』 둘 다 '천지'를 인간이 이용할 수 있는(用天地) 대상으로 본다는 점에서는 공통점을 가지고 있다.

64) 「繫辭傳」, "聖人之所以極深而硏幾也."

65) 「繫辭傳」, "知變化之道者, 其知神之所爲乎?"

66) 「繫辭傳」, "聖人以通天下之志, 以定天下之業, 以斷天下之疑."

표현되고 있다. 이런 성인의 지적 능력을 「계사전」은 "의리에 정밀하고 신묘한 경지에 들어감"(精義入神), "신묘함을 궁구해서 변화를 앎"(窮神知化)이라는 말로 표현하고 있다.

성인은 총명함과 예지를 가지고 있다. 성인은 이런 총명함과 지적 능력을 모든 사람을 위해서 사용하는 인애仁愛의 마음을 지니고 있다. 성인은 우주 변화를 파악하는 동시에 백성들의 현실적인 문제를 통찰한 후 그 파악한 천도를 어려움에 처한 백성들을 위해 현실에 응용할 수 있는 지적 능력과 유덕有德함을 겸비하고 있다. 현대적인 의미로 말하면 성인은 자연계 및 사회와 인류의 발전법칙을 완전히 파악할 수 있는 지적 능력을 현실에 효과적으로 응용할 수 있는 사람이다. 이런 의미에서 성인은 천·지·인 삼재의 도리 즉 역리易理를 온전히 파악하여 『주역』을 비롯한 문명의 이기들을 창제하였다고 말한다.

3. 천·지·인 조화의 삼원적 구조와 천생인성

어떤 다른 경전이나 철학자들의 관점과는 구별되는 『역전』의 천인관이 가지고 있는 가장 큰 특색은 천(천도)·지(지도)·인(인도)의 '삼재' 또는 '삼재지도三才之道'의 삼원적三元的 구조를 통하여 '천인지도'를 이야기하고 있는 점에서 찾을 수 있을 것이다. 그러나 '삼재'라는 개념은 『역전』의 모든 전傳에서 활발하게 통용되는 그런 보편적인 개념은 아니다. 그 중에서 「계사전」과 「설괘전」만이 천도·지도·인도의 '삼재'라는 개념을 통하여 '천인'의 문제를 이야기하고 있을 뿐이다.[67]

---

67) '삼재'와 같은 의미로 통용되는 '三極'이라는 말은 「繫辭上傳」, 第2章의 "六爻之動, 三極之道也"라는 곳에 보인다.

물론 천도·지도·인도라는 말은 『역전』의 다른 편에서도 출현한다. 예를 들면 겸괘謙卦의 「단전」에서도 분명하게 천도·지도·인도 등에 대해 언급하고 있지만,[68] 그러나 이들을 통일적으로 설명하고 있는 '삼재'에 대한 직접적인 논의는 보이지 않는다. 천도·지도·인도 등의 개별적인 개념들은 일찍 출현하여 통용되었지만, '삼재'라는 개념의 형성은 더욱 후대에 출현한 것으로 보인다. 실제로 「단전」에 비해서 '삼재'라는 개념이 출현하고 있는 「계사전」과 「설괘전」이 형성된 시기가 더 후대라는 관점은 많은 학자들의 연구에 의해서 증명되고 있다.[69]

그러면 『역전』은 왜 '천안'의 문제를 천·지·인의 삼원적 구조를 통하여 설명하려고 하는가? 『역전』이 '천안'의 문제를 천·지·인의 삼재로 나누어 설명하려는 의도는 도대체 어디에 있는 것인가? 어쩌면 이 문제를 파악하는 것이 『주역』이 가지고 있는 철학적 함의를 이해하고 파악하는 가장 중요하고도 핵심적인 관건일지도 모른다. 먼저 이에 앞서서 '천인합일'과 '삼재조화관三才調和觀'은 어떤 관계가 있는지를 살펴보도록 하자.

『역전』의 '삼재조화관'은 '천인합일'의 관점과 기본적으로 유사하지만 꼭 같은 것은 아니다. '천인합일'에 관한 가장 이른 표현에 해당하는 것은 『장자』에 보인다. 장자는 공자의 입을 빌려 "사람과 하늘은 하나이다"라는 관점에 대해 특별한 도가적 함의를 부여하고 있다.

"어떻게 사람과 하늘을 하나라고 합니까?" 중니仲尼가 말했다. "사람이 있는 것은

---

68) 謙卦 「彖傳」, "謙, 亨. 天道下濟而光明, 地道卑而上行. 天道虧盈而益謙, 地道變盈而流謙, 鬼神害盈而福謙, 人道惡盈而好謙. 謙尊而光, 卑而不可踰, 君子之終也."

69) 李鏡池의 『周易探源』이나 高亨의 『周易大傳今注』 등에서는 『역전』의 선후 순서에 있어서는 동일한 관점을 가지고 있다. 구체적으로 「단전」과 「상전」이 가장 빠르고 그 다음으로는 「문언전」과 「계사전」이고, 「설괘전」 「서괘전」과 「잡괘전」이 가장 늦게 쓰인 것으로 말하고 있다. 더욱 자세한 것은 戴璉璋의 『易傳之形成及其思想』(臺北: 文津出版社, 1989), 10~11쪽 참조 바람.

하늘 때문이고, 하늘이 있는 것 또한 하늘 때문이다."70)

『장자』에 보이는 이 구절의 말에서 '인人'은 완전히 '천天'에 의해 주도되고
묻혀 버린다. 일체의 행위(인류 자신의 행위까지 포함하여)는 모두 '천'의 행위이
다. 『장자』 저자의 이런 주장은 결코 『논어』 혹은 다른 선진유가들의 문헌
중에는 출현하지 않는다. 유가의 입장에서는 인류가 완전히 자연의 도
및 하늘의 도에 순응해야 한다는 전형적인 도가의 관점을 받아들이기는
어려웠을 것이다.

맹자는 "마음을 다하여 성을 아는 것"을 통하여 하늘을 아는 것을 말했지
만71), 그는 본격적으로 '천인합일'의 관점을 이야기하지는 않고 있다. 『역전』
의 「문언전」 역시 선천先天과 후천後天에 대해 "천에 앞서 있으면서도 천이
어기지 않으며 천의 뒤에 있으면서도 천시天時를 받드니, 천 또한 어기지
않는다"72)라고 하였다. 여기에서 말하려고 하는 핵심은 시간적인 변화
속에서의 인간 행위에 대한 것이지, 본격적으로 천인합일을 이야기하고
있는 것은 아니다. 『중용』의 경우는 천과 지는 오직 "중中과 화和의 경지에
이를" 때에만 그 정당한 위치를 얻고 유지할 수 있다고 말한다.73) 『역전』과
『중용』의 경우는 『장자』와는 달리 '인人'이 '천天'에 묻혀 버리지 않고 조화로
운 구조 중에서 인간의 주체적 작용을 충분히 발휘하고 있다.

어떤 의미에서 본격적인 '천인합일'의 관점을 말한 사람은 동중서董仲舒이
다. 그는 결코 천도와 인도의 분리를 주장하지 않았으며, 명확하게 "하늘과
사람은 하나이다"라고 말했다. 동중서의 관점은 심지어 '천'과 '인'은 직접적
인 관계를 가지고 있어서 천은 인간사에 대해 직접적으로 상응하는 반응을

---

70) 『莊子』, 「山木」, "'何謂人與天一邪?' 仲尼曰, '有人, 天也. 有天, 亦天也.'"
71) 『孟子』, 「盡心上」, "盡心知性而知天."
72) 『周易』, 乾卦 「文言傳」, "先天而天弗違, 後天而奉天時. 天且弗違."
73) 『中庸』, "致中和, 天地位焉, 萬物育焉."

한다는 것이다. 사람이 나쁜 일을 하면 하늘은 그를 징벌할 수 있고 좋은 일을 하면 상을 내릴 수 있는데, 이른바 '천인감응天人感應'이다. 동중서는 음양가陰陽家를 뼈대로 하는 체계의 틀을 통하여 음양오행(天)과 왕도정치(人)의 일치 및 상호영향을 강조하는 '천인감응'을 이론의 축으로 하여 자연과 인간사의 모든 문제를 전개해 나간다.

> 무릇 왕은 하늘을 모를 수가 없다.…… 하늘의 뜻은 알기 어렵고, 그 도는 이해하기가 매우 어렵다. 그렇기 때문에 음양이 운동하고 성쇠盛衰하는 것을 밝힘으로써 하늘의 뜻을 관찰하고, 오행의 본말本末·순역順逆·대소大小·광협廣狹을 분변하여 하늘의 도를 관찰한다.…… 임금이 된 사람은 생살여탈이 의義에 합당한 것이 마치 사시와 같아야 한다. 관직을 설치하고 관리를 임명할 때 반드시 그 능력에 따라 임명하는 것이 마치 오행과 같아야 한다. 인을 좋아하고 패악한 것을 미워하며 덕에 의지하고 형벌에 의지하지 않는 것이 마치 음양과 같아야 하다. 이것을 능히 하늘과 짝한다고 하는 것이다.[74]

동중서가 말하는 관점은 인격적 천(天志·天意)이 자연적 천(음양·사시·오행)을 통하여 자신의 뜻을 드러낸다는 것이다. 인격적 천은 종교적 성격을 가진 것인 데 비해, 자연적 천은 천문학과 같은 과학의 영역에 속하는 것이라고 할 수 있다. 그러므로 인격적 천은 신비적 주재성과 의지, 목적성을 가지고 있으며, 반면 자연적 천은 기계적이다. 전자가 후자에 의지하여 드러난다는 것은, 음양·사시·오행의 기계적 질서에 순응하는 것이 곧 '하늘의 의지'나 '하늘의 뜻'에 복종하는 것임을 의미한다. '천'의 의지나 역량, 주재적 작용은 여기에서 객관현실의 법칙(음양·사시·오행)과 서로

---

74) 『春秋繁露』, 「天地陰陽」, "夫王者不可以不知天……天意難見也, 其道難理, 是故明陽陰入出, 實虛之處, 所以觀天之志, 辨五行之本末順逆小大廣狹, 所以觀天道也.…… 爲人主者, 予奪生殺, 各當其義, 若四時. 列官置吏, 必以其能, 若五行. 好仁惡戾, 任德遠刑, 若陰陽. 此之謂能配天."

합일되고 있다. 생물적 존재로서의 인간의 형체와 사회적 존재로서의 존비尊卑의 등급이나 윤리강상 제도는 모두 '천' 즉 음양오행이 현실세계에 연역演繹된 것일 뿐이라고 동중서는 생각하는 것으로 보인다.[75]

삼재조화의 이념과 천인합일관 사이에는 유사한 점이 있다. 두 입장의 기본적 관점이, 인류는 천지 사이에 독립되어 있는 단독적 실체라고 주장하지 않고, 또 인류의 행위는 전체 세계의 운행에 영향을 줄 수 있다고 본다는 점이다. 그러나 이들 입장 사이에는 또한 중대한 차이가 있다. 우선 '천인합일'의 관점은 이원적인 세계관을 나타내고, '삼재'의 이념은 삼원적인 세계관을 말한다. '삼재조화'의 이념은 의도적으로 '지地'라는 세 번째 요소를 집어 놓고 있는데, 이것은 분명히 현실적 상황과 조건에 대한 관심이 증대된 것이라고 할 수 있다.[76]

천과 인의 이원구조에서 사람은 자칫 매우 강한 '천'에 의해 덮이고 가려지는 경우가 있다. 이것은 자연계에 대한 과분한 인간화 혹은 낭만화로, 심한 경우 동중서와 같이 실제에 맞지 않는 허구적인 자연의 모습을 빚어내기도 한다. 이와는 반대로 삼재의 삼원구조는 기본적으로 삼각형의 형태로 평형성과 안정성을 가지고 있다. '삼재조화'의 관점이 인류에게 일정한 정도의 독립성을 부여하는 것은 사실이지만, 완전하게 인간을 '천'과 '지'로부터 격리시킨 것은 아니다. 천·지·인은 강한 응집력을 가지고 있는 단체의 구성원과 같다. 그들은 각자 독립적이어서 스스로의 특수한 신분을 보유하고 있지만, 동시에 또한 상호의존적이다. 왜냐하면 그들은 공동으로 우주의 조화를 촉진하는 과정 중에서 분리될 수 없기 때문이다.[77]

---

75) 리쩌허우, 정병석 옮김, 『중국고대사상사론』, 302~303쪽 참조.
76) 李晨陽, 「從"天人合一"回到『易經』"天·地·人"三才哲學—兼論儒家環境哲學的基本構架」, 98~99쪽.
77) 李晨陽, 「從"天人合一"回到『易經』"天·地·人"三才哲學—兼論儒家環境哲學的基本構架」, 98~99쪽.

『역전』 작자의 관점에서 보면 사람이 "천지에 참여한다"는 관점에 따라 삼재가 기본적으로 구성된다. 사람이 "천지에 참여함"은 천지의 큰 임무를 이어받아 보좌하는 것을 포함한다. 삼재는 유가 전통에 있어서 매우 중요한 의미를 가지고 있다. '삼三'은 유가의 철학사유 중에서 매우 중요한 작용을 한다. 방박龐樸은 유학의 기본 방법을 '삼분법三分法'이라고 보았다. 도가는 하나를 향해 가고 법가는 둘을 지키는 데 비해 유가는 삼을 제창하는데, 이른바 "성인은 천지와 더불어 참여하고", "덕은 천지와 짝한다"[78]라는 것이 바로 그런 경우이다.[79]

유가는 참여의 존재형식을 중요하게 여기는데, 오로지 '삼三'의 전제 아래에서만 비로소 참여가 가능하다. 만약 단지 하나라면 참여할 필요가 없다. 왜냐하면 본래 함께 있기 때문이다. 만약 단지 둘이라면, 또한 당연히 참여할 필요가 없다. 오직 '대對'일 뿐이어서 대응 혹은 대립의 관계만 성립하기 때문이다. 『역전』의 '삼재'사상은 바로 유가가 창도하는 인류의 "천지의 화육에 참여하는" 철학적 기초라고 할 수 있다.[80]

'삼재지도'의 관점은 기본적으로 사람은 천지만물 속의 하나의 중요한 구성 부분일 뿐만 아니라, 천지와 정립하여 천지와 나란히 천지만물의 중심이 되는 특수한 존재라는 것을 분명하게 인정하고 있다. 사람은 만물의 영장으로서 우주 가운데에서 중심적 지위와 독립적 가치를 지닌 존재임을 삼재의 관점은 분명히 말하고 있다. 증자는 공자의 말을 인용하여 "사람 중에서 가장 정미精微로운 자를 성인이라 한다"[81]라고 하였다. 사람은 천지 사이에서 태어나서 대체 불가능한 탁월한 지위와 독특한 가치를

---

78) 『禮記‧經解』, "與天地參", "德配天地."
79) 龐樸, 『儒家辯證法研究』(北京: 中華書局, 1984), 101쪽.
80) 李晨陽, 「從"天人合一"回到『易經』"天‧地‧人"三才哲學—兼論儒家環境哲學的基本構架」, 98~99쪽.
81) 『大戴禮記』, 「曾子天圓」, "裸蟲之精者曰聖人."

지니는데, 그 중에서도 성인은 또한 모든 사람이 추구하는 이상이다. 그러므로 사람은 자신의 탁월한 천부적 바탕을 저버리지 않고, 스스로 성현이 되려고 노력한다.[82]

유가의 삼재조화의 이념은 어떤 의미에서 일종의 형이상학 혹은 우주론적 관점을 말한다. 왜냐하면 그곳에는 천·지·인 사이의 심층관계를 가진 기초적 프레임이 있기 때문이다. 삼재조화의 이념에 의거하면, 우주는 어떤 한쪽에 의해 독점되는 것이 아니다. 인류는 우주의 중심이 아니며, 천과 지가 존재하는 목적 또한 단순히 인류에게 그 필요한 요구를 만족시켜 줄 자원을 제공하기 위해서가 아니다. 천과 지와 사람 삼자는 모두 자신만의 기능과 가치를 가지고 있다. 삼재조화의 구조 속에서 적극적 참여자로서의 인류는 우주의 조화를 촉진하고 유지하는 가장 중요한 책임을 승담承擔하고 있다.

「설괘전」에는 다음과 같은 말이 있다.

옛날 성인이 역을 지은 것은 장차 성명의 이치를 따르고자 한 것이니, 이 때문에 하늘의 도를 세워서 음과 양이라 하고, 땅의 도를 세워서 유와 강이라 하고, 사람의 도를 세워서 인과 의라 하였다. 삼재를 겸하여 둘로 겹쳤기 때문에 역이 여섯 획이 되어 괘를 이루게 되었고, 음으로 나누고 양으로 나눔으로써 유와 강을 차례로 쓰기 때문에 역이 여섯 자리가 되어 무늬를 이루었다.[83]

이 문장에 대해 남북조시기의 하승천何承天(370~447)은 다음과 같이 말하고 있다.

---

82) 王國英, 『曾子論述』 第五章 第三節(湖北人民出版社, 2009年版).
83) 『周易』, 「說卦傳」, "昔者聖人之作易也, 將以順性命之理, 是以立天之道曰陰與陽, 立地之道曰柔與剛, 立人之道曰仁與義, 兼三才而兩之, 故易六位而成章."

대저 양의兩儀가 이미 자리하고 제왕帝王이 그것에 참여하니, 우주에서 더 존귀尊貴한 것이 없다. 하늘은 음양으로써 나누어지고, 땅은 강유剛柔로써 작용하며, 사람은 인의仁義로써 선다. 사람은 천지가 아니면 생生할 수 없고 천지는 사람이 아니면 영靈할 수 없으니, 그러므로 삼재는 동체同體이며 서로 기대어 이루어지는 것이다. 그러므로 맑고 조화로운 기를 품수 받고, 신명이 특출하고, 정情이 고금을 모으고, 지혜가 만물을 두루 하고, 기묘한 생각이 그윽하고 복잡함을 궁구하고, 제작한 것이 자연이 만든 것과 같으려면 인仁한 자와 능能한 자에게 의지해야 되니, 이런 자가 임금이 되어 백성을 길러 주고 하늘을 도와 덕을 베푼다. 그리하여 해와 달이 맑고, 사령이 와서 자리하고, 상서로운 바람이 율律에 맞고, 옥촉玉燭이 빛나고, 아홉 곡식과 꿀을 기르고, 육지에 있는 생물을 기르고, 물에 있는 생물을 기르고, 시고 짠 모든 품물이 그 먹을거리를 갖춘다. 집의 마룻대와 추와 배와 수레는 쇠를 녹이고 흙을 합쳐서 만들고, 실과 모시를 걸고 누렇게 염색하는 것은 그 그릇과 옷을 갖추며, 문文은 예도로써 하고 즐기기는 팔음八音으로써 하니, 만물을 감싸고 생명을 불리는 것을 갖추고 베풀지 못함이 없다. 대저 백성이 쓰는 데 검소한 것은 충족되기 쉬움이고, 충족하기 쉬움은 힘에 남음이 있으며, 힘에 남음이 있는 것은 뜻이 큰 것이니, 즐겁게 다스리는 마음이 이에 생긴다. 일이 간략하면 어지럽지 않고, 어지럽지 않으면 신명이 영靈하며, 신명이 영하면 꾀와 생각을 자세히 살피는 것이니, 가지런히 다스리는 일이 이에 이루어진다. 그러므로 천지는 검소함으로써 백성을 가르치고, 건곤乾坤은 이간易簡으로 사람에게 보여 주는 것이다. 가르치고 보여 줌과 은근함이 이와 같이 도타운 바가 있으니, 어찌 대저 새와 물고기와 날아다니고 기어 다니는 곤충과 더불어 중생衆生이라 하겠는가! 대저 중생이라는 것은, 얻음에 때가 있고 사용함에 도가 있는 것과 같다. 불을 피움에 큰 바람을 기다리고 사람이 어렵을 하는 것은 승냥이가 하는 것을 기다린 다음에 진행하니, 천시天時를 기다리는 것이다. 대부大夫는 새끼사슴과 알을 취하지 않고, 서인庶人은 촘촘한 그물을 쓰지 않는다. 위대한 행위를 노래로 만들고, 새끼 물고기를 놓아주는 선행으로 교육시키니, 백성들을 아끼는 데 사용했다. 포주庖廚를 가까이하지 않으니 다섯 마리의 암퇘지를 감싼다. 은나라 임금이 축祝을 고치고 공자께서는 고기를 낚되 그물질 하지 않으셨으니, 인도仁道를 밝힌 것이다. 생에 이르면 반드시 죽음이 있으니, 형체가 폐하고 정신이 흩어진다. 봄에 피고 가을에 떨어지는 것과 같이 사시는 변한다. 어찌 계속 이어지는 형체가 있겠는가? 『시경詩經』에 이르기를 "편안하고 화락한 군자는 복을 구하는 데 간사하지 않다" 하였으니, 도를 넓게 폄은 자기에게 있다고 말한 것이다. 삼후三后는 하늘에 있으니, 정령精靈이 멀리 올라감을 말한다. 만약 마음속으로는 자신이 즐겨 좋아하는 것을 품고 바깥으로는 다른 이들을 가르치는 권교權敎를 꺼리면서, 세상일에 대해서 많은 생각을 하고 다른 사람에게 베풀고는 바로 보답을 바라는 것과 같은 일은 옛 선사先師들이 말한 적이 없다.84)

만약 천지가 없다면 사람은 생존할 수 없고, 사람이 없다면 천지만물은 영명한 지혜의 빛을 가질 수 없으니, 이것이 바로 "사람은 천지가 아니면 생生하지 못하고, 천지는 사람이 아니면 영靈하지 못한다"라는 말이다. 이 때문에 천·지·인 '삼재는 동체同體'이고 우주 사이에서 가장 중요한 세 가지 존재로 간주된다. 이 세 가지는 또 '서로 협력하여 생기고', '서로 보충하고 서로 이루어 주는'(相補相成) 삼원조화의 관계이다.

하승천은 사람이 "깨끗하고 조화로운 기를 품수 받고, 신명이 특출하고 지혜가 만물을 두루 알고, 신묘한 생각이 그윽하고 복잡함을 궁구하고, 제작한 것이 자연이 만든 것과 같고" 라고 하여, 인간이 가진 지적 능력과 문명적 이기의 발명 등에 대해 말하고 있다. 이것은 바로 『역전』의 「계사전」

---

84) 何承天, 『達性論』, 『弘明集』 卷四, "夫兩儀旣位, 帝王參之, 宇中莫尊焉, 天以陰陽分, 地以剛柔 用, 人以仁義立. 人非天地不生, 天地非人不靈, 三才同體, 相須而成者也, 故能禀氣淸和, 神明特 達, 情綜古今, 智周萬物, 妙思窮幽賾, 制作侔造化, 歸仁與能, 是爲君長, 撫養黎元, 助天宣德, 日月淑淸, 四靈來格, 祥風協律, 玉燭揚輝, 九穀弼麥, 陸産水育, 酸醎百品備其膳羞, 棟宇舟車, 銷金合土, 絲紵玄黃, 供其器服, 文以禮度, 娛以八音, 庶物殖生, 罔不備設. 夫民用儉則易足, 易足則力有餘力, 有餘則志情泰, 樂治之心於是生焉. 事簡則不擾, 不擾則神明靈, 神明靈則謀 慮審, 濟治之務於是成焉. 故天地以儉素訓民, 乾坤以易簡示人, 所以訓示慇懃若此之篤也, 安 得與夫飛沈蝡蠕並爲衆生哉? 若夫衆生者, 取之有時, 用之有道, 行火俟風暴, 畋漁猴豺獺, 所以 順天時也. 大夫不麛卵, 庶人不數罟, 行葦作歌, 霄魚垂化, 所以愛人用夫. 庖廚不邇, 五犯是翼, 股后改祝, 孔釣不綱, 所以明仁道也. 至於生必有死, 形斃神散, 猶春榮秋落, 四時代換, 奚有於更 受形哉? 詩云'愷悌君子, 求福不回', 言弘道之在己也, 三后在天, 言精靈之升遐也. 若乃内懷嗜 欲, 外憚權敎, 慮深方生, 施而望報, 在昔先師未之或言."

이나 「설괘전」에 등장하는 성인의 지혜와 활약을 말한 것이다. 그는 "어찌 대저 새와 물고기와 날아다니고 기어 다니는 곤충과 더불어 중생衆生이 되겠는가."라고 하여 다른 존재들과 확연하게 구별되는 인간의 특수한 지위를 강조하고 있다. 그러나 여기에서 하승천이 말하는 사람은 사실상 성인만을 말하는 것이지, 보통사람까지 포함하고 있는 것으로는 보이지 않는다. 실제로 이 문제로 인하여 안연지顔延之(384~456)와의 중생衆生논쟁이 벌어지게 되기도 한다.[85]

만약 하승천의 관점을 현대의 환경철학과 비교하여 말하면, 『역전』의 '삼재'설은 '자원보호주의'도 아니며 또한 '자연보호주의'도 아니다. 환경철학의 각도로부터 보면 『역전』의 '삼재'사상은 현재 서양의 환경윤리학이 대면한 '물物'과 '아我' 양분兩分의 관점에 새로운 제3의 길을 제공한다.

서양의 '자원보호주의'(conservationism)는 오직 사람만이 내재적 가치를 보유하고, 환경보호의 최종 목적은 바로 인류의 행복을 위한 것이라고 주장한다. 유명한 자원보호주의자인 기퍼드 핀쵸(Gifford Pinchot)는 "자원보호는 가장 긴 시간동안 가장 많은 사람에게 가장 큰 복리를 만들어 주는 것을 의미한다"[86]라고 하였다. 기퍼드는 자연계를 오직 일종의 자원으로만 보며, 이 자원을 유용하게 개발하지 않는 것은 자원을 낭비하는 것과 마찬가지라고 본다. 그는 인류의 의무는 현존하는 자연자원을 사용하는 데 책임을 지는 것 이외에, 또 적극적으로 새로운 자원을 발전해 내어야 한다고 생각한다.

이와 상반되는 '자연보호주의'(preservationism)의 입장은, 자연계는 도구적 가치를 가지는 것 이외에 또한 내재적 가치를 가진다고 주장한다. 비록 환경보호가 인류에게 이익을 가져다줄 수 있지만, 그러나 이것은 결코

---

85) 이 문제에 대한 상세한 논쟁은 湯一介, 『何承天』(濟南: 齊魯書社, 1982)과 趙建功의 『中國哲學 天人觀及其與易學關係之硏究』(上海: 上海科學技術文獻出版社, 2013)를 참고 바람.

86) Pinchot, Gifford, *The Fight for Conservation*(Whitefish, MT: Kessinger Publishing, 2004), p.7.

단지 환경을 보호하는 유일한 원인은 아니다. 자연계의 존재는 본래 그 자신의 가치를 가지고 있는데, 이런 종류의 내재적 가치를 완전히 인류의 복리를 도모하는 도구적 가치로만 환원할 수는 없다는 입장이다.

'자원보호주의'와 '자연보호주의'의 철학적 관점의 중요한 차이는 환경을 보호하는 최종 목적이 어디에 있는가 하는 것이다. '자원보호주의자'는 환경보호의 주요 목적은 인류로 하여금 대자연으로부터 더욱 많은 긴 이익을 얻을 수 있도록 하는 데 있고, 자연계가 보호를 받는 이유는 단지 인류의 이익에 봉사하는 것의 부산물이다. 이런 관점은 일종의 '인류중심주의'이다. 이에 비해 '자연보호주의자'들의 관점은 다르다. 환경보호는 인류에 유익할 뿐만 아니라 동시에 그 자체의 내재적 가치를 가지고 있다는 점에서 환경보호가 자연계에 주는 이로운 점은 그 내재적인 중요한 구성 부분 때문이지, 결코 '자원보호주의'가 말하듯이 무시해도 크게 문제가 되지 않을 부산물 같은 것만은 아니다. 철학적 입장에서 말하면 후자의 관점은 '비인류중심주의'의 입장이다.[87]

위의 관점들과 비교해 보면, 『역전』의 '삼재'설은 '자원보호주의'도 아니고 '자연보호주의'도 아니다. 『역전』은 오직 인류만이 내재적 가치를 가지고 있다고는 여기지 않으며, '천'과 '지'를 결코 다만 인류의 수요를 만족시키는 존재라고 주장하지도 않는다. 『역전』은 만사와 만물은 우주 속에서 모두 나름의 정당한 지위가 있다고 여겨서, "각각 성명을 바르게 하여 큰 조화를 보전하고 모으는"(各正性命, 保合太和)[88] 관점을 주장한다.

---

87) 李晨陽, 「從"天人合一"回到『易經』"天·地·人"三才哲學—兼論儒家環境哲學的基本構架」, 『儒學: 世界和平與發展—紀念孔子誕辰2565周年國際學術硏討會論文集』(北京: 九州出版社, 2015), 96쪽 참조 바람.

88) 乾卦 「단전」에 보이는 말이다. "性命"에서 '性'은 부여받은 본성을 말하고 '命'은 壽命 등을 말한다. '성'이라는 측면에서 보면 어떤 한 종류의 사물은 동일하지만(예를 들면 사람의 본성인 人性이나 소의 본성인 牛性으로 보면 사람이나 소는 동일함), '명'이라는 측면에서 보면 수명의 길이는 각각 다르다. 이처럼 '성명'은 각각의 만물이 가지고

다른 한편으로 유가는 또한 인류가 단지 다른 비인류적 구성원과 평등한 지위에 있다고 주장하지 않는다. 『역전』의 천·지·인 삼재라는 관점은 인류에게 우주에서의 특별한 지위를 부여한다. 인류의 사명은 곧 천과 지와 더불어 공동으로 우주의 조화를 실현하는 것에 있다. 우리들은 『역전』의 삼재의 이념을 '삼재조화의 구조'라고 부를 수 있다.

이 '삼재'관 속에서 인류는 비록 세계의 중심은 아니지만, 그러나 또한 단순한 동식물계 속의 일원은 결코 아니다. 인류는 한편으로는 우주 속의 한 명의 구성원이지만, 다른 한편으로 그 지위는 우주 속의 다른 구성원들과는 결코 평등하지 않다. 그렇게 되는 근본 원인은, 사람은 자신들이 가진 지혜를 통해 세계를 바꾸어 제2의 창세創世를 가능하게 하는 창조적 능력을 가지고 있기 때문이다.

천·지·인의 '삼재구조'를 통하여 『역전』이 말하려고 하는 의도 혹은 궁극적 목적이 무엇인가 하는 문제는 여러 가지 다양한 각도에서 다룰 수 있을 것이다. 우선 『역전』에서 인용되고 있는 '삼재구조'에 대해 살펴보도록 하자.

이미 인용된 「계사전」의 "주역이라는 책은 넓고 커서 하나도 남김없이 (모든 것을) 다 갖추어 있는데, (그 중에는) 천도도 있고 인도도 있고 지도도 있으니, 삼재를 겸해서 둘로 하였다. 그러므로 여섯이니, 여섯이란 것은 다른 것이 아니라 삼재의 도이다"[89]라는 말에서, 『주역』은 세상의 모든

있는 통일성과 차별성을 말해 주는 것이라고 할 수 있다. 『주역본의』에서 주자는 "만물이 받은 바를 성이라 하고 하늘이 부여한 바를 명이라 한다"(物所受爲性, 天所賦爲命)라고 하였다. 이처럼 '성'과 '명'은 말하는 입장의 차이가 있어서 그렇지 실질적인 내용이 결코 다른 것은 아니다. 즉 '성명'은 비록 두 개의 전혀 다른 글자로 구성되어 있으나 그것은 어떤 하나의 '사물의 본성'을 구성하는 것에 대해 말한 것이다. 예를 들면 물속에서 사는 물고기나 땅에 사는 동식물, 날아다니는 새 등이 각기 다르게 구별되는 것은 각자의 성명이 모두 다르기 때문이다. "各正"의 '正'은 '정한다'(定)는 의미이다. 즉 모든 존재들이 각기 그 나름대로 정해진 존재 의미를 가지고 있다는 말이다. 정병석 역주, 『주역』 상권(서울: 을유문화사, 2010), 56~57쪽.

이치를 다 갖추고 있는데 이 중에서 가장 대표적인 것이 바로 천도·지도·인도라고 말한다. 전체 우주는 하나의 큰 연속적이고 상관적인 세계 혹은 체계를 이루고 있고 또 이 큰 체계 속에서 여러 가지 다양한 체계들이 서로 의존하면서 존재하고 있는, 그런 조화로운 하나의 삼원적인 구조와 체계가 바로 『주역』의 삼재사상이라는 것이다.

『주역』은 천도·지도·인도의 삼원 구조를 통하여 우주 내의 모든 사태를 설명하려고 한다. 만약 '천'이 없다면 세계는 정신적이거나 도덕적인 근원을 잃어버릴 것이다. 또는 세속적인 의미에서 태양계의 정상적인 운행이 중지된다고 한다면 인류가 생존 가능하겠는가? 또한 '지地' 즉 생생불식生生不息하는 지구환경이 없다면 역시 인류는 근본적으로 존재할 방법이 없을 것이다. 마지막으로 사람이 없다면 전체 세계는 아무런 의미도 없는 존재물에 불과하게 될 것이다. 우주 사이에서 천지변화의 과정에 적극적으로 참여하여 우주의 조화를 촉진하고 유지하는 중요한 책임을 가진 자각적 주체가 사라질 것이기 때문이다.

『역전』의 천·지·인의 '삼재구조'의 이념은 어떤 의미에서 일종의 형이상학 혹은 우주론적 관점을 담고 있다. 왜냐하면 그것은 천·지와 인 사이의 심층관계의 기초적 프레임을 드러내기 때문이다. 이런 관점은 비록 완전한 의미의 환경철학적 관점은 아니지만, 환경철학과 분명한 관련성을 가지고 있는 것은 분명하다. '삼재조화'의 이념에 의거하면, 우주는 어느 한쪽에 의해 농단되는 것은 아니며, 인류는 우주의 중심이 아니며, 천과 지의 존재 의미 또한 단순히 인류의 요구를 충족시킬 자원을 제공하기 위해서가 아니다. 천·지와 사람 삼자 각자는 모두 자신의 기능과 가치를 가지고 있다. '삼재조화' 구조 중의 적극적 참여자인 인류는 우주의 조화를 촉진하고

---

89) 「繫辭傳」 下, 第10章, "易之爲書也, 廣大悉備, 有天道焉, 有地道焉, 有人道焉. 兼三材而兩之, 故六, 六者, 非它也, 三才之道也."

유지하는 중요한 책임과 의무를 가지고 있다.

천·지·인을 포함한 천지만물이 하나의 상관적이고 연속적인 통일체로 구성되어 있고, 이런 세계 혹은 우주를 조화롭게 이끌어 가는 법칙이 바로 천도·지도·인도의 '삼재지도'이다. 이런 '삼재'로 구성되는 세계를 「계사전」은 여섯 개의 효를 각각 둘로 나누어 상징적으로 표현하고 있다. 이 문제를 인용문의 후반부에서는 하나의 괘는 여섯 효로 구성되어 있고, 이 여섯 효가 각각 '삼재'를 대표한다고 말한다.

'삼재지도'가 무엇인가 라는 문제에 대해서 앞에서 인용한 「설괘전」은 음양·강유剛柔·인의仁義로 말하고 있다. 이 세상의 모든 이치들 중 가장 대표적인 것이 바로 천도·지도·인도이고, 이것을 근거로 하여 『주역』을 짓고 괘를 제작했다는 것이다. 삼재 중에서 천의 도인 음양은 무형적인 것으로서 주로 기氣에 해당한다. 지의 도가 강유인 것은, 대지 위의 만물은 대부분 형태가 있는 것으로서 만질 수 있고 감각으로 느낄 수 있기 때문에 강과 유로 개괄한 것으로 보인다. 인의는 오로지 사람의 경우에 한정해서 말하는 것으로, 인의를 온전히 행하여야 성물成物할 수 있다는 의미로 보인다.

「설괘전」은 특히 괘를 제작한 하나의 원칙으로 "삼재를 겸해서 둘로 겹쳤다"(兼三材而兩之)라는 것을 말하고 있다. 삼재에 근거하여 각각 천, 지, 인에 두 효씩 배당해서 하나의 괘는 모두 여섯 개의 효로 이루어지게 했다는 것이다. 그런데 「설괘전」의 인용문이 「계사전」과 크게 다른 점은, 천·지·인의 일체 혹은 합일이라는 존재의 연속 속에서 천·지·인이 각기 고유한 기능과 역할을 가지고 있을 뿐만 아니라 그 내용이 구체적으로 무엇인가를 말하고 있다는 점이다.

비록 천·지·인은 각자 독립적인 형태로 나누어 구별할 수 있지만, 하나의 거대한 상관적 세계 혹은 조화로운 하나의 큰 구조라는 측면에서 보자면 이들은 모두 공통된 변역법칙을 따르고 있다. 이것이 바로 「계사전」의 "낳고 또 낳는 것을 생이라고 한다"(生生之謂易)에 해당한다. 천·지·인의 '삼재'가 가지고 있는 '변화' 혹은 '생성'이 말하는 것은 '천생인성天生人成'이라는 개념으로 정리할 수 있을 것으로 보인다. 여기에서 말하는 '천생'이라는 말이 "한 번 음하고 한 번 양하는" 천지의 '생생'하는 '생성철학' 혹은 '생명철학'을 의미한다면[90], '인성'은 '생생'하는 천지를 본받아 '인문화'해 가고 창조적인 인간의 주체성을 실현해 가는 과정을 말한다.

> 천지가 각각의 자리를 베풂에 성인이 능함을 갖추니, 이에 사람에게 모의하고 귀신에게 모의함으로써 백성들이 함께 능하게 되는 것이다.[91]

이것은 「계사하전」의 가장 마지막 한 장에서 『역경』의 주지主指와 그것이 가진 기능을 압축적으로 정리한 구절이라고 할 수 있다. 주자는 『주역본의』에서 "천지가 자리를 베풂에 성인이 역을 지어서 그 공을 이룬다"[92]라고 하였다. '공功'은 기능이나 작용을 말한다. '성능成能'은 '성공成功'을 말한다. 위의 「계사하전」의 말은 천지가 상하의 위치를 정하고 그들의 작용을 드러내는 것을 성인이 살펴 본받아서 괘의 여섯 자리와 여섯 효의 변화를 통해 그 작용을 발휘하게 했다는 말이다. 즉 천지가 자리하고 성인이 이에 의거하여 『주역』을 만들면, 사람들이 자기의 총명聰明과 재지才智로써 설시揲蓍하여 괘를 만들고, 이어 그 괘효사를 완미하여 길흉을 추측하고 음양불측의 신묘한 변화에 맞추어 보게 된다는 것이다. 평범한 백성들마저

---

90) 呂紹綱은 『주역』의 자연철학을 생명철학 또는 생성철학이라고 부르는데 생명철학이라는 말은 다소간 신비적인 색채를 가지는 인상이 있기 때문에 생성철학이라고 부르는 것이 더 정확하다고 말한다. 「『周易』的哲學精神」(『哲學雜誌』 1996年 第16期), 제64쪽을 참조 바람.
91) 『周易』, 「繫辭下」, "天地設位, 聖人成能, 人謀鬼謀, 百姓與能."
92) 朱熹, 『周易本義』, "天地設位, 聖人作易以成其功."

도 『주역』을 운용하여 천지만물의 운동변화에 참여하게 되는 상황을 말하고 있다.

「계사하전」의 말은 앞에서 분석한 "성인작역聖人作易"의 의미와 작용에 대해 논의하는 것으로 보인다. 천지 사이의 만물만사는 모두 자연적 진화에 의해 설정된 위치와 기능을 가지는데, 몇몇 걸출한 천재적인 인물 즉 '성인'을 포함한 사람들은 그 탁월한 능력과 주체성을 충분히 발휘하여 천지가 만물을 화육하는 작용을 보좌할 수 있다. 이를 통하여 사람 누구라도 인성人成의 직업에 참여할 수 있게 되는 것이다.

4. 인간의 주체적 활동과 성인의 인문화성

앞에서 말한 것처럼, 천·지·인의 '삼재'는 각자 독립된 형태로 구별되지만 그들은 동시에 공통의 변역법칙(陰─陽)을 함께 따르고 있다. 즉 『역전』은 천지의 생성활동을 통하여 자연사물의 발생과 활동을 서술하는 데 그치지 않고, 그것을 인간사에 연결시킨다. 천·지·인의 모든 존재양식들은 공통된 생성의 흐름 속에 놓여 있기 때문에 인간의 활동 역시 전체 우주의 생성활동의 연속적인 일부분이다. 전체 우주의 변역적變易的인 생성활동은 인간과 천지를 내적으로 회통시키고 연결시켜 주는 내재적 통일성을 제공해 준다. 이런 관점들은 우주자연과 인간사가 하나로 합한 것으로, 『역전』이 가지고 있는 중요한 특징 중의 하나이다.

『역전』은 인도와 천도 또는 자연과 인간사가 하나로 합하여 있다고 본다. 이것을 하나로 합하고 회통할 수 있는 내재적 동일성의 근거는 바로 살아서 약동하는 '생생生生'의 '역易'으로, 이른바 "날로 새로운 것을 일러 성덕盛德이라 하고, 낳고 또 낳는 것을 역이라고 한다"93)라는 말 속에 들어 있다. 그러므로 『역전』이 표현하고 있는 우주론 또는 천도에 대한 수많은 언급 속에는 이미 인도의 내용이 들어 있다고 할 수 있다. 이 때문에 『역전』이 천지의 생성변화에 대하여 말하는 것은 곧 인도를 끄집어 내어 말하기 위한 것이라고 하여도 크게 틀린 말은 아닐 것이다. 『역전』의 이런 관점은 『주역』의 경문에서도 그 근거를 찾을 수 있다. 예를 들면 대과괘大過卦(☰)의 효사에는 이런 말이 있다.

> 구이九二: 마른 버드나무가 늙은 뿌리에 새로운 싹을 돋으니 늙은 영감이 나이 어린 여자를 얻는 것이다. 이롭지 않음이 없다.94)

> 구오九五: 마른 버드나무가 꽃을 피우면 늙은 부인이 미혼의 남자를 얻은 것이니, 허물이 있는 것도 아니요 명예로운 것도 아니다.95)

위의 효사들은 자연물의 현상을 빌려 와 인간사를 말하고 있다. 즉 마른 버드나무의 늙은 뿌리에 새싹이 돋는 자연현상을 늙은 영감이 나이 어린 색시를 얻거나 늙은 부인이 나이 어린 미혼의 남자를 얻는 것으로 비유하고 있다. 이는 기본적으로 자연물에 대한 묘사를 통하여 인간사의 문제를 상징하려는 것으로 보인다. 이런 관점은 『역전』의 많은 부분에서 흔하게 발견되는데, 「상전」은 물론이고 「단전」에서도 자주 발견된다.

「단전」은 인도의 문제를 자연물의 상징을 통하여 간접적으로 드러내려고 한다. 예를 들면 곤괘坤卦 「단전」에서는 "암말은 땅과 같은 종류이다. 땅이 가지는 책임은 행하는 것이 무한하다. 아주 부드럽고 순종적이며 올바름을

---

93) 「繫辭上傳」, "日新之謂盛德, 生生之謂易."
94) "枯楊生稊, 老夫得其女妻, 无不利."
95) "枯楊生華, 老婦得其士夫, 无咎无譽."

잘 지켜 나간다. 군자가 행할 바이다"[96]라고 하여, 인간이 행해야 할 일을 자연물의 성격이나 역할을 통해 표현하고 있다. 비록 여기서는 인도의 문제가 직접적으로 부각되어 강조되는 것은 아니지만[97], "군자가 행할 바이다"라는 말은 「대상전」에서 자주 보이는 "군자가 (그것을) 본받아서"(君子以)라는 말과 마찬가지로 인간이 천이나 지의 작용과 기능을 본받아 자기화(自己化)하려고 하는 입장을 잘 보여 주고 있다. 이것이 바로 "하늘을 본받고 땅을 본받아"[98] 인간 자신의 주체적인 활동과 주관적인 능동성의 작용을 행하는 것으로, 이른바 '천생인성' 중의 '인성人成'에 해당한다고 할 수 있다. 이런 '인성'에 해당하는 활동들은 『역전』 전체에서 쉽게 발견된다.

천지가 만물을 기르며, 성인이 어진 이를 길러서 모든 사람에게 미친다.[99]

천지가 교감하여 만물이 화생하고, 성인이 인심에 교감하여 천하가 화평해진다.[100]

성인은 천지가 만물을 기르는 작용을 본받아(法天地) 모든 백성들을 양육하고, 또 천지가 교감하여 만물을 기르는 특성을 보고 배워서 인심을 감화시키고 나라를 다스려 나간다는 말을 하고 있다. 여기서 말하는 성인의 가장 큰 특성은, 천지를 이해하고(知天地) 또 이런 이해에 근거하여 백성들을 양육하고 감화시키는 능력을 지닌 통치자라는 점이다. 이런 성인의 작용이 바로 '인문화성人文化成'이다. 이 문제에 대해 항괘(恒卦) 「단전」은 다음과 같이 말하고 있다.

---

96) "牝馬地類, 行地无疆, 柔順利貞. 君子攸行."
97) 물론 謙卦 「단전」에서도 "人道惡盈而好謙"라고 하여 '인도'라는 표현을 하고 있지만, 이 구절은 결코 '인도'의 어떤 주동적인 작용이나 기능에 대해 본격적으로 말하는 것으로 보이지는 않는다.
98) 「繫辭上傳」 第5章, "崇效天, 卑法地."
99) 頤卦 「象傳」, "天地養萬物, 聖人養賢以及萬民."
100) 咸卦 「象傳」, "天地感而養萬物化生, 聖人感人心而天下和平."

일월은 하늘을 얻어 능히 오래 비출 수 있으며 사시는 변화하여 능히 오래 이룰 수 있으니, 성인이 그 도를 오래하여 천하가 화성化成한다. 그 오래됨을 보고서 천지만물의 정을 볼 수 있을 것이다.[101]

성인이 천하에 대해서 가지고 있어야 할 사명을 「단전」은 천하의 교화敎化에서 찾고 있다. 성인은 천지가 가지고 있는 부단한 생성변화를 보고 그것을 본받아서 천하를 교화해 나간다는 것이다. 여기에서 말하는 교화의 핵심은 바로 '인문人文'이다.

'인문'과 '인문화성'이란 말은 "천문을 보고서 사계절의 변화를 관찰하며, 인문을 관찰함으로써 천하를 교화해서 이룬다"[102]라는 말에서 나왔다. '인문'의 문文이라는 말은 꾸밈 또는 문식文飾의 뜻을 가지고 있는 것으로 "사람의 도리"[103]를 말한다. 바로 정이천이 말하는 "인문은 사람이 살아가는 이치의 조리와 차례를 말하는 것이다. 인문을 보고서 천하를 가르쳐 교화하고 천하가 그 예와 풍속을 이루는 것은 성인이 장식을 말하는 방법을 쓴 것이다"[104]라는 것이다. 정이천은 '인문'을 사람이 살아가는 이치의 윤서倫序로, 또는 광의적인 의미의 문화에 해당하는 것으로 보고, 이를 통하여 천하를 교화할 수 있다고 말한다. 이것이 바로 '인문화성'이다. 여기에서 성인의 출현이 요청되는 것이다.

역은 지극하도다! 역은 성인이 덕을 높이고 사업을 넓히는 것이다. 지혜(의 귀함)는 높이는 것이고 예법(의 귀함)은 낮추는 것이니, 높이는 것은 하늘을 본받고 낮추는

---

101) 恒卦 「象傳」, "日月得天而能久照, 四時變化而能久成, 聖人久於其道, 而天下化成, 觀其所恒, 而天地萬物之情, 可見矣."
102) 賁卦 「象傳」, "觀乎天文, 以察時變, 觀乎人文, 以化成天下."
103) 程頤, 『伊川易傳』, 賁卦 「象傳」, "人文, 人之道也."
104) 程頤, 『伊川易傳』, 賁卦 「象傳」, "人文, 人理之倫序也道, 觀人文以敎化天下, 天下成其禮俗, 乃聖人用賁之道也."

것은 땅을 본받는다. 하늘과 땅이 자리를 베풀어 역도가 그 가운데에서 행해지니, 본성을 이루고 보존하고 보존하는 것이 도의를 실천하는 문이다.[105]

위의 인용문은 성인의 구체적인 사업과 교화를 말하고 있는 부분이라고 할 수 있다. 성인은 줄곧 천지를 본받아 천지만물과의 연계를 단절하지 않는다. 바로 "높이는 것은 하늘을 본받고 낮추는 것은 땅을 본받는다"는 것이다. 여기에서 바로 '천생인성'의 활동이 행해지는 것이다.

「대상전」 전체는 '천생인성'이라는 문제를 설명하는 데 치중하고 있다고 해도 과언이 아닐 것이다.[106] 앞에서 말했듯이, 천지가 만물을 생성하는(天生) 역할을 한다면 성인은 그들을 보존하여 본성에 따라 스스로를 완성하도록 도와주어야 할 '성물成物'의 책임을 가지고 있다. 그러므로 "본성을 이루고 보존하고 보존하는 것이 도의를 실천하는 문이다"라고 말한다.

『주역』이 말하는 역사는 변역적이고 그 미래는 늘 낙관적이다. 왜냐하면 『역전』은 인도와 천도, 인생과 세계, 역사와 자연을 하나의 체계 속에 집어넣어 천도의 세계와 자연에 살아서 약동하는 생명의 성질을 부여하였기 때문이다. 여기에서 자연적인 '천'은 끝없이 생장하고 계속 발전하는 적극적이고 낙관적인 주조主調를 띄게 된다. 이것이 바로 "날로 새로운 것을 일러 성덕盛德이라 하고, 낳고 또 낳는 것을 역易이라고 말한다"[107]라는 것이다. 이처럼 낙관적인 인생의 의미를 자연관에 투입시킴으로써 마침내 세계관과 인생관이 서로 통일되는 자연-역사철학이 성립된다.[108] '변역'

---

105) 「繫辭上傳」, "易, 其至矣乎! 夫易, 聖人所以崇德而廣業也. 知崇禮卑, 崇效天, 卑法地. 天地設位, 而易行乎其中矣. 成性存存, 道義之門."

106) 64괘의 「대상전」은 모두 두 부분으로 구성되어 있는데, 앞부분은 모두 우주 자연의 생성 변화의 상태를 말하는 '天生'에 해당하는 부분이라고 할 수 있다. 예를 들면 "天行健", "山下有澤損", "洊雷震" 등을 말하고, 뒷부분은 "君子以……", "聖人以……" 혹은 "先王以……", "后以……" 등으로 대부분 인간이 '천생'의 변화를 본받아서 어떻게 실천해야 하는가를 말하는 '人成' 부분으로 구성되어 있다.

107) 「繫辭上傳」, "日新之謂盛德, 生生之謂易."

개념이 『주역』의 자연-역사철학에 적용되어 인류 역사과정의 점진적인 발전적 성격이 부각되면서 초보적 형태의 소박한 진화사관의 출현이 가능하게 된다.

『역전』의 '변역' 개념은 삼재가 보편적으로 가지고 있는 특성이라고 할 수 있다. 풍괘豐卦(☳☲) 「단전」은 다음과 같이 말한다.

> 해가 가운데 있으면 기울어지며 달이 차면 개먹나니, 천지가 차고 비는 것도 시간과 더불어 줄고 불어나는데 하물며 사람이랴! 109)

천지자연이 시간의 추이에 따라서 끊임없이 영허소식盈虛消息하는 것처럼 인간사 역시 마찬가지로 부단히 변화한다. 여기에서 『역전』은 "생생지위역生生之謂易"과 "일신지위성덕日新之謂盛德"의 변화와 발전의 법칙을 말한다. 끊임없이 생성하여 변화하고 발전해 가는 관점을 통하여 『역전』은 자연세계뿐만 아니라 인간사회와 역사 역시 변화하고 발전해 감을 말한다. 앞에서 말한 것처럼, 천·지·인의 '삼재'는 각자 독립된 형태로 구별되지만 그들은 동시에 공통의 변역법칙(─陰─陽)과 변화발전의 법칙(生生之謂易·日新之謂盛德)을 함께 공유하고 있다.

『역전』은 천지의 생성활동을 통하여 자연사물의 발생과 활동을 서술하는 데 그치지 않고, 그것을 인간사의 생성활동이라는 지평으로 연결시켜 확장시킨다. 천·지·인의 모든 존재양식들은 공통된 생성의 흐름 속에 놓여 있기 때문에 인간의 활동 역시 전체 우주의 생성활동의 연속적인 일부분이라는 것이다. 전체 우주의 변역적인 생성활동이 바로 인간과 천지를 내적으로 회통시키고 연결시켜 주는 내재적 동일성을 제공하는

---

108) 리쩌허우 저, 정병석 옮김, 『중국고대사상사론』, 264~265쪽 참조.
109) 豐卦 「象傳」, "日中則昃, 月盈則食, 天地盈虛, 與時消息, 而況於人乎?"

것이라고 할 수 있다. 이런 관점들은 우주자연과 인간사가 하나로 합한 것으로, 『역전』이 가지고 있는 중요한 특징 중의 하나이다.

『역전』은 인도와 천도 또는 자연과 인간사가 하나로 합하여 있는데, 이것을 하나로 합하고 회통할 수 있는 내재적 동일성의 근거는 바로 살아서 약동하는 '생생生生'의 '역易'으로 이른바 "날로 새로운 것을 일러 성덕盛德이라 하고, 낳고 또 낳는 것을 역이라고 한다"라는 말 속에 들어 있다. 그러므로 『역전』이 표현하고 있는 우주론 또는 천도에 대한 수많은 언급 속에는 이미 인도의 의미와 내용이 들어 있다고 할 수 있다.[110] 이런 관점에서 변혁 혹은 변화의 흐름을 파악하여 모든 살아 있는 존재들 즉 만유군생萬有群生들을 보육保育할 줄 아는 존재가 바로 성인이다. 여기에서 성인이 가지고 있는 존재 의미가 분명하게 드러난다.

『주역』이 가장 중요하게 생각하는 기본적 관점은 동태적動態的 변화와 발전이라는 변역變易의 관점이라고 할 수 있다. 이런 점에서 변혁이나 변화라는 관점에 대한 『역전』의 옹호나 논증은 적극적일 수밖에 없고, 또 이런 변혁과 변화를 어떻게 인식하고 대처하느냐 하는 것은 참으로 중요한 문제일 수밖에 없다. 『역전』은 이 문제에 대해 다음과 같이 말한다.

천지가 변혁하여 사계절이 이루어지고 탕과 무임금이 혁명을 일으켜 하늘의 뜻에 따르고 백성에 응하니, 변혁(革)의 때가 가지고 있는 의미는 참으로 크도다.[111]

신농씨가 몰沒하자 황제·요·순이 일어나서 그 변화를 통달하여, 백성들로 하여금 게으름 피우지 않게 하여 그들을 변화시키고 마땅함을 얻게 하였다. 역은 궁하면 변화하고, 변하면 통하고, 통하면 오래간다. 이 때문에 하늘로부터 도움이 있으니, 길하여 어떠한 불리함도 없다.[112]

---

110) 정병석, 「周易의 三才之道와 天生人成」, 225~226쪽 참조.
111) 革卦 「象傳」, "天地革而四時成, 湯武革命, 順乎天而應乎人, 革之時大矣哉!"

이러한 변혁과 변화에 대한 관점을 통해서 보면 『역전』은 미래에 대해 대단히 낙관적인 역사적 조망을 하고 있다. 역사는 결코 정체되지 않고 다시 변하며 결국에는 통通한다는 '변통무궁變通無窮'함을 강조하고 있다. 이런 '변통무궁'함을 통하여 오랜 시간 누적된(久) 것이 바로 역사이다. 여기에서 『역전』은 궁窮 → 변變 → 통通 → 구久의 순환을, 창조적 변화(創化)의 시간적 순서를 말하는 것으로 보고 있다.113)

이 "궁하면 변화하고, 변하면 통하고, 통하면 오래간다"(窮則變, 變則通, 通則久)라는 말은 『주역』의 역사관을 가장 적절하게 잘 표현하고 있는 말이라고 할 수 있다. 이 말은 현상세계의 시간적 변화의 법칙을 말하고 있을 뿐만 아니라 동시에 인류의 역사 발전의 역정과 의미를 함축하고 있다. 즉 궁−변−통의 변화 법칙은 자연세계나 인간세계가 모두 보편적으로 공유하는 것으로, 여기에는 인간의 창조적인 인문화성의 활동을 가능하게 하는 변역적變易的이고 낙관적인 역사관이 담겨 있다. 이런 인간의 '변통무궁'한 인문화성이라는 활동은 성인에 의해서 구체화된다.

위의 『역전』의 관점들은 순자가 말하는 '성인'의 역할, 즉 '천인지분天人之分', '천생인성天生人成' '제천명이용지制天命而用之'의 관점을 연상하게 만든다. 실제로 순자와 『역전』이 가지고 있는 밀접한 관련성에 대해서는 많은 연구가 있다.114) 순자철학과 『역전』의 가장 밀접한 관련성은 역시 순자가

---

112) 「繫辭傳」, "神農氏沒, 黃帝堯舜氏作, 通其變, 使民不倦, 神而化之, 使民宜之. 易窮則變, 變則通, 通則久, 是以自天祐之, 吉无不利."

113) 方東美, 『生生之德』(臺北: 黎明出版社, 1979), 133쪽 참조.

114) 순자와 『역전』의 관련성에 대해서는 李鏡池의 『周易探源』이나 高亨의 『周易大傳今注』에서도 언급이 되고 있다. 郭沫若은 『靑銅時代』의 「周易之制作時代」(群益出版社, 1946, 第78頁)라는 문장에서 "『순자』의 「大略」과 『주역』의 「象下傳」이 서로 비슷하다는 것은 매우 분명하다. 『역전』은 분명하게 순자의 말을 더욱더 발전시키고 있다. 『역전』은 순자의 견해를 君臣父子의 인륜 문제로부터 천지만물의 우주관으로 확대시켰다", "「계사전」에서 적어도 일부분은 매우 분명하게 순자의 영향을 받고 있는데, 사상 체계에서 그들의 관계를 볼 수 있다"라고 하였다. 또한 현대의 학자들 중에 李澤厚는 『中國古代思想

주장하는 강건분투剛健奮鬪의 기본정신과 일치하고 있다는 점일 것이다. 『역전』은 순자가 주장하는 '천인지분'과 '제천명이용지' 등의 관점을 "천도의 운행은 건전하고 군자는 그것을 본받아 스스로 끊임없이 노력한다"115)라는 것으로 바꾸어 자연에서 인간의 가치적인 의미들을 끌어내고116), 여기에서 한 걸음 더 나아가 "한 번 음하고 한 번 양하는 것을 도라고 한다"라는 형이상학적 세계관을 세우고 있다.

　『역전』은 '천도'로부터 '인도'를 연역해 내지만, '인도'는 주동적으로 '천도'에 참여한다. 이런 관점을 『역전』은 철학적인 차원으로 전환시켜 "한 번 음하고 한 번 양하는 것을 도라고 하고, 그것을 이어받은 것이 선이고, 그것을 이룬 것이 성이다"117)라고 하여, 변역하는 '천도'를 파악해서 그것을 통해 '인도'를 말하고, 또한 '천도'에 근거해서 인간 자신의 주동적인 작용을 발휘하는 '인성人成'을 실현해야 할 것을 주장하고 있다. 만약 인간 자신의 주동적인 작용이라는 문제를 천 · 지 · 인과 관련하여 단계적으로 분석한다면 지천지知天地 → 법천지法天地 → 용천지用天地의 세 단계로 나누어 볼 수 있을 것이다. 즉 천지의 부단한 생성변화의 도를 이해하고, 그런 천지의 부단한 변화를 본받고, 그것을 우리의 생활 속에서 적용하고 응용하여 구현해 내는 것이라고 할 수 있다.118)

史論』(정병석 역, 서울: 한길사, 2005)에서 『역전』과 순자사상의 관계에 대해서 많은 부분을 할애하고 있다.

115) 『周易』, 乾卦 「象傳」, "天行健, 君子以自强不息."

116) 특히 이런 관점을 이택후는 『中國古代思想史論』에서 아주 잘 분석하고 있다. 즉 그는 "『역전』이 말하는 '天'은 대부분 외재적 자연을 말하고 있는데 이것은 순자의 관점과 거의 비슷하다. 그러나 순자가 말하는 외재적 자연으로서의 '천'은 인간과 무관하며, 그 자체로서 어떠한 가치나 의의를 가지고 있지 않는 인간과 서로 분리되어 있는 '천'이었다. 그러나 『역전』은 외재적 · 자연적인 '천'에 긍정적인 가치와 의의를 부여하고 아울러 그것을 인간사에 類比的으로 적용하고 있다. 말하자면 『역전』은 '천'을 도덕 심지어 감정적 내용을 가지고 있는 것으로 해석하고 있다"라고 말한다. 『중국고대사상사론』, 262쪽.

117) 『周易』, 「繫辭傳」, "一陰一陽之謂道, 繼之者善也, 成之者性也."

이처럼 『역전』을 통해 우리는 '천도' 또는 '천지'가 '인도' 또는 '인간'에 작용과 영향을 준다는 문제에 대해서 어느 정도 이해할 수 있었다. 그런데 『역전』 속에는 역으로 '인도' 또는 '사람'이 '천도' 또는 '천지'에 작용과 영향을 주는 것 역시 가능하다는 생각도 들어 있는 것 같다.[119] 다만, 인간이 천지 혹은 자연세계에 작용을 하거나 영향을 준다는 의미는 자연이나 천도의 법칙을 위반하고 마음대로 조작한다는 의미가 결코 아니다. 그것은 바로 천도에 순응하고 음양의 이치에 따르면서 주체적·능동적으로 참여(參)하여 활동하는 것을 말한다. "대저 대인이라는 것은 천지와 그 덕을 함께하고, 일월과 밝음을 함께하고, 사시와 더불어 그 순서를 함께하고, 귀신과 더불어 그 길흉을 함께한다"[120]라고 말하듯, 인간은 천지의 변화에 참여할 수 있으며 바로 여기에서 '천'과 '인'이 하나로 회통된다는 것이다.

---

118) 牟宗三은 "一陰一陽之謂道. 繼之者善也, 成之者性也" 중 "繼之者善也"의 '善'을 도덕적인 의미가 아닌 우주본체론적인 선으로 보고 '繼'의 의미를 계속적으로 활동을 해 나간다는 의미로 보고 있다. "成之者性也"의 '成'의 의미는 건괘 「단전」의 "各正性命"의 관점에서도 이해할 수 있고, 또는 우리의 생활 속에서 이런 도를 구현해 내는 의미로 말하기도 한다. 『周易哲學演講錄』(臺北: 聯經出版社, 2003), 제104~105쪽 참조 바람.
119) 『周易』, 「繫辭傳」, "言行, 君子之所以動天地也, 可不愼乎?"(언행은 군자가 천지를 움직일 수 있게 하는 것이니, 어찌 신중하지 않으리오?)라고 말하는 것을 예로 들 수 있다.
120) 『周易』, 乾卦 「文言傳」, "夫大人者, 與天地合其德, 與日月合其明, 與四時合其序, 與鬼神合其吉凶."

제7장 『역전』의 도기합일적 성인관

앞에서 이미 살펴본 것처럼, 선진유학에서 출발하여 한대와 송대를 거치면서 성인의 성격이나 형상은 지나치게 도덕적이거나 신비적인 것과 결합함으로써 본래 성인이 가지고 있어야 할 중요한 표준 중의 하나인 현실과 실용의 문제는 도외시되어 버린다. 여기에서 도道와 기器가 분리되고, 점차 형이상적인 도만 중시하고 형이하적인 기를 경시하는 입장이 출현하게 되면서 유학은 현실에 적절하게 대응하지 못하는 무능한 철학적 체계와 문화구조를 만들어 내게 된다.

이에 비해 『역전』의 성인관은 형이상적인 도와 도덕을 중시하는 '도덕적 성인'과 현실과 실용의 문제에 적극적으로 참여하여 문명을 발전시켜 나가는 문화적 영웅인 '작자作者로서의 성인' 두 측면을 매우 균형 있게 강조하는 '도기합일적道器合一的 성인관' 혹은 '도기결합적道器結合的 성인관'을 주장하고 있다. 이것은 바로 공자가 언급하였던 성인의 표준과 기능에 잘 부합한다.

성인의 기능은 바로 공자가 『논어』에서 말한 "백성들에게 은혜를 베풀어 많은 사람을 구제하는" 것에 있다. 이것은 단순한 형이상적인 도의 추구만을 통해서는 불가능하다. 형이상적인 도에 대한 연구도 있어야 하지만, 아울러 형이하적인 기에 대한 탐색도 함께 필요하다. 그러므로『역전』에서 나타나는 이성적·현실적이고 실용적이면서도 도덕을 숭상하는 숭덕광업崇德廣業하는 성인의 형상은, 도덕적 성인의 이상에만 치우쳐 있는 유가적 성인의 관점을 재조정하여 근본유학 본래의 '도덕과 현실의 균형'이라는 이념을 새롭게 중건重建할 수 있는 근거를 분명하게 보여 주고 있다. 이런『역전』의 성인관이야말로 유가가 본래 가지고 있는 성인관의 전형이라고 할 수 있을 것이다.

이런 점에서 이 부분에서 말하려는 '도기합일적 성인관'이야말로 이 책의 결론에 해당하는 부분이라고 하여도 지나친 말은 아닐 것이다. 아래에서는『역전』에서 말하는 도기道器의 개념을 분석하고,「계사전」에서 말하는 성인의 '관상제기觀象制器'에 대해 살펴보며, 마지막으로 유가가 강조하는 내성외왕의 문제와 관련하여 논의를 진행하려고 한다.

1.『역전』의 도기관이 가지는 의미

중국철학사에서 가장 큰 영향력을 가지는 발언이라면 바로『역전』에서 '도道'와 '기器'를 처음으로 한 짝의 범주로 제기한 것이라고 할 수 있을 것이다. 도기라는 이 범주를 통하여 우리는 인간과 세계를 '형이상形而上'과 '형이하形而下' 두 측면으로 나누어 볼 수 있다.

이런 까닭에 형체로 나타나는 그 이전의 상태를 도道라 하고, 형체로 나타나는 그 이후의 상태를 기器라 한다.[1]

---

1)『周易』,「繫辭上」, "形而上者謂之道, 形而下者謂之器."

'형形'이라는 말은 이미 형질形質을 이루어 형태로 드러나는 것 즉 사물의 형체를 말한다. '형'은 우리말의 '꼴'이나 '모양'에 해당하는 것으로, 영어로는 'form'의 의미에 해당한다.[2] 『주역』의 가장 빼어난 번역자인 독일의 리하르트 빌헬름(Richard Wilhelm, 1873~1930)의 *I Ging: Das Buch der Wandlungen*를 베인즈(F. Baynes)가 다시 영어로 번역한 책에서는 위의 구절을 아래와 같이 번역하고 있다.

Therefore: What is above form is called tao; what is within form is called tool.[3]

일반적으로 "형이상形而上"은 '형'의 이전을 말하는 것이고 "형이하"는 '형' 즉 형태가 생겨난 이후를 일컫는 것으로, 대부분 형태가 생기기 이전과 이후라는 '시간적 전후'라는 관점으로 해석한다. 그러나 위의 영어 번역에서는 상하上下를 공간적인 측면에서 해석하고 있다. 즉 빌헬름은 '상上'을 '위에'(oberhalb, above)로, '하下'를 '안에'(innerhalb, within)로 번역하고 있다.[4] '하下'를 '아래'가 아닌 '안에'로 번역한 이유는 무엇인가?

여기에서 빌헬름은 '형形'을 공간적 세계(the spatial world)를 점유하고 있는 가시적인 어떤 것(물체나 물건들을 의미하는 objects)이라 하여, '형이하'를 눈으로 볼 수 있는 가시적 세계(the visible world)로 번역하고, '형이상'은 가시적인 공간적 세계를 초월하는(transcend) 무형적인 것으로 보고 있다. 빌헬름은 여기에서 형이하자의 기器를 가시적 세계의 '아래'가 아닌 '안에' 있는 것으로 번역하는 것이 당연하다고 여겼던 것 같다. 이는 매우 고심어린 번역으로, '형이하'의 의미를 분명하게 잘 전달하고 있는 것으로 볼 수 있다.

---

2) Richard Wilhelm·F. Baynes, *The I Ching or Book of Changes*(Princeton University Press, 1997), p.323 참조 바람.
3) Richard Wilhelm·F. Baynes, *The I Ching or Book of Changes*, p.323.
4) Richard Wilhelm, *I Ging: Das Buch der Wandlungen*(Anaconda, 2011), p.322.

빌헬름은 '형이상'인 도道는 상象의 형식을 통해 가시적인 세계에서 작동하고 영향력을 발휘하는 것으로 말하고 있다.[5] 즉 "형이상이라고 말하는 것은 무형無形으로서 유형을 부리고, 형이하라고 말하는 것은 유형有形으로서 무형한 깃에 부림을 당한다"[6]라는 말에 해당한다. 한편, 형形을 사물의 형체로, 도道를 형체의 운동을 주도하는 정신적 요소로 보는 견해도 있다. 예를 들면『주역』에서는 음양 변화의 이치를 도로, 사물의 형체를 표현하고 있는 64괘와 384효의 구성형식을 기器로 보고 있다. 이상과 같은 관점에서 볼 때, 형태를 넘어서는 것은 추상적 도이고, 형태 이하나 형태 안內의 것을 구체적 기라고 할 수 있다.[7]

위의 빌헬름의 해석은 후대의 신유학의 해석과도 크게 마찰되지 않을 것으로 보인다. 음양 변화를 통하여 아직 형상을 이루지 않은 것이 바로 "형이상자"이다. 그러므로 '도道'는 추상적이고 무형적인 것으로서 감각으로 인식할 수 없는 것을 지칭하고, 반면 '기器'는 구체적이고 유형적인 것으로서 인간의 감각으로 알 수 있는 것을 말한다. 위의 「계사전」의 말은 도와 기의 범주를 형태를 초월하여 있는(형태가 생기기 이전의) 추상적 도와, 형태를 가지고 있는(형태가 생긴 이후의 것을 포함하여) 구체적인 기器를 나누어 설명하고 있다.

『역전』은 도기를 한 쌍의 기본개념으로 간주하면서 그것을 형이상과 형이하로 나누어 규정하고 있는데, 「계사전」의 형이상과 형이하의 뜻에 대한 역대 역학자들의 해석은 매우 다양하다. 이 중에서 공영달孔穎達의 견해가 비교적 원의에 가깝다고 생각한다. 『주역정의』에서는 다음과 같이 말한다.

---

5) Richard Wilhelm · F. Baynes, *The I Ching or Book of Changes*, p.323.
6) 楊萬里, 『誠齋易傳』, "形而上云者, 以無形而使有形也, 形而下云者, 以有形而使於無形也."
7) 黃壽祺 · 張善文 撰, 『周易譯註』(上海: 上海古籍出版社, 1996), 566쪽.

도道는 체體가 없는 이름이며 형形은 형질이 있는 호칭이다. 모든 유有는 무無로부터 생기고, 형은 도로부터 이루어진다. 도가 먼저이고 형은 뒤에 나오며, 도는 형을 초월하여 위에 있는 것이고 형은 도의 아래에 있는 것이다. 그러므로 형체를 가진 것의 범위를 벗어나서 위에 있는 것을 도라고 말하고, 형체를 가진 것 안의 범위 아래에 속하는 것을 기라고 부른다.[8]

공영달은 도는 형질의 체體를 가지지 않기 때문에 '형이상'에, 즉 형질을 초월하여 존재하며, 기는 형질의 체를 가지고 존재한다고 하였다. 형과 기는 동일한 개념으로 보이기 때문에 "형을 기라고 한다." 그런데도 그것을 '형이하'라고 말한 까닭은, '형이 도 아래에 있음'을 말하는 것이기 때문에 '형이상'과 대비해서 그렇게 부른 것이다. '형'을 경계로 삼아서 상하의 구별이 있다고 말한 것이 아니라, 도와 형 혹은 도와 기 가운데 하나는 위에 있고 하나는 아래에 있음을 말한 것이다.[9]

위의 인용문에서 공영달은 "모든 유는 무로부터 생기고, 형은 도로부터 이루어진다"(凡有從無而生, 形由道而立)라고 하였는데, 이런 관점은 위진현학魏晉玄學의 '귀무론貴無論'의 주장을 이어받은 것으로 보인다. 이런 맥락에서 도기를 해석하여 '도'는 바로 '무無'이고 '기器'는 '유有'라고 이야기하고 있는 것이다. 즉 "모든 유는 무로부터 생긴다"는 말은 바로 "모든 기는 도로부터 생긴다"는 말의 다른 표현이라고 할 수 있다.

『역전』은 '형이상'과 '형이하'로 도와 기를 구분하고 정의한다. 이것은 『역전』이 '형'을 매우 중시하고 있음을 말한다. 『역전』이 '형'을 중요하게 여기는 이유는 8괘가 원래 형체를 지닌 여덟 종의, 눈으로 볼 수 있는 사물이기 때문이다. 만약 8괘를 만든 복희씨도 현상세계의 천지나 조수의

---

8) 孔穎達, 『周易正義』, "道是無體之名, 形是有質之稱, 凡有從無而生, 形由道而立. 先道而后形, 道在形之上, 形在道之下. 故自形外已上者謂之道也, 自形內而下者謂之器也."
9) 劉文英 主編, 『中國哲學史』 上卷, 180쪽 참조 바람.

문채(鳥獸之文) 등의 '형'에 대한 관찰이 없었다면 8괘를 만들 방법이 없었을 것이다. 그러므로 "옛날에 포희씨가 천하에 왕 노릇 할 때, 우러러 하늘의 상을 관찰하고 굽어 땅의 형태들을 관찰하며 새와 짐승의 무늬와 땅의 형세에 대해 관찰하였다. 가깝게는 자기에서 취하였고, 멀리는 다른 사물에서 취하였다. 여기에서 비로소 팔괘를 만들어 신명의 덕에 통하게 하고, 만물의 실상을 분류하고 정돈하였다"[10]라고 하였던 것이다.

형이상과 형이하가 규정하는 기본적 생각은 우선 세계를 두 가지 큰 측면으로 구분하는 것에 있다. 원래 선진유가는 이러한 구분을 한 적이 없었다. 기껏해야 단지 도덕적 영역에서 모호하게 구분하였을 따름이다. 그러나 도가의 경우는 노자와 장자가 이미 모두 이런 구별을 시도하고 있었다. 이런 점에서 보자면 『역전』「계사전」의 형이상과 형이하의 구분은 분명히 도가 특히 노자의 영향을 받은 측면이 있는 것으로 보인다. 「계사전」은 노자의 이론적 성과를 비판적으로 수용하고, 그것을 다시 새롭게 해석하여 하나의 분명한 이론체계로 구성해 내었다.

『역전』은 도가의 이론적 성과를 흡수하고 재해석하여 그것으로써 유가의 도덕윤리학설에 형이상학적 근거를 제공하는 쾌거를 이룬다. 대표적인 것이 바로 「계사전」이 말하는 "계선성성繼善成性"이다.

한 번 음하고 한 번 양하는 것을 일러 도라고 하니, 이것을(도를) 이어받는 것이 선善이고, 이를 이룬 것이 성이다.[11]

'이어받는다'(繼)는 것은 전傳하여 이어받는 것을 말하는데 건乾이 '일음일양'하는 도를 발현發顯하여 만물을 시작하게 한다. '성成'은 이루는 것을

---

10) 『周易』, 「繫辭傳」, "古者包犧氏之王天下也, 仰則觀象於天, 俯則觀法於地, 觀鳥獸之文與地之宜, 近取諸身, 遠取諸物, 於是始作八卦, 以通神明之德, 以類萬物之情."
11) 「繫辭上傳」, "一陰一陽之謂道, 繼之者善也, 成之者性也."

말하는데, 곤坤이 '일음일양'하는 도를 이어받아 만물을 낳고 기르게 된다. '계'는 계승한다는 의미이고 '성成'은 주조鑄造하여 이루는 것을 말한다. 사람으로 말하면 이런 음양운행의 변화의 도를 자기 몸에 계승하는 것이 바로 선善이다. 왜냐하면 음양운행의 변화가 만물을 낳고 모든 존재에 이익을 주기 때문에 그 자체가 바로 선한 것이다.

음양의 운행변화를 통하여 각기 다른 개체를 만드는 것은 모든 개체의 본성이다. 이에 대해 양시楊時는 "'이(도)를 이어받은 것이 선善'이라는 말은 틈이 없다는 것을 말하고, '이를 이룬 것이 성成'이라는 것은 이지러짐이 없다는 것을 말한다"[12]라고 하였다. 말하자면 음양의 운행변화의 법칙을 조금의 틈도 없이 이어받은 것이 선이고, 그것을 조금의 이지러짐이 없이 이룬 것이 성이라는 말이다. 주자는 「계사전」의 이 구절을 다음과 같이 풀이하였다.

> 도는 음에서 갖추어지고 양에서 실행된다. '계繼'는 펴는 것을 말하고 '선善'은 변화시켜 기르는 공을 말하니, 양의 일이다. '성成'은 갖추어짐을 말하고 '성性'은 사물이 받은 것을 말하니, 사물이 생기면 곧 그 성性이 있어서 각각 이 도를 갖추었다는 말로서 음의 일이다.[13]

64괘의 「대상전」은 먼저 어떤 괘의 특징을 말한 다음에 "군자이君子以……" 혹은 "선왕이先王以……"를 말하는데, 유명한 구절로는 "천도의 움직임은 굳건하니, 군자가 그것을 본받아서 자강불식한다", "땅의 기세는 부드러우니, 군자가 그것을 본받아서 덕을 두텁게 하고 만물을 싣는다" 등을 들 수 있다. 역괘易卦와 괘상卦象의 의미는 형이상적 도의 측면에 속하고 사람들의 생활과

---

12) 『周易折中』, "繼之者善, 無間也. 成之者性, 無虧也."
13) 朱子, 『周易本義』, "道具於陰而行乎陽, 繼言其發也, 善謂化育之功, 陽之事也. 成言其具也, 性謂物之所受, 言物生則有性而各具是道也, 陰之事也."

행위는 형이하적 기의 측면에 속하는데, 후자는 전자를 본받거나 또는 근거로 삼아야 한다. 「대상전」의 작자는 군자의 사상 인식은 절대로 형이하의 기의 측면에 국한되거나 머물러서는 안 되며, 반드시 진일보하여 형이상의 도의 측면으로 도달하고 진입해야 하는 것으로 보고 있는 것 같다.[14]

도와 기라는 두 개념은 본래 도가에서 나왔지만, 「계사전」의 작자는 이것을 '형이상'과 '형이하'라는 새로운 개념으로 해석해 내었다. 이런 해석과 정리는 매우 중요하다. 유가 또한 본래 자신들의 도 개념을 가지고 있었지만, 그러나 주로 인도人道에 한정된 상태였다. 그러던 중 『역전』에 의해 도가 모든 영역으로 확대됨으로써 도가의 '도'와 마찬가지로 보편성을 획득하게 된 것이다. 예를 들면, 「설괘전」의 "하늘의 도를 세워서 음과 양이라 말하고, 땅의 도를 세워서 강과 유라 말하고, 사람의 도를 세워서 인과 의라 하니, 삼재를 겸하여 둘로 합쳤다"[15]라는 말에서 도는 더 이상 인도에만 국한되는 것이 아니라 천도天道와 지도地道로까지 확대된다. 여기에서 도는 보편적 함의를 가진 개념으로 규정된다.

> 주역을 지은 것은 천지의 도리를 준칙으로 삼았는데, 이 때문에 천지지간의 모든 '도'를 포함하여 그것을 조리 있게 짜고 있다.[16]

> 대저 역은 만물을 열고 일을 이루어서 천하의 모든 '도'를 망라하고 있으니, 이와 같을 뿐이다.[17]

> 주역이라는 책은 넓고 크게 다 갖추어져 있다.…… 그 '도'가 아주 커서 온갖 만물의 일을 버리지 않는다.[18]

---

14) 劉文英 主編, 『中國哲學史』 上卷, 180쪽 참조 바람.
15) 「說卦傳」, "立天之道, 曰陰曰陽, 立地之道, 曰剛曰柔, 立人之道, 曰仁曰義, 兼三才而兩之."
16) 「繫辭上」, "易與天地准, 故能彌綸天地之道."
17) 「繫辭上」, "夫易, 開物成務, 冒天下之道, 如斯而已者矣."

『역전』의 해석에 의하면, 『역경』의 64괘 384효는 천지만물의 변화를 일일이 묘사하거나 기록한 것이 아니라, 천지天地의 도에 준準하는 만물 변화의 도를 상징적으로 표현하고 있음을 말하고 있다. 이 때문에 『주역』에는 '천지지도天地之道' 혹은 '천하지도天下之道' 등이 포함되어 있다. 이것은 『주역』의 이치 자체가 천지를 본 딴 것이기 때문에 천지변화의 규칙과 서로 비슷하다는 것을 말한다. 여기에서 말하는 '준準'은 '같다'(等, 同)는 의미로, 평평하고 기준이나 표준이 된다는 뜻이다. 말하자면 『주역』은 천지를 표준으로 삼아 만들어졌기 때문에 천지의 도 모두를 담을 수 있다는 것이다. 그러므로 "천지의 변화를 모두 포괄하여 그 범위를 벗어나지 아니하며, 사물을 곡진히 이루어서 하나도 빠뜨리지 않는다"[19]라고 말한다.

그렇다면 『주역』에서 말하는 도는 구체적으로 무엇을 가지고 말하는가? 아마도 이 물음에 가장 적합한 답변으로는 다음의 말을 들 수 있을 것이다.

한 번 음하고 한 번 양하는 것을 도라고 한다.[20]

이것은 음양의 변화를 통하여 도의 개념을 해석하고 있다. 사물의 대립과 상호전환의 자연법칙을 이야기하고 있는 것으로 볼 수 있다. 이에 대해 주자는 "음과 양이 번갈아 바뀌어 가면서 운행하는 것은 기氣이고, 그 이치는 이른바 도이다"[21]라고 하였다. 이 세계는 비록 만사만물이 매우 복잡하게 얽혀 있지만, 전체적으로 개괄하면 한 번 음하고 한 번 양하는 운행의 변화에 불과하다. 이런 음양의 운행변화가 만물을 낳고 변화시키는 것이다. 이광지李光地(1642~1718)는 『주역절중周易折中』에서 다음과 같이 설명하였다.

---

18) 「繫辭下」, "易之爲書也, 廣大悉備……其道甚大, 百物不廢."
19) 「繫辭上」, "範圍天地之化而不過, 曲成萬物而不遺."
20) 「繫辭上」, "一陰一陽之謂道."
21) 朱子, 『周易本義』, "陰陽迭運, 氣也. 其理, 則所謂道也."

"한 번 음하고 한 번 양한다"는 것은 '대립'과 '번갈아 바뀌어 가는 운행'의 두 가지 뜻을 겸하고 있다. '대립'이라는 것은 천과 지 혹은 일日과 월月 등이 여기에 속한다. 바로 앞에서 말한 이른바 강유剛柔이다. '번갈아 바뀌어 가면서 운행한다'는 것은 한寒과 서暑 혹은 왕往과 래來 등이 여기에 속한다. 바로 앞에서 말한 이른바 변화이다.[22]

여기에서 말하는 음양은 전적으로 음양 두 기만을 가리키는 것이 아니라, 일반적으로 천지만물이 보편적으로 가지고 있는 두 개의 상반되는 측면을 말하는 것으로 보인다. 선진철학 중에서 보편적인 도론道論은 본래 도가 특유의 이론이고 특색이다. 비록 『역전』은 도가의 영향 아래에서 도론을 성립했지만, 오직 『역전』만이 "일음일양지위도一陰一陽之謂道"라는 철학적 명제를 만들어 냈을 뿐이다.

2. 성인의 관상제기

『주역』에 보이는 도기道器 문제와 관련된 논의와 분석은 실제로 후대의 유가철학의 형성에 엄청난 영향을 준다. 앞에서 말한 공영달의 "형은 도로부터 이루어진다. 도가 먼저이고 형은 뒤에 나온다"라는 도기의 관점이 송명의 성리학에 준 영향은 매우 크다. 우선 정이천이 "리가 있으면 기가 있다"[23]라고 한 데 이어 주자는 "이 리가 있어야 이 기가 있지만, 리가 근본이다"[24]라고 말함으로써 도기의 문제가 리기理氣의 문제로 전환

---

22) 李光地 撰, 『周易折中』, "一陰一陽, 兼對立與迭運二義. 對立者, 天地日月之類是也. 卽前章所謂剛柔也. 迭運者, 寒暑往來之類是也. 卽前章所謂變化也."
23) 『二程粹言』, 卷一, "有理則有氣."
24) 『朱子語類』, 卷一, "有是理便有是氣, 但理是本."

하는 데에 결정적인 단서를 제공해 주었다.

철학사의 관점에서 본다면 송명시대의 리기론이 노자와는 전혀 관계가 없는 별개의 것이라고 생각할 수 있겠지만, 만약 『주역』에 보이는 도기道器와 『노자』의 도기 문제의 연관성을 따져 본다면 이것은 또 다른 흥미를 불러일으키는 논제로 등장할 수 있다. 어쩌면 『주역』과 『노자』의 도기 문제는 유가와 도가의 철학적 차이를 분명하게 보여 주는 핵심이라고도 할 수 있을 것이다.

여기에서 『노자』에서의 기器의 문제에 대해 언급하는 이유는 그것이 『주역』에서 이야기하는 도기 문제에 상당한 영향을 주었기 때문이다. 심지어 어떤 학자는 『주역』과 『노자』 두 책은 우주를 '무형지도無形之道', '유형지물有形之物', '인위지기人爲之器'로 삼분하고 있다는 점에서 동일한 사유방식을 가지고 있는 것으로 보기도 한다. 물론 이런 관점에 전적으로 동의할 수는 없으나, 나름대로 체계를 가진 독창적인 관점인 것은 분명하다. 즉 '무형지도'는 천지만물을 화생하는 대도大道이고, '유형지물有形之物'은 인간세계를 포함한 우주만상을 가리키며, '인위지기'는 인류에 의해서 다시 만들어진 세계의 온갖 기물 즉 하늘과 땅 사이에 있는 일체의 인위적인 것을 가리킨다고 볼 수 있다. 이 경우 사회제도, 국가기구, 일상의 도구 등이 모두 '인위지기'에 포함된다.[25]

그러나 『주역』과 『노자』 양쪽 모두가 하늘을 본받고 사물을 관찰하며 도를 깨달아 덕을 수양하는 것을 주장한다 하더라도 결과는 크게 상반된다. 즉 『주역』은 "자강불식自强不息"을 말하면서 '인위지기'를 충분히 인정하며, 아울러 그것을 인류 지혜의 분명한 상징으로 간주한다. 이에 비해 『노자』는 자연무위自然無爲를 주장하면서 '인위지기'를 전면적으로 부정하고, 그것을

---

25) 韓國良, 「『老子』『周易』"道""器"觀管窺」, 『社會科學家』 1(2004)을 참조 바람.

인심人心이 순박하지 않은 중요한 증거로 간주한다. 어쩌면『주역』이 유가의 경전이 되고『노자』가 도가의 핵심적인 전적이 되는 가장 중요한 이유 중의 하나가 바로 이 도와 기에 대한 관점의 차이일 것이다. 이런 점에서『역전』이나「계사전」을 도가의 저작이라고 보는 관점은 크게 설득력을 가진다고 보기 어렵다.

1)『노자』의 '기器'

『노자』에서 '기器'에 대한 언급은 모두 11개의 장에서 보이는데, 그 내용들은 크게 세 부류로 나눌 수 있다.
첫째, 그릇의 의미.

> 서른 개의 바큇살이 하나의 바퀴통에 모이는데, 그것이 비어 있기에 수레의 쓰임새가 있게 된다. 흙을 짓이겨 그릇(器)을 만드는데, 그것의 비어 있음으로 인해 그릇의 쓰임이 있다. 문과 창문을 내어 방을 만드는데, 그것이 비어 있기에 방의 쓰임새가 있게 된다. 있음을 이로움으로 삼을 수 있었던 까닭은 없음(빔)을 쓰임으로 삼았기 때문이다.[26]

여기에서의 기器는 이 낱말의 가장 일반적인 의미에 해당하는 '그릇'의 뜻으로 사용되지만[27], 맥락상에서는 하나의 비유로 사용된다. 노자는 여기에서 그릇의 비어 있는 것을 빌려 그것의 작용 혹은 공능, 이른바 '무를 작용으로 삼는'(以無爲用)의 철학적 의미를 이야기하려 한다. 위의 문장에서 노자는 '바퀴통'과 '그릇'과 '방'을 예로 들며 무와 유의 관계를 가져와서 무의 쓰임새를 말하고 있다.

---

26)『老子』, 11章, "三十輻共一轂, 當其無, 有車之用. 埏埴以爲器, 當其無, 有器之用. 鑿戶牖以爲室, 當其無, 有室之用. 故有之以爲利, 無之以爲用."

27)『說文解字』의 "器, 皿也"에 대해 段注는 "器乃凡器統稱"이라고 말한다.

둘째, 문명의 이기利器.

세상에 금기가 많을수록 백성들은 점점 등을 돌리고, 백성들에게 편리한 이기利器가 많을수록 나라가 더욱 혼미해진다.[28]

무기는 상서롭지 못한 물건이라 사람이 모두 싫어한다. 그러므로 도가 있는 사람은 이것에 처하지 않는다.…… 무기는 상서롭지 못한 기물이어서 군자의 기물이 아니다. 어쩔 수 없어서 그것을 쓰더라도, 평온하고 담담한 마음으로 쓰는 것이 상책이다.[29]

물고기가 연못에서 나오면 안 되는 것처럼 나라의 이기도 사람들에게 보여 주어서는 안 된다.[30]

나라를 작게 하고 백성이 적도록 하며, 열 가지 백가지 기물이 있으나 쓰이지 않도록 하고, 백성로 하여금 죽음을 무겁게 여겨 멀리 가지 않도록 하라. 배와 수레가 있어도 탈 일이 없고, 군대가 있어도 펼칠 일이 없다.[31]

위에서 말하는 '기'의 공통적 함의는 병기兵器 즉 무기나 문명의 이기利器를 말한다. 백성들이 이런 편리한 기구들을 많이 사용하는 경우에 대해서 말하는데, 80장에서 "비록 배와 수레가 있어도 타는 일이 없다"[32]라고 하였다. 배나 수레가 바로 문명의 이기이다. "사람 사이에 편리한 기물이 많으면"(民多利器) 사람들이 자연을 극복하고 스스로를 보호하여 안정된 생활을 누리며 즐겁게 일할 수 있지만, 국가는 오히려 이로 인하여 더욱더 혼란해진다는 것이다.

---

28) 『老子』, 제57장, "天下多忌諱, 而民彌貧, 民多利器, 國家滋昏."
29) 『老子』, 제31장, "兵者 不祥之器, 物或惡之, 故有道者不處.……兵者不祥之器, 非君子之器, 不得已而用之, 恬淡爲上."
30) 『老子』, 제36장, "魚不可脫於淵, 國之利器, 不可以示人."
31) 『老子』, 제80장, "小國寡民, 使有什佰之器而不用. 使民重死而不遠徙. 雖有舟輿, 無所乘之, 雖有甲兵, 無所陳之."
32) 『老子』, 제80장, "雖有舟輿 無所乘之."

"무기는 상서롭지 못한 기물이다", "열 가지 백 가지 기물이 있으나 쓰지 않는다"에 보이는 '기'는 모두 전쟁에 쓰이는 무기 즉 병기이다. 물론 병기나 무기를 상서롭지 못한 것으로 여기는 사람은 노자 한 사람뿐만이 아니다. 예를 들면, 월나라의 충신이자 천재 전략가로 유명한 범려范蠡는 "병기는 흉기이다"33)라고 하였고, 『여씨춘추』에서도 "무릇 병기란 천하의 흉기이고, 용맹스러움은 천하의 흉한 덕이다.…… 흉기를 들면 사람을 죽인다"34)라고 하였다.

노자가 단순히 반전주의자라서 이런 말을 하는 것은 아니다. 여기에는 그 시대가 직면하고 있는 문제의식과 고뇌가 반영되어 있다. 왜냐하면 이들 병기의 배후에는 바로 제후·경卿과 대부들의 토지·인구와 명예 등에 대한 욕망으로 말미암은 끝없는 각축과 쟁탈이 있기 때문이다. 노자의 입장에서 이것들은 하나같이 그가 주장하는 무위자연과는 배치되는 것들이다. 여기에서 노자는 "무기는 상서롭지 못한 기물이다"라는 말을 하지 않을 수 없었을 것이다.

『노자』 31장에서는 "살인을 즐거워하는 사람은 천하에서 뜻을 얻을 수가 없다"35)라고 하였고, 30장에서는 "도로써 임금을 보좌하는 사람은 군사력으로써 천하를 핍박하지 않는다. 그 일은 단지 그 대가가 돌아오기 마련이다. 군대가 주둔한 곳에는 가시덤불이 자라고, 큰 전쟁을 치른 뒤에는 반드시 흉년이 든다"36)라고 하여 노자는 전쟁에 극력 반대했다.

"나라의 이기는 사람들에게 보여 주어서는 안 된다"라는 말은 국가가 보유하고 있는 병기를 포함해서 다른 일체의 우수한 정치, 경제, 군사

---

33) 『國語』, 「越語」 下, "兵者, 凶器也."
34) 『呂氏春秋』, 「論威」, "凡兵天下之凶器也, 勇天下之凶德也.……擧凶器必殺."
35) 『老子』, 제31장, "夫樂殺人者, 則不可得志於天下矣."
36) 『老子』, 제30장, "以道佐人主者, 不以兵强天下, 其事好還, 師之所處, 荊棘生焉, 大軍之後, 必有凶年."

조치들을 미리 다른 나라에 보여 주어서는 안 된다는 말이다. 이런 행동을 노자는 마치 물고기가 물에 깊숙이 숨는 것은 물로써 자신을 보호하는 것과 같은 것이라고 말한다.

셋째, 본성에 대한 손상.

위에서 보았듯이 '기'가 사람들에게 피해를 주는 근본 원인은, 자연의 순박한 성질을 잃어버리고 인위적인 가공을 받았기 때문이다. 그러므로 노자가 말하는 '기'의 다른 하나의 특징은 손상된 물건이라는 것으로, 그것은 대도大道에 위배되어 본성을 잃어버리고 손상되어 온전하지 않은 상태를 말한다. 이런 의미에서 노자는 순박함을 잃어버리고 욕망에 이끌려 다니면서 깨닫지 못하는 세상사를 '기'로 비유하는데, 이와 같은 의미로 사용된 경우는 많이 보인다.

> 순박함이 흩어지면 쓰이는 그릇 같은 사람이 된다. 성인은 그러한 사람들을 등용하여 관청의 우두머리로 삼는 것이다. 그러므로 위대한 제작은 쪼개어 흩어지게 하지 않는 것이다.[37]

이 말은 순박함이 흩어지면 구체적인 기물이 된다는 의미이다. "위대한 제작은 쪼개어 흩어지게 하지 않는 것이다"(大制不割), 즉 위대한 제작은 순박함 그대로 자연스럽게 놓아두는 것이다.

> 천하란 신묘한 그릇(神器)과 같은 것이어서 인위로 다스릴 수 없다. 인위로 다스리려는 사람은 천하를 망치고, 거기에 집착을 하는 사람은 천하를 잃을 것이다.[38]

> 큰 그릇(大器)은 더디게 이루어진다.[39]

---

37) 『老子』, 제30장, "樸散則爲器, 聖人用之, 則爲官長, 故大制不割."
38) 『老子』, 제29장, "天下神器, 不可爲也, 爲者敗之, 執者失之."
39) 『老子』, 제26장, "大器晩成."

위의 두 구절은 자연무위와 본래의 진정한 것을 그대로 유지하여 가는 것의 중요성에 대해 말하고 있다. 위에서 말하는 신기神器와 대기大器는 모두 인위적인 생산품을 가리키는 것이 아니라, 인위적인 가공을 거치지 않은 자연성 그 자체로 존재하는 어떤 존재를 말하는 것으로 보인다.

이러한 분석을 통해 알 수 있듯, 『노자』에서 '기'는 일종의 순박함을 잃어버리고 도에 어긋나게 된 사물 혹은 상태를 의미한다. 그것은 대도大道와 정반대의 방향으로 나아가는 것이다. 순박함을 잃어버리고 본래의 진실함을 잃어버리게 되면 자신의 완벽성에 상해를 입힐 뿐만 아니라, 나아가 다른 사물을 해치고 타인을 해치며 더욱 심하게는 전체 세계의 조화를 파괴해 버리는 결과를 만들어 내기도 한다. 노자가 단호하게 사람을 해치는 기에 대해 반대하고 본성을 잃어버린 것에 대해 비판하는 근본 원인이 바로 여기에 있다. 광의적 의미의 기는 인류문명 일체의 상징이다. 이는 『주역』의 기 개념과는 분명히 큰 차이가 있다.

2) 「계사전」의 '기器'

「계사전」에서 강조하고 있는 기器는 주로 인간이 만들어 내는 '인위지기人爲之器'이다. 이런 '기器'를 분류하면 크게 세 가지로 나누어 볼 수 있다.

첫째, 도구로서의 '기'.

해괘解卦(☷) 육삼 효사에서 말하기를 "등에 (물건을) 지고서 수레를 타고 있으니, 도적을 불러들이는 것이다. 바르게 하여도 부끄러우리라"[40]라고 하였는데, 「계사전」은 이 효사에 대해 다음과 같이 말한다.

공자가 "주역을 지은 이는 도둑을 아는가 보다"라고 하였다. 주역에서 "등에 (물건을)

---

40) 解卦 六三, "負且乘, 致寇至, 貞吝."

지고서 수레를 타고 있으니, 도적을 불러들이는 것이다"라고 했는데, 짐을 등에 지는 것은 소인의 일이요 수레는 군자가 타는 도구이니 소인이 군자의 도구를 타면 도둑이 뺏을 생각을 한다.[41]

수레는 군자가 앉는 기구(器)이다. 군자의 기구에 앉아서 또한 소인의 일을 하면 도둑이 이런 기괴한 현상을 보고 빼앗을 생각을 한다는 것이다.

둘째, 수렵 도구로서의 기.

해괘(解卦) 상육의 효사에서는 "공公이 높은 담장 위에서 매를 쏴서 잡으니 이롭지 않음이 없다"[42]라고 하였는데, 이에 대한 「계사전」의 해석은 다음과 같다.

매는 새이고 활과 화살은 기구요 쏘는 것은 사람이니 군자가 기구를 몸에 지녔다가 때를 기다려 행동하면 무슨 이롭지 아니함이 있겠는가? 움직이더라도 방해를 받지 않는다. 이 때문에 밖으로 나가서 수확이 있는 것이니 이것은 기구를 먼저 이루고 난 뒤에 움직이는 것을 말한 것이다.[43]

매를 사냥하는 활과 화살은 바로 수렵할 때 사용하는 기구를 말한다. 여기에서 기는 수렵 도구를 의미한다.

셋째, 생활도구로서의 기.

먼저 「계사전」에 기록된 첫 번째 생산도구로서의 '기'는 그물이다. 그물은 물고기를 잡을 수 있고, 수렵을 할 수 있다. 두 번째는 쟁기이다. 쟁기는 밭을 갈고 땅을 경작하는 데 사용한다. 그리고 이들 농업생산 도구 외에

---

41) 「繫辭上」, "子曰, '作易者其知盜乎?' 易曰, '負且乘, 致寇至.' 負也者, 小人之事也, 乘也者, 君子之器也. 小人而乘君子之器, 盜思奪之矣."

42) 解卦 上六, "公用射隼于高墉之上, 獲之, 无不利."

43) 「繫辭下」, "隼者, 禽也, 弓矢者, 器也, 射之者, 人也. 君子藏器于身, 待時而動, 何不利之有? 動而不括, 是以出而有獲, 語成器而動者也."

교통운수의 도구인 배와 노, 수레 등이 있다.

다음은 생활도구로서의 '기'로, 첫 번째로 들 수 있는 것은 의상衣裳이다. 『주역』에서는 의상의 출현을 인류역사의 대사大事로 보고 있다. 즉 사람은 옷을 입게 되면서 금수와 외재적 형상에서 완전히 구별되기 시작한다. 두 번째 생활도구로서의 기는 절굿공이이다. 절굿공이는 껍질이 있는 곡식을 새하얀 쌀이 되도록 만드는 작용을 한다. 절굿공이의 출현과 불의 이용은 모두 인류역사의 진보에서 큰 사건이라고 할 수 있다. 불은 날것을 익은 것으로 변화시켰으며, 절굿공이는 거친 것을 매끄럽게 만들었다. 세 번째는 가옥이다. 동굴에서 살다가 집에서 살게 되었다는 것에는 여러 가지 의미가 있겠지만, 무엇보다도 그것은 자연과 고별하고 문명으로 들어가게 되었다는 상징적 의미일 것이다.

3) '관상제기'와 성인

위에서 살펴본 것처럼, 『노자』의 '기器'가 본래 유형有形의 사물을 가리키는 데 비해 『역전』의 '기'는 물질도구·물질시설·명물제도 등도 포함하는데, 그 내용과 범위가 매우 포괄적이다. 『역전』은 이런 기물이 출현하거나 제작製作되는 것에 대해 말하고 있다. 여기에 주도적 역할을 하는 사람이 바로 성인이다.

『역전』에는 "관물취상觀物取象"을 말하는 부분이 있다. 즉 복희씨가 천지만물의 상을 관찰하여 8괘를 만드는 과정에 대한 언급이다. 그러므로 8괘는 '천지지도天地之道'와 '천하지도天下之道'를 응집하여 표현한 것이라고 할 수 있다. 그런데 『역전』은 다시 "관상제기觀象制器"라는 관점을 말한다. 즉 성인이 역상易象 속에 드러나지 않게 들어 있는 잠재적 의미를 관찰하여 그것을 현실화한 결과가 바로 여러 가지 문명의 이기와 제도 등의 발명

및 체계화라는 것이다.

성인이 인류와 사회에 기여한 가장 큰 공헌은 역시 이전에 없었던 것을 새로이 발명한 것이라고 할 수 있다. 이런 새로운 발명이 가능한 이유로 자주 언급되는 것이 「계사전」에서 말하는 "관상제기觀象制器" 또는 "상상제기尙象制器"이다.[44]

『주역』에서 말하는 상象은 크게 두 가지로 나눌 수 있다. 하나는 대자연 속의 형상으로, 예컨대 천지, 새, 별 등을 말한다. 다른 하나는 괘 가운데의 추상적인 상(상징의 상 또는 이미지의 상)으로, 음양의 상 혹은 8괘나 64괘의 상을 말한다. 각각의 상들은 그 속에 기구器具를 발명해 낼 원리를 함유하고 있는데, 성인들은 이 점을 분명하게 인식하여 『주역』 속에서 "상상제기"의 이론적 체계를 형성하였다.[45]

『주역』에서 말하는 상은 정지되어 있는 것이 아니라 늘 변화의 과정 속에 놓여 있기 때문에 어떤 하나의 고정적인 의미나 형상만을 가지고 있지 않다. 새로운 기물을 만들어 낼 수 있는 가능성이나 원리는 『주역』의 상 속에 포함되어 있고, 이것을 발견하여 현실에 응용하는 것으로, 상을 기器로 전환시키는 것이라고 할 수 있다. 상을 기로 전환시키는 것에서 중요한 것은 상에 대한 해석과 응용 능력이다. 「계사전」에서는 다음과 같이 말하고 있다.

나타난 것을 상이라 하고, 형체로 구체화된 것을 기라 하며, 만들어 쓰는 것을 법法이라 한다. 문을 이용하여 나가고 들어가는데 백성이 모두 그것을 쓰게 되니 이를 신神이라 한다.[46]

---

44) "觀象制器"는 복희씨가 8괘를 만들어 이를 이용하여 여러 문명의 이기를 제작한다는 것에서 나왔고, "尙象制器"는 "易有聖人之道四焉"이라는 말에서 나왔다. 그러나 두 개념 이 강조하는 함의는 거의 대동소이하다.

45) 劉明武, 「道與器的分離」, 『中國文化硏究』(北京言語文化大學 第30期, 2000年 冬之卷), 20쪽 참조.

천지 사이에서 우리가 볼 수 있는 것은 모두 상이라고 하고, 연장延長이 있고 현상이 있는 것을 기라고 하며, 상象으로부터 기를 제조하고 그것을 사용하는 것을 본받음(法)이라고 한다. 이것이 바로 상을 기로 전환시키는 것이다. 앞에서 우리는 『역전』이 '도기道器'라는 관점을 통하여 우주를 무형의 도와 유형의 기로 이분화二分化함을 보았다. 그런데 "관상제기"의 관점에서는 오히려 우주를 도道·형形·기器로 나누는 것으로 보인다. 만물을 관찰하여 '천지지도天地之道'와 '천하지도天下之道'가 응집된 부호체계로서의 괘를 만들어 내고, 이러한 부호체계를 운용하여 기를 만들어 내고 있는 것으로 보인다.

비록 처음 우주만상宇宙萬象을 만들어 낸 것은 도道이지만, 새로운 기器를 창제한 것은 사람이다. 사람들은 도가 변화하여 나온 상을 관찰하고 그것을 모방하여 여러 가지 기를 만들어 낸다. 『역전』의 도기관이 말하려는 것은 주로 대도大道를 모방하고 자연을 본받아서 문명의 이기를 만들어 낸다는 점에서 『노자』의 도기관과는 분명하게 대비된다. 구체적으로 복희씨나 다른 성인들의 "관상제기"를 통한 발명의 문제를 「계사전」은 다음과 같이 말하고 있다.

노끈을 매어서 그물을 만들어 사냥하고 고기를 잡으니, 대개 그 이치를 리괘離卦에서 취하였다. 포희씨가 죽고 신농씨가 일어나서, 나무를 깎아 보습(쟁기 날)을 만들고 나무를 휘어 쟁기(쟁기 자루)를 만들어서 쟁기로 갈고 감매는 이로움을 천하 사람에게 가르쳤으니, 대개 그 이치를 익괘益卦에서 취하였다.[47]

아주 옛날에는 굴속에서 살고 들판에서 거처했다. 후세에 성인이 이것을 궁실로

---

46) 「繫辭傳」, "見乃謂之象, 形乃謂之器, 制而用之謂之法, 利用出入, 民咸用之謂之神."
47) 「繫辭傳」, "作結繩而爲罔罟, 以佃以漁, 蓋取諸離. 包犧氏沒, 神農氏作, 斲木爲耜, 揉木爲耒, 耒耨之利, 以敎天下, 蓋取諸益."

바꾸어 위에는 용마루를 얹고 아래에는 처마를 쳐서 바람과 비에 대비케 하였으니, 대개 대장괘大壯卦에서 취한 것이다. 옛날의 장사지내는 방법은 섶으로 두껍게 싸서 들판에 매장하여 봉분도 하지 않고 나무도 심지 아니하였으며 장례를 치르는 기일도 일정하지 않았는데, 후대에 성인이 관곽으로 바꾸었으니 대개 대과괘大過卦에서 취한 것이다. [48]

표면적으로 보면 성인이 이러한 일을 하는 일차적 이유는 모두 백성들의 복리福利를 위해서이다. 특히 여기에서 우리가 새롭게 주목해야 할 것은 '인간과 자연의 거리두기'라는, 인간과 동물의 차이가 무엇인가 하는 문제를 다루고 있다는 점이다. 장 디디에 뱅상과 뤼크 페리가 공저한『생물학적 인간, 철학적 인간』이라는 책에 나온 예를 들어 이야기해 보도록 하겠다. 이 책에서는 베르코르(Vercors, 1902~1991)의『인수人獸 재판』이라는 소설을 소개하고 있다. 이 소설은 다음과 같이 전개된다.

1950년대에 영국인 학자들로 구성된 한 연구팀이 그 유명한 인간과 동물 사이의 '잃어버린 고리'를 찾기 위해 뉴기니로 떠났다. 그들은 화석을 찾아다니다가 아주 우연히 인간과 동물의 '중간자'적 존재들이 무리를 지어 살고 있는 곳을 발견하게 되었다. 그들은 그 중간자적 존재들에게 '트로피'(Tropis)라는 이름을 붙였다. 그것은 손이 네 개인 사수류四手類로서, 말하자면 원숭이들이었다. 그런데 그 원숭이들은 혈거인穴居人처럼 바위 동굴에 살며…… 주검을 매장한다. 게다가 초기 형태의 언어를 사용하는 것처럼 보인다. 그렇다면 그들을 인간과 동물 사이의 어디에다 위치시켜야 할까? 그다지 양심적이지 않은 한 사업가가 그들을 길들여 노예로 삼을 생각을 하게 되면서 이 문제는 더욱 절실해진다. 그리하여 이 소설의 주인공은 자신의 몸을 바친다. 그는 암컷 트로피에게 아이를 낳게 만든다. 그것은 이미 그 트로피가 우리 인간과 좀 더 가까운 종種임을 보여 준다. 그런데 그들 사이에 태어난 그 아이를 어떻게 분류해야 할까? 인간인가 아니면 동물인가? 단호하게 결정을 내려야만

---

48) 「繫辭傳」, "上古穴居而野處, 後世聖人易之以宮室, 上棟下宇, 以待風雨, 蓋取諸大壯. 古之葬者, 厚衣之以薪, 葬之中野, 不封不樹, 喪期无數, 後世聖人易之以棺槨, 蓋取諸大過."

한다. 왜냐하면 이방인 아버지는 법이 그 문제에 대해 판단을 내리지 않으면 안 되도록 만들기 위해 자신의 아이를 살해했기 때문이다. 이윽고 재판이 열리고…… 인류학자 · 생물학자 · 고생물학자 · 철학자 등이 참가하여 열띤 토론을 벌렸다. 그들의 의견은 서로 전혀 달랐지만, 그들의 주장은 나름대로 매우 훌륭한 것이어서 그들 중 누가 우세하다고 말할 수 없었다.[49]

그러면 사람과 트로피 사이에서 태어난 존재는 인간인가 그렇지 않으면 동물인가? 이 문제는 어떻게 해결되었는가?

그런데 트로피들이 주검을 매장한다면 그들은 당연히 인간이라는 결정적인 기준을 찾아낸 것은 바로 판사의 부인이었다. 주검을 매장하는 의식은 본연적 의미에서 볼 때 형이상학적 의문을 증거하는 것으로, 따라서 자연에 대해 거리를 두고 있음을 보여 준다. 그녀가 남편에게 말했듯이. "서로 질문을 주고받기 위해서는, 질문을 하는 자와 질문을 받는 자, 이렇게 둘이 있어야 하죠. 동물은 자연과 뒤섞여 있으므로 자연에게 질문을 할 수 없어요. 이것이 바로 우리가 찾고 있는 요점이라고 생각해요. 동물은 자연과 하나를 이루지만, 인간은 둘을 이루지요."[50]

우리는 이것이 논란의 여지를 전혀 남기지 않는 명확하고 절대적인 기준이라고는 말할 수 없다 하더라도, 분명히 나름대로의 논리적인 근거를 이야기하고 있다는 점에 대해서는 결코 부정할 수 없을 것이다.

위에서 본 「계사전」에서의 성인의 "관상제기"를 통한 발명이 쉽게 이해할 수 없는 문제점을 보여 주고 있는 것은 사실이다. 만약 「계사전」의 견해에 따른다면, 먼저 리괘離卦 · 익괘益卦 · 소과괘小過卦 · 대과괘大過卦 등의 괘상과 이들 괘상이 표시하는 도가 있고 난 후에 그물, 보습과 쟁기, 절구

---

49) 장 디디에 뱅상 · 뤼크 페리, 이자경 옮김, 『생물학적 인간, 철학적 인간』(서울: 푸른숲, 2002), 190~191쪽.
50) 장 디디에 뱅상 · 뤼크 페리, 이자경 옮김, 『생물학적 인간, 철학적 인간』, 191쪽.

공이와 절구, 궁실이나 관곽棺椁 같은 기물들이 출현하게 된다. 바꾸어 말하자면 도가 먼저 있고 난 뒤에 기물이 있게 되는 것으로, 도는 기물을 떠나서 독립적으로 존재할 수 있다. 그러나 이 견해는 명확하게 역사적 사실에 부합하지 않는데, 왜냐하면 세계에 있는 많은 민족은 결코 역괘易卦의 상을 설계하고 구성하지 않았음에도 불구하고 이미 유사한 발명을 분명히 하였기 때문이다.51)

그러나 이런 문제를 떠나서 위의 논의는 인간이 어떻게 문화를 이루어 나가는가 하는 점에서 충분히 생각해 볼 만한 거리들을 제공해 주고 있다고 할 수 있다. 바로 '인문화성人文化成'의 문제이다. 특히 대과괘에서 관곽을 만들어 주검을 매장하는 것을 성인이 창제하였다는 사실은 위에서 인용한 트로피의 문제를 다시 한 번 음미하게 만들어 준다.

3.『역전』의 도기합일적인 성인관

성인에 관한 본질 규정은 분명하게 정리하는 것이 쉽지 않다. 성인을 이해하는 것이 어떤 사료와 전적에 얽매이는 것이 아니라 개인의 관점과 느낌이 대량으로 혼합되어 있어서 실체적 진실과는 거리가 먼 상상과 허구를 말하는 경우가 많기 때문이다. 이런 상상의 결과가 곧 모든 개인이 이해한 성인이다. 이미 앞에서 인용하였지만, 한유韓愈는 그의 유명한『원도原道』에서 다음과 같이 말하였다.

옛날에 사람의 피해가 많았다. 성인의 나타남이 있은 후에 서로 길러주는 도를 가르쳐서 군주가 되고 스승이 되니, 벌레와 뱀, 금수를 몰아내고 중원의 땅에 자리

---

51) 劉文英 主編,『中國哲學史』上卷, 179~180쪽 참조 바람.

잡게 되었다. 추워지자 옷을 만들게 하고, 굶주리자 음식을 마련하게 했다. 나무에서 살면 떨어지고 땅에서 거주하면 병이 생기자, 집을 짓게 하였다. 장인匠人이 되어서 그 기물의 사용을 넉넉하게 하고, 장사꾼이 되어서 그 있음과 없음을 통하게 하고, 의약을 만들어서 일찍 죽는 것을 구제하고, 장례와 제례를 만들어서 은혜와 사랑을 길이 품도록 하고, 예를 만들어 나이가 앞서고 뒤서는 차이를 만들고, 음악을 만들어서 울적한 마음을 풀어 주었다. 정제함으로써 태만함을 다스리고 형벌을 만들어서 난폭함을 없앴으며, 서로를 속이자 부절과 도장, 저울을 만들어서 믿도록 하였고 서로 빼앗자 성곽과 갑옷, 무기를 만들어 지키게 하여 피해가 이를 것을 대비하게 하고 환난이 이를 것을 방어하게 하였다. 지금 그들의 말에 이르길, 성인이 죽지 않으면 큰 도둑이 그치지 않으며 말을 쪼개고 저울을 부숴야만 다투지 않게 된다고 하는데, 아! 그것은 또한 생각이 없을 뿐이다. 만약 옛날에 성인이 없었더라면 사람이라는 족류族類는 오래전에 절멸했을 것이다. 무엇 때문인가 하니, 깃, 털, 비늘, 껍질 없이 춥거나 더운 곳에 살고, 먹이를 다툴 수 있는 손톱이나 치아가 없기 때문이다.[52]

위의 문장에서 한유가 묘사한 성인의 모습은 거의 인류의 구세주와 비슷하다. 한유의 마음속의 성인은 천지우주의 조물주가 아니라, 인류의 구세주이자 사회문명의 창조자이다. 한유가 이런 문장을 쓰게 된 이유는 노자가 말하는 "성인을 끊고 지혜를 버릴 것"(絶聖棄智)이라거나 "인을 끊고 의를 버릴 것"(絶仁棄義)이라는 관점들을 비판하고 유가를 높이려는 의도를 그 속에 담고 있다.

노자와 마찬가지로 장자 역시 성인을 비판한다. "성인은 그 이로움이

---

52) 韓愈, 『昌黎先生文集』, 『原道』, "古之時, 人之害多矣. 有聖人者立, 然後敎之以相生養之道, 爲之君, 爲之師, 驅其蟲蛇禽獸, 而處其中土. 寒然後爲之衣, 飢然後爲之食. 木處而顚, 土處而病也, 然後爲之宮室. 爲之工. 以贍其器用. 爲之賈. 以通其有無. 爲之醫藥, 以濟其夭死. 爲之葬埋祭祀, 以長其恩愛, 爲之禮以次其先後. 爲之樂, 以宣其湮鬱. 爲之政, 以率其怠倦. 爲之刑, 以鋤其强梗, 相欺也, 爲之府璽斗斛權衡以信之. 相奪也, 爲之城郭甲兵以守之, 害至而爲之備, 患生而爲之防. 今其言曰, 聖人不死, 大盜不止, 剖斗折衡而民不爭. 嗚呼, 其亦不思而已矣. 如古之無聖人, 人之類滅久矣, 何也. 無羽毛鱗介以居寒熟也, 無爪牙以爭食也."

천하에 작고 또한 해로움은 천하에 많다……성인이 죽지 않으면 큰 도둑도 사라지지 않는다."[53] 왜 노자와 장자는 성인을 비판하는가? 그들은 기본적으로 인류가 만든 인위적 문명을 비판하면서, 특히 성인을 인류문명의 창제자로 지목하여 비판하는 것이다. 여기에서 우리는 역설적으로 유가가 가지고 있는 강한 문명주의, 문화주의의 입장을 발견할 수 있다.

앞에서 계속적으로 분석한 것처럼, 성인이 인류에게 문명을 가져다주었다는 것이 유가의 기본 입장이다. 이것이 바로 앞에서 말한 '작자로서의 성인'(作者之謂聖)이라는 입장이다. 여기에서 말하는 '작자(作者)'의 '작(作)'은 '제작(制作)'으로, 예악과 제도를 창조해 내는 것을 말한다. 대체로 송학 이전의 성인에 관한 사고방식이 곧 이러한 '작자'로서의 성인이다. '작자'로서의 성인은 그 대표가 주공(周公)이며, 그의 지위는 대체로 공자보다 높았다. 그리고 이런 성인관은 내면화되어 송학에 이르면 인의예지를 완전히 체현한 성인으로 변화되었다. 유교에서 말하자면 그것은, 주공을 전형으로 하는 '선왕의 도'나 '예악의 도'로부터 공자가 강조하는 '인의도덕의 도'나 '성인의 도'로 바뀌게 된 것이다. 위에서 인용한 한유의 말은 의심할 필요 없이 이런 과도기의 상황을 잘 보여 주고 있다.[54]

유가가 이해한 성인은 확실히 두 가지 종류가 있다. 하나는 '작자로서의 성인'(재능을 중시함)이고, 다른 하나는 '인의예지의 완전한 체현자로서의 성인'(도덕을 중시함)이다. 그러나 유가가 이해하는 이런 두 종류의 성인에 대해서 반드시 지적하고 넘어가야 할 문제가 있다. 그것은 바로 『예기』에서 말하는 "작자지위성"에서 성인의 성격을 단순히 예악과 제도의 창조로만 정의내리고 있지 않다는 점이다. 『예기』 중의 성인 또한 인의예지 등의

---

53) 『莊子』, 「胠篋」, "聖人之利, 天下也少, 而害天下也多……聖人不死, 大盜不止."
54) 시마다 겐지, 김석근·이근우 옮김 『주자학과 양명학』(서울: 까치, 1986), 27쪽 참조 바람.

내재적인 도덕 요소를 분명히 포함하고 있어야 하기 때문이다. 중국 고대인의 관점에서, 설령 '작자'로서의 성인이라 하더라도 반드시 완비된 도덕을 갖추고 있어야만 인류문명을 창조할 수 있는 자격을 가질 수 있다는 것이다. 이런 자격이 없으면 예악제도의 제작이 불가능하다. 이런 관점은『역전』에도 바로 적용된다.

앞에서 한유가 성인을 사회문명의 창제자, 인류의 구세주로 묘사하였는데, 이런 관점은 결코 한유 스스로의 터무니없는 허구가 아니다. 그것은 상당히 오래된 문화적 연원을 근거로 하고 있다. 한유는 오래된 이야기를 다시 제기하였을 뿐이지 새로운 말을 만든 것이 아니다. '작자지위성'의 규정은 일찍이 춘추시대로부터 나온 것으로, 이미 한유와의 거리가 천년 이상이나 되는 역사를 가지고 있다.

『예기』는 인류사회의 예악제도가 모두 성인에 의해서 제작된 것으로 보고 있다.

> 성인은 악을 만들어서 하늘에 응하고, 예를 만들어서 땅에 따랐다. 예악이 밝게 갖추어져서 천지를 섬겼으며, 하늘은 높고 땅은 낮아서 군신이 정해졌으며, 낮고 높은 것이 놓이니 귀천이 자리 잡게 되었다.[55]

『주례』는 인류가 일상에서 자주 사용하는 기구를 대부분 성인이 제작한 것으로 말한다.

> 지혜로운 자가 사물을 만들었으며, 재주 있는 자가 그것을 전술하였다.……
> 온갖 장인들의 일은 모두 성인이 지은 것이다. 쇠를 녹여서 칼날을 만들고, 흙을 빚어 그릇을 만들고, 차를 만들어 땅으로 다니고, 배를 만들어 바다로

---

55) 『禮記』, 「樂記」, "故聖人作樂以應天, 制禮以配地. 禮樂明備, 天地官矣. 天尊地卑, 君臣定矣. 卑高已陳, 貴賤位矣."

다닌다. 이 모두가 성인이 만든 것이다.[56]

　종합해서 말하면, 춘추전국시대의 사람들은 인류사회가 가진 문명의
산물을 모두 성인이 만든 것으로 생각하였다. 이러한 성인들이 가진 근본
특징은 바로 비범한 재능과 지혜를 갖추고 있다는 것이다. 고대인들은
성인을 인류문명의 창건자, 사회질서의 수호자로 보았다. 여기에서 간과해
서는 안 되는 문제는 바로, 성인들은 무소불능한 지혜만 가지는 것이
아니라 또한 빼어난 도덕적 역량을 갖추고 있다는 점이다. 『중용中庸』은
다음과 같이 말한다.

> 비록 그 지위는 있으나 진실로 그에 맞는 덕이 없으면 감히 예악을 제정하지 못하고,
> 비록 그 덕은 있으나 진실로 지위가 없으면 또한 감히 예악을 제정하지 못한다.[57]

　여기서는 성인의 지위와 덕이 동시에 거론되고 있다. 위位가 성인의
도덕 품격을 대표하는 말이라고 한다면, 덕은 의심할 필요 없이 내재적
품격을 가리킨다. 성인이 예악제도 내지 인류의 모든 문명 산물을 제작할
때에는 재능과 지혜뿐만 아니라 완전한 도덕도 갖추지 않을 수가 없다는
말이다.[58]
　성인은 인류문명의 창제자이다. 그렇다면 성인이 예악·도구·제도 등
의 물질문명과 정신문명을 창제할 때, 그는 어떠한 방법과 원칙을 준수하였
는가? 이런 관점을 『역전』은 분명하게 이야기하고 있다. 이 문제에 관하여
『역전』은 영향력이 아주 큰 중요한 이론을 제기하였다. 이것은 「계사하전」

---

56) 『周禮』, 「冬官考工記」, "知者創物, 巧者述之……百工之事, 皆聖人之作也. 爍金以爲刃, 凝土以
　　爲器, 作車以行陸, 作舟以行水, 此皆聖人所作也."
57) 『中庸』, "雖有其位, 苟無其德, 不敢作禮樂焉. 雖有其德, 苟無其位, 亦不敢作禮樂焉. 雖有其德,
　　苟無其位, 亦不敢作禮樂焉."
58) 王文亮, 『中國聖人論』, 287쪽 참조 바람.

에 나오는 말로, 옛날 복희씨·신농씨·황제·요·순 등 성인이 천하를 다스릴 때의 이야기이다.

1) 우러러 하늘의 상을 관찰하고, 구부려 땅의 법을 살폈으며 (仰則觀象於天, 俯則觀法於地)
2) 가까이는 자신에게서 취하고, 멀리는 물건에서 취하여 (近取諸身, 遠取諸物)
3) 신명한 덕에 통하여, 만물의 실정(情)을 분류하였다. (以通神明之德, 以類萬物之情)
4) 노끈을 맺어 그물을 만들고, 그물을 가지고서 물고기를 잡고 (作結繩而爲網罟, 以佃以漁)
5) 나무를 깎아 쟁기를 만들고, 나무를 휘어서 쟁기자루를 만들었고 (斲木爲耜, 揉木爲耒)
6) 한낮에 시장을 만들어 천하의 백성들을 이르게 해서 천하의 재화를 모아 교역을 하게 하고, 물러나 각각 제 살 곳을 얻게 하였으며 (日中爲市, 致天下之民, 聚天下之貨, 交易而退, 各得其所)
7) 나무를 쪼개어 배를 만들고 나무를 깎아 돛대를 만들었고 (剡木爲舟, 剡木爲楫)
8) 소를 부리고 말을 타서, 무거운 것을 끌어 먼 곳으로 이르게 해서 천하를 이롭게 했다. (服牛乘馬, 引重致遠)
9) 문을 이중으로 하고 목탁을 쳐서 포악한 나그네를 대비하게 했고 (重門擊柝, 以待暴客)
10) 나무를 잘라 절굿공이를 만들고 땅을 파고 절구를 만드니, 절구와 절굿공이의 이로움으로 만민이 구제되었으며 (斷木爲杵, 掘地爲臼, 臼杵之利, 萬民以濟)
11) 나무에 활시위를 매어 활을 만들고 나무를 깎아 화살을 만드니, 활과 화살의 이로움으로 천하를 위엄 있게 하였다. (弦木爲弧, 剡木爲矢, 弧矢之利, 以威天下)
12) 궁실로 바꾸어서, 위에는 들보를 얹고 아래는 서까래를 얹어 비와 바람에 대비하였으며 (易之以宮室, 上棟下宇, 以待風雨)
13) 관과 곽으로 바꾸고 (易之以棺槨)
14) 글과 문서로 바꾸어서, 백관은 다스리고 만민은 살폈다. (易之以書契, 百官以治, 萬民以察)

여기에 제시된 내용들은 옛날 성인이 자연만물의 형상적 특징과 그 구조적 기능을 근거로 하여 사회제도·노동도구·교통수단·생활기구를 제작하였다는 것인데, 그 목적은 인류의 생존발전의 수요를 만족시키기 위해서였다. 그러므로 먼 옛날 성인이 물질문명과 정신문명을 창제하였을 때 따랐던 원칙은 바로 앞에서 말한 '자연을 본받고' '인정人情에 순응하는' 것이었다고 할 수 있다.[59]

중국 고대인들은 자연·사회의 모든 방면에 총체적 법칙 즉 도道가 전체적으로 관통하고 있다고 여겼다. 인류의 지혜는 바로 이러한 총체적 법칙의 인식에 의하여 표현되는데, 이를 버리면 지혜라 할 수 없다. 그러므로 여기에는 인간의 법칙인 도덕적 덕성德性이 겸비되어야 하는 것이다.

> 주역에는 성인의 도가 네 가지 있다. (역으로써) 말하는 사람은 괘사와 효사를 숭상하고, (역으로써) 행동하는 사람은 변화의 법칙을 중시하고, (역으로써) 기물을 만드는 사람은 형상을 중시하고, (역으로써) 점을 쳐서 실천하는 사람은 점치는 기능을 중시한다.[60]

여기에서 성인이 가져야 할 도에는 분명히 도덕과 관련되는 부분이 나온다. 기물을 잘 제작할 수 있는 것 역시 성인이 가지고 있어야 할 중요한 도 가운데 하나이지만, 동시에 올바른 행동이 구비되어 있어야 한다는 관점이다.

> 공자께서 말씀하셨다. 주역은 참으로 지극하도다! 주역은 성인이 덕을 높이고 사업을 넓히는 책이다.[61]

공자가 『주역』을 훌륭한 책이라고 감탄한 이유는 이 책이 덕이라는 개인의 도덕적 수양을 높이는 동시에 현실적인 사업을 적극적으로 성취하

---

59) 王文亮, 『中國聖人論』, 295~296쪽 참조 바람.
60) 「繫辭傳」, "易有聖人之道四焉, 以言者尚其辭, 以動者尚其變, 以制器者尚其象, 以卜筮者尚其占易有聖人之道四焉, 以言者尚其辭, 以動者尚其變, 以制器者尚其象, 以卜筮者尚其占."
61) 「繫辭傳」, "子曰, "易其至矣乎! 夫易聖人所以崇德而廣業也."

도록 요구하기 때문이다. 성인이라면 반드시 도덕을 높이고 사업을 넓혀야 하는 일(崇德廣業)을 해야 하는데, 이런 두 가지의 내용이 『주역』 속에 모두 내장되어 있기 때문에 『주역』을 반드시 공부해야 한다고 하는 것이다. 아울러 공자는 『주역』을 연구하여 배운 내용을 다시 백성들을 위해 이용할 줄 알아야 하는 것이 성인의 임무라고 말한다.

이처럼 『역전』이 말하고 있는 성인은 반드시 도와 기, 덕德과 업業 둘 다를 모두 겸비하고 현실에 적용할 줄 아는 존재이다.

건괘乾卦 「문언전」에서는 말한다.

> 공자께서 말씀하셨다. 군자는 덕을 증진시키고 사업에 힘을 써야 하니, 진심으로 미덥게 하여야 덕을 증진시킬 수 있고, 말을 닦아 진실함을 굳건히 세워야 사업을 계속 지켜 낼 수 있기 때문이다.[62]

『역전』에서 군자와 성인은 다른 단계에 처해 있는데, 군자는 일반인 중에 뛰어난 사람이므로 여전히 최고의 이상적 경지는 아니다. 최고의 이상적 경지는 성인이다. 그렇다면 군자는 어떻게 덕을 증진시키는가? 여기에서 『역전』은 충신忠信을 통해야 한다고 말한다. 충忠의 중요성은 사람을 대하는 것이고, 신信의 중요성은 물物을 대하는 것에 있다. 사람을 대하고 사업을 처리하는 데 있어서 충신으로 하면 반드시 사람들의 신임을 얻을 수 있게 되고, 이렇게 하여 자신의 도덕을 날마다 증진시킨다. 그러면 '수업修業'은 어떻게 하는가? 외부로 표현되는 언사言辭를 통해 자신의 내부에 있는 성실함을 표현한다. 이처럼 내외가 상호 촉진되어야 공업功業이 이루어진다. 내부의 진덕進德이 올바로 형성되어야 현실적인 사업의 성취도 가능하게 된다는 말이다. 여기에서는 문명을 창제하는 성인의 자격이

---

62) "子曰, 君子進德惰業. 忠信, 所以進德也. 惰辭立其誠, 所以居業也."

그냥 쉽게 얻어지지 않는다는 것을 잘 표현하고 있다.

> 도의道義를 정밀하게 연구하여 신묘한 경지에 들어가는 것은 쓰임을 다 이루기
> 위한 것이요, 쓰는 것을 이롭게 하고 몸을 편안케 하는 것은 덕을 높이기 위해서이다.
> 이를 지난 이후의 차원에 대해서는 혹 알 수 없으니, 신을 궁구하여 변화하는
> 것을 아는 것이 덕의 성함이다.[63]

인간이 수양하여 최고의 경계에 도달하려는 것은 나아가서 쓰임이 있기
위해서이다. 그 쓰임을 위해 몸을 보존하고 수양하여야 자신의 덕행이
더욱 높아지게 된다. 「계사하전」의 이 구절을 주자는 『주역본의』에서 다음
과 같이 풀이한다.

> 그 뜻을 정밀하게 연구하여 입신入神에 이르는 것은…… 나와서 용에 이르는(致用)
> 근본이 된다. 그 베풀어서 쓰는 것을 이롭게 하여 가는 곳마다 편안하지 않음이
> 없는 것은…… 들어가서 덕을 높이는(崇德) 바탕이 된다. 내외가 서로 길러 주고
> 서로 밝히는 것이다.[64]

사물의 바른 사리를 연구하여 사람이 쉽게 들여다볼 수 없는 오묘한
곳까지 깊이 연구하는 것이 치용致用의 근본이 된다는 것이다. 치용은
쓰임을 십분 활용하여 도모하는 것을 말한다. 자신을 위해서나 다른 사람을
위해서 또는 세상을 위해서 충분히 그것을 활용한다는 것을 말한다. 역으로
말하면, 치용을 도모하는 것 역시 숭덕崇德의 목표와 바탕이 된다고 말한다.
이처럼 숭덕과 치용 즉 숭덕광업은 서로 내외가 되어 상보적相補的 통일관계
를 이룬다.

---

63) "精義入神, 以致用也 利用安身, 以崇德也. 過此以往未之或知也, 窮神知化, 德之盛也."
64) 『周易本義』, "精研其義, 至于入神,……乃所以爲出而致用之本. 利其施用, 无适不安……乃所
　　以爲入而崇德之資. 內外交相養, 互相発也."

앞서 말한 내용을 종합하면, '덕'은 내재적 도덕수양과 도덕적 실천을 말하고 '업'은 외재적 사업을 말하는데, 이처럼 『역전』의 성인관은 덕업겸비를 강조하여 내성과 외왕을 하나로 연결하고 있다. 이와 같은 『역전』의 성인관에서 주목하여야 하는 부분은 성인이 보여 주고 있는 실천적 역할과 기능이라는 측면이다.

『역전』에 나타나는 성인의 형상은 인격완성을 실현한 도덕적 존재일 뿐만 아니라 현실에 대해 우환하고, 만물의 이치를 깨달아 세상의 일을 이루는 개물성무開物成務를 통해서 천하를 이롭게 하려는 현실적·실용적인 감각을 가지고 있는 존재이다. 이런 『역전』의 성인관은 유가적 이념인 수신과 경세, 내성과 외왕의 균형이라는 모델을 제시해 준다. 따라서 『역전』의 성인관이 유가철학사에서 가지고 있는 가장 중요한 의의는 '도덕적 성인'과 '작자로서의 성인'이라는 두 측면을 매우 균형 있게 강조하고 있는 '도기결합적 성인관'을 제시하였다는 점에서 찾아야 할 것이다.

'성인'의 '성'의 표준은 '형이상'의 도의 영역과 '형이하'의 기의 두 영역에 모두 걸쳐 있어야 한다. 이런 점에서 성인 노릇하기의 어려움을 공자는 "요순도 이에 부족하게 여기실 것이다"라고 말하였던 것이다. 『역전』은 성인의 형상을 '계선성성繼善成性'하는 도덕적 존재(得道之聖人' 혹은 '成德之謂聖')일 뿐만 아니라 우환하고 개물성무하여 천하를 이롭게 하려는, 현실적·실용적인 감각으로 인문화성人文化成을 주도해 가는 존재(作者之謂聖' 혹은 '治世之聖人)로 그리고 있다. 특히 현실에 실제로 필요한 기물을 만들어서 천하를 이롭게 하는(立成器以爲利天下) 현실적·실용가치적인 성인의 성격을 『역전』은 '성인사도聖人四道'·'숭덕광업崇德廣業' 등의 개념을 통해 말하고 있다.

4. 내성외왕의 이념을 통해 본 『역전』의 도기합일적 성인관

현대의 유가철학 연구에 있어서 가장 관심을 끄는 문제 중의 하나는 바로 유가철학을 어떻게 새롭게 해석하여 현대가 필요로 하는 내용들(예를 들면, 민주주의나 과학기술)의 영역과 접목시킬 수 있을까 하는 문제일 것이다. 이런 입장은 어쩌면 수천 년 동안이나 논의되어 온 유가문화와 철학 속에서 그러한 요소들을 찾기가 매우 힘이 든다는 사실을 달리 말하는 것이나 마찬가지이다.

'전통유가는 사회와 현실에 대응하는 이른바 경세적經世的 이념을 어떤 방향에서 정립하고 있는가?', '전통유가는 어떤 이유에서 서양의 민주주의와 같은 제도들을 만들어 내지 못하였는가?'라는 것들이 유가철학에서 한동안 가장 뜨거운 주제 중의 하나로 다룬 문제들이다. 사실 이 문제가 말하려는 핵심은 수신修身 혹은 내성內聖이라는 도덕적 차원의 문제와, 경세經世 혹은 외왕外王이라는 현실적 차원의 문제를 전통 유가들은 분리하여 보지 않고, 일체적 연계성을 가지는 것으로 간주하는 유가적인 도덕적 이상주의(moral idealism)의 관점에 대한 논의이다.

전통유가는 경세적 의미의 외왕을 도덕적 인격의 수양이라는 내성이나 수신과 분리하여 생각하는 것이 아니라, 내성의 직선적 연장 혹은 연역으로 간주하여 도덕수양이라는 문제와 일체적 연계성을 가지는 것으로 말한다. 이러한 내성과 외왕의 결합과 실현이라는 문제는 바로 유가 특유의 도덕적 이상주의의 산물인 '성왕聖王'의 이념을 제기하게 만든다. 물론 여기에서 말하는 이른바 '성왕' 이념은 단순한 천자天子의 존칭인 성주聖主나 성군聖君이라는 통속적 의미의 성왕을 말하는 것이 아니라, 도덕적 의미의 내성과 경세적 의미의 외왕을 결합하려는 유가 특유의 도덕적 이상주의에 의해 생겨난 이념 혹은 정신적 방향을 의미하는 말이다.

유가가 원래 의도하였던 성왕의 현실적 기능은 현실의 천자가 지닌 무소불위의 권력을 견제하기 위한 권위의 이원화二元化라는 것에 있었다. 이 때문에 유가는 정치적 과정과 판단의 기준을 모두 도덕정신에서만 찾는, 즉 이상적 통치 혹은 정치를 도덕적 완전인의 수중에 두는 도덕적 이상주의의 성격을 지나치게 강조하여 드러내고 있다. 이처럼 유가는 사회와 현실에 대한 문제를 너무 낙관적인 도덕적 이상주의의 관점에서 접근하는 경향을 보여 주는데, 이런 관점은 곧바로 유가가 사회와 현실을 올바르게 직시해서 신속하게 대처하지 못하도록 만들어 버리고 만다. 유가의 이런 관점은 바로 성인의 관점과 직접적인 관련이 있다.

선진유학에서 출발하여 한대와 송대를 거치면서 지나치게 도덕이나 신비적인 것과 결합된 성인관이 성립됨으로써 본래 성인이 가지고 있어야 할 중요한 표준 중의 하나인 현실과 실용의 문제는 도외시되어 버린다. 여기에서 도道와 기器가 분리되어, 형이상적인 도만 중시하고 형이하적인 기를 경시하는 입장이 출현하게 되면서 현실에 무능한 문화구조가 형성된다.

맹자에서 시작하여 송대를 거치면서 유가는 지나치게 도덕과 결합한 성인관을 만들어 내어, 성인이 본래 가지고 있어야 하는 현실에 대한 실용적인 성격을 점차 잃어버리게 된다. 송대에 오면 성인의 형상은 도리(道)와 완전 일치하는 것으로 간주되기에 이르는데 심지어 주자는 성인과 도를 동일한 것으로 보고 있다.[65] 여기에서 성인이 가지고 있어야 할 중요한 표준 중의 중요한 한 부분을 잃어버린다. 성인은 더 이상 현실의 문제와는 관련이 없는 도덕적 이상으로서의 도에 통달하고, 그 도를 체득하여 도와 하나가 된 존재로만 규정된다. 그리하여 성인은 최고의 도덕적

---

65) 『朱子語類』, 卷八, "道便是無軀殼的聖人, 聖人便是有軀殼的道."

지혜를 가진 사람으로, "그의 한마디 말과 하나의 행동이 이치에 들어맞지 않는 것이 없다"[66]라고 일컬어지게 된다. 송대의 유학자들도 비록 역사상의 성왕들의 존재를 인정하기는 했지만, 성인 개념은 점차적으로 순수하게 내면의 완전성만을 조건으로 하는 것으로 정형화되기 시작하여 성인이란 개념의 내포적 의미는 철저하게 도덕적이거나 정신적인 숭고함으로만 채워지게 된다.

공자나 맹자를 중심으로 하는 고전 유가의 문제의식은 기본적으로 현실에 대한 관심에서 나온다. 이른바 현실에 적극적으로 참여하는 입세入世정신이다. 따라서 유가가 현실을 도외시한다고 말하는 것은 오해이다. 다만 여기에서 문제가 되는 것은 송학宋學의 도덕적 경사傾斜이다. 그러나 송학 역시 처음부터 이런 모습을 보였던 것은 아니다. 북송 초기의 유학부흥운동의 실제 내용은 입세정신에 관한 토론에서부터 시작한다. 이 시기에 순자철학이 다시 급부상한 사실 역시 이런 경향과 무관하지 않다.

북송시기 사풍士風의 전환은 기본적으로 현실에 대한 적극적인 참여정신과 책임의식으로 표현된다. 그것은 곧 천하의 문제를 자신의 문제로 자임하는 "이천하위기임以天下爲己任"[67]의 적극적인 현실참여의 태도이다. '천하의 문제를 자신의 문제로 자임하는' 이런 관점을 여영시余英時는 북송 유가를 포함한 전체 송대 신유가들의 사회에 대한 공통적인 태도를 규정하는 하나의 규범적 정의(normative definition)로 간주한다.[68]

'입세정신' 또는 '경세치용'이라는 문제의식에서 출발한 북송의 새로운 유학적 경향은 학자들로 하여금 유가 경전 속에서 치국평천하의 이론적

---

66) 『河南程氏遺書』, 卷24, "一言一動无不合於理."
67) 朱子가 范仲淹을 평가할 때 한 말로, 『朱子語類』권129 「本朝」에 "范文定公自做秀才時便以天下爲己任, 無一事不理會過"라는 말이 있다. 歐陽修의 「范公神道碑」(『歐陽文忠公文集』卷20)에서 범중엄의 "士當先天下之憂而憂, 後天下之樂而樂"이라는 말을 인용하고 있다.
68) 余英時, 『士與中國文化』(上海: 上海人民出版社, 1987), 502쪽.

근거를 찾아서 새롭게 해석하는 작업에 열중하게 만든다. 문인文人으로서의 유가가 가지고 있어야 할 역할과 책임이 무엇인가를 이구李覯(1009~1059)는 '문文'이라는 개념의 해석을 통하여 말하고 있다.

> 현인의 업業은 문文보다 앞서는 것이 없다. 문이라는 것이 어찌 다만 글 쓰고 문장을 짓는 필찰장구筆札章句일 뿐이겠는가? 진실로 물物을 다스리는 기器이다. 그것의 큰 작용은 예의 서序를 포함하고 악樂의 화和를 말하고 정치상의 법도와 규칙을 정비하고 형서刑書를 바로 한다.[69]

위에서 말하는 '문'이라는 것은 단순한 예藝의 의미나 책상 위의 학문으로 한정되지 않는다. '문'은 도덕뿐만 아니라 국가와 사회를 경영하는 경세적經世的 원리를 모두 포괄하고 있는 이른바 '도道'를 실은 '기器', '사물을 다스리는 기'로서의 '문'이라고 이구는 말하고 있다.[70] 유가적인 의미의 현인은 바로 이러한 의미의 문文을 실천하는 문인이다.

그러나 맹자를 존숭하는 존맹尊孟과 맹자를 비판하는 비맹非孟의 토론을 통하여 존맹파가 승리하면서 '사물을 다스리는 기器'로서의 '문文'은 점차적으로 사라지고, 다만 도덕과 결합한 성인관을 만들어 내게 된다. 이런 결과로 본래 성인이 가지고 있었던 실용적이고 현실적인 성격은 상실되어 버린다. 이후 도와 기를 분리하여 도만 강조하고 기를 무시하는 성인관이 강조되면서, 유가는 현실에 취약하고 현실의 문제를 구체적으로 해결하지 못하는 철학체계를 형성하게 되는 것이다.

이런 도덕이상주의적인 성인관이 만든 결과는 지고至高의 위치에 자리하고 있었던 유가를 나락으로 추락시켜서 단지 전근대前近代와 봉건의 상징으

---

69) 『李覯集』(北京: 中華書局, 1981), 「文集」 二十七 「上李舍人書」, "賢人之業, 莫先乎文. 文者, 豈徒筆札章句而已, 誠治物之器焉. 其大則核禮之序, 宣樂之和, 繕政典, 飾刑書."
70) 정병석, 「李覯의 經世論的 易解釋」, 『동양철학연구』 제22집(2000년 6월), 404쪽 참조.

로만 잔존하게 만들었다. 이런 상황에서 유학을 현대에서 부흥시켜 새로운 관점으로 해석하려는 경향을 가진 일군의 유학자들이 출현하는데, 이들이 바로 현대신유가(Contemporary Neo-Confucianism)들이다.

1950년대 이후 대만과 홍콩을 중심으로 활동한 현대신유가의 관점은 전통 속에 남아 있는 사상적 보고寶庫를 외면하지 않고 그것을 바탕으로 하여 부족한 점을 보충하는 '반본개신返本開新'의 방식을 취하고 있다. 현대신유가들은 전통적인 유가철학의 바탕 위에 서양의 사상과 문화를 흡수하고 회통하여 현대화된 유학을 건립하려는 시도를 보여 준다. 그들은 유학을 현대의 조건 속에서 계속 발전시키기 위해서는 유학이 가지고 있는 사상적 자원을 발굴하여 현대적인 형태로 새롭게 정립하는 것이 무엇보다 중요하다고 생각하였다.

그러면 유학의 현대화에 있어서 가장 필요한 것은 무엇이고 그 방법은 무엇인가? 여기에서 현대신유가들은 전통유학은 내성內聖 방면의 심성학心性學의 보편적 가치에 비해 외왕학外王學이 부족하다고 보았다. 부족한 점을 구체적으로 말하면 바로 민주주의와 과학기술의 결핍이다. 현대신유가들이 가지고 있는 궁극적 관심과 해결하여야 할 과제는 바로 여기에 있었다. 도덕주체를 지나치게 강조하는 전통유가의 문화는 서양의 민주제도와 과학, 현대의 각종 실용기술을 결핍하고 있다는 것이 그들의 판단이었다. 유학이 부족한 것은 다름이 아니라 지식을 진정한 가치로 여기는 전통을 가지고 있지 못하다는 것으로, 도덕적 지향을 너무 지나치게 강조하기 때문에 과학적 정신을 결핍하였다는 것이다.

유가 전통 속에서 과학과 민주주의를 발전시키지 못했다는 것은 그들의 외재세계에 대한 접근 방식이 부적절하다는 것을 의미한다. 그것은 유가가 가지는 과도한 도덕 지향이라는 측면으로 말미암은 결과이다. 여기에서 현대신유가들은 유학의 중심 개념인 내성외왕의 개념을 적절하게 해석하여 서양의 과학과 민주주의를 받아들일 수 있는 근거를 제시해 주어야 한다고 보았다.

현대신유가들은 전통유학에 대해 '내성은 강하지만 외왕은 약하다'(內聖强而外王弱)는 평가를 내리고, 외왕의 현대적인 해석을 통한 '신외왕론新外王論'을 주장한다. 대표적인 현대신유가인 모종삼牟宗三(1909~1995)은 이것을 '내성개출신외왕內聖開出新外王' 즉 내성으로부터 현대적 의미의 새로운 외왕外王 이론을 전개해 낸다는 말로 표현하고 있다. 그들이 말하는 '신외왕'의 내용은 이제 더 이상 전통유학에서 말하는 '제가齊家', '치국治國', '평천하平天下'가 아니라, 서양 근대의 민주주의와 과학기술을 의미한다.

앞에서 우리는 내성외왕의 이념이 가지고 있는 본질과 한계 및 그것이 어떻게 왜곡되었는가 라는 문제에 대해 살펴보았다. 그리고 그 과정에서 내성외왕의 이념이 현대적 의미의 민주주의와 과학이라는 결과를 도출해 내지 못했다는 이유로 무조건 평가절하 하는 것은 곤란하다. 하지만 내성외왕이 가진 장점에 의해서 그것이 가진 한계와 약점이 모두 덮일 수 있는 것은 아니다. 왜냐하면 그것은 근본적으로 도덕행위와 정치행위를 구별하지 못하고 내성을 외왕의 충분조건으로 인식해서, 도덕만을 과도하게 강조하고 다른 방향의 발전 가능성을 억압하는 결과를 낳았을 뿐만 아니라 스스로 왜곡되어 권위적인 이데올로기로 변질되어 버렸기 때문이다. 이것은 한대 이후의 전통유가가 걸어 온 잘못된 길이었지만, 유가는 서학의 동점 이후에야 비로소 근본적인 착오가 있었음을 자각하게 된 것이다.

내성외왕의 현대적 해석과 전형轉型을 실현하기 위하여 모종삼은 전통유가의 내성외왕이 가지고 있는 한계를 지적하고 새로운 방향을 제시하려고 한다. 이러한 관점에서 모종삼은 중국문화 특히 유가문화의 특징을 '종합적인 이성 실현의 정신'(綜合的盡理之精神), '이성의 운용적 표현'(理性之運用表現), '이성의 내용적 표현'(理性之內容的表現)이라는 개념으로 규정하고 있다. 그리고 서양문화에 대해서는 '분석적인 이성 실현의 정신'(分解的盡理之精神), '이성의 구조적 표현'(理性之架構表現), '이성의 외연적 표현'(理性之外延的表現) 등으로 대비적으로 말하고 있다. 모종삼은 이와 같은 유가와 서양문화의 비교를 통하여 유가가 가지고 있는 성격과 부족한 점을 내성외왕이라는 관점에서 분석하고 있다.

먼저 모종삼은 '이성의 내용적 표현'과 '이성의 구조적 표현'이라는 두 개념을 통하여 유가와 서양의 정치문화가 가지고 있는 기본 방향과 특징을 구별한다. 그런데 '이성의 내용적 표현'이라는 말에서, '내용'이라는 말은 이성의 내용을 말하는 것이 아니라 내용적으로 표현하는가, 외연적外延的으로 표현하는가 라는 뜻으로 사용되고 있다. 모종삼의 규정은 유가의 정치사상에서는 이성을 내용적으로 표현한다는 의미로서, 여기에는 정치를 객관적·외연적으로 표현하지 않고 생활 속의 사리事理를 통하여 덕치德治를 행하는 인자仁者가 그것을 판단하는 것을 말한다.[71] 이것은 객관적 의미의 현실정치 과정 속에서는 당연히 부족하다. 그에 비해 서양의 정치문화는 외연적 표현이라는 노선에 속하며, 이런 노선에 의해서 서양은 권리의 투쟁과 쟁취라는 과정을 통해 법률·계약·민주주의라는 정체政體를 획득해 낼 수 있었다고 보고 있다. 중국의 정치사상은 바로 이런 점을 결핍하고 있다는 것이다.[72]

이른바 '종합적인 이성 실현의 정신'(綜合的盡理之精神)에서, '종합적 이성 실현'이란 말은 모두 가치세계의 실천적인 의미를 말하는 것으로서 사실세계의 문제인 인식과는 관련이 없다. 이것은 도덕과 정치의 통일을 말하는 것으로, 중국문화는 완전히 이런 노선을 따라 발전해 왔다는 것이다.[73]

---

71) 牟宗三, 『政道與治道』(臺北: 廣文書局, 1979, 재판), 143~144쪽 참조.
72) 정병석, 「儒家의 聖王理念에 대한 批判的 檢討」, 『철학연구』(대한철학회).
73) 牟宗三, 『歷史哲學』(臺北: 學生書局, 1984년 8판), 166쪽~167쪽 참조.

그러므로 엄밀한 의미에서 모종삼이 말하는 '리理'(이성)는 이론적이거나 논리적인 것이 아니라 실천이성 혹은 도덕이성으로, 공자가 말하는 '인仁'이나 맹자의 '측은지심惻隱之心'에 해당한다. 여기에 비해 서양문화를 규정하는 '분석적인 이성 실현의 정신'에서 말하는 이성은 '이론이성', '인식론적 의미의 심心' 혹은 '지성주체知性主體'로, 서양문화는 지적인 체계가 강조되는 문화적 특성을 가지고 있다고 말한다.[74]

모종삼은 유가가 논리학·수학·과학 그리고 민주정치를 만들어 내지 못한 이유를 다음과 같이 말하고 있다.

> 인성人性의 전체적인 표현 속에서 지성知性적인 측면에서 많은 부분을 결핍하고 있다. 이 때문에 논리학·수학과 과학이 출현하고 있지 않다. 객관적 실천 방면에서는 또한 (정치적인 원칙인) 정도政道의 확립이란 문제를 결핍하고 있다. 이 때문에 민주정치가 출현하지 않았고, 근대화된 국가정치와 법률 역시 출현하지 않았다.[75]

정치적인 면에 있어서 유가는 객관적인 정치원칙에 따르는 정도政道는 보이지 않고 다만 성왕 혹은 성군현상聖君賢相의 신치神治 형태에만 의존하고 있다. 신 즉 상제가 세계를 다스리면 국가의 정치와 법률을 통하여 통치할 필요를 느끼지 못하게 되는데, 중국의 과거 2000년 동안 시행되어 온 군주제는 이런 신치의 경지를 지향하여 온 것이라고 말한다.[76] 이런 관점에서 모종삼은 과거 유가가 강조한 외왕의 이상은 여러 가지 면에서 부족하다고 진단한다. 정심성의正心誠意가 직접 외왕을 포괄하는 형태의, 외왕을 내성으로부터 도출해 내는 유가의 정치는 문제가 많다고 지적한다.[77]

---

74) 牟宗三, 『歷史哲學』, 169쪽.
75) 牟宗三, 『歷史哲學』, 191쪽.
76) 牟宗三, 『歷史哲學』, 191쪽.
77) 牟宗三, 『歷史哲學』, 191쪽.

모종삼은『정도政道와 치도治道』에서 '이성의 운용적 표현 및 구조적 표현'과 '이성의 내용적 표현 및 외연적 표현'에 대해 말하고 있다.

이른바 '이성의 운용적 표현'(functional presentation)에서, '이성'은 실천이성을 가리키고 '운용'은 작용 혹은 기능의 의미이기 때문에 '이성의 운용적 표현'이라는 말은 바로 덕성의 감화나 덕성의 지혜로운 사용을 의미하는 말이 된다.[78] 그런데 '이성의 운용적 표현'은 인격이라는 측면에서는 합당한 것이지만, 지식이나 정치 방면에서는 많은 문제를 야기하게 된다. 유가가 결과적으로 행할 수밖에 없었던 황제에 대한 감화라는 것은, 국가의 법률과 객관적 정치형태를 갖추지 못한 조건에서는 결코 그들을 견제할 수 없다는 것이다. 또한 지식이라는 측면에서 '이성의 운용적 표현'은 다만 '지적智的 직각'의 형태인 비경험적인 초월지超越智의 의미를 가지고 있기 때문에 근대적 의미의 과학을 성취하기는 힘들다고 말한다.[79] 왜냐하면 이른바 '운용적 표현'이라는 것은 모두 대상과 주체의 대립을 해소시키는 것으로, 대상을 주체 속으로 끌어 오거나 주체를 대상 속으로 밀어 넣어 버림으로써 하나를 절대적인 다른 하나에 종속되는 상태로 만들어 버리기 때문이다. 이런 주체와 대상의 관계를 말하면 이른바 예속관계(sub-ordination)가 되어 버린다.[80] 전통유가의 정치적 형태는 바로 이런 점을 잘 보여 주고 있다. 여기서는 군주의 일반 백성에 대한 관계가 마치 부모가 자녀를 대하는 관계와 같기 때문이다.

이에 비해 '이성의 구조적 표현'(constructive presentation)은 상대적 대대對待관계인 대열관계(對列之局, co-ordination)를 형성함으로써 비도덕적인 이론이성의 성격을 잘 드러내 주고 있다. 이른바 지성적 측면에 속하는 것으로, 민주정치와

---

78) 牟宗三,『政道與治道』, 46쪽.
79) 牟宗三,『政道與治道』, 50쪽.
80) 牟宗三,『政道與治道』, 52쪽.

과학은 '이성의 구조적 표현'에 의해서 성취된 것이라고 모종삼은 말한다.[81]
여기에서 그는 어떻게 "(이성의) 운용적 표현을 구조적인 표현으로 전환할
수 있는가"라는 문제를 던진다. 이 문제는 외왕을 내성의 직접적인 연장延長으
로 보았던 전통유가의 관점에 대한 반성이라고 볼 수 있다. 그는 분명히
내성의 운용적 표현 속에서 과학이나 민주주의를 직접적으로 도출해 내는
일은 불가능하다고 말한다. 비록 내성의 영역과 외왕의 영역이 통하는 것은
사실이지만, 그는 다시 통을 직통直通과 곡통曲通으로 구별한다. 직통은 과거
유가들이 말하는 외왕을 내성의 직접적인 연장으로 보는 관점이고, 곡통은
일종의 전환轉換의 돌변突變을 의미하는 곡전曲轉을 말한다.[82] 직통의 방식은
외왕이 특수한 본질을 가지고 있다는 사실을 무시한 것으로, 덕성이 있다고
해서 직접적으로 과학과 민주정치가 형성되는 것은 아니다.[83] 모종삼은
내성적인 덕성이 과학이나 민주주의와 직접적인 관계를 지닌다고 보아서는
안 되고, 그것들은 각기 독립적인 특성을 가지고 있다고 강조한다.

　모종삼에 따르면 유가의 심성학이 과학과 민주주의를 도출해 내기 위해
서는 '곡통' 혹은 '전환의 돌변'이 필요하다고 하는데, 이것을 그는 도덕이성
의 자아감함自我坎陷 혹은 자아부정이라고 말한다.

　　동태적動態的으로 덕성을 이루는 도덕이성을 정태적靜態的으로 지식을 구성하는
　　이론이성으로 전환하는 것을 도덕이성의 자아감함(자아부정)이라고 말한다. 이것은
　　동태적인 것을 정태적인 것으로 바꾸고 무대無對를 유대有對로 전환하며 실천상의
　　직접적인 관통(直貫)을 이해理解 상의 횡렬橫列로 전환하는 것이다. 이런 전환을 통하여
　　이론이성의 자성自性은 도덕과 상관없는 것이 되고, 이성의 구조적 표현과 그 성과(즉
　　지식) 역시 도덕과 상관하지 않게 되는 것이다. 여기에서 이론이성의 활동과 성과는

---

　81) 牟宗三, 『政道與治道』, 52~53쪽.
　82) 牟宗三, 『政道與治道』, 56쪽.
　83) 牟宗三, 『政道與治道』, 56쪽.

모두 비도덕적(反道德이나 非道德을 말하는 것이 아님)인 것이 된다. 이른바 도덕중립이 성립한다.[84]

'도덕이성의 자아부정'(良知自我坎陷)이라는 관점은 유가 자체가 지닌 본질적 정신과 민주주의·과학 간의 관계를 특정한 방식으로 처리하려는 이론이다. 이것은 도덕을 비도덕 즉 도덕중립으로 만들어 과학과 정치를 그것에서 분화시킴으로써 과학의 독립성과 정치의 독립성을 가능하게 만들려는 것으로, '도덕이성의 자아부정'이라는 전환을 통하여 이로부터 과학과 근대화된 국가, 정치와 법률이 모두 성립될 수 있게 하려는, 현대화된 '신외왕' 이론을 전개하려는 시도이다.

'도덕이성의 자아감함' 이론은 유가의 내성적인 심성학이 직접적으로 서양식의 과학과 민주주의를 도출해 내지 못하는 한계를 보완하려는 의도에서 나온 이론이다. 이 이론은 한편으로는 유가의 내성적인 심성학을 본원으로 삼아 지속적으로 주도적 위치를 유지하게 하는 동시에 외왕의 부족한 점을 현대화하려는 두 가지 필요성에 모두 적응하기 위한 고충에서 나온 이론이다. 이런 모종삼의 입장에 대해서 그 이론을 지지하는 사람들은 '도덕이성 자아감함설'이 전통적인 의미의 내성과 현대의 외왕을 성공적으로 연결시켰다고 평가하면서, 유학 제3기의 발전이 해결해야 할 시대적 과제를 적절하게 해결한 것으로 보고 있다.

그러나 이렇게 전통적인 내성의 심성학에 근거하여 '신외왕' 이론을 전개하는 방식은 현실적으로 적지 않은 한계와 문제를 가지고 있다. 여기에서 모종삼의 이론에 대해서 가장 우선적으로 비판할 수 있는 문제는, "어떻게 전통적인 내성을 보존하면서 그 바탕 위에서 서양의 민주주의와 과학기술로 대표되는 현대적인 신외왕을 도출해 낼 수 있는가" 하는 점이다.

---

84) 牟宗三, 『政道與治道』, 58쪽.

만약 그의 관점대로 전통적인 내성 즉 인간의 심성에서 현대적 의미의 민주주의와 과학기술이라는 것이 전개되어 나올 수 있다면, 논리적으로 볼 때 민주주의와 과학기술이라는 자원이 이미 그 속에 내재되어 있다는 결론이 나온다. 이것은 심성을 어떤 것도 빠뜨리지 않고 이미 모두 가지고 있는 완벽한 것으로 가정하고 있는 관점이다. 그러나 실질적으로 전통유가는 민주주의와 과학을 실현해 내지 못하였는데, 이 이유를 모두 외왕의 결실缺失로만 돌리고 내성적인 심성은 전혀 문제가 없는 것으로 말하는 것은 분명히 따져 보아야 할 문제이다.

심성유학으로 신외왕 이론을 전개해 내려는 모종삼의 시도는 오히려 심성유학의 난점을 더욱 강화시켜 심성유학이 가지고 있는 본성을 위배하게 만든다. 현실의 도구적인 이성 발전을 내용으로 하는 외왕의 문제를 가치이성을 위주로 하는 심성유학에 근거하여 해결하라고 하는 것은 어쩌면 매우 가혹한 요구일지도 모른다. 그런데도 왜 고집스럽게 내성으로부터 신외왕을 전개해 내어야 한다고 말하는가? 모종삼과 현대신유가가 걱정하는 문제는, 만약 전통적인 내성의 구조를 견지하지 않고 완전히 이성의 구조적 표현과 대열관계의 사유방식만을 가지려고 하는 것은 다름 아닌 유학의 변질을 의미하는 것이 되고 만다. 이래서는 더 이상 유학이라고 할 수 없기 때문에 그들은 심성유학의 내성에 근거하여 외왕을 전개해 내는 입장을 강력하게 견지하려고 하는 것이다.

그러나 이런 입장 때문에 이른바 이성구조와 대열관계는 모두 내성적인 심성에 의해 통제되어, 도덕주체는 여전히 우선적인 주도권과 통제력을 가지게 된다. 이러한 관점은 분명히 모순된다. 왜냐하면 도덕주체가 일단 우선적인 통섭의 지위에 위치하게 되면 이성의 구조적인 표현, 대열관계의 사유방식은 모두 자기 기능을 온전히 실현하지 못하게 되기 때문이다. 비록 모종삼은 도덕주체가 뒤로 한 걸음 물러나서 잠시 자신을 잊어버리는

'도덕양지의 자기부정'과 곡통의 방식을 이용하여 그러한 모순을 해결하려 했지만, 이 모순은 실제로는 여전히 존재하고 있다.

지금까지 전통유가가 가지고 있는 내성외왕의 구조와 그것이 지닌 한계에 대해 살펴보았고, 동시에 모종삼의 신외왕 이론에 대하여 논의하였다. 서양에서 기원한 민주주의의 출현 배경에는 도덕의 현실 속에서의 무기력함과 인성의 유한성 및 부정적인 요소 등의 문제가 깊숙이 자리하고 있었다. 그에 비해 유가사상은 인성에 대하여 지나치게 낙관적인 태도를 견지하여, 인성의 현실적 측면에 대해서는 주의를 기울이지 않았다. 여기에서 참으로 중요한 것은, 필자가 생각하기에 유가의 내성외왕의 합일이라는 궁극적 이념이 현실적으로 무용하다는 현실적 자괴감을 단순히 외왕의 조정만을 통해 해결하려는 시도는 한계가 있을 수밖에 없다는 점이다. 왜냐하면 내성외왕의 이념이 도전받는 것은 현실적 측면에서뿐만 아니라 이미 심성의 내성적 측면 역시 위기 속에 빠져 있기 때문이다. 즉 내성 방면의 심성과 천인합일天人合一이라는 유가의 종합력 역시 조정이 필요 없는 성역은 아니라는 것이다.

이른바 현대의 신유가들이 유가가 유가일 수 있는 심성철학의 뿌리에다 억지로 서양철학의 구조를 접목시키는 방식은 여전히 신중하게 검토해 보아야 할 것으로 보인다. 오히려 그런 방식보다는 지금까지 주의하지 않았던 유가의 외왕적 자원들에 대해 다시 눈을 돌려보는 방식 또한 하나의 해결 방법일 수 있다는 생각이 든다. 이런 점에서 이 책이 다루고 있는 『역전』의 '도기합일적'인, 숭덕광업崇德廣業하는 성인관 역시 주목할 만한 자료라고 생각한다.

이 책이 『역전』의 성인관 가운데 특히 주목하고 있는 부분은 성인이 보여 주고 있는 실천적 역할과 기능이라는 부분이다. 『역전』에서 나타나는 이성적·현실적이고 실용적인 성인의 형상은, 내성에만 치우쳐 있는 도학적道學的 성인관을 재조정하여 근본유학 본래의 '내성과 외왕의 균형'이라는 이념을 다시 새롭게 전개할 수 있는 근거를 분명하게 보여 주고 있다. 왜냐하면 『역전』에 나타나는 성인의 형상은 인격완성을 추구하는 도덕적 존재일 뿐만 아니라 현실에 우환하고 개물성무開物成務하여 천하를 이롭게 하려는 현실적·실용적인 성격을 가지고 있는 존재로도 나타나기 때문이다. 이런 『역전』의 성인관은 유가적 이념인 내성과 외왕의 균형이라는 모델을 제시해 준다.

성인이라는 인간상은 모든 유가들이 지향하는 이념이자 목표이다. 실제로 유학의 수많은 철학적 논의들이 지향하는 내용의 대부분이 이런 성인의 경지에 도달하는 것을 최종적인 목적으로 삼고 있다고 하여도 틀린 말은 아닐 것이다. 그러나 일반인들이 생각하고 있는 유가들의 이상적인 '성인관'은 대부분 도덕군자의 이미지를 벗어나지 못하고 있는 것이 사실이다. 이런 도덕적인 의미의 성인관을 곧장 유가의 가장 전형적인 관점이라고 보는 것은 분명히 문제가 있다.

이에 비해 『역전』의 성인관은 '작자作者로서의 성인'과 '도덕적 성인'의 두 측면을 매우 균형 있게 강조하는 '도기합일적' 혹은 '도기결합적' 성인관을 말한다. '도기합일적 성인관'은 또한 공자가 언급하였던 성인의 표준과 기능에도 잘 부합한다. 성인의 기능은 바로 공자가 『논어』에서 말한 "백성들에게 은혜를 베풀어 많은 사람을 구제하는" 것에 있다. 이것은 단순한 형이상적인 도의 추구만을 통해서는 어렵다. 당연히 형이상적인 도에 대한 연구도 있어야 하지만, 동시에 형이하적인 기器에 대한 추구도 함께 있어야 하는 것이다. 이런 측면에서 우리는 『역전』의 성인관이 가지고 있는 특성에 주목할 필요가 있다.

제8장 맺는 말

중국철학사 속에서 성인의 출현이 가지고 있는 가장 중요한 철학적 의미는 바로 인간의 발견과 자각이라는 점에 있다. '성聖'이라는 말의 원초적 의미는 천天이나 신神의 뜻을 묻는 것과 관련이 있다. 원고시대의 성인은 천도天道의 소리를 듣고 그것을 사람들에게 알려 주는 역할을 하는 무격巫覡이었다. 그러다가 『시경』·『서경』·『좌전』·『국어』 등에 이르면 '성'은 원래의 종교적인 성격이 희박해지고 "통찰력이 있다", "총명하다", "능력 있다" 등의 일반적인 인간 능력을 의미하는 것으로 변한다. 이때의 성은 '생각思의 밝고 지혜로움'을 말하는 것으로, 단순히 '청각의 예민함'으로 성을 이해하는 관점과는 구별된다. 이런 성 의미의 변화는 성인숭배의 관점과 직접적으로 연결되는 것으로 보인다.

성인숭배의 사조가 출현한 것은 바로 중국역사상 가장 혼란하고 어두웠던 춘추전국시기이다. 당시의 빈번한 전쟁은 백성들을 도탄에 빠지게 만들었고, 여기에서 사람들은 마음속으로 어떤 위대한 인물이 나타나 이 고통스런 재난을 종식시켜 주기를 간절히 원했다. 이윽고 사람들이 진정으로 갈구하던 인물은 성인으로 표상된다. 성인을 숭배하는 숭성崇聖사조는 확실히 이처럼 당시 사람들의 '성인이 난세를 구원한다'라는 사회심리적인 욕구와 염원을 반영하고 있다.

성인숭배의 기원은 '성인구세론聖人救世論'을 통하여 분명하게 나타난다. 맹자에 의하면, 우禹는 치수治水를 통하여 세상을 구원하였고, 무왕은 혁명을 통하여 구세하고, 공자는 『춘추』를 지어 구세하였다는 것이다. 즉 우임금은 인위적 문명의 힘으로, 무왕은 도덕적인 정치로, 공자는 인의예지의 학문으로 구세했음을 말하고 있다.

성인숭배사상은 대부분의 선진 제자백가들에게 영향을 주었다. 묵가와 법가, 도가 등은 비록 사상 내용에서는 차이가 있을지 모르나 예외 없이 모두 성인숭배의 경향을 보여 주고 있고, 성인은 인류를 구원하여 문명발전을 창조하고 주도하는 사람으로 묘사되고 있다. 이처럼 선진시기의 성인의 모습은 도덕·지혜를 갖추고 있을 뿐만 아니라 인간의 현실적 염원을 해결해 주는 현실의 업적 즉 공업功業의 측면에서 가장 빼어난 능력을 가지고 있는 사람으로 표현된다.

성인숭배는 선왕숭배先王崇拜로 이어지고, 전설 중의 삼대三代 이전의 영웅시대의 인물들을 현실 속으로 끌어오기 시작한다. 여기에서 나온 것이 바로 '성인을 만들어 내는' 조성造聖운동이다. 삼황오제三皇五帝는 바로 성화聖化 혹은 성인화聖人化라는 '성인 만들기'(造聖)의 산물이다. 성인화운동 혹은 '성인 만들기'의 경향은 결코 일시적인 우연이나 날조라기보다는, 현실적인 사유의식과 나름대로의 법칙을 가진 오래된 하나의 보편적 현상이라고 보아야 할 것이다.

성인숭배의 현상인 조성과 성인화가 유가와 중국인의 의식을 지속적으로 지배했다는 관점에서 보면, 그것은 역사적 진실과는 무관한 하나의 정신적·문화적 상징 또는 부호이다. 즉 세상을 구원해야 한다는 공동체의 집체정신을 상징하는 부호로서의 성인을 표현하기 위해서는 복희씨·황제·요·순·우 같은 실재적인 인물들이 필요했던 것으로 보인다. 성인이 총명한 보통사람에서 마음속으로 숭배하는 신성한 성인으로 전환된 것은 기본적으로 당시의 역사적 상황과 정치에 대한 기대와 공동체의 집체정신이 만들어 낸 결과라고 할 수 있다.

『주역』과 성인의 관계를 이야기할 때 가장 많이 언급되는 문제는 아마도 『주역』의 형성과 관련된 '성인작역聖人作易'의 문제일 것이다. '성인작역'의 문제와 관련되어 논란을 일으키는 주요 내용에는 8괘와 64괘의 기원과 제작자, 중괘설重卦說 및 『역전』과 공자와의 관계 등에 관한 문제들이 포함되어 있다. 이런 논란이 되는 대부분의 문제들은 주로 『역전』이나 『한서』 등에서 말하는 '성인사관'에 근거하여 해석되어 온 것이 사실이다.

한대 이후 『주역』은 경학자들에 의해 성인지서聖人之書로 간주되는데, 그 주된 이유는 『주역』을 구성하는 8괘, 64괘, 괘효사와 『역전』이 모두 3성(복희씨, 문왕, 공자)이나 4성(복희씨, 문왕, 주공, 공자)으로 지칭되는 성인들에 의해 제작된 것으로 받아들여졌기 때문이다. 이것이 바로 '성인작역'의 관점이다. 그러나 '성인작역'이라는 존고적尊古的 관점은 송대 구양수歐陽修와 청대 최술崔述 등의 도전적 견해에 직면하여 꾸준히 비판되어 오다가, 20세기 초기 고사변 학파로 불리는 의고적 경향에 의해 심하게 동요되면서 『주역』이라는 책은 단지 한 권의 복서지서卜筮之書로 전락하고 만다. 동시에 『역전』에 출현하는 성인들은 어떠한 철학적 의미도 가지지 못하는 전설 속의 인물로 추락해 버렸다.

그러나 여기에서 우리가 주목해야 할 것은, '성인작역'의 관점이 실증주의적 관점에 의해 부정되어 버렸다고 하더라도 『주역』의 성인이 전혀 의미가 없는 것은 아니라는 점이다. 『주역』의 저작을 성인에게 돌리고 있다는 사실은 그것에 관한 『주역』 내용의 진의를 확인하는 데에 핵심이 있는 것이 아니라 그보다는 더욱 근본적인, 인간의 자연에 대한 인식과 해석 및 그것의 응용이라는 문제를 포함하고 있기 때문이다.

춘추전국시대 도가를 제외한 대부분의 제자백가들이 인문세계의 출발점을 "성인작聖人作"이라는 관점에서 시작한 것에서 알 수 있듯이, 『역전』의 성인이 만든(作) 구체적 업적들은 대부분 인간세계를 안녕하게 만든 것으로서 인문질서의 건립이라고 할 수 있다. 그런데 여기에서 지적해야 할 것은, 『역전』은 제자백가들이 주장한 성인관을 종합하여 그것을 보다 체계적인 철학적 관점에서 정리하고 있다는 점이고, 더욱 중요한 것은 그러한 성인에 대한 일련의 철학적 해석 과정을 통해 『주역』은 완전히 다른 성질의 책으로 변화하게 되었다는 점이다. 즉 『주역』은 성인이라는 존재와의 만남을 통하여 점서占筮의 지평에서 철학적·인문적 지평으로 전환하여 더 이상 점치는 책이 아니라 유학의 도덕체계와 형이상학을 말하는 철학적인 경전으로 변신하게 되었다는 것이다.

『주역』에 보이는 성인은 도덕적 인격뿐만 아니라 우주와 인간을 통찰할 수 있는 빼어난 이지적 능력까지도 함께 갖추고 있는 존재로 표현된다. 성인은 이런 빼어난 이성적 능력을 통하여 인류의 역사와 문명의 발전을 주도해 나가는 역할을 하고 있다. 『역전』은 성인이 가지고 있는 이성적이고 합리적인 성격을 통하여 인류의 역사 발전과 문명의 진보라는 관점을 매우 다양한 시각에서 보여 주고 있다. 이것을 『역전』은 '삼재三才'의 제등齊等이라는 관점을 통하여 보여 준다.

『역전』은 기본적으로 '천인합일'을 주장하지만, 천인天人을 천도·지도·인도 등의 삼재라는 더욱 세분화된 구조를 통하여 이야기하고 있다. '삼재'를 통하여 『역전』이 말하려고 하는 것은, 인간은 천지만물 중에서 천과 지와 제등齊等한, 천지와 더불어 우주의 중심적인 지위에 자리하는 근본적인 존재임을 강조하려는 것에 있다.

선진시기의 문헌 속에서도 천·지·인을 일체로 연결하여 말하거나 대칭적으로 사용하는 경우가 많이 보인다. 이러한 관점은 『춘추』·『국어』·

『노자』·『묵자』 등에서 찾아볼 수 있다. 그러나 이들 문헌에서는 인간의 지위가 결코 천지와 대등한 관계에 있지 않다. 『노자』의 경우, 제23장의 "사람은 땅을 본받고, 땅은 하늘을 본받고, 하늘은 도를 본받고, 도는 자연을 본받는다"라는 구절은 인간의 가치적 서열이 어디에 있는지를 분명히 말해 주고 있다. 이에 비해 『역전』은 인간의 지위를 천지와 평등하고 대등한 관계로까지 끌어 올리고 있다.

천도·지도·인도의 '삼재'가 말하는 핵심은 '천지의 도'에 인도가 주동적으로 참여하는 것에 있다. 여기에서 인도를 대표하는 인간관이 부각되고, 이로부터 성인이 요청된다. 『역전』은 '삼재' 간의 주종 관계를 강조하려는 것이 아니라, 천·지·인 각각이 지닌 고유한 기능과 역할의 기능적 조화와 합일을 말하는 제등관에 초점이 있다.

천·지·인 '삼재가 가지고 있는 변화 혹은 생성이 말하는 것을 정리하면 '천생인성天生人成'과 '인문화성人文化成'이라는 개념으로 압축할 수 있다. 『역전』은 '천도'를 통하여 '인도'를 말하지만, '인도'는 주동적으로 '천도'에 참여한다. 이런 관점을 『역전』은 철학적인 차원으로 전환시켜 "한 번 음하고 한 번 양하는 것을 도라고 하고, 그것을 이어받은 것이 선이고, 그것을 이룬 것이 성이다"라고 하여, 변역變易하는 '천도'의 파악을 통해 '인도'를 말하고 또한 '천도'에 근거해서 인간 자신이 능동적인 작용을 발휘하는 '인성人成'을 실현해야 함을 강조한다. 이것은 곧 천지의 도를 파악하는 '지천지知天地'의 단계에서 천지의 도를 본받는 '법천지法天地'의 단계로 나아가고, 다시 천지의 도를 현실에 응용하고 적용하는 '용천지用天地'의 단계로 나아가는 '인성人成' 실현의 단계이다. 천지의 부단한 생성변화의 도를 이해하고, 그런 천지의 부단한 변화를 본받으며, 그것을 우리의 생활 속에 적용하여 구현하는 것이 바로 『역전』의 '삼재지도'가 말하려는 근본 의미라고 할 수 있을 것이다.

그러면 모든 사람 누구나 '생생生生'하는 천지를 본받아 '인문화人文化'하는 능력을 가지고 있는가? 여기에서『역전』은 우주의 변화와 현실의 복잡한 문제들을 전체적으로 통찰하여 해결할 수 있는 능력을 겸비하고 있는 존재를 요청한다. 그가 바로 성인이다.

『역전』의 '삼재관'에서 인류는 비록 세계의 중심은 아니지만, 단순한 동식물계 속의 일원이기만 한 것도 아니다. 인류 또한 우주 속의 일개 구성원이지만, 그 지위는 우주 속의 다른 구성원들과는 다르다. 그렇게 되는 근본 원인은 사람은 그들만의 지혜로써 세계를 바꾸어 제2의 창세를 가능하게 하는 창조적 능력을 가지고 있기 때문이다. 이 점을『역전』은 성인이라는 매개를 통하여 분명하게 말하고 있다.

성인의 활약상을 그린「계사전」의 문장들은 흡사 중국 상고시기의 문화사를 서술하고 있다는 느낌을 준다. 그 문장들에는 복희씨 → 신농씨 → 황제 → 요 → 순으로 이어지는 문명발전사가 그대로 담겨 있다. 그런데 이런 것들이 실제 역사적 사실과 부합하는가의 여부는 그렇게 중요한 것이 아니다. 왜냐하면「계사전」속의 성인은 실재의 인물이라기보다는 인간의 문명을 만들고 삶의 질을 높이는 문화적 인격부호이기 때문이다. 비록 구체적인 실재의 인물로 제시되어 있다 하더라도, 실제로는 사회공동체가 지니고 있는 내재정신의 상징적 표현에 불과하다. 그러한 성인은 사람들이 도저히 근접할 수 없는 초월적인 존재가 아닌, 현실 속의 존재에 그들 자신의 희망을 투영한 것으로, '인문화성'의 임무를 담당한 성인이라는 이름의 사회적 자아일 뿐이다. 문화적 상징부호로서의 성인은 실제로는 사람들의 염원과 희망을 담은 하나의 매개체일 뿐인 것이다.

『역전』에서 성인을 요청한 이유는 한마디로 말하면 인문세계의 개창이다. 성인의 역할은 기본적으로 인문적 활동이고 문명발전의 길이다. 이런 점에서『역전』에서 성인의 적극적인 등장이 의미하는 것은 바로 자연과 세계에 대한 새로운 인문적인 해석 지평이 전개되고 있다는 것이다. 이를 통하여 『주역』은 점서占筮를 위한 책에서 인문적이고 철학적인 성질을 가진 책으로 전환하게 된다.

『역전』에서 나타나는 이성적·현실적이고 실용적인 성인의 형상은 내성內聖에만 치우쳐 있는 도학적 성인관을 재조정하여 원시유학 본래의 내성외왕의 균형이라는 이념을 다시 새롭게 전개할 수 있는 근거를 보여 주고 있다. 『역전』의 성인관에서 주목해야 할 부분은 성인이 보여 주고 있는 실천적 역할과 기능이라는 측면이다. 『역전』에 나타나는 성인의 형상은 인격완성을 실현한 도덕적 존재일 뿐만 아니라 천하를 이롭게 하려는 현실적·실용적인 성격을 지닌 존재이다. 이런 『역전』의 성인관은 유가적 이념인 수신과 경세, 내성과 외왕의 균형이라는 모델을 제시해 준다.

『역전』의 성인관이 유가철학사에서 가지고 있는 가장 중요한 의의는 내성과 외왕의 두 측면을 매우 균형 있게 강조하는 '도기합일적 성인관'을 제시하고 있다는 점에서 찾아야 할 것이다. '성인'의 '성'의 표준은 '형이상'의 도의 영역과 '형이하'의 기器의 두 영역에 모두 걸쳐 있어야 한다. 그래서 『역전』에서의 성인은 도덕적 존재인 동시에, 현실에 실제로 필요한 기물을 만들어 천하를 이롭게 하는(立成器以爲利天下) 존재이다. 『역전』에서 강조하는 '도기합일적 성인관'을 통하여 우리는 성덕成德의 인문적 교양과 성기成器의 전문가 교육이라는, 교육의 두 측면을 하나로 결합할 수 있는 이론적 단서를 발견할 수 있을 것이다.

특히 이 문제는 현대 교육이 추구하는 전인교육全人敎育에 중요한 단서를 제공해 줄 수 있으리라 생각된다. 아울러 그것은 유학 교육이 도덕수양 방면에만 치중하고 "군자불기君子不器"[1]를 주장하여 전문가의 양성에는

---

1) 『論語』, 「爲政」.

소홀하다는 통념(특히 막스 베버나 서양의 학자들의)을 불식시킬 수 있는 근거 역시 제공해 줄 수 있을 것으로 보인다.

여기에서 말하는 전문가를 만드는 성기적成器的 교육은 이른바 희랍 전통의 분과分科적 학문의 전문가를 양성하는 지식교육을 의미한다. 예를 들면 언어학이나 생물학, 화학, 건축학, 기계공학 같은 전문적인 특정 분야의 지식을 체계적으로 가르치고 연구하는 것을 말한다. 이에 비해 유가의 교육은 학문 자체의 지식을 가르치는 데 있다기보다는 도덕(德)을 지닌 군자 즉 완전인完全人을 만드는 데 최종 목적이 있다.

어쩌면 현대사회나 교육은 "군자불기君子不器"를 강조하는 것이 아니라 오히려 "군자필기君子必器"2)를 역설하고 있는지도 모른다. 현대를 살아가는 사람에게는 특정 분야의 전문가가 되는 성기成器가 당연히 중요하다. 그러나 사람인 이상 동시에 성덕成德을 필요로 한다. 그렇더라도 과거 전통유가가 행하는 방식으로 성덕 교육을 실시하기는 현실적으로 어려울 것이다. 따라서 현실적인 측면에서 인문교양으로 대체하는 것도 하나의 방법이 될 수도 있을 것으로 보인다. 이런 점에서, 『주역』은 '도기합일적 성인관'이나 '숭덕광업崇德廣業' 등의 균형 있는 전인관全人觀이나 교육관을 제시함으로써 '성덕'의 인문적 교양과 '성기'의 전문가 양성이라는 두 측면을 하나로 결합할 수 있는 이론적 단서를 제공해 준다. 이런 관점들을 『주역』의 성인관은 잘 보여 주고 있다.

---

2) 李澤厚, 『論語今讀』(合肥, 安徽文藝出版社, 1998), 62쪽.

참고문헌

원전류

『經典釋文』.	『國語』.	『冷齋夜話』.	『老子』.
『論語』.	『論語集解』.	『論衡』.	『大戴禮記』.
『讀通鑑論』.	『墨子』.	『孟子』.	『白虎通義』.
『四書集注』.	『四書或問』.	『史記』.	『山海經』.
『尙書』.	『尙書正義』.	『說文通訓定聲』.	『說文解字』.
『說文解字注』.	『洙泗考信錄』.	『荀子』.	『述異記』.
『新語』.	『呂氏春秋』.	『易程傳』.	『易纂言』.
『列子』.	『易緯』.	『王陽明全集』.	『儀禮』.
『李覯集』.	『二程遺書』.	『資治通鑑』.	『資治通鑑外紀』.
『莊子』.	『張載集』.	『徂徠石先生文集』.	『傳習錄』.
『左傳』.	『周易』.	『朱文公文集』.	『周易略例』.
『周易折中』.	『周易正義』.	『周易集解』.	『周易集解纂疏』.
『朱子語類』.	『昌黎先生文集』.	『河南程氏遺書』.	『韓非子』.
『漢書』.	『韓詩外傳』.	『弘明集』.	『淮南子』.

단행본류

김형효 저, 『맹자와 순자의 철학사상』, 서울: 삼지원, 1990.

박종현 역주, 『플라톤의 국가·政體』 제5권, 서울: 서광사, 1997.

정병석, 『주역』, 서울: 을유출판사, 2011.

정병석, 『유학, 연속성의 세계와 철학』, 경산: 영남대출판부, 2013.

정병석, 『점에서 철학으로』, 서울: 동과서, 2014.

허재윤 저, 『인간이란 무엇인가?』, 대구: 이문출판사, 1986.

溝口雄三·丸山松幸·池田知久 편저, 김석근·김용천·박규태 옮김, 『중국사상문화사전』, 서울: 민족문화문고, 2003.

노사광 저, 정인재 역, 『중국철학사』(고대편), 서울: 탐구당, 1986.

랄프 루드비히 지음, 이충진 역, 『정언명령』, 서울: 이학사, 1999.

미카엘 란트만 저, 허재윤 역, 『철학적 인간학』, 형설출판사, 1977.

시마다 겐지, 김석근·이근우 옮김, 『주자학과 양명학』, 서울: 까치, 1986.

C.A. Peursen, 강영안 역, 『급변하는 흐름 속의 문화』, 서울: 서광사, 1994.

알프레드 포르케 저, 양재혁·최해숙 역주, 『중국고대철학사』, 서울: 소명출판, 2004.

楊適 지음, 정병석 옮김, 『인륜과 자유』, 부산: 소강, 1999.

에머리히 코레트 지음, 진교훈 옮김, 『철학적 인간학』, 서울: 종로서적, 1988.

요한네스 힐쉬베르거 지음, 강성위 옮김, 『서양철학사』(上), 대구: 이문출판사, 1988.

李澤厚 著, 정병석 역, 『中國古代思想史論』, 서울: 한길사, 2005.

장 디디에 뱅상·뤼크 페리, 이자경 옮김, 『생물학적 인간, 철학적 인간』, 서울: 푸른 숲, 2002.

장 디디에 뱅상·뤼크 페리, 이자경 옮김, 『생물학적 인간, 철학적 인간』, 서울: 푸른 숲, 2002.

평유란 지음, 정인재 옮김, 『간명한 중국철학사』, 서울: 마루비, 2018.

高亨, 『周易大傳今注』, 北京: 淸華大學出版社, 2010.

高亨 著, 王大慶 整理, 『高亨周易九講』, 北京: 中華書局, 2011.

顧頡剛, 『古史辨』, 臺北: 明倫出版社, 1970.

郭沫若, 『中國古代社會硏究』, 北京: 人民出版社, 1954.

『郭店楚墓竹簡』, 北京: 文物出版社, 1998.

金景芳·呂紹綱 著, 『周易全解』, 上海: 上海古籍出版社, 2005.

金景芳 著, 『周易通解』, 長春: 長春出版社, 2007.

路德斌 著, 『荀子與儒家哲學』, 濟南: 齊魯書社, 2010.

段玉裁, 『說文解字注』, 上海: 上海古籍出版社, 1981.

唐曉峰 著, 『從混沌到秩序』, 北京: 中華書局, 2010.

戴璉璋, 『易傳之形成及其思想』, 臺北: 文津出版社, 1988.

塗爾幹, 渠敬東·汲喆 譯, 『宗教生活的基本形式』, 上海: 上海人民出版社, 1999.

鄧球柏, 『帛書周易校釋』, 長沙: 湖南出版社, 1996.

鄧國光, 『聖王之道』, 北京: 中華書局, 2010.

來可泓, 『論語直解』, 上海: 復旦大學出版社, 1996.

馬振彪, 『周易學說』, 廣州: 花城出版社, 2002.

牟宗三, 『名家與荀子』, 臺北: 學生書局, 1979.

牟宗三, 『政道與治道』, 臺北: 廣文書局, 1979.

牟宗三, 『歷史哲學』, 臺北: 學生書局, 1984.

牟宗三, 『中國哲學的特質』, 臺北: 學生書局, 1998.

牟宗三, 『周易哲學演講錄』, 臺北: 聯經出版社, 2003.

蒙培元, 『人與自然』, 北京: 人民出版社, 2004.

蒙培元, 『情感與理性』, 北京: 中國人民大學出版社, 2009.

方東美, 『生生之德』, 臺北: 黎明, 1979.

本田濟, 『東洋思想研究』, 東京: 創文社, 昭化 62年.

謝維揚, 『至高的哲理』, 北京: 三聯書店, 1997.

徐旭生, 『古史的傳說時代』, 桂林: 廣西師範大學出版社, 2003.

楊慶中, 『周易經傳研究』, 北京: 商務印書館, 2005.

楊慶中 編著, 『周易解讀』, 北京: 中國人民大學出版社, 2010.

楊伯峻, 『論語譯注』, 홍콩: 中華書局香港分局, 1987.

楊向奎, 『中國古代社會與古代思想研究』, 上海: 上海人民出版社, 1962.

余英時, 『士與中國文化』, 上海: 上海人民出版社, 1987.

吳前衡, 『傳前易學』, 武漢: 湖北人民出版社, 2008.

吾妻重二, 『朱子學的新研究』, 北京: 商務印書館, 2017.

王健文, 『奉天承運—古代中國的"國家"概念及其正當性基礎』, 臺北: 東大圖書公司, 1995.

王國英, 『曾子論述』, 武漢: 湖北人民出版社 2009.

王文亮, 『中國聖人論』, 北京: 中國社會科學出版社, 1993.

王中江, 『視域變化中的中國人文與思想世界』, 鄭州: 中州古籍出版社, 2005.

王延林, 『常用古文字字典』, 上海: 上海書百出版社, 1987.

廖名春·康學偉·梁韋弦 著, 『周易研究史』, 長沙: 湖南出版社, 1991.

廖名春, 『『周易』經傳與易學史新論』, 濟南: 齊魯書社, 2001.

牛鈕等 撰, 『日講易經解義』, 海口: 海南出版社, 2012.

劉劍 著, 『郭店楚簡校釋』, 福州: 福建人民出版社, 2005.

劉大鈞・林忠軍, 『周易經傳白話解』, 濟南: 齊魯書社, 1993.

劉文英 主編, 『中國哲學史』上卷, 天津: 南開大學出版社, 2002.

劉寶才, 『先秦文化散論』, 西安: 陝西人民出版社, 2001.

劉述先, 『哲學思考漫步』, 臺北: 三民書局, 1995.

劉彬 著, 『帛書要篇校釋』, 北京: 光明日報出版社, 2009.

劉希慶 著, 『順天而行─先秦秦漢人與自然關係專題研究』, 濟南: 齊魯書社, 2009.

余敦康, 『周易現代解讀』, 北京: 華夏出版社, 2006.

李鏡池, 『周易探源』, 北京: 中華書局, 1978.

李澤厚, 『論語今讀』, 合肥: 安徽文藝出版社, 1998.

李哲賢, 『荀子之核心思想』, 臺北: 文津出版社, 1994.

李學勤, 『周易經傳溯源』, 長春: 長春出版社, 1992.

李學勤, 『簡帛佚籍與學術史』, 南昌: 江西教育出版社, 2001.

李孝定, 『甲骨文字集釋』, 臺北: 中央研究員歷史言語研究所, 1965.

林忠軍 著, 『易學源流與現代闡釋』, 上海: 上海古籍出版社, 2012.

張光直, 『中國青銅時代』, 北京: 北京三聯書店, 1983.

張岱年, 『中國古典哲學概念範疇要論』, 北京: 中國社會科學出版社店, 1987.

張政烺, 『張政烺論易叢稿』, 北京: 中華書局, 2011.

張政烺, 『張政烺文集』『論易叢稿』, 北京: 中華書局, 2012.

鄭萬耕・趙建功 著, 『周易與現代文明』, 北京: 中國廣播電視出版社, 1998.

趙建功, 『中國哲學天人觀及其與易學關係之研究』, 上海: 上海科學技術文獻出版社, 2013.

趙建偉, 『出土簡帛周易疏證』, 臺北: 萬卷樓, 2000.

朱炳祥, 『伏羲與中國文化』, 武漢: 湖北教育出版社, 1997.

朱伯崑, 『易學基礎教程』, 北京: 九州出版社, 2003.

周立昇 著, 『周立昇文集』下卷, 濟南: 山東大學出版社, 2011.

周延良, 『夏商周原始文化要論』, 北京: 學苑出版社, 2004.

陳來, 『古代思想文化的世界』, 北京: 三聯書店, 2002.

馮友蘭, 『中國哲學史新編』, 北京: 人民出版社, 1998.

湯一介, 『何承天』, 濟南: 齊魯書社, 1982.

何新, 『諸神的起源─中國遠古太陽神崇拜』, 北京: 光明日報出版社, 1996.

韓仲民, 『帛易略說』, 北京: 北京師範大學出版社, 1992.

黃沛榮, 『易學乾坤』, 臺北: 大安出版社, 1998.

黃壽祺·張善文 編, 『周易研究論文集』 제1집, 北京: 北京師範大學出版社, 1984.

黃壽祺·張善文 撰, 『周易譯註』, 上海: 上海古籍出版社, 1996.

David Hall and Roger Ames, *Thinking Through Confucius*, Albany: State University of New York Perss, 1987.

Donald J. Munro, *The Concept of Man in Early China*, Stanford University Press, 1982.

Ernst Cassirer, *An Essay on Man*, New Haven, Yale University Press, 1944.

I, Kant, *Kritik der reinen Vernunft*, Felix Meiner Verlag, Hamburg, 1971.

Martin Heidegger, *Kant und des Problem der Metaphysik*, Frankfurt am Main: Klostermann, 1951.

Pinchot, Gifford, *The Fight for Conservation*, Whitefish, MT: Kessinger Publishing, 2004.

Richard Wilhelm·F. Baynes, *The I Ching or Book of Changes*, Princeton University Press, 1997.

Richard Wilhelm, *I Ging: Das Buch der Wandlungen*, Anaconda, 2011.

Rodney Taylor, *The Religious Dimensions of Confucianism*, Albany, State University of New York Press, 1990.

Ryle. G. *The Concept of the Mind*, Harmondsworth: Penguin Books, 1963.

Stephen C. Angle, *Sagehood*, Oxford, Oxford University Press, 2009.

논문류

엄연석, 「『맹자』에서 자연과 도덕본성 사이의 일관성과 모순성 문제」, 『인문과학연구』 14, 동덕여대인문과학연구소, 2008.

임종진, 「朱子의 聖人觀」, 『대동철학회지』 제25집, 대동철학회, 2004. 3.

정병석, 「천인합일의 생명관」, 『철학연구』 50집, 대한철학회, 1993.

정병석, 「易傳의 道器結合的 聖人觀」, 『儒敎思想硏究』 제28집, 한국유교학회, 2007.

정병석, 「荀子의 天生人成과 尊群體의 정신」, 『中國學報』 68집, 한국중국학회, 2013.

정병석, 「『周易』의 유가 경전화」, 『철학논총』 제76집, 새한철학회, 2014년 4월.

정병석, 「檀君神話와 한국적 사유의 同一地平: 단군신화의 원형적 사유와 유가철학의 관계를 중심으로」, 『민족문화논총』 61집, 영남대 민족문화연구소, 2015년 12월.

정병석, 「역전의 천지인 제등관과 성인」, 『대동철학』 77집, 대동철학회, 2016년 12월.

정병석, 「周易과 神道設教」, 『태동고전연구』 39집, 태동고전연구소, 2017년 12월.

정병석·엄진성, 「도덕정감을 통해 본 공자의 인」, 『철학논총』 64, 새한철학회, 2011.4.

姜廣輝·程曉峰, 「先秦的"聖人崇拜"與諸子之稱"經"」, 『湖南大學學報』 第26卷 第4期, 2012年 7月.

顧頡剛, 「聖·賢觀念和字義的演變」, 『中國哲學』 第一輯, 北京: 三聯書店, 1979.

顧頡剛 編著, 『古史辨』 第3冊, 上海: 上海古籍出版社, 1981.

郭沫若, 「周易之制作時代」, 黃壽祺·張善文 編, 『周易研究論文集』(第一輯), 北京: 北京師範大學出版社, 1985.

唐蘭, 「在甲骨金文中所見的一種已經遺失的中國古代文字」, 『考古學報』 1957年 第2期.

董治安, 「孔子與周易」, 『易學文化研究』, 2007.

白欲曉, 「聖·聖王與聖人」, 『安徽大學學報』(哲學社會科學版) 2012年 第5期.

蕭延中, 「中國崇"聖"文化的政治符號分析—項關於起源與結構的邏輯解釋」, 『政治學報』, 2003.

施炎平, 「周易和儒家人文哲學」, 『周易研究』 2004年 第5期.

沈順福, 「從半神到人到神: 儒家聖人觀的演變」, 『江西社會科學』 2013年 12期.

嚴靈峰, 「有關帛書易傳的幾個問題」, 『國際易學研究』 1, 1995.

呂紹綱, 「『周易』的哲學精神」, 『哲學雜誌』 1996年 第16期.

余永梁, 「易卦爻辭的時代與作者」, 『古史辨』 第3冊, 上海: 上海古籍出版社, 1982.

吳怡, 「孔子思想對易經的貢獻」, 劉大均 主編, 『大易集成』, 北京: 文化藝術出版社, 1991.

吳震, 「中國思想史上的"聖人"概念」, 何俊 主編, 『儒學的內外之思』, 上海: 上海三聯書店, 2014.

王國雨, 「論『易經』在早期儒家經傳體系中的地位」, 『燕山大學學報』 第12卷 第4期, 2011.

王明欽, 「試論歸藏的幾個問題」, 『一劍集』, 中國婦女出版社, 1996.

王博, 「《要》篇約論」, 『道家文化研究』 6, 1995.

王葆玹, 「帛書《要》與《易之義》的撰作時代及其《繫辭傳》的關係」, 『道家文化研究』 6, 1995.

王葆玹, 「儒家學院派易學的起源和演變」, 『哲學研究』, 1996年 第3期.

王正, 「先秦儒家人禽之辨的道德哲學意義」, 『雲南省社會科學』, 雲南省社會科學院, 2015.2.

王中江, 「儒家"聖人"觀念的早期形態及其變異」, 『中國哲學史』, 1999年 第4期.

劉明武, 「道與器的分離」, 『中國文化研究』, 北京言語文化大學 第30期, 2000年 冬之卷.

饒宗頤, 「殷代易卦及有關占卜諸問題」, 『文史』 第20輯, 1983.

李家浩, 「王家臺秦簡易占爲歸藏考」, 『周易硏究』, 2001年 第1期.

李晨陽, 「從"天人合一"回到『易經』"天·地·人"三才哲學-兼論儒家環境哲學的基本構架」, 『儒學: 世界和平與發展—紀念孔子誕辰2565周年國際學術硏討會論文集』, 北京: 九州出版社, 2015.

林忠軍, 「王家臺秦簡歸藏出土的易學價値」, 『周易硏究』, 2001年 第1期.

張文立, 「帛書《易傳》的時代和人文精神」, 『國際易學硏究』1, 1995.

張政烺, 「試釋周初靑銅器銘文中的易卦」, 『考古學報』, 1980年 第4期.

張政烺, 「帛書六十四卦跋」, 『文物』, 1984年 第3期.

張政烺, 「殷墟甲骨文中所見的一種筮卦」, 『文史』 24輯, 1985年.

鄭開, 「聖人爲何?—以『易傳』的討論爲中心」, 『周易文化硏究』 第4輯(社會科學文獻出版社, 2012年 12月.

鄭萬耕, 「"神道設教"說考釋」, 山東大周易硏究中心, 『周易硏究』, 2006年 제2期.

鄭晨寅, 「周易三才之道的神話意蘊」, 『周易硏究』, 2006年 第5期.

齊思和, 「黃帝的制器故事」, 『中國史探究』, 中華書局, 1981.

周新芳, 「先秦時期的"聖化運動"」, 『東南文化』 第9期, 2003.

淺野裕一, 「儒家對『易』的經典化」, 『周易硏究』 94期, 2009年.

湯一介, 「釋"易, 所以會天道人道者也"」, 『周易硏究』, 2002年 第6期.

韓星, 「易傳聖人觀及其現代意義」, 『安陽大學學報』, 2004.

邢文, 「秦簡『歸藏』與『周易』用商」, 『文物』 第2期, 2000.

邢文, 「秦簡歸藏與周易用商」, 『文物』, 2002.2.

邢文, 「文王演『周易』考辨」, 『哲學硏究』 2011年 第3期.

荊州地區博物館, 「江陵王家臺15號秦墓」, 『文物』, 1995年, 第1期.

Willard J. Peterson, Making Connections: "Commentary on the Attached Verbalization" of the *Book of Change, Harvard Journal of Asiatics Studies* vol 42, Harvard-Yenching Institute, November, 1982.

찾아보기

인명

서명

개념어구

지은이 정병석鄭炳碩

영남대학교 철학과와 대학원을 졸업하고, 臺灣中國文化大學 哲學研究所에서 박사학위를 취득하였다. 계명대학교 철학과 교수를 거쳐 현재 영남대학교 철학과에 재직하고 있다. 한국주역학회 회장과 새한철학회 회장을 역임하였으며, 『주역』과 유가철학 등에 관심을 가지고 연구하고 있다. 저서로는 『유학, 연속성의 세계와 철학』, 『점에서 철학으로』, 『주역』(역주) 등이 있고, 역서에는 『중국고대사상사론』, 『주역철학의 이해』, 『인륜과 자유』, 『동양철학과 아리스토텔레스』 등이 있으며, 「易傳의 天·地·人 齊等觀과 聖人」, 「旁通과 融合 ─ 周易 해석 공간의 확장과 연속」 등 다수의 논문이 있다.

예문서원의 책들

원전총서

박세당의 노자 (新註道德經) 박세당 지음, 김학목 옮김, 312쪽, 13,000원
율곡 이이의 노자 (醇言) 이이 지음, 김학목 옮김, 152쪽, 8,000원
홍석주의 노자 (訂老) 홍석주 지음, 김학목 옮김, 320쪽, 14,000원
북계자의 (北溪字義) 陳淳 지음, 김충열 감수, 김영민 옮김, 295쪽, 12,000원
주자가례 (朱子家禮) 朱熹 지음, 임민혁 옮김, 496쪽, 20,000원
서경잡기 (西京雜記) 劉歆 지음, 葛洪 엮음, 김장환 옮김, 416쪽, 18,000원
열선전 (列仙傳) 劉向 지음, 김장환 옮김, 392쪽, 15,000원
열녀전 (列女傳) 劉向 지음, 이숙인 옮김, 447쪽, 16,000원
선가귀감 (禪家龜鑑) 청허휴정 지음, 박재양・배규범 옮김, 584쪽, 23,000원
공자성적도 (孔子聖蹟圖) 김기주・황지원・이기훈 역주, 254쪽, 10,000원
천지서상지 (天地瑞祥志) 김용천・최현화 역주, 384쪽, 20,000원
참동고 (參同攷) 徐命庸 지음, 이봉호 역주, 384쪽, 23,000원
박세당의 장자, 남화경주해산보 내편 (南華經註解刪補 內篇) 박세당 지음, 전현미 역주, 560쪽, 39,000원
초원담노 (椒園談老) 이충익 지음, 김윤경 옮김, 248쪽, 20,000원
여암 신경준의 장자 (文章準則 莊子選) 申景濬 지음, 김남형 역주, 232쪽, 20,000원

퇴계원전총서

고경중마방古鏡重磨方 — 퇴계 선생의 마음공부 이황 편저, 박상주 역해, 204쪽, 12,000원
활인심방活人心方 — 퇴계 선생의 마음으로 하는 몸공부 이황 편저, 이윤희 역해, 308쪽, 16,000원
이자수어李子粹語 퇴계 이황 지음, 성호 이익・순암 안정복 엮음, 이광호 옮김, 512쪽, 30,000원

연구총서

논쟁으로 보는 중국철학 중국철학연구회 지음, 352쪽, 8,000원
논쟁으로 보는 한국철학 한국철학사상연구회 지음, 326쪽, 10,000원
중국철학과 인식의 문제 (中國古代哲學問題發展史) 方立天 지음, 이기훈 옮김, 208쪽, 6,000원
중국철학과 인성의 문제 (中國古代哲學問題發展史) 方立天 지음, 박경환 옮김, 191쪽, 6,800원
역사 속의 중국철학 중국철학회 지음, 448쪽, 15,000원
공자의 철학 (孔孟荀哲學) 蔡仁厚 지음, 천병돈 옮김, 240쪽, 8,500원
맹자의 철학 (孔孟荀哲學) 蔡仁厚 지음, 천병돈 옮김, 224쪽, 8,000원
순자의 철학 (孔孟荀哲學) 蔡仁厚 지음, 천병돈 옮김, 272쪽, 10,000원
유학은 어떻게 현실과 만났는가 — 선진 유학과 한대 경학 박원재 지음, 218쪽, 7,500원
역사 속에 살아있는 중국 사상 (中國歷史に生きる思想) 시게자와 도시로 지음, 이혜경 옮김, 272쪽, 10,000원
덕치, 인치, 법치 — 노자, 공자, 한비자의 정치 사상 신동준 지음, 488쪽, 20,000원
리의 철학 (中國哲學範疇精髓叢書 — 理) 張立文 주편, 안유경 옮김, 524쪽, 25,000원
기의 철학 (中國哲學範疇精髓叢書 — 氣) 張立文 주편, 김교빈 외 옮김, 572쪽, 27,000원
동양 천문사상, 하늘의 역사 김일권 지음, 480쪽, 24,000원
동양 천문사상, 인간의 역사 김일권 지음, 544쪽, 27,000원
공부론 임수무 외 지음, 544쪽, 27,000원
유학사상과 생태학 (Confucianism and Ecology) Mary Evelyn Tucker・John Berthrong 엮음, 오정선 옮김, 448쪽, 27,000원
공자曰, 공자는 이렇게 말했다 안재호 지음, 232쪽, 12,000원
중국중세철학사 (Geschichte der Mittelalterischen Chinesischen Philosophie) Alfred Forke 지음, 최해숙 옮김, 568쪽, 40,000원
북송 초기의 삼교회통론 김경수 지음, 352쪽, 26,000원
죽간・목간・백서, 중국 고대 간백자료의 세계 1 이승률 지음, 576쪽, 40,000원
중국근대철학사(Geschichte der Neueren Chinesischen Philosophie) Alfred Forke 지음, 최해숙 옮김, 936쪽, 65,000원
리학 심학 논쟁, 연원과 전개 그리고 득실을 논하다 황갑연 지음, 416쪽, 32,000원
진래 교수의 유학과 현대사회 陳來 지음, 강진석 옮김, 440쪽, 35,000원
상서학사 — 『상서』에 관한 2천여 년의 해석사 劉起釪 지음, 이은호 옮김, 912쪽, 70,000원
장립문 교수의 화합철학론 장립문 지음 / 홍원식・임해순 옮김, 704쪽, 60,000원

강의총서

김충열 교수의 노자강의 김충열 지음, 434쪽, 20,000원
김충열 교수의 중용대학강의 김충열 지음, 448쪽, 23,000원
모종삼 교수의 중국철학강의 牟宗三 지음, 김병채 외 옮김, 320쪽, 19,000원
송석구 교수의 율곡철학 강의 송석구 지음, 312쪽, 29,000원
송석구 교수의 불교와 유교 강의 송석구 지음, 440쪽, 39,000원

역학총서

주역철학사 (周易研究史) 廖名春·康學偉·梁韋弦 지음, 심경호 옮김, 944쪽, 45,000원
송재국 교수의 주역 풀이 송재국 지음, 380쪽, 10,000원
송재국 교수의 역학담론 ― 하늘의 빛 正易, 땅의 소리 周易 송재국 지음, 536쪽, 32,000원
소강절의 선천역학 高懷民 지음, 곽신환 옮김, 368쪽, 23,000원
다산 정약용의 『주역사전』, 기호학으로 읽다 방인 지음, 704쪽, 50,000원

한국철학총서

조선 유학의 학파들 한국사상사연구회 편저, 688쪽, 24,000원
퇴계의 생애와 학문 이상은 지음, 248쪽, 7,800원
조선유학의 개념들 한국사상사연구회 지음, 648쪽, 26,000원
유교개혁사상과 이병헌 금장태 지음, 336쪽, 17,000원
남명학파와 영남우도의 사림 박병련 외 지음, 464쪽, 23,000원
쉽게 읽는 퇴계의 성학십도 최재목 지음, 152쪽, 7,000원
홍대용의 실학과 18세기 북학사상 김문용 지음, 288쪽, 12,000원
남명 조식의 학문과 선비정신 김충열 지음, 512쪽, 26,000원
명재 윤증의 학문연원과 가학 충남대학교 유학연구소 편, 320쪽, 17,000원
조선유학의 주역사상 금장태 지음, 320쪽, 16,000원
한국유학의 악론 금장태 지음, 240쪽, 13,000원
심경부주와 조선유학 홍원식 외 지음, 328쪽, 20,000원
퇴계가 우리에게 이윤희 지음, 368쪽, 18,000원
조선의 유학자들, 켄타우로스를 상상하며 理와 氣를 논하다 이향준 지음, 400쪽, 25,000원
퇴계 이황의 철학 윤사순 지음, 320쪽, 24,000원
조선유학과 소강절 철학 곽신환 지음, 416쪽, 32,000원
되짚어 본 한국사상사 최영성 지음, 632쪽, 47,000원
한국 성리학 속의 심학 김세정 지음, 400쪽, 32,000원
동도관의 변화로 본 한국 근대철학 홍원식 지음, 320쪽, 27,000원
선비, 인을 품고 의를 걷다 한국국학진흥원 연구부 엮음, 352쪽, 27,000원
실학은 實學인가 서영이 지음, 264쪽, 25,000원

성리총서

송명성리학 (宋明理學) 陳來 지음, 안재호 옮김, 590쪽, 17,000원
주희의 철학 (朱熹哲學研究) 陳來 지음, 이종란 외 옮김, 544쪽, 22,000원
양명 철학 (有無之境―王陽明哲學的精神) 陳來 지음, 전병욱 옮김, 752쪽, 30,000원
정명도의 철학 (程明道思想研究) 張德麟 지음, 박상리·이경남·정성희 옮김, 272쪽, 15,000원
송명유학사상사 (宋明時代儒學思想の研究) 구스모토 마사쓰구(楠本正繼) 지음, 김병화·이혜경 옮김, 602쪽, 30,000원
북송도학사 (道學の形成) 쓰치다 겐지로(土田健次郎) 지음, 성현창 옮김, 640쪽, 3,2000원
성리학의 개념들 (理學範疇系統) 蒙培元 지음, 홍원식·황지원·이기훈·이상호 옮김, 880쪽, 45,000원
역사 속의 성리학 (Neo-Confucianism in History) Peter K. Bol 지음, 김영민 옮김, 488쪽, 28,000원
주자어류선집 (朱子語類抄) 미우라 구니오(三浦國雄) 지음, 이승연 옮김, 504쪽, 30,000원

불교(카르마)총서

학파로 보는 인도 사상 S. C. Chatterjee·D. M. Datta 지음, 김형준 옮김, 424쪽, 13,000원
유식무경, 유식 불교에서의 인식과 존재 한자경 지음, 208쪽, 7,000원
박성배 교수의 불교철학강의: 깨침과 깨달음 박성배 지음, 윤원철 옮김, 313쪽, 9,800원
불교 철학의 전개, 인도에서 한국까지 한자경 지음, 252쪽, 9,000원
인물로 보는 한국의 불교사상 한국불교원전연구회 지음, 388쪽, 20,000원
은정희 교수의 대승기신론 강의 은정희 지음, 184쪽, 10,000원
비구니와 한국 문학 이향순 지음, 320쪽, 16,000원
불교철학과 현대윤리의 만남 한자경 지음, 304쪽, 18,000원
유식삼심송과 유식불교 김명우 지음, 280쪽, 17,000원
유식불교, 『유식이십론』을 읽다 효도 가즈오 지음, 김명우·이상우 옮김, 288쪽, 18,000원
불교인식론 S. R. Bhatt & Anu Mehrotra 지음, 권서용·원철·유리 옮김, 288쪽, 22,000원
불교에서의 죽음 이후, 중음세계와 육도윤회 허암 지음, 232쪽, 17,000원
선사상 강의 오가와 다카시(小川隆) 지음, 이승연 옮김, 232쪽 20,000원

동양문화산책

주역산책(易學漫步) 朱伯崑 외 지음, 김학권 옮김, 260쪽, 7,800원
동양을 위하여, 동양을 넘어서 홍원식 외 지음, 264쪽, 8,000원
서원, 한국사상의 숨결을 찾아서 안동대학교 안동문화연구소 지음, 344쪽, 10,000원
안동 풍수 기행, 와혈의 땅과 인물 이완규 지음, 256쪽, 7,500원
안동 풍수 기행, 돌혈의 땅과 인물 이완규 지음, 328쪽, 9,500원
영양 주실마을 안동대학교 안동문화연구소 지음, 332쪽, 9,800원
예천 금당실·맛질 마을 — 정감록이 꼽은 길지 안동대학교 안동문화연구소 지음, 284쪽, 10,000원
터를 안고 仁을 펴다 — 퇴계가 굽어보는 하계마을 안동대학교 안동문화연구소 지음, 360쪽, 13,000원
안동 가일 마을 — 풍산들가에 의연히 서다 안동대학교 안동문화연구소 지음, 344쪽, 13,000원
중국 속에 일떠서는 한민족 — 한겨레신문 차한필 기자의 중국 동포사회 리포트 차한필 지음, 336쪽, 15,000원
신간도견문록 박진관 글·사진, 504쪽, 20,000원
선양과 세습 사라 알란 지음, 오만종 옮김, 318쪽, 17,000원
문경 산북의 마을들 — 서중리, 대상리, 대하리, 김룡리 안동대학교 안동문화연구소 지음, 376쪽, 18,000원
안동 원촌마을 — 선비들의 이상향 안동대학교 안동문화연구소 지음, 288쪽, 16,000원
안동 부포마을 — 물 위로 되살려 낸 천년의 영화 안동대학교 안동문화연구소 지음, 440쪽, 23,000원
독립운동의 큰 울림, 안동 전통마을 김희곤 지음, 384쪽, 26,000원
학봉 김성일, 충군애민의 삶을 살다 한국국학진흥원 기획, 김미영 지음, 144쪽, 12,000원

일본사상총서

도쿠가와 시대의 철학사상(德川思想小史) 미나모토 료엔 지음, 박규태·이용수 옮김, 260쪽, 8,500원
일본인은 왜 종교가 없다고 말하는가(日本人はなぜ 無宗教のか) 아마 도시마로 지음, 정형 옮김, 208쪽, 6,500원
일본사상이야기 40(日本がわかる思想史™) 나가오 다케시 지음, 박규태 옮김, 312쪽, 9,500원
일본도덕사상사(日本道德思想史) 이에나가 사부로 지음, 세키네 히데유키·윤종갑 옮김, 328쪽, 13,000원
천황의 나라 일본 — 일본의 역사와 천황제(天皇制と民衆) 고토 야스시 지음, 이남희 옮김, 312쪽, 13,000원
주자학과 근세일본사회(近世日本社會と宋學) 와타나베 히로시 지음, 박홍규 옮김, 304쪽, 16,000원

노장총서

不二 사상으로 읽는 노자 — 서양철학자의 노자 읽기 이찬훈 지음, 304쪽, 12,000원
김항배 교수의 노자철학 이해 김항배 지음, 280쪽, 15,000원
서양, 도교를 만나다 J. J. Clarke 지음, 조현숙 옮김, 472쪽, 36,000원
중국 도교사 — 신선을 꿈꾼 사람들의 이야기 牟鐘鑒 지음, 이봉호 옮김, 352쪽, 28,000원

남명학연구총서

남명사상의 재조명 남명학연구원 엮음, 384쪽, 22,000원
남명학파 연구의 신지평 남명학연구원 엮음, 448쪽, 26,000원
덕계 오건과 수우당 최영경 남명학연구원 엮음, 400쪽, 24,000원
내암 정인홍 남명학연구원 엮음, 448쪽, 27,000원
한강 정구 남명학연구원 엮음, 560쪽, 32,000원
동강 김우옹 남명학연구원 엮음, 360쪽, 26,000원
망우당 곽재우 남명학연구원 엮음, 440쪽, 33,000원
부사 성여신 남명학연구원 엮음, 352쪽, 28,000원
약포 정탁 남명학연구원 엮음, 320쪽, 28,000원

예문동양사상연구원총서

한국의 사상가 10人—원효 예문동양사상연구원/고영섭 편저, 572쪽, 23,000원
한국의 사상가 10人—의천 예문동양사상연구원/이병욱 편저, 464쪽, 20,000원
한국의 사상가 10人—지눌 예문동양사상연구원/이덕진 편저, 644쪽, 26,000원
한국의 사상가 10人—퇴계 이황 예문동양사상연구원/윤사순 편저, 464쪽, 20,000원
한국의 사상가 10人—남명 조식 예문동양사상연구원/오이환 편저, 576쪽, 23,000원
한국의 사상가 10人—율곡 이이 예문동양사상연구원/황의동 편저, 600쪽, 25,000원
한국의 사상가 10人—하곡 정제두 예문동양사상연구원/김교빈 편저, 432쪽, 22,000원
한국의 사상가 10人—다산 정약용 예문동양사상연구원/박홍식 편저, 572쪽, 29,000원
한국의 사상가 10人—혜강 최한기 예문동양사상연구원/김용헌 편저, 520쪽, 26,000원
한국의 사상가 10人—수운 최제우 예문동양사상연구원/오문환 편저, 464쪽, 23,000원

경북의 종가문화

사당을 세운 뜻은, 고령 점필재 김종직 종가 정경주 지음, 203쪽, 15,000원
지금도 「어부가」가 귓전에 들려오는 듯, 안동 농암 이현보 종가 김서령 지음, 225쪽, 17,000원
종가의 멋과 맛이 넘쳐 나는 곳, 봉화 충재 권벌 종가 한필원 지음, 193쪽, 15,000원
한 점 부끄럼 없는 삶을 살다, 경주 회재 이언적 종가 이수환 지음, 178쪽, 14,000원
영남의 큰집, 안동 퇴계 이황 종가 정우락 지음, 227쪽, 17,000원
마르지 않는 효제의 샘물, 상주 소재 노수신 종가 이종호 지음, 303쪽, 22,000원
의리와 충절의 400년, 안동 학봉 김성일 종가 이해영 지음, 199쪽, 15,000원
충효당 높은 마루, 안동 서애 류성룡 종가 이세동 지음, 210쪽, 16,000원
낙중 지역 강안학을 열다, 성주 한강 정구 종가 김학수 지음, 180쪽, 14,000원
모원당 회화나무, 구미 여헌 장현광 종가 이종문 지음, 195쪽, 15,000원
보물은 오직 청백뿐, 안동 보백당 김계행 종가 최은주 지음, 160쪽, 15,000원
은둔과 화순의 선비들, 영주 송설헌 장말손 종가 정순우 지음, 176쪽, 16,000원
처마 끝 소나무에 갈무리한 세월, 경주 송재 손소 종가 황위주 지음, 256쪽, 23,000원
양대 문형과 직신의 가문, 문경 허백정 홍귀달 종가 홍원식 지음, 184쪽, 17,000원
어질고도 청빈한 마음이 이어진 집, 예천 약포 정탁 종가 김낙진 지음, 208쪽, 19,000원
임란의병의 힘, 영천 호수 정세아 종가 우인수 지음, 192쪽, 17,000원
영남을 넘어, 상주 우복 정경세 종가 정우락 지음, 264쪽, 23,000원
선비의 삶, 영덕 갈암 이현일 종가 장윤수 지음, 224쪽, 20,000원
청빈과 지조로 지켜 온 300년 세월, 안동 대산 이상정 종가 김순석 지음, 192쪽, 18,000원
독서종자 높은 뜻, 성주 응와 이원조 종가 이세동 지음, 216쪽, 20,000원
오천칠군자의 향기 서린, 안동 후조당 김부필 종가 김용만 지음, 256쪽, 24,000원
마음이 머무는 자리, 성주 동강 김우옹 종가 정병호 지음, 184쪽, 18,000원
문무의 길, 영덕 청신재 박의장 종가 우인수 지음, 216쪽, 20,000원
형제애의 본보기, 상주 창석 이준 종가 서정화 지음, 176쪽, 17,000원
경주 남쪽의 대종가, 경주 잠와 최진립 종가 손숙경 지음, 208쪽, 20,000원
변화하는 시대정신의 구현, 의성 자암 이민환 종가 이시활 지음, 248쪽, 23,000원
무로 빚고 문으로 다듬은 충효와 예학의 명가, 김천 정양공 이숙기 종가 김학수 지음, 184쪽, 18,000원
청백정신과 팔련오계로 빛나는, 안동 허백당 김양진 종가 배영동, 272쪽, 27,000원
학문과 충절이 어우러진, 영천 지산 조호익 종가 박학래, 216쪽, 21,000원
영남 남인의 정치 중심 돌밭, 칠곡 귀암 이원정 종가 박인호, 216쪽, 21,000원
거문고에 새긴 외금내고, 청도 탁영 김일손 종가 강정화, 240쪽, 24,000원
대를 이은 문장과 절의, 울진 해월 황여일 종가 오용원, 200쪽, 20,000원
처사의 삶, 안동 경당 장흥효 종가 장윤수, 240쪽, 24,000원
대의와 지족의 표상, 영양 옥천 조덕린 종가 백순철, 152쪽, 15,000원
군자불기의 임청각, 안동 고성이씨 종가 이종서, 216쪽, 22,000원
소학세가, 현풍 한훤당 김굉필 종가 김훈식, 216쪽, 22,000원
송백의 지조와 지란의 문향으로 일군 명가, 구미 구암 김취문 종가 김학수, 216쪽, 22,000원
백과사전의 산실, 예천 초간 권문해 종가 권경열, 216쪽, 22,000원
전통을 계승하고 세상을 비추다, 성주 완석정 이언영 종가 이영춘, 208쪽, 22,000원
영남학의 맥을 잇다, 안동 정재 류치명 종가 오용원, 224쪽, 22,000원
사천 가에 핀 충효 쌍절, 청송 불훤재 신현 종가 백운용, 216쪽, 22,000원
옛 부림의 땅에서 천년을 이어오다, 군위 경재 홍로 종가 홍원식, 200쪽, 20,000원
16세기 문향 의성을 일군, 의성 회당 신원록 종가 신해진, 296쪽, 30,000원
도학의 길을 걷다, 안동 유일재 김언기 종가 김미영, 216쪽, 22,000원
실천으로 꽃핀 실사구시의 가문, 고령 죽유 오운 종가 박원재, 208쪽, 21,000원
민족고전 「춘향전」의 원류, 봉화 계서 성이성 종가 설성경, 176쪽, 18,000원

기타

다산 정약용의 편지글 이용형 지음, 312쪽, 20,000원
유교와 칸트 李明輝 지음, 김기주·이기훈 옮김, 288쪽, 20,000원
유가 전통과 과학 김영식 지음, 320쪽, 24,000원
조선수학사 — 주자학적 전개와 그 종언 가와하라 히데키 지음, 안대옥 옮김, 536쪽, 48,000원